살아있는
우리 헌법
이야기

살아 있는 우리 헌법 이야기

2005년 2월 5일 개정 초판 1쇄 발행
2016년 4월 12일 개정 초판 8쇄 발행

펴낸곳 (주)도서출판 **삼인**

지은이 한상범
펴낸이 신길순
부사장 홍승권
편집 김종진 김하얀
총무 함윤경

등록 1996.9.16. 제 10-1338호
주소 03716 서울시 서대문구 성산로 312 북산빌딩 1층
전화 (02) 322-1845
팩스 (02) 322-1846
전자우편 saminbooks@naver.com

표지디자인 (주)끄레어소시에이츠
제판 문형사
인쇄 대정인쇄
제본 은정제책

© 한상범, 2005

ISBN 89-91097-17-0 03360

값 18,000원

살아있는 우리 헌법 이야기

한상범 지음

삼인

일러두기

1. 이 책은 1997년에 초판을 찍은 『헌법이야기』(현암사)를 수정, 보완하여 재출간한 것입니다.

2. 책에 등장하는 주요 인명·사건·법률 용어 등은 부록의 '용어 설명'에서 따로 해설하고, '용어 설명'에 실린 단어 뒤에는 *표시를 했습니다.

우리에게 헌법이란 무엇인가?

2004년 3월 대통령 탄핵 정국

어느 헌법학자는 대통령제에서 대통령 탄핵은 '혁명'에 해당하는 사태라고 했다. 그러한 이변은 상상조차 해 보지 못한 군사독재 시절에 한 말이다. 하기는 그 후 미국의 클린턴 대통령이 재임 중 탄핵이란 정치공세에 몰리는 것을 보고 거의 상징적 제도인 탄핵제도가 정치적으로 그렇게도 쓰일 수 있구나 하는 정도였다.

그런데 우리 정치에서 실제로 대통령 탄핵이 국회에서 의결, 헌법재판까지 진행되는 엄청난 사태가 벌어졌고 그 사태를 여러 곡절을 겪으면서 치러냈다. 그러면서 별 볼 일 없는 '간판법'으로 실정법 대접을 받아오지 못한 헌법도 그 위력을 발휘하는 것을 몸소 겪는 체험을 했다. 체험치고는 그 대가라고 할까, 수험료가 너무나 비싼 것이었다고 하겠다. 우리는 부통령이 없이 유일한 대통령만을 두고 있는 제도이고 그 권한대행자인 총리가 국민선거를 거치지 않은 관료이기 때문이다. 그러니 총리권한 대행체제를 인정하는 사태는 민주주의 원칙과도 맞지 않는다. 변칙사태의 장기적 지속이기 때문이다.

그뿐만이 아니다.

대통령에 대해 탄핵을 발의한 야당의 정체와 그 주류가 누구인가? 과거 신군부세력의 군사정권이 창출한 민정당으로부터 민주자유당 등 간판을 몇 번 갈아 달았지만, 과거나 그 행적으로 봤을 때 그 실체는 헌법 옹호자로서 자처하기에 고개를 갸우뚱하게 할 정도로 개운치 못하다.

헌법과 헌법재판의 모습─사상 검증하는 듯한 소추 측의 질타

헌법재판은 헌법 정신을 준수하는 과정이어야 한다. 그런데 평생 헌법으로 살아 온 나에게 헌법재판소 법정에서 벌어진 괴상한 풍경은 또다시 이변(?)으로 비추어졌다. 우선 소추 측을 대표하는 김기춘은 누구인가? 그의 행적을 볼 때 헌법옹호자의 대표선수라고 할 수 있을까? 소추 측의 법정대리인으로 참여한 이진우 변호사는 노무현 대통령이 변호사였던 재야 시절 노동자 변호과정에서 '노동자는 법률보다 밥이 소중하다'라고 한 말을 꼬투리 잡아서 유물론 철학과 세계관의 소유자로 몰아붙여 눈살을 찌푸리게 했다고 보도되었다. 자유민주 헌법체제에서 사상 또는 세계관을 심판할 자격과 권한은 누구에게도 없다고 헌법이론은 말하고 있으며 헌법도 그렇게 정하고 있다. 이진우, 그는 누구인가? 보안사령부가 창조한 어용정당인 민정당의 국회 법사위원장을 지냈고 『법률신문』 사장 감투를 썼던 당대 명사이고 국가보안법 존치를 위해 애쓰는 인사이기도 하다. 그런 이 시대 보수를 대변한 기득권층의 대표이자 대리인의 헌법인식에서 우리는 무엇을 보게 되는가?

헌법은 우리의 것이고 우리의 것으로 해야 한다!

헌법은 민주와 인권을 위한 근대시민의 혁명과 헌법투쟁 과정에서 생겨난 정치제도이자 역사적 산물이다. 이 점을 인식하지 못한 채 헌법을 지켜내지 못하면 헌법은 실정법으로 구실을 못하는 그야말로 '간판법'으로 전락한다.

형사법을 위반하면 사형까지 벌을 받고 사법을 위반하면 재산상의 손해를 본다. 그러나 헌법을 위반한 쿠데타를 일으킨 사람은 대통령까지 해먹게 되는 것이다. 왜 그런가? 헌법의 효력은 정치권력에 의해 통제되므로 정치적 장치가 가동되지 못하면 맥을 못 추기 때문이다. 그래서 근대 자유투쟁의 역사는 헌법의 문제와 관련되어 있는 것이다.

헌법을 만드는 것으로 자유를 위한 과업이 그치는 것이 아니다. 문제는 피치자인 국민이 주권자로 행세할 수 있는 헌법을 만들고 그것을 지켜내는 일이다. 우리는 이제부터라도 헌법투쟁을 제대로 해야만 나라의 주인으로서 대접을 받을 수 있다.

민권투쟁의 맥을 살려 나가기 위해

변혁과 전환의 근대 이후 우리가 오늘 여기에 이르기까지는 우리 선조와 선각자의 목숨을 바친 무수한 피의 항쟁의 역사가 있었다. 이 점을 잊어선 안 된다. 그 빛나는 전통과 정신을 이어가야 한다.

일찍이 1894년의 반제국주의·반봉건 농민항쟁으로부터 일제에 항거한 독립투쟁을 거친 우리에게는 1960년의 4·19혁명을 비롯해 유신반대 투쟁과 1980년의 광주민주항쟁 그리고 1987년 6·10시민항쟁의 역사의 기록이 있다. 무수한 열사와 투사들의 피눈물로 얼룩진 고귀한 투쟁의 기록이다.

그렇지만 일제 식민지 하에서 세워진 친일·친외세·부패 기득권 부류의 지배구조의 청산은 아직도 해결되지 않은 숙제로 21세기까지 우리 민주발전을 가로막는 장애물이 되고 있다. 지금의 과제는 바로 이 장애물을 극복해나갈 민주화 개혁을 이룩하는 것이다.

헌법이 참으로 '자유의 기술'이 되게 하자

근대 시민혁명의 정치적 유산을 어떻게 내 것으로 할 것인가는 헌법의 문제이기도 하다. 근대 시민혁명의 주체가 부르주아라고 하여 그 혁명의 유산이 유산 시민층의 독점적 전유물만은 아니다. 이미 인류 공공의 자산이 된 인권과 법치의 제도를 비롯해서 정치의 공론장인 의회제도와 민중이 참여하는 정치장치를 올바르게 실현해 내는 것은 우리의 사활이 걸린 정치의 문제이자 헌법의 과제이자 인권의 숙제이다.

근대 시민혁명은 헌법이란 법을 '자유의 기술(技術)'로 자리 매기면서 정치제도로서 의미를 부여했다. 그러한 자유제도의 유산을 우리의 것으로 실현해 내야 한다.

이 책은 지은이가 헌법이란 과제에 뛰어든 이후 평생의 체험과 연구를 기울여 만든 지적인 산물이다. 부족하지만 지은이의 온 정성과 열정을 기울여 만든 선물로서 독자들이 읽고 도움이 되면 다시없는 보람과 기쁨이 되겠다.

2005년 1월
지은이 한상범

초판 머리글

근대 서양에서 자유를 위한 시민혁명의 경우를 보면, 다른 어떤 일보다도 중대하고 시급하게 여긴 일이 헌법을 만드는 것이었다. 왜 그랬을까? 이 점을 우리는 다시 돌아볼 필요가 있다.

우리가 헌법책을 찾는 이유는 사람에 따라 각기 다르다. 어떤 사람은 소박하게 헌법을 알아보려는 현실적 관심 때문에 책을 본다. 또 정치문제에 등장하는 헌법을 알아보기 위해 책을 보기도 하고 시험을 대비해 보는 사람도 있다. 아마도 시험 준비로 헌법책을 찾는 이가 가장 많을 것이다. 이런 이유들로 헌법 교과서는 1천 쪽이 넘는 비싼 상품이 되기도 했다.

어떤 목적으로 헌법을 보든 이 헌법은 시민혁명의 귀중한 경험이 말해주듯이 자유를 위한 제도이다. 인류가 만들어 낸 이 정치제도를 잘 가꾸어 나가면 권력의 노예가 되는 것을 어느 정도 면하게 된다. 헌법은 독재자조차도 쉽게 무시할 수 없는 것으로 여겨 형식적일지라도 그에 대한 경의를 표했고 독재 국가의 관직 시험과목에서도 헌법 과목을 없애지는 못했다.

그런데 우리는 너무나 오랫동안 헌법을 권력자와 관료들에게 빼앗기고 그들이 멋대로 주무르게 방치해 왔다. 그저 시험과목 정도로 알거나, 정치 가십이나 개헌 소동 등을 통해 헌법을 접해 왔다. 이래선 안 된다.

물론 그렇게 되어 버린 원인에는 헌법학자의 책임도 있다. 무슨 책을 그렇게 어렵고 복잡하게 만드는지? 잘 알지도 못하는 이론과 쓰이지도 않는 학설은 왜 그렇게 많이 나열하는지? 보통 1천 쪽이 훨씬 넘는 책들은 읽기 전부터 독자의 힘만 빼버린다.

나는 1960년대에 교과서를 썼다. 유신 쿠데타 후에 교과서용으로 개정판을 썼다가 여러 가지 고민에 빠졌다. 무엇인가 살아 움직이는 법, 시민의 권리를 위해 도움이 될 수 있는 법에 관한 책을 쓰고 싶었다.

물론 이 책이 감히 그런 책이라고 말하는 것은 아니다. 그것은 독자가 판단할 일이다. 여기 있는 글은 나의 소망과 고뇌를 나타낸 넋두리로 받아주면 된다. 40년 가깝게 헌법을 공부하면서 무엇인가 남에게 진실로 보탬이 되는 것을 주고 싶다는 것이 나의 간절한 소망이다. 우리가 이대로 멍청한 노예적 상황이 지속되는 우민정치의 수렁에서 헤어나지 못한다면 앞으로 다가올 21세기를 희망차게 맞이할 수 없을 것이다. 나의 헌법 공부에는 이러한 절박한 심정이 있었다. 그렇다고 남에게 자랑할 일을 해냈다고 하는 것도 아니다. 나의 심정 일부를 말하는 것이다.

오래전부터 후진들이 헌법에 관한 책을 쓰길 권했다. 끈질긴 권고에 대해 숙제의 일부를 하는 마음으로 이 책을 올 봄에 쓰기 시작해서 몇 달이 걸렸다. 보잘것없지만, 원고를 쓰고 나니 빚을 일부나마 갚은 기분이다. 이러한 심정으로 독자에게 선을 뵈는 것이다.

1997년 9월
지은이 한상범

차례

제1부 헌법의 역사와 기본 정신

제2부 헌법이 보장하는 인권

제3부 민주주의의 정치기구와 삼권분립

권력자도 인간이므로 누구든 네로 같은 폭군이 될 수 있다. 헌법이란 시민의 힘을 배경으로 권력자를 법의 규제 하에 두려는 정치제도이다. 결국 헌법제도는 권력자에 대한 철저한 불신에서 세워진 것이다.

제1부
헌법의 역사와 기본 정신

1장 | 시민이 자유를 위한 혁명에 떨쳐 일어나다

시민혁명과 입헌주의의 발전
—사람이 자유롭게 태어났다면 왜 권력에 속박받는가?

천자의 통치와 천명에 대한 회의—왕권신수설의 거부로부터

정치제도로서 자유 보장이란 것이 없던 시기에 사람들은 자기가 태어나기 이전, 아득한 옛날부터 우리를 지배해 온 왕이나 천자의 존재를 마땅히 받아들여야 하는 것으로 생각해 왔다. 그는 하늘이 내려 준 분이므로 우리를 다스리게 되어 있다고 생각했던 것이다. 동서양을 불문하고 대체로 사람들은 그렇게 별 생각 없이 관습과 상식에 순종해 왔다. 하지만 사회가 발전하고 지식과 능력이 향상되면서 사람들은 주어진 생활의 부정한 속박에서 벗어나려고 한다. 정치적으로 각성함에 따라 기존 질서나 기성관념에 대해 의문을 품게 되면서 그에 대한 이의 제기와 반항이 시작되고, 이로부터 인간 해방을 위한 정치제도의 모색이 싹트는 것이다. 이러한 인간 의식의 각성이 사회 발전을 바탕으로 새로운 전기를 이루어 간 것을 진보라고 한다. 이러한 발전은 동양보다 서양이 앞섰고 서양에서도 영국과 프랑스가 선구적 발자취를 내딛었다.

물론 동양에서도 인민주권적 발상은 있었다. 중국의 『명이대방록』(明夷待訪錄)*이나 한국 정다산의 『탕론』(湯論)*은 훌륭한 업적이다. 그러나 중요한 것은 그것이 사회에 얼마나 충격을 안겨주었으며 그것을 지지하는 세력이 그 정신을 제도화하려는 노력과 투쟁을 통해 현실에서 무엇을 이룩하려고 했으며 또 이룩하였는가 하는 점이다. 이 점이 결여된 채 이론이나 사상이 일부 선각자의 구상과 희망에 그쳤다면 그것으로도 가치가 있을는지 모르지만, 여기서 다룰 내용은 아니다.

서양에서 시민계급의 이해를 대변한 자유제도로서 입헌제도가 모습을 갖춘 것은 17세기 영국의 시민혁명을 통해서이다. 그 이전에도 고대 그리스에는 자유민과 민회제도가 있었다. 그러나 그리스의 자유민은 노예를 소유한 소수 지배계급의 남자 어른을 주로 지칭했다. 이 자유민과 자유제도의 관념도 인간의 자유제도 발전에 직·간접적인 밑거름이 되었다고 할 수 있다. 그렇지만 여기선 그런 것까지 광범위하게 따지지 않고, 근세의 어느 시기에 누가 주역이 되어서 어떤 사상과 관례에 따라 현대 정치의 틀이 된 어떤 정치제도를 이룩했는가를 보고자 한다. 한마디로 말하자면, 17세기에 지주 귀족과 부유한 농민, 상인 등 시민층이 자신들의 사회·정치·경제적 지위의 향상을 위해 정의의 질서라고 하는 자연법을 이성의 이름으로 내세워서 군주의 전제적 권력을 법과 의회라는 합의체의 규제 아래 두는 제도로서 입헌주의를 만든 것이다.

이 입헌주의 제도를 만들어 내기 위해서는 왕을 신의 수탁자나 대리인으로 보는 생각과 제도를 없애야만 했다. 권력이 신으로부터 왕에게 수여된 것이라는 종래의 맹신으로부터 벗어나야 했다. 그러기 위해서는 힘으로 왕권세력을

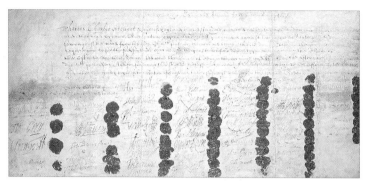

청교도혁명 당시 찰스 1세의 사형 집행 영장(1649)

물리쳐야 했고 경우에 따라선 말을 듣지 않는 왕을 비롯한 수구세력을 단두대에서 처형하기도 했다. 이는 폭군의 부정을 응징하는 혁명의 이름으로 관철되었으며, 동시에 정의라는 법의 뒷받침으로 합법화될 수 있었다. 그 정의의 법은 봉건시대 귀족의 신학적 자연법이 아닌 시민 이성(理性)의 법이었다. 이러한 시민혁명은 1640년대 영국의 청교도혁명*, 1688년의 명예혁명*으로 시작된다. 이때 이룩해낸 자유제도의 장치를 근대 입헌주의*라 한다.

근대 입헌주의란 이처럼 시민의 힘을 배경으로 정치권력을 법, 특히 헌법의 규제 하에 둠으로써 시민의 인권을 보장하고자 하는 사상과 제도 및 그러한 운동을 함께 말하기도 한다. 입헌주의 제도는 군주의 자의적 지배를 헌법을 비롯한 법의 지배로 대체하기 위해 근대 시민계급이 발명한 정치제도이다.

약속으로서의 법과 이성·정의의 질서로서 법의 지배를 받는다는 것

사람이 살아남기 위해서 그리고 보다 더 잘 살기 위해서는 공동생활을 해야 한다. 이 당연한 사리는 개체로서 어떤 동물보다도 약한 인간이 일찍이 경험을 통해서 체득한 진리이다. 이러한 공동생활을 하기 위해 사람이 마땅히 사회관

권리장전(1689)

계에서 따라야 할 도리, 다시 말해서 정의의 법, 자연법이 있는데, 이 자연법을 따르는 것이 서로에게 가장 공평하다. 전제권력의 억압과 착취를 용납할 수 없다는 데서 혁명이 시작된 것이기 때문에, 공동생활의 질서와 정의의 질서를 세우기 위한 법은 애당초 서로의 약속이고 합의이며 계약인 것이다. 법이 정의와 이성에 따르기 때문에 유효하다는 것은 시민혁명을 정당화하기 위한 하나의 의제이다. 근대 정치제도는 바로 그러한 의제 위에서 정립된 것이다. 만일 이 정의를 배반하면 폭군이 되고, 약속을 배반한 폭군은 어느 누구도 복종할 의무가 없어지므로 인민에 대한 반역자로서 처형한다는 것이 청교도혁명 당시 찰스 1세를 단죄해 처형하게 한 혁명 의회의 판결 내용이었다. 1688년 명예혁명에서는 왕을 처형하지 않고 국외로 추방시키는 대신 딸과 사위가 국회에서 공동의 왕으로 추대되어 의회가 인민을 대표해 제시한 조건을 받아들이기로 함으로써 사건이 마무리 지어졌다. 그 문서가 「권리장전」(權利章典)*이다. 이러한 몇 차례의 역사적 사건을 비롯한 시행착오를 통해, 정치세계에서 사람은 불완전한 야심과 허영 덩어리라는 것이 증명되었다. 누가 권력자가 되든 법과 제도의 테두리 안에서 시민의 자유와 사회의 질서를 이룩해 나가야 한다는 세속적 정치의 지혜를 배우게 된 것이다. 영국 사람들의 이러한 정치적 성숙은 역사적으로 볼 때 대단한 발전이다. 자유로운 주체로서 시민의 정치적 성숙이란 과제는 그 나라의 사정에 따라 다르고, 그것을 이루어 내기란 아주 어려운 것임을 우리는 역사를 통해서 알 수 있다.

영국이 선진적인 입헌주의의 모국으로서 명예를 누릴 수 있었던 것은 정치적 자유제도란 한꺼번에 완전하게 이룰 수 없으며, 과욕을 부리면 자칫 모든 것을 잃을 수도 있다는 것을 경험을 통해 배워 성숙하고 슬기롭게 제도를 수립했기 때문이다. 13세기 마그나카르타*를 제정해서 군주가 약속을 지키도록 하는 제도를 만들기 시작한 이래, 군주도 인간이기 때문에 얼마든지 변덕스럽고 야비하게 변할 수 있음을 알고 평소 정상적 제도를 통해서 대비한 것이다.

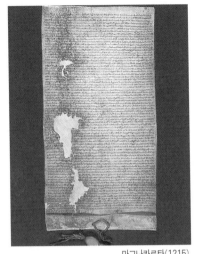

마그나카르타(1215)

정치적으로 미숙하고 몽매한 민중일수록 정치 권력자를 맹종하고 신격화시켜 스스로 노예가 되는 것을 볼 수 있다. 그렇지만 인간은 결국 인간일 수밖에 없다. 네로만이 폭군이 아니라 권력자는 누구든 네로 같은 폭군이 되거나 그 이상의 정신착란에도 빠질 수 있음이 이미 인간의 행적과 역사를 통해 확인되었고, 바로 그러한 바탕 위에서 제도를 마련해야 한다. 이 기본 관점을 전제로 한 것이 근대 정치제도의 권력관이다. 헌법이라는 이상과 제도는 시민의 힘을 배경으로 권력자를 법의 규제 하에 두려는 정치제도이다. 결국 헌법제도는 권력자에 대한 철저한 불신에서 세워진 것이다. 권력에 한계와 책임을 부과하고, 항상 감시·비판하며 탄핵할 수 있도록 국민의 정치수준과 역량을 촉구하는 제도이다. 따라서 이 제도를 어떻게 마련하여 잘 가동하는가는 한 시대, 한 나라의 국민의 정치수준을 측정할 수 있는 리트머스 시험지가 되고 있다.

그러므로 영국의 입헌주의 제도가 서방 나라들에서 어떤 모습을 띠고 나타나는지를 살펴보아야 한다. 헌법과 헌법 정치를 통해 우리는 각 나라의 각양각색의 정치 문화의 현장을 보게 된다.

'자유의 기술'로서 각 나라의 헌법 만들기
—근대 헌법의 유형과 현대 헌법의 발전

미국·프랑스 시민혁명의 사상과 헌법

우리는 근대 헌법이라고 하면 보통 18세기 양대 시민혁명인 미국과 프랑스 혁명을 계기로 제정된 성문헌법을 꼽는다. 그 이유는 다음과 같다. 17세기 영국의 시민혁명, 특히 근대 영국 입헌주의의 초석을 이룩한 명예혁명은 봉건적 지배체제를 단번에 뒤집어 바꾸지 않고 왕과 귀족 및 상층 시민이 체제 안에서 서로 양보·타협하여 봉건 법제를 보완하는 데 그쳤다. 명예혁명을 정당화한 이론적 근거는 존 로크*의 자연법사상이지만, 법제 면에서는 「헌법전」이라고 하는 성문의 체계화된 법전을 새로 꾸미지 않은 채 자유와 권리를 확인한다는 영국의 조상 전래의 형식을 따랐다. 이 점이 미국과 프랑스 시민혁명의 헌법제도 구성과 아주 다른 점이다.

미국 독립선언서(1776)

아메리카 식민지 13주가 영국의 본국 정부로부터 이탈해 새 나라를 세운 미국의 독립혁명(1776) 또한 그 정치적 정당성을 자연법의 사상에서 구했으며, 그에 따라 새로 체계화된 법전으로 각 주 헌법과 연방헌법을 만들었다. 프랑스혁명도 봉건적 구체제의 부당성을 거부하는 봉기로부터 비롯되었으므로 (혁명 초기에 군주제를 용인하긴 했지만) 자연법사상에 따른 새로운 정치체제의 창건이나 다름없었고, 인권선언(1789)과 혁명헌법(1791)이 잇달아 법전의 체제를 갖추어 만들어졌다.

존 로크

여기서는 시민혁명의 사상, 다시 말해 헌법의 사상과 그 내용을 돌아보기로 하자.

미국의 혁명이 프랑스혁명에 앞서 발발했고 미국혁명에 참가한 프랑스 사람들을 통해 혁명사상의 영향을 받았지만 두 개의 혁명에 직·간접적으로 아주 크게 영향을 미친 시민

사상은 존 로크의 정치사상이다. 이미 말했듯이 로크는 명예혁명을 이론적으로 옹호하기 위해 『시민정부론』을 썼다. 이 책의 내용이 바로 고전적 시민 민주주의 이론의 요약이니 간단하게 살펴보자. 이 책은 두 개의 논문으로 이루어졌다. 전편의 논문은 구세력인 왕당파의 정치적 이론인 왕권신수설(王權神授說)과 가산국가관(家産國家觀, 또는 가족국가관)을 논박하는 것이다. 동서양을 막론하고 왕(천자)의 지배권(권력)은 신(하늘)이 내린 것이라고 해서 지배를 정당화하고, 왕에게 신비적 권위를 부여해왔다. 여기에 더해 왕을 가족의 어른인 가장에 비유, 친근하고 자애로운 어버이의 모습으로 내세움으로써 신민을 복종시키고, 권력기구로서 국가의 속성을 은폐했다.

로크는 종래 왕당파의 낡은 왕권 신격화 이론과 미신적 사상을 성경의 근거와 조리(條理)에 비추어 아무런 근거가 없다고 논파해 버렸다. 왕의 권위에 묶인 정신적 노예의 사슬을 끊어 버린 것이다. 그렇다면 왕권과 국가라는 권력기구는 왜 만들었는가, 그리고 그것은 어떠해야 하는가 하는 문제가 제기된다. 후편의 논문은 바로 그것을 해명하는 것이다.

국가가 생겨나기 이전의 상태를 로크는 자연 상태(自然狀態)라고 했다. 그렇다고 홉스처럼 이 자연 상태를 '만인에 대한 만인의 투쟁 상태'라고 보지는 않

았다. 사람에게는 사교성이 있어서 서로 협조할 수 있고, 이성을 지닌 인간으로서 인식할 수 있는 자연법이 있다. 법(실정법)이 나라에서 만들어지기 이전의 자연법은 생명, 자유 및 재산에 대한 권리인 천부인권을 내용으로 한다. 자연 상태에서 각 개인은 이 자연법의 질서에 따라 권리를 누려 왔다. 그런데 사회 구성이 복잡해지고 분업화되면서, 더욱이 화폐의 제작, 보급으로 많은 재물을 축적한 사람과 그렇지 못한 사람들이 나누어지면서 갈등이 일게 된다. 이 갈등은 각자의 임의와 선의로 해결될 수 없기 때문에 인민은 사회계약을 통해 권력기구를 만들기로 합의 또는 동의한다('사회계약과 국민주권 원칙에 의한 국가 구성의 원리'). 로크의 이권분립론(二權分立論)*에 따르면, 이렇게 만들어진 권력기구는 입법권을 담당하는 상하 양원의 국회와 집행권을 담당하는 왕으로 구성된다. 이 권력기구의 목적은 신민의 자연권인 천부의 인권 보장에 있으므로, 만일 정부권력자가 본래 약속을 어기고 신민의 인권을 침해·유린하면 저항권을 행사하여 새로운 정부를 수립할 수 있다. 이 이론을 미국의 독립선언서 첫머리에서는 다음과 같이 말하고 있다.

> 우리는 스스로 명백한 진리로서 다음의 사실을 확신한다. 모든 인간은 평등하게 창조되었고 조물주에 의하여 일정한 불가양의 천부의 권리를 부여받았으며, 그 가운데는 생명, 자유 및 행복을 추구할 권리가 있다고 하는 것을. 그리고 이러한 권리들을 확보하기 위하여 인류 사이에 정부가 조직되었다는 것. 그리고 그 정당한 권력은 피치자의 동의에서 유래한다는 것이다. 그리고 어떠한 정치형태라고 할지라도 민일 위에 든 목적을 침해했다면 인민은 그러한 정부를 개폐하고 그들의 안전과 행복을 가져올 수 있다고 인정되는 주의(원리)를 바탕으로 하여 또 적당한 권한의 기구를 갖춘 새로운 정부를 조직할 권리가 있다.(1776년 미국 독립선언 두 번째 구절에서 인용)

1789년 프랑스 인권선언 제2조는 이
점을 보다 간결하게 정하고 있다.

프랑스 인권선언문(1789)

[제2조] 모든 종류의 정치적 단결
의 목적은 인간의 불멸의 자연권을
보존하는 데 있다. 이러한 권리란
자유·소유권·안전 및 압제에 대
한 저항이다.

위에 든 근대 시민혁명 사상에 따라
근대 시민헌법은 탄생했다. 그것은 역사
에서 인간 해방의 일보 전진을 뜻하는
발자취이다. 그리고 근대 헌법은 '자유
의 기술'에서 출발한다. 프랑스 인권선
언은 자유제도로서 헌법이 갖추어야 할 요건을 다음과 같이 분명하게 정했다.

[제16조] 권리의 보장이 확보되지 아니하고 권력의 분립이 정해지지 아니한
사회는 헌법을 가지지 않는다.

근대 헌법이라 하면 인권선언 또는 권리장전과 그를 보장하기 위한 통치 조
직의 원리로서 권력분립의 원칙*이 반드시 있어야 한다.

근대 시민헌법의 내용을 보면 먼저 권리장전에서 봉건적 특권세습을 타파,
시민이 법 앞에 평등함을 선언하고, 자유권으로서 신체의 자유, 정신적 자유,
소유권을 비롯한 경제·사회적 자유, 그리고 청구권으로서 재판권과 청원권을
정하고 참정권을 명시하고 있다. 다음으로 권력 구조에서는 자유 보장의 조직

원리인 권력분립의 원칙에 따라 의회를 국민대표기구로 해 민의(民意)를 반영하도록 하고, 법의 보장제도로 사법부의 재판권을 독립시켜 놓았다. 그 밖에 인권과 민주주의의 조건이 되는 평화 질서를 보장하기 위해 국제평화주의를 선언했다. 마지막으로 근대 시민헌법은 인권의 불가분의 일부인 저항권을 확인해 국민이 나라의 주인으로서 어떠한 헌법 파괴의 권력 찬탈자도 용납해서는 안 된다는 것을 분명하게 천명하였다.

외견적 입헌주의 헌법

근대 헌법이 서방 정치사회 발전의 산물이라고 하지만, 각 나라마다 발전의 모습에는 차이가 있었다. 헌법의 역사에서 볼 때 시민계급이 정치적으로 개혁을 주도할 수 있을 정도로 성숙했던 나라에서는 시민헌법의 체제가 갖추어졌다. 그러나 영국, 미국, 프랑스, 네덜란드 등 이외의 서방 나라에서는 시민헌법을 만드는 시민혁명의 단계까지 갈 정도로 정치적으로 성숙되어 있지 못했다.

그 대표적인 사례로 독일을 들 수 있다. 독일은 19세기 전반기까지 수십 개의 제후국으로 분열된 봉건 구체제 단계에 있었다. 정치·경제의 후진성으로 구세력이 집권하고 있었지만, 프랑스혁명의 영향으로 점차 발흥하는 시민계급의 각성과 정치적 요구를 언제까지나 억압·회유만 할 순 없었다. 독일의 제후국가들이 위로부터 일부 개량을 시도하기도 하였으나, 결국 1848년 2월, 프랑스혁명을 계기로 독일에서도 혁명이 일어났다. 프랑스혁명의 감격과 의욕에 넘친 일부 상공업자와 시식인, 학생, 노동자들은 독일에서도 혁명을 완성시키고자 프랑크푸르트 교회에서 국민회의를 개최하고, 「프랑크푸르트 헌법안」으로 알려진 헌법을 만들어 프로이센 왕에게 입헌군주로서 참여하길 요청하였다. 그러나 그 요청은 거절되고 혁명의회는 봉건 구세력의 총칼 앞에서 해산되고 말았다. 시민계급의 헤게모니는 공중분해된 것이다.

어째서 그랬을까? 혁명은 적대되는 계급 사이의 생사를 건 실력대결이다. 그러나 정치적으로 미숙하고 취약한 독일의 시민은 혁명의 청사진으로 헌법이란 모범 답안을 만드는 데 자족하였다. 그 모범 답안이 살아남기 위해선 봉건세력의 심장을 강타해 그들의 군사력을 소멸·해체시켜 시민을 무장시키고 공공기관을 접수해 혁명 정권을 세우며 재정·금융·교통·통신의 중추부를 혁명세력이 신속하게 장악해야 했는데, 현실 정치의 세계에서 독일 시민은 미성년자에 지나지 않았다. 이 점이 혁명을 치러낸 영국·미국·프랑스의 시민계급과 다른 점이다.

한편 시민혁명을 무력으로 저지한 독일의 구세력은 헌법 정치를 요구하는 시민계급과 대중의 요구를 더 이상 지체시키거나 묵살할 수 없다는 것을 알고 외견적 형식만을 갖춘 절름발이 헌법을 내놓았다. 그렇게 나온 것이 1850년 프로이센 헌법, 1870년 독일제국 헌법이었다.

이 두 개의 헌법이 외견적 입헌주의(外見的立憲主義)* 헌법의 표본에 가까운 것이기 때문에 그 내용과 특징을 간추려 살펴보기로 하자.

첫째, 시민헌법 사상의 혁명성은 시민계급의 정치적 주도와 그것을 사상적으로 정당화하는 자연법적 천부인권과 저항권의 사상에 있었다. 구세력은 위의

1850년 프로이센 헌법에 선서하는
프리드리히 빌헬름 4세

기본적 원칙은 양보하지 않고 헌법 제정에 대한 국민 대중의 요구만 들어주는 가면적 양보로 기득권을 고수하려고 했는데, 그렇게 헌법을 조작해서 만들어낸 작품이 외견적 입헌주의 헌법이었다. 이 헌법은 첫째, 군주 권력을 고수하기 위해 국민의 손으로 헌법을 제정하는 형식(민정헌법, 民定憲法)을 피하고 군주가 신민에게 헌법을 은혜롭게 하사하는 형식(흠정헌법, 欽定憲法)을 갖추었다.

둘째, 미숙한 정치의식과 법철학의 빈곤을 이용해, 법이란 어디까지나 국가기관이 제정하는 것이며 자연법은 비과학적이라는 법실증주의(法實證主義) 사상에 입각해서 천부인권과 저항권의 이념과 제도를 법학과 헌법의 전당에서 추방해 버렸다. 그리고 인권의 주체도 인간과 시민이란 보편적 권리주체가 아니라 '프로이센 국민'을 내세워 주체와 객체를 전도시켰다.

셋째, 입헌주의 정부기구의 핵심인 의회를 명목상 구성하되, 구세력의 거점으로 삼기 위해 그 국민 대표성을 철저하게 형식화·장식화시킨 채 귀족과 군주의 대리인이 주역을 담당하게 했다. 즉 상원은 보수 일색으로 구성하고 하원 선거에서는 보통선거를 배제했다. 그리고 이러한 군주의 주도를 국민주권 사상으로부터 지키기 위한 이론적 보호막은 국가법인설(國家法人說)*이었다. 이에 군주의 긴급명령과 독립명령으로 국회 고유의 입법권에서 알맹이를 빼버리고 제국의회의 소집 주재자를 군주로 정하여 왕권의 권위를 국회의 권위 위에 두었다.

넷째, 구세력은 군사권과 재정권을 그대로 군주의 권한 안에 두는 데 성공하였다. 아울러 관료를 군주의 신하로 묶어둠으로써 국가적으로 보수 세력의 기반을 굳혔다. 먼저 군의 최고사령관이 군주가 되고 군의 통수권이 군주에 귀속되도록 해 문민통제가 통할 수 없게 했다. 또한 '예산법률주의'의 원칙에 따라 재정을 국회가 통제할 수 없도록 각종 예외를 설치했다. 그리고 관리를 국민의 공복이 아니라 군주에게 직접 예속된 신하로 삼고 의회와 법원의 각종 통제권 밖에 둠으로써 특권화시켰다. 이 이론이 독일공법의 특별권력관계론(特別權力關係論)*이다.

서방 나라 중에서도 제정 러시아는 1860년 농노해방을 명목으로 내세운 개혁에 실패하였다. 1905년 혁명으로 두마(의회)를 설치하지만 그것도 곧 폐쇄되고, 1917년 혁명을 향해 곤두박질해갔다. 결국 러시아는 외견적 입헌주의 헌법조차도 가져보지 못한 채 1917년 시민혁명을 맞이했다. 그렇지만 시민세력은 국민 대중의 지지를 받지 못하고, 노동 대중의 지지를 이끌어 내는 데 성공한 사회민주당 좌파(볼셰비키)가 10월 혁명*과 사회주의 혁명으로 정

러시아 10월 혁명

권을 장악해 시민정치의 종말을 맞기에 이르렀다.

일본의 메이지 헌법과 한국 헌법에 미친 영향

비서방 나라들 중 서구 열강의 문호개방 압력에 굴복해 그들과 불평등조약을 맺고서 식민지 또는 반식민지가 되지 않은 나라가 유일하게 일본이다. 일본은 봉건 바쿠후(幕府) 체제 하에 있을 당시인 1853년 페리가 이끄는 미국 함대의 함포 외교의 위협에 의해 문호를 개방하고 불평등조약을 맺었다. 물론 당시의 일본도 다른 아시아 나라들처럼 서양 제국주의 열강의 식민지가 될 위험은 충분히 있었으나, 국내외적 제반 조건이 다행히도 독립 자수 노선을 가능하게 해주었다. 우선 내적인 조건으로, 일본은 17세기 임진왜란 당시 서양 조총을 사용하고 기독교 선교사를 대동할 정도로 서방과의 접촉이 있었다. 이러한 접촉이 과학, 기술, 산업 등 문물을 점차 받아들이는 예비 단계를 마련해주었다.

그리고 무엇보다 일본의 봉건 지배층은 1840년 아편전쟁*에서 교훈을 얻을 정도로 정세를 잘 판단했고 현실을 자각한 일부 무사층의 개혁이 시도되었으며 그것이 이루어졌다.

왕권 중심의 통일국가체제를 이루는 메이지유신*이란 개혁이 성공할 수 있었던 외적 여건도 살펴보아야 한다. 19세기 중엽을 전후해서 서구 제국주의 열강들이—영국은 인도의 세포이 반란,* 프랑스는 베트남 침략과 청불전쟁,* 러시아는 크리미아전쟁*의 패전과 농노해방의 격동기, 독일은 보불전쟁과 통일제국 건설, 미국은 남북전쟁 등—각기 당면한 자기 문제에 얽매여, 극동의 일본과 조선에 제국주의 열강의 힘이 미치지 못하는 공백 지대가 형성된 시기가 있었다. 일본은 이 기회를 적절히 활용해서 서구식 근대국가로 발돋움하는 데 성공했다. 조선은 쇄국 정책을 고집하다가 서구 제국주의의 전초 헌병이 된 일본 제국에게 문호를 개방해 반식민지가 되었다.

일본이 서방 국가와의 관계에서 불평등조약을 해소하기 위해서는 먼저 법제를 서구 열강이 인정하는 '문명국 수준의 법제'로 개혁·정비해야 했으며, 그 일환으로 나라의 기본법인 헌법도 새로 만들어야 했다. 메이지 헌법(원명: 大日本帝國 憲法)은 이토 히로부미(伊藤博文)가 주로 독일과 오스트리아 등의 외

메이지 시대 국회 개설을 요구하는 청원서 (1880), 일본 국회도서관 소장

「대일본제국 헌법」(1889), 제1조에 "대일본제국은 만세일계의 천황이 통치한다"고 명시되어 있다.

견적 입헌주의 헌법을 모방해서 만들어 1889년에 공포한 것이다. 그 때에는 이미 헌법 제정과 의회의 개설을 요구하는 민권운동이 폭동에 이르러 더 이상 지체시킬 수 없는 사정도 있었다. 민간에서는 자유 민권의 헌법안을 개인이나 당파에서 만들어 제시하기도 했다. 이러한 움직임을 제압하기 위해 비밀리에 만든 이른바 「대일본제국 헌법」은 독일의 프로이센 헌법이나 독일제국 헌법보다 더욱 전근대적이고 절대주의적인 신권적 헌법이었다. 여기서 그 몇 가지 특징을 살펴보자.

먼저 메이지 헌법은 군주주권의 헌법이다. 그 주권의 근거는 신의 자손인 천황가의 자손이 만세일계를 이루어서 일본을 지배한다는 데서 온다(대일본제국 헌법 제1조). 서양의 시민혁명에서 이미 청산된 왕권신수설이 더욱 신비화·신격화된 절대군주제 헌법이다. 천황은 통치권의 총람자(總攬者)로서 제국 헌법에 따라 통치한다고 되어 있지만(대일본제국 헌법 제4조), 실세의 관행이 어떠하든 모든 통치행위의 근거가 궁극적으로 천황이란 절대군주로부터 나오고, 또한 그에게 귀속된다. 제국의회와 제국재판소가 모두 천황의 통치 하에 있는 것은 제국 대신들과 마찬가지였다.

메이지 왕

신권주의(神權主義) 또는 신칙주권(神勅主權)에 따라 모든 정치권력의 정당성과 합법성이 천황제 권력에서 유래되기 때문에 자연법에 따른 인권이나 저항권은 설 자리가 없다. 제국신민의 권리와 의무는 법률의 범위 안에서 인정되며, 그 권리는 긴급칙령과 계엄령, 각종 법률유보규정과 독립명령 및 군의 통수에 따른 조치 등에 의해 제한될 수 있다. 제국신민은 천황의 적자로서 봉사하는 수동적 지위를 가진다. 집안에서는 어른, 마을에서는 장로 그리고 국가 사항은 제국 관리의 명령과 지도를 따르는 관헌 국가체제였다.

일본 제국은 군사적 침략을 통해 발전한 전쟁 국가였으므로 제국 헌법상 군의 통수권과 지위에 대한 문민통제의 부실로 말미암아 군벌국가로서 결국 멸망으로 치닫게 된다. 1920년을 전후한 시기에 '다이쇼(大正) 데모크라시'라고 하는 민본주의의 시기가 있었으나, 대륙 침략에서 경제 불황의 활로를 찾으려는 군부 실세의 전쟁 추진으로 말미암아 다시 암흑의 시대, 전쟁과 침략의 시기가 1945년 파국에 이르기까지 지속되었다.

여기서 주목할 것은, 일본 제국이 가장 군국주의적이고 파시즘적이던 1930년대부터 1940년대에 이르기까지 일제 치하에서 고등교육을 받은 지식인이 친일파이든 친일파가 아니든 해방된 조국에서 상당한 역할을 담당하게 되었다는 점이다. 1948년 헌법을 기초한 유진오도 식민지의 제국대학을 나온 인텔리로서, 그의 친일 행적을 따지지 않는다 해도 그가 만든 헌법에는 메이지 헌법의 잔재가 남아 있음을 볼 수 있다.

이제 우리의 헌법학과 헌법 사상, 헌법 제도에 남아 있는 메이지 헌법의 잔재를 비판적으로 살펴보기로 하자. 일제 식민지하의 법학은 관료 양성과 관료

의 민중 지배를 위한 기술학이
었다. 다시 말해서 시민법학이
아니었다. 이러한 전통은 우리
의 관리등용제도가 일제식 고
등문관시험제도를 본뜬 고등고
시제도를 따르면서 확고히 자
리 잡았다. 무엇보다 한국 대학
의 법학계를 지배한 주역이 일

1960년대의 고등고시 사법과 시험장 광경

제시대의 제국대학 출신자나 고등문관시험의 등용문을 거친 친일관료였기 때
문에, 일제 말기 전시하의 파시즘적·국권주의적 이론과 사상조차도 철저하게
비판·청산되지 못한 채 앙금처럼 밑바닥에 깔려 있었다. 건국 후에도 일제 법
령을 그대로 사용하고 일본 법학 교과서가 그대로 쓰이게 되면서 이런 현상은
더욱 심화된다. 1970년대 구미 유학생의 증가로 사정이 달라졌다고 하지만,
학문이란 원래 그렇게 비약적으로 발전할 수 없는 까닭에 아직까지도 쉽게 풀
리지 않는 어려운 문제로 남아 있다.

긴급명령과 계엄 및 위수령제도는 메이지 헌법의 잔재로 통치권자의 우월성
이란 신화에 기초한 국가긴급권제도를 그대로 따라 행한 것이다. 또 예산제도
는 메이지 헌법의 잘못된 부분만을 받아들여 준예산제도 및 행정부가 주도하
는 예산 편성 제도로 굳어졌다.

특히 군사정권 30여 년의 집권은 군에 대한 문민통제를 거세했고, 지금도
국방장관은 예비역 장성이어야 한다는 관행은 메이지 헌법의 군부대신제를 복
제해 놓은 격이 되고 말았다. 무엇보다도 관료 주도의 경세개발을 거치면서 독
일식·일제식 특별권력관계론의 뿌리는 그대로 지속되어 관료주의적 폐습의
온상이 되고 있다.

문제는 우리의 헌법이 관료의 민중 지배 기술이 아닌, 시민의 자유의 기술이

되기 위해서는 앞으로 어떻게 해나가야 하는 것인가이다.

20세기 현대 헌법의 전개

18세기 시민혁명을 거쳐서 근대 입헌민주제 헌법의 모델을 지속적으로 발전시킨 예로 영국과 미국의 헌법을 들 수 있다. 한편 프랑스 헌법의 경우는 1791년 혁명헌법 이래 군주제에서 공화제로, 공화제에서 나폴레옹 제정을 거쳐 다시 군주제로, 그 군주제가 다시 1848년의 혁명으로 공화제가 되었다. 그 후 1850년 나폴레옹 3세의 쿠데타로 다시 제정으로 되었다가 1871년 파리코뮌* 당시 노동자 정부의 헌법을 시험한 후 다시 시민적 의회제인 공화제로 돌아갔다. 이처럼 한 나라의 헌법의 변천 과정은 복잡하다. 여기선 발전의 큰 줄기를 유형별로 살펴보자.

우리는 러시아 10월 혁명으로 이질적 비자본주의 사회체제인 사회주의 헌법(소비에트 연방헌법)이 탄생한 1918년을 현대 헌법의 기점으로 삼고 있다. 이 사회주의 헌법의 탄생은 수정자본주의 복지국가의 헌법인 바이마르 헌법*의 제정을 불러왔다.

위 두 헌법의 근본적 상이점은 다음과 같다. 첫째, 사회주의 헌법에서는 주요 생산수단의 공유를 원칙으로 하는데 자본주의 수정 헌법은 예외적인 국공유화를 일부 인정한다. 둘째, 경제 질서에서 전자는 계획경제이고, 후자는 수정 자본주의, 즉 일부에 대한 통제를 인정하는 사회적

소비에트 헌법 제정일 기념 포스터

시장경제를 따른다. 셋째, 특히 권력구조에서 사회주의는 프롤레타리아 독재를 따라 일국일당(一國一黨) 및 소비에드 권력 집중제를 취하지만, 자본주의 수정헌법은 시민적 국가구조인 권력분립제와 의회제도 및 복수정당제를 보장한다. 넷째, 사회주의에서는 「근로하고 착취 받는 인민의 권리선언」(1917)에서 보듯이 계획경제라는 국가 통제를 바탕으로 노동자계급 본위의 기본권이 보장된다. 그러나 자본주의

독일연방공화국 헌법(1949)

헌법은 노동자의 기본권을 인정하고 복지정책을 취했다. 이는 자유권을 기본으로 하여 공존·조화의 관계를 전제한 기본권 체계를 따르고 있음을 보여준다.

이렇게 양대 체제로 이분된 현대 헌법은 2차대전의 종전을 계기로 더욱 복잡한 전개를 맞이한다. 후진 자본주의 국가로서 파시즘화되었던 독일, 일본 및 이탈리아 헌법은 이를 청산하고 자유와 복지 및 평화를 더욱 강조하는 민주헌법으로 새롭게 개정된다. 분단된 독일의 서방측 나라인 독일연방공화국의 헌법(1949)은 나치즘에 굴복한 전철을 반성하여 자연권적 인권을 재확인하면서 저항권을 명시하게 된다. 또 사회권 보장을 위해 복지국가를 지향하는 규정을 두고 헌법 보장을 강화하기 위해 헌법재판소 제도를 두었으며 평화주의의 일환으로 병역 거부 조항까지 두었다. 아울러 독일은 나치 전범을 공소시효 없이 무한 추급하는 조치를 통해 과거 청산의 의지를 분명히 하였다. 그러나 일본 헌법(1946)은 명목상으로 평화주의를 강조하고(제9조, 재무장 포기의 절대평화

주의), 기본권을 강화하여 군주주권에서 국민주권으로 전환한 민주헌법을 정비했으나 그것은 구호에 그쳤다는 인상을 준다. 전후 일본은 냉전 기류를 타고 전범 재판 등 자체적인 파시즘 청산 작업을 기피 또는 거부한 채 한국전쟁의 경기 특수를 타고 경제대국으로 성장하면서 재무장과 보수화·반동화의 길로 나아갔다.

한편 사회주의 헌법을 채택한 나라는 동구권의 사회주의화와 아시아에서 중국과 베트남의 공산화 등으로 전후의 냉전 구조에서 일대 세력화되었다. 그러나 계획경제의 관료주의적 억압체제가 군비증강 등으로 파국에 이르면서 결국 1989년 베를린 장벽 붕괴를 계기로 동구의 여러 나라들이 해체되었고, 1991년에는 소련체제의 해체가 잇따랐다. 현재 사회주의 헌법체제를 고수하고 있는 나라로는 중국과 베트남, 북한 및 쿠바 등을 꼽을 수 있다.

현대 헌법으로 우리와의 관계에서 지나쳐 버릴 수 없는 것은 라틴아메리카 '쿠데타 국가'들의 권위주의 또는 신 대통령제 헌법들과 제2차 세계대전 후의 아시아 및 아프리카 신생국가들의 헌법이다. 이들 나라는 서구의 기준으로 보면 시민적 민주주의의 정착에는 실패하고 쿠데타를 통해 군부나 과두집단이 집권한 체제로서, 현상적으로 외견적 입헌주의 같은 사이비 헌법 국가로 존재하고 있다. 아시아의 신생국가 중 비교적 성공한 인도도 국내의 사회적 모순과 갈등 구조 속에서 네루 집안 3대의 집권을 거쳐왔다. 그 밖에도 수하르토의 종신 집권으로 유명한 인도네시아나 마르코스 이후에 다시 마르코스의 망령이 살아나는 필리핀, 전면적 민주제도의 채택을 기피하면서 통제적 관료 지배의 소도시 국가로 경제 성장에 성공한 싱가포르, 그와 유사한 대만 등 무수한 유형이 있다. 이들 나라에서는 한국의 군사정권과 비슷하게 '개발독재'의 범주에 속하는 유형을 흔히 볼 수 있다. 그러나 이들 나라의 헌법 정치 현상을 서구적 헌법 용어로 쉽게 규정하기란 어려울 것이다.

법학과 헌법 그리고 헌법 정치의 모습

법해석학과 사회과학

　법학이라 하면 우리가 대학에서 배우는 실정법인 헌법을 비롯한 민법·형법·상법 등에 대한 법해석학을 말한다. 헌법 강좌라 하면 「대한민국 헌법」(1948)을 기초로 하여 기본법 전반의 의미를 체계적으로 이해함으로써 시민 생활에 필요한 국가 운영의 권리와 의무에 관한 기본 지식을 가르치는 것이다. 좀더 전문적으로는 행정 관료로서 법집행의 지식을 얻거나, 재판관, 검찰관 및 변호사 등 재판규범으로서 헌법의 전문지식을 습득하기 위한 사람들을 대상으로 한다. 법학의 한 분과로서 헌법 해석학은 근대 시민사회에서 발전된 특수한 법학 체계에 속한다.

　물론 법학은 중세에도 의학 및 신학과 함께 3대 학문의 지위에 있었으며, 중세 말기의 로마법 주석은 근대 해석학의 선구가 되었다. 하지만 현대 법학의 방대하고 치밀한 해석학의 완성은 프랑스혁명 후 시민 법전이 성문화됨으로써 본격화된 것이다. 이러한 법해석학은 그 성격상 영원한 진리를 추구하는 것이 아니라, 당장 국가 운영이나 재판에 필요한 법의 해석·적용의 기술을 습득하는 것이 목적이므로 우선 실용성과 응용성을 특징으로 한다. 다음으로 사회과학의 일부인 것 같으면서 다른 사회과학과 달리 규범과학의 성격을 갖는다. 사회현상의 법칙을 탐구하는 본래의 사회과학보다는 경전 주석학에 더 가깝다고 보면 된다. 헌법이 정치적이듯이 헌법 해석학은 대단히 정치적이다. 관료의 민중 지배 기술학이냐, 그렇지 않고 시민 자유의 기술학이냐에 따라 그 성격은 판이하게 달라진다. 앞서 지적했듯이 일본 제국의 관료 법학의 태내에서 성장한 한국의 해석학은 관료주의적 잔재가 아직도 많다.

헌법과 다른 법과의 관계

헌법은 나라의 기본법이라고 한다. 나라가 있으면 그 나라의 통치 질서를 정하는 기본법이 있게 마련이다(고유 의미의 헌법). 그러나 우리가 말하고자 하는 헌법은 나라의 기본법이면서 동시에 근대 입헌주의의 이상에 따라 제정된 헌법을 가리킨다(근대적 의미의 헌법). 이러한 근대적 헌법은 인권 존중에 바탕을 두고 권력의 한계를 정하고 있다는 점에 특징이 있다. 또 근대적 헌법은 최고 법규로서 그 효력을 다른 법의 우위에 둠으로써 헌법이 정하는 이상과 질서를 국가 차원에서 보장한다. 헌법을 최고 상위 규범으로 두고 그 아래 법률(법률과 동위에 있는 긴급명령, 국제 법규 등), 명령(행정 입법으로서 위임명령과 집행명령, 대법원 규칙 및 국회 규칙 등), 자치법규(조례와 규칙)와 행정규칙, 각종 행정부의 내규, 훈령 등의 서열 구조가 이루어져 있다(법단계설, 法段階說). 최고 법규로서 헌법은 하위 각 부문의 법률의 원리 원칙에 관한 규정을 명시하고 있는 경우가 많다. 나라의 정치에서 중요하게 강조할 각 부문의 법률사항을 헌법에 직접 정하는 것이다. 예를 들면 형법의 일반 원칙인 죄형법정주의(罪刑法定主義),* 형사소송법의 일반 원칙인 인도적 형사절차와 적법한 형사절차의 준수, 무죄 추정의 원칙 등이 헌법에 직접 규정되고 있다. 기본권 부문에서도 사법의 원리인 소유권 존중과 자치, 노동관계법의 기본 원칙인 노동삼권의 준수 등이 헌법에 규정되어 있다.

헌법과 정치

형법을 위반해도 사형에 처해지는데, 헌법을 위반해 쿠데타를 한 사람은 권력을 잡고 계속해서 헌법을 유린하고 있으니 헌법도 법인가? 이는 내가 1960년대 헌법을 강의하면서 개인적인 상담 형식으로 받은 질문이다. 1996년 검찰

볼테르

은 군사정권 주역에 대한 불기소처분 이유로 '성공한 쿠데타'는 내란이 아니라고 하는 기발한 법리(?)를 내세웠다. 처벌하자고 하는데 성공한 쿠데타로 이미 대통령이 되어 버렸으니 기정사실로 수긍해야 한다는 것은 힘의 논리에 굴복한 결과이다. 이것은 법적 허무주의이고, 나치의 집권 논리인 '힘은 법이다', 그리고 '힘을 가진 자가 만든 악법은 법이 된다', 다시 말해서 '악법도 법이다'라는 논리와 같은 것이다. 이러한 궤변적 논리는 근대적 자연법이 가르친 정의의 법질서와 악법에 대한 저항이라는 이념을 포기하는 법철학의 자살행위이다. 군사정권 30여 년은 법률가에게 힘의 논리에 굴복해서 법철학 자체를 포기하는 법적 허무주의를 심어 놓았다. 참으로 가슴 아픈 일이다.

헌법이 정치의 세계에서 당당하게 설 수 있는 길은 무엇인가? 헌법은 정치 권력자의 권력 행사를 규제하려고 하는 법이기 때문에 그 효력을 보장하는 장치도 정치적인 장치이다. 헌법 자체가 정한 정치적 제도 장치는 선거를 통한 심판과 탄핵소추와 해임결의, 재판과정에서 위법을 인정치 않는 것과 헌법재판에서 무효를 확인하는 것 등이지만, 직접 권력 행사자를 처벌하는 장치는 없다. 이러한 헌법의 효력 보장 장치의 한계성에 의문을 가진 사람은 많았다. 18세기 프랑스의 계몽사상가 볼테르는 민주정치란 '생쥐들이 고양이 목에 방울을 다는 공론'이라고 야유했다. 바로 그런 일이 벌어지지 않는 정치 문화를 만들어야만 한다. 헌법 자체가 정한 장치로선 그 이상은 묘책이 없다. 국민이 당파 집단을 통해 여론을 비롯한 각종 압력 수단을 동원해서 통제해야 하는 것이다. 최종적으로 저항권이라는 장치가 있는 것은 결국 국민 스스로가 헌법을 지키는 주체임을 의미하는 것이다. 결국 헌법의 효력은 정치 역학적 여건에 의존한다. 다른 법의 효력과 질적으로 다른 것이다. 이 점을 한마디로 말해 전후 독일의 학자는 국민의 '헌법에 대한 의지'라고 표현했다. 어떠한 표현을 하건 국민이 스스로 헌법을 정치 세계에서 지켜가야 된다는 말이다.

2장 | 한국의 입헌주의는 어떻게 이루어져 왔는가?

개항 이후 법제 근대화 투쟁의 좌절과 식민지화

1876년 불평등조약과 반식민지화된 조선

　조선왕조가 일본 제국주의의 함포외교에 의해 1876년 굴욕적인 불평등조약을 맺고 문호를 개방한 이래, 조선 지배층은 나름대로 자주적 근대국가의 체제를 구축하려는 노력과 투쟁을 해왔다. 그 중 하나가 서양의 근대적 법제를 수용하는 일이었다. 정치, 경제, 군사, 과학, 기술 등 모든 면에서 서양의 자본주의 문물을 받아들이는 일은 생존경쟁 시대에서 사느냐 죽느냐의 목숨을 건 투쟁이기도 했다. 세계사의 흐름이 서양의 자본주의 문명을 받아들여서 국민국가로 자립하지 못하면 결국 서방 제국주의의 식민지 또는 반식민지로 전락하는 노예의 운명을 강요했기 때문이었다. 동양의 정신문화가 서양에 비해 고결

1876년 강화도조약(병자수호조규)의
제1조 부분(왼쪽)과 유길준(위)

하고 우수하다는 자아도취 또는 자기위안의 헛소리가 통할 수 없는 절박한 상황이었다. 그런데도 우리는 쇄국의 울타리 속에서 문물을 받아들이기는커녕 근대 국제법의 기본상식도 없이 불평등조약을 맺었다. 일본 측과 조약을 교섭하면서 조선 측이 요구한 것은 조선이란 말에 '대'(大)란 글자를 덧붙여 달라는 헛된 자존심을 내세우는 것이었다. 영사재판권(領事裁判權)*을 인정하고 관세자주권(關稅自主權)*이 박탈되는 것이 무엇인지도 모르는 어리석은 짓을 했다. 뒤늦게 나라가 처한 입장을 알게 된 조선은 외국인 고문을 불러들이는 한편 적수의 나라인 일본의 도움을 받아 '개화'한다고 허둥대며 안간힘을 썼다. 당시 일본 제국은 영미 제국주의 국가의 앞잡이 역할을 자청, 극동에서 영미의 헌병 보조원 역할을 담당하고 있었다.

당시 조선에서 법제 근대화를 추진한 인물로 그 실적과 역량을 평가할 만한 이가 있다면 유길준을 들 수 있다. 친일파가 된 그는 일본의 후쿠자와 유키치(福澤諭吉)의 선각자적 역할을 애써 모방하려고 했고, 『서유견문』(西遊見聞)*이라는 책을 쓰기도 한다. 또 김옥균은 1884년 갑신정변으로 이를 시도하지만, 경솔하게 일제를 맹신한 그의 시도는 3일 천하로 끝나고 결국 밑으로부터의 개혁 시도는 일제가 가로채버린 결과가 되었다. 우리 스스로의 성숙된 힘과 자각된 결집이 부족했기 때문이었다.

1894년 농민 봉기와 일제의 개혁 주도권 탈취

1894년 갑오농민봉기가 확산되자 이에 당황한 정부는 청나라에 원병을 청했다. 청나라가 1884년 조약에 따라 출병을 통고하자 일본 정부는 기다렸다는 듯이 전쟁 준비로 대기시켜 놓은 병력을 출동시켜 인천에 상륙하고 직접 서울로 진군해 와 왕궁을 장악하였다. 친일 정권을 수립한 일본은 눈엣가시였던 청병을 토벌하기 시작하는 한편 내정간섭의 구실로 조선 정부의 국정 개혁을 요구하기도 했다. 일본 정부의 강요에 굴복한 우리 정부는 사실상 일본의 군사점령 하에 일본 주도의 개혁을 하게 되었으며 농민군 토벌도 일본군에 맡기는 결과가 되어 버렸다. 여기서 우리는 일본이나 서방 제국주의 열강이 조선에 대하여 국정의 개혁을 요구한 진정한 의도와 이유가 무엇인지 살펴보아야 한다.

제국주의 열강은 후진국을 자신들의 시장으로 개척하기 전에 상품 거래와 투자를 안전하게 할 수 있는 제반 조건이 갖추어져 있길 바랐다. 그러한 요건 중에 주요한 하나가 법제이다. 우선 시장경제질서의 안정성을 보장할 법제가 정비되어 소유권과 영업의 자유가 보장되어 있어야 한다. 또한 근대적 화폐제도와 표준도량형을 갖춘 국민국가가 확립되어 독립된 법원을 설치하고 그것을 정치적으로 지탱할 수 있는 정치제도가 있어야 한다. 아울러 근대적 관료기구와 근대적 조세와 재정제도로 유지되는 정부가 서야 한다. 일본 제국 정부는 조선에 서양 법제를 도입, 경찰과 감옥, 재판소와 세관을 비롯해 중앙관청과 근대식 군사제도에 이르기까지 많은 제도를 수용하는 데 주도적 역할을 했다.

야마가타 아리토모

그러나 일제의 의도는 조선을 시장으로 개척하는 것뿐만이 아니라 자신들의 식민지화, 예속국화하는 데 있었다. 일찍이 일본 정계의 지도자 야마가타 아리토모(山縣有朋)*는 조선 반도가 일본 방위를 위한 생명선이란 인식 아래 식민지화의 일정을 세워두고 이를 진행시켜 간 것이다.

우리는 근대 법학 100년을 일본 정부가 갑오개혁의 일환으로 법관 양성기관을 설립한 1895년을 시점으로 삼아 기념하고 있다. 법제 개혁이나 그 법제를 운영하는 법률가를 양성할 법학기관이 일제 주도 하 개혁과정에서 이루어졌다는 사실에 대해 반성하고 또 부끄러워해야 한다.

조선왕조는 1897년 국호를 대한제국(大韓帝國)이라 일신하고 헌법에 해당하는 「대한국제」(大韓國制)*를 만들어 종묘에서 서약하고 내외에 공포했다. 그러나 이 약식 헌법은 철저한 전제군주국의 헌법으로 입헌주의적 국가기관을 설치하려는 아무런 의도도 보이지 않았다. 이후 일본 제국 침략자들은 이러한 법제의 허점을 악용하여 외교권을 강탈하는 보호조약을 강요하였고, 나중에는 국권 전반마저 강탈해갔다. 결국 법제의 허점이 국권의 상실이라는 커다란 결과를 불러온 것이다.

일제에 의해 도입된 근대 법제—식민지 법제의 근대성과 전근대성

우리는 아시아에서 근대화의 우등생 격인 일본으로부터 근대 법제를 비롯한 서양문물제도를 배우려고 애를 썼다. 1884년의 갑신정변도 그러려니와 초기에 일본을 통해 개화를 구상하던 친일파도 대개 그러했다. 그런데 일본 제국과 그 민간 유지들은 대개 일본 국권의 신장이란 관점에서 조선의 개화를 구상하고 지지하였기 때문에, 우리의 주체적 자각과 국력이 취약한 상태에서 그런 노력은 아이러니하게도 일본 식민지화의 전단계로 이어져버렸다. 유길준, 김윤식 같은 선각자가 결국 친일파가

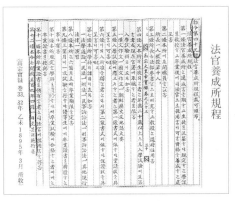

법관양성소 규정(대한제국 고종 칙령, 1895)

된 과정을 보면 알 수 있다. 특히 우리의 법제 근대화의 추진력은 청일전쟁 이후 완전히 일본 제국의 손아귀에 넘어가게 된다. 재판, 감옥, 경찰, 관세 등 당장 시급한 주요 법제가 일본에 의해 주도되었고 한국 법률가의 양성도 일제에 의존할 수밖에 없었다. 서양으로부터 직수입하기에는 언어와 글자의 장벽이 있었고, 더 크게는 우리에게 서양문물을 받아들일 아무런 준비가 없었기 때문이다. 결국 국제법에 무지하고 중국 중심의 국제관계를 이어왔던 우리의 외교적 취약점을 악용한 일제는 1905년 조선을 보호국화함으로써 식민지화에 성공했다. 이미 러일전쟁의 발발과 함께 1904년 일본 군대의 군사점령 하에 들어간 조선, 아니 대한제국은 사실상 일본의 식민지나 다름없었다. 1910년의 합병조약은 단순한 요식행위에 지나지 않는 것이었다.

1910년 공식적으로 일제 식민지로 전락한 조선의 법제는 통감의 지배로부터 일본 왕을 대신하는 조선총독의 지배로 바뀌게 된다.

일본의 식민지 경영은 청일전쟁으로 중국으로부터 대만을 강탈한 경험에 의해 이루어졌다. 식민지 조선에는 일본의 헌법이 적용되지 않는 식민지 특유의 법체계를 구성하는 것이었다. 조선총독은 일본 왕이 직접 임명하고 그의 소속 하에서 그를 대리하는 자로서, 식민지 최고의 절대 권력자이다. 총독은 조선인

의 반항을 군사적으로 제압하는 총책임자 격이었다. 현역 육군대장인 그를 정점으로 구성된 식민지 통치기구는 조선총독부였다. 조선총독은 식민지 최고의 입법권자로서 제령(制令)이란 형식의 명령으로 법을 만들 수도 있었다. 식민지 행정 단위는 중앙정부 격인 조선총독부에 각 부서를 두어 도·부·군·읍·면 단위의 지방행정기관을 통할한다. 한편 사법기관은 조선고등법원을 최고 법원으로 해서 각급 법원 지역에 심급별로 설치했다. 특히 식민지 통치는 군사 지배로서 조선 헌병사령부가 1919년 3·1운동 이전까지 경찰사무를 지배했다. 헌병에는 '헌병 보조원'과 밀정제도를 두어 조선인을 포섭하여 각종 경찰권을 주어서 조선 사람끼리 반목, 감시하고 탄압하도록 분열과 갈등을 조장했다.

식민지 조선의 법체계를 구체적으로 살펴보면, 형사법제와 민사법제의 주요 기본법은 일일이 총독의 제령으로 정하지 않고 일본 제국의 법령을 그대로 또는 변형시켜 조선에 적용하는 본국 법령의 의용(依用)제도를 이용했다. 조선민사령과 조선형사령에 의한 일본법의 의용이 그것이다. 먼저 식민지 조선 자본주의화의 기반이 되는 사법체계(私法體系)의 도입이라 할 수 있는 조선민사령에 의한 각 사법의 일본 법제 의용 실태부터 살펴보기로 한다.

일제는 조선을 식민지화하면서 일찍부터 매매·거래관계의 전근대적 관행과 유습 및 미정비된 토지소유권의 혼돈에 대해 불편을 느껴 왔다. 그래서 그에 대한 임시조치를 강구했으나, 일본 자본주의의 경제적 수요를 모두 충족시킬 수 없었다. 결국 1910년부터 토지, 임야 등 부동산소유권제도를 확립할 목적으로 토지조사사업을 벌여서 1919년에 사소유권제도의 법적 기초 작업을 완성한다. 이 과정에서 대다수의 조선 민중은 토지 신고 절차의 까다로움과 문맹, 무지 및 일제 당국의 계획된 조작에 의해 하루아침에 조상 대대로 물려받은 땅을 빼앗기고 소작인으로 전락하게 된다.

토지조사사업 결과 모든 농가의 3.3퍼센트(9만 386호)의 지주가 전 경지면

토지조사사업을 위한 토지 측량 광경(독립기념관 제공)

적의 50.4퍼센트를 차지했고, 그것도 대지주는 대부분 일본인이었다. 그래
서 조선 농가는 소작 겸 자작농을 합하면 전 농가의 77퍼센트가 소작농으로
전락했다.[1]

이처럼 조선의 절대다수 농민이 피해자였던 반면 친일 양반 지주와 일본인
지주 및 일본인 회사(동양척식주식회사) 등은 커다란 이익을 챙겼다. 친일 양반
과 일제 당국의 비호를 받은 일본인들은 개인이나 회사 단위로 지주로 승격되
어 혜택을 받게 되었다. 민법과 그에 부수된 부동산등기제도가 결국 조선 농민
에게는 수탈을 합법화하는 식민지 지배의 또 하나의 수단이 되었다. 상법의 회
사제도 또한 조선인의 자본 형성을 어게히기 위해 회사 설립의 허가 제도를 채
택하여 일본 자본을 보호했다. 그리고 민법·상법 전반에서 일본의 민법과 상

---

1. 강재언, 『일본에 의한 조선 지배 40년』(아사히 문고, 1994), 64쪽 이하

동양척식주식회사
(독립기념관 제공)

법을 그대로 의용하면서도 민법의 친족·상속편은 제외시켰다. 그 표면적 명분은 조선인 전래의 미풍양속을 존중한다는 것이었으나, 실은 조선의 봉건적·가부장적 대가족 제도의 전근대적 관습이 오히려 조선인의 시민적 자각을 잠재우는 데 효과적이라는 판단에서였다. 또한 여성을 남성 호주와 가장에게 예속시켜 남존여비 사상을 그대로 이었고, 차남 이하의 노동력에 대한 대가가 독립 생계 임금이 안 되어도 '큰집'에 의존시킴으로써 저임금 체계의 사회적 기반을 마련할 수 있었다.

한편 형사법에서는 조선의 태형제도를 일부 존치시키고 근대적 형사법의 원칙인 죄형법정주의와 형사절차의 인도주의 및 적법성을 무시한 채 고문과 무한 구속이 가능한 예심제도를 그대로 존속시켰다. 더 나아가서 1935년 이후에는 치안유지법을 의용, 전 조선을 감옥화·고문실화해 놓고 공포정치를 자행하였다. 또 1931년 만주침략, 1937년 중일전쟁으로 치달으면서 「국가총동원법」이란 파쇼 법제 하에 조선의 처녀를 일본군의 위안부로 끌어간 것을 비롯해 청장년을 강제 연행, 납치하였고 지원병제와 징병제를 동원하여 총알받이로 끌어내기도 했다. 이들 조선의 남녀 청장년 수십만이 노동 현장과 전선에서 죽고 병들어간 숫자는 원폭 피해자와 더불어 헤아릴 수 없을 정도이다. 일본 정부는 패전 후에도 계획적으로 그 증거와 사실을 은폐해 왔다.

결국 일제 식민지 법제는 근대 법제의 일면과 식민지 탄압 법제의 일면을 고수하면서, 동시에 봉건 잔재를 병존시킨 법제였다는 데 문제가 있다. 그것은 '왜곡된 사이비 근대 법제' 라는 한계를 가질 수밖에 없다. 그리고 그 일제 잔재가 해방 후에도 우리 손으로 철저하게 청산되지 못하면서 민주화에 걸림돌이 되고 반민주세력의 제도적 거점이 되었다는 점에서 문제는 아직까지 풀리지 않고 있는 것이다.

반제국주의 투쟁과 상해임시정부 헌법과 건국강령

봉건왕조의 구체제 청산 문제

우리는 1894년의 갑오농민전쟁이 좌절된 이후 자주적 근대화를 이룩할 기회를 잡지 못한 채 일제 식민지가 되었다. 일제 식민지가 되는 과정에서 왕조를 정부로 하는 나라를 지켜가느라 구왕조의 봉건체제에 대한 비판적 청산 작업을 할 겨를이 없었다. 왕족과 양반층이 민족을 배반하고 일제에 투항해 자기 일신, 일족의 부귀영화를 따랐으나 그들에 대한 동정심을 버리지 못할 정도로 정치의식이 미성숙한 채 일제 식민지가 되었다. 한마디로 시민혁명을 통한 정치의식의 각성이라는 과정이 완전히 생략된 것이다.

일제는 식민통치 하에서 이 점을 이용해 우리를 지배하는 데 이득을 보았다. 무엇보다 시민의식의 부재는 봉건적 신민의식의 잔존을 의미하기 때문에 그러한 정치적 몽매성은 지배를 손쉽게 할 수 있는 요인이었던 것이다. 왕에 대한 절대 충성과 복종의 자리에 일본 천황에 대한 충성과 복종의 자리를 마련하기

3·1 독립선언서(독립기념관 제공)

란 쉬운 일이었다. 권위주의적 왕권신수설 맹신자의 생각에는 왕이 없는 것이 곧 태양이 없는 것과 마찬가지로 불안하고 있을 수 없는 일이기 때문이다. 이 복종의 논리는 조선왕조가 일본 왕실의 일원이라고 하는 의식으로 확대되어 친일 양반들에게 정신적 근거를 제공하기에 이른다. 그 일환으로 일제는 유림의 본가인 향교를 존치시키고 공자에 대한 숭배와 제사를 권장했다.

3·1운동의 혁명성—민주공화제 입국의 의미

우리는 1919년 3·1운동의 역사적 의미를 강조한다. 사실 우리가 강제로 국권을 상실한 이래 민족의 이름으로 독립을 공식적으로 선포·주장한 것은 일제 탄압 하에서 참으로 위대한 거사이기 때문이다. 그런데 3·1운동의 더 위대한 의의는 독립을 주장하면서 왕조의 복고가 아닌, 민주공화제의 입국을 제기한 일에 있다. 여기에 그 혁명성이 있다.

조선왕조는 19세기 말 일제에 국권을 찬탈당해 실권을 상실해 가는 와중에

1897년 국호를 '대한제국'으로 바꾸고 왕을 황제로 격상시켜 「대한국제」라고 하는 전제군주제의 헌법을 만들고 종묘에서 엄숙한 의식을 거행했다. 이러한 의식은 메이지유신 당시의 일본 왕실을 본뜬 것으로, 민중의 호응을 받거나 새로운 개혁의 시도가 있었던 것은 아니다. 어느 때보다 일제에 예속되어 가던 시기에 제국과 황제를 자칭했다고 해서 의미가 있는 것은 더욱 아니다. 더욱이 전제군주제의 약식 헌법에 어떠한 헌법사적 의의도 부여할 수 없었다.

3·1운동은 전제군주제의 복고를 지향한 것이 아니었다. 더욱이 입헌군주제의 구상도 없었다. 유림 일부에 군주주의자가 있었지만, 백성을 버리고 일제에 투항하여 연명을 꾀한 왕족이나 양반에게 다시 나라를 맡길 수는 없다고 생각한 것이다. 이는 민족의 자주적 국권의 회수이며 동시에 인민주권에 의한 자주독립국 수립을 꾀하는 결단으로서, 말하자면 응급적인 헌법 제정 행위였다.

3·1운동의 민족대표가 종교계의 인사이며 그들 중 상당수가 일제에 투항한 것에 의문을 가지기도 하지만 전제적 탄압으로 정치적 결사가 불가능에 가까운 조건에서 종교 조직이 민족의 이해를 대변했다는 점을 고려해야 한다. 특히 선언의 발의 주체에 갑오농민전쟁의 주역이었던 천도교, 전통적 서민 종교인 불교, 한국의 개화에 상당한 역할과 기여를 한 기독교가 모두 들어 있는 것은 우연이 아니라, 임시방편으로나마 민족대표를 대신하기 위한 것이었다. 이 사건을 계기로 해서 수립된 상해임시정부도 앞서와 같은 의미에서 대표성을 평가할 수 있다. 명망가 집단이었던 임시정부가 당시 국제관계에서 일제에 대항한 투쟁 노선을 취했음에

대한민국 임시정부 청사(독립기념관 제공)

대한민국 임시정부 대일 선전 성명서
(독립기념관 제공)

도 영·미 등 어느 나라도 승인하지 않고 기피한 이유는 영국이 식민지 종주국으로서 인도나 미얀마의 독립 투쟁을 탄압하는 입장에 있었기 때문이다. 미국도 식민지 필리핀을 가진 국가이고 영국과 동맹국이었다. 임시정부를 승인한 정부는 드골 망명정부뿐이었다. 드골 정부도 초기에는 영·미 어느 나라에서도 승인 받지 못한 채 골칫덩어리로만 여겨졌다. 그러다 노르망디 상륙작전과 망명정부의 정통성을 기정사실화하는 드골의 전략, 또 프랑스 국내 레지스탕스 세력의 필요 때문에 뒤늦게 인정되기에 이른다.

우리 상해임시정부는 망명지에서 최초의 민주공화제 헌법을 정했다. 물론 이 헌법은 망명정부의 임시 헌법이기 때문에 조선에서 시행될 수는 없었고, 따라서 조선 민중에게 직접적인 헌정 체험의 계기를 주지는 못했다. 그렇지만 우리 역사 이래 처음으로 민주공화제의 나라를 세우려는 민족 의지를 공식으로 확인했다는 점에서 의의가 크다. 이 헌법의 이념을 구현코자 하는 민족 의지가 반제 항일 투쟁을 통해 건국 정신으로 계승된 것은 아주 자랑스러운 일이다.

당시 헌법의 개요를 보면 국민주권과 민주공화제의 원리를 전제로 근대적 기본권을 정하고 있다. 아울러 망명정부의 정치기구로서 대통령과 국무원, 기타 국민대표기구 등 응급 대응 기구를 정하고 있다. 그것은 일제로부터 해방된 새 나라 건설의 출발점을 제시하고 있는 것이다.

친일·반민족 잔재 청산과 1941년 건국강령

일제가 영미 제국과 전쟁에 돌입하자 대한민국 임시정부도 일제에 대해 정식으로 선전포고를 했다. 유감스럽게도 이러한 임시정부의 행위는 연합국 승리 후에 묵살되고 일본과의 강화 과정에서도 우리 측이 제외되는 굴욕을 당하게 되지만, 우리는 연합국과 협조하여 일제 타도의 공동전선에 가담했다. 이러한 중대한 시기에 일제가 멸망할 것이 분명해진 시점에서, 1941년 임시정부는 일본 패망 이후 새 나라 건설의 청사진으로 건국강령*을 제정, 공포했다.

이 건국강령은 조소앙*의 기초에 의한 것이다. 당시 조소앙은 삼균주의(三均主義)의 제창자로 알려져 있었고 그것은 건국강령에 반영되어 있다. 그런데 여기서 오해하지 말아야 할 것은 삼균주의가 조소앙 개인의 주장만은 아니었다는 점이다. 당시 임시정부 인사나 독립운동 노선을 따르는 이들 중에는 좌우익이 모두 있었는데, 조소앙은 좌우익 모두가 합의할 수 있는 민족국가 수립의 기본원칙으로서 삼균주의를 제창하였고 그것이 건국강령으로 성문화된 것이다.

삼균주의란 정치적 균등, 경제적 균등, 교육적 균등을 내용으로 한 것이다. 정치적 평등사상은 민주공화제에서 이의를 달 여지가 없는 이념이었다. 경제적 평등원칙은 일제 강점 하에서 조선의 민족 자본이 취약하고 일부 친일 자본가와 지주가 부를 독점하는, 사회정의에 반하는 사태를 염두에 두고 제기된 것이다. 그래서 경제적 기본원칙으로 복지국가 지향과 민족 자립의 경제

독립기념관 경내에 세워진 삼균주의 기념비

수립 지향이란 두 개의 원칙을 세웠다. 그리고 일제에 투항, 야합해서 민족을 반역한 매국노·친일파·민족반역자의 처벌과 함께 이들 친일 반역자의 재산 몰수도 명시했다. 이러한 민족정기 회복을 위한 조치는 아주 당연한 것이었다. 이 원칙은 1948년 제헌헌법 부칙에도 명문화되어 친일파 숙청을 위한 반민특위가 구성되었으나, 유감스럽게도 이승만의 친일파 비호로 좌절된다.

1948년 분단국 헌법 제정과 헌정 반세기의 좌절과 시련

남북 분단과 미·소 양대국의 한국 점령 정책

1945년 8월 15일 연합국에 대한 일본 제국주의의 무조건 항복은 한국 민중에게는 일본 제국주의로부터의 해방과 함께 독립국가 건설로 이어지는 것으로 인식되었다. 연합국의 카이로, 포츠담 등의 선언이 노예적 지위로부터 한국 인민의 해방과 독립을 약속하고 있다고 순진하게 믿고 낙관적으로 대처한 것은 당시 민중의 국제적 인식수준을 반영하는 것이기도 했다.

이미 냉전체제로 돌입한 미국과 소련 두 나라의 군대는 38도선을 경계로 남북에 주둔, 각기 자기 나라의 국익에 따른 정부 구상을 추진해 북은 사회주의, 남은 자본주의의 각기 다른 체제를 편성해 나갔다. 당시 전후의 세계를 주도해 간 미국도 소련의 점령권 안에서 이루어진 친소정부 수립에 대해서는 적극적으로 저지할 수 없었다. 미국은 한국문제를 유엔 총회에 상정해서 미국 의도대로 인구 비례에 의한 남북한 통합 선거로 대의원을 선출해 그 의원으로 구성된 의회에서 정부를 구성하자고 제의했다. 그
러나 소련은 남과 북의 인구 비율이 2 대 1
인 상황에서 북쪽이 열세에 밀리게 될 것이
명백하므로 이를 거부했다. 그래서 미국은
인구 비례에 의한 남북 총선거 안을 예정대
로 38도선 이남에서 강행해 1948년 5월 10
일 총선거를 시행, 국회를 구성해서 남한
단독 정부를 수립했다. 이른바 제헌국회이
다. 이 국회는 유진오를 전문위원으로 하는

제헌국회 개원

전문가 집단에게 헌법 기초를 위촉해 초안을 마련, 여러 가지 곡절 끝에 헌법
안이 7월 17일 국회에서 확정되었다.

한편 북에서도 별도의 대의원 선출로 인민위원회를 구성, 헌법을 마련해서 9
월에 새 정부를 발족시켰다. 이로써 남과 북에는 각기 이질적 정부가 성립하여
서로 대립하게 되었다. 이러한 분단의 고착화는 우리 스스로 민족 분열을 일으
킨 데 책임이 있지만, 한편 당시 미국과 소련 사이의 냉전 대립의 산물이기도
하다.

1948년 헌법의 개요

1948년 헌법(제헌헌법)은 유진오가 기초할 당시에는 의원내각제였으나 국
회의장으로서 가장 유력한 우파 지도자인 이승만의 강권으로 대통령제로 바뀌
었다. 당시 남조선 노농당을 비롯한 남한 정계의 좌익세력은 불법화되어 지하
로 숨어들었고 김구 등이 이끄는 우익 정당은 남한 단독 선거를 반대, 선거를
보이콧하여 정계에서 스스로 국외자가 되는 불운을 겪는다. 결국 당시 국회의
장이었던 이승만은 우파세력의 지도자로서 이미 대통령에 내정된 것이나 다름

제헌헌법에 서명하는 이승만

없었다. 이때 이승만은 국내에 세력 기반이 없었기 때문에 김성수의 한민당과 이범석의 민족청년당과 그 밖의 잡다한 군소정파세력을 하나로 묶어 단합해야 했다. 우파에서 가장 유력한 세력인 한민당 등은 이승만을 상징적 지도자, 대통령으로 옹립하는 의원내각제 정부를 구상했다. 유진오가 초안한 의원내각제 안은 바로 거기서 나온 것이었다. 이승만은 자기의 정당을 중심으로 정치적 주도권을 행사하기보다 모든 정당·사회단체를 초월한 민족의 지도자, 즉 카리스마적 '국부' 로서 군림했다. 따라서 이승만 추종세력은 각종 정당·사회단체 등 다양했고, 그 중에 유력한 세력이 한민당이었다.

1948년 헌법의 내용을 보면 국회는 단원제로 하고 의원 임기는 4년으로 소선거구에서 1인씩 선출하여 구성했다. 이 국회는 입법부로서 미국식 삼권분립주의 권력구조에 따라 그 지위가 규정되었다. 단 제헌 의원의 임기는 2년으로 하고 국회에서 대통령과 부통령을 선출했다. 미국식 대통령제라고 하지만 국무총리 임명은 국회의 동의를 받게 하고 국무회의가 헌법기관으로 대통령의 권한에 속하는 국정 사항을 의결하도록 했다. 대통령은 국가원수이자 행정권 수반이면서 계엄권과 긴급명령권 등 막강한 권한을 가지고 있었다. 이러한 긴급권 제도는 일본 메이지 헌법의 제도를 대개 그대로 따른 것으로서, 우리 헌정사를 돌아볼 때 그 남용의 문제가 심각하다.

사법권은 법관으로 구성된 법원에 속한다. 대법관을 비롯한 법관의 임명권자는 대통령이며 임기는 10년으로 했다. 다만 헌법 재판권은 부통령을 위원장으로 하고 입법부의 의원과 대법원의 대법관이 동수로 구성하는 헌법위원회에 속하게 했다.

그러나 헌법에서 가장 핵심이 되는 기본권에 대해, 이 권리를 재판규범으로 정하고 국정 운영의 구속력 있는 지침과 이념으로 삼아야 한다는 헌법 의식이 유진오나 당시의 위정자에게는 결여되어 있었다. 기본권을 정치 강령이나 입법 지침 정도로 이해하여 근로자의 이익균점권이라고 하는 허

제헌헌법

황된 장식 규정까지 두었다. 그리고 그 규정이 폐지될 때까지도 구체적 실현을 위한 아무런 준비조차 없었을 뿐더러 그 의미를 실제로 모색해 보지도 않았다. 헌법은 새 나라 건설의 필요조건이며 요식행위일 뿐이라는 생각의 한계를 넘지 못했다. 봉건적 구체제에 대한 시민의 투쟁이라는 정치적 배경에서 유래한 '헌법에 대한 의지'나 헌법의 자유성, 권력 제한 등의 의미를 거의 살리지 못했다고 해야 사실일 것이다.

여기서 메이지 헌법의 잔재로 작성되어 이후 헌정사에도 문제가 되고 있는 유진오의 헌법 초안 내용을 요약하면 다음과 같다.

먼저 기본권, 자연법적 천부인권, 저항권 등의 이념이 부재했으며 대통령의 긴급권에 아무런 제동·견제장치를 두지 않았다. 또 재정제도에서 예산을 예산법률제도가 아닌 행정 주도의 일방적 권한 아래 두었다. 법률유보제도에 아무런 예방조치를 마련하지 않아 수시로 기본권을 제한할 수 있게 함으로써 권력만능주의의 여지를 남기기도 했다. 이는 우리 헌정이 외견적 입헌주의의 그릇된 길로 들어서는 제도적 발판의 구실을 하게 된다.

개헌의 문제, 어디 있나?

이제까지 9차에 걸쳐 개헌이 있었다. 하지만 대부분 집권 절차의 이해관계를 둘러싸고 이루어진 것이다. 이러한 점에서 볼 때 개헌의 내용은 당대의 권력자나 쿠데타를 일으킨 세력이 자기 편의대로 헌법을 뜯어고친 정치적 상처의 흔적이라고 하겠다. 우리와 유사한 예로 필리핀 마르코스의 집권 연장을 위한 헌법 개악을 들 수 있다. 독일연방공화국 헌법도 몇 차례 개정이 있었으나 집권과 연결된 편의적 개악의 사례는 아니었다. 미국의 개헌은 그 형식부터 우리와 다르다. 미국 연방의 개헌은 수정 조항을 추가하는 형식으로 이루어지는데 추가 개정 조항이 26개조가 된다. 1787년 연방헌법 제정 이래 주로 인권 보장을 강화하기 위한 규정 이외에 대통령의 집권과 관련되는 것은 12조(1804)의 대통령 선거 규정, 20조(1933)의 의회에 의한 예외적인 대통령의 선임, 22조(1951)의 대통령의 3선 금지 조항, 25조(1967)의 부통령의 대통령 승계 규정 등이다. 집권 연장과 관련된 것은 프랭클린 루스벨트가 연임 금지 조항이 없는 것을 기화로 4선까지 했던 것을 감안하여 연임 금지를 정한 1951년의 개

미국 연방헌법(1787)

헌법뿐이다. 제도 자체가 완전히 바뀐 예는 일본 제국이 1945년 패전하면서 군주주권의 메이지 헌법에서 국민주권의 헌법으로 근본적 변혁을 꾀했던 것 이외에는 없다. 물론 1957년 프랑스 5공화국의 헌법도 의원내각제에서 대통령제로 그 성격이 완전히 바뀌지만 이는 알제리 독립 문제와 관련해 내란의 위기를 극복하기 위한 '위기관리헌법'(危機管理憲法)으로서 집권 연장이나 쿠데타 권력의 합법 위

장을 위한 것은 아니었다. 지나간 헌정사를 지나치게 비하할 것은 없지만 우리는 헌법이 지녀야 할 이념을 실현하지 못한 점에 대해 반성하고 문제의식을 가져야 한다.

이미 다수의 독자들은 헌법 교과서에 나열된 무의미한 개헌의 역사에 대해 지루해하고 있을 것이다. 그것은 개헌의 주요 항목이 대개 본래 개헌의 의도를 감추거나 합리화하기 위한 가장과 허식의 규정이기 때문이며 개헌의 정치적 배경에 대한 핵심을 찌른 접근이 아니기 때문이다. 따라서 여기서는 이 점을 참고해 개헌의 핵심과 정치적 의도의 정체를 그대로 노출시키는 대담한 서술을 해나갈 것이다.

이승만 시대의 두 차례 개헌

1948년 제정된 헌법은 대통령의 선출을 국회에서 하도록 정했다. 그러나 이 제도는 이승만의 제1공화국 시대에 와서 바뀌게 된다. 1950년 5·30총선거는 이승만 파의 국회의원 정수 210명 중 이승만 추종자 30여 명, 이승만을 반대하는 중도 무소속 130명이란 결과로 나타났다. 한마디로 이승만의 정치적 참패였다. 만일 1950년 6·25전쟁이 발발하지 않고 정상적 정치 행로를 밟았다면 이승만의 지속적인 집권은 어려웠을 것이다.

전쟁은 이승만에게 막강한 원군으로 작용하여 정세를 반전시킬 수 있는 계기가 되었다. 전쟁으로 임시 수도가 부산으로 이동되었을 때 이승만은 그가 말하는 '민의'에 반하는 국회의원에게 유권자 소환운동으로 압력을 가하고, 한편으로는 간첩 사건을 조작해 국회의원이나 유력한 반대파 정치인들을 간첩으로 몰고 갈 듯 위협하고 명예를 실추시켰다. 또 계엄령을 선포하여 노골적인 물리적 위협을 가하고 결국 대통령 선출을 국민 직선으로 하는 개헌안을 시도했다. 물론 그것이 국회에서 의결될 수 없자 강압적으로 국회 측 개헌안과 행정부(이승

만 측) 개헌안을 서로 절충한 '발췌안'을 마련해 국회의원을 강제로 납치, 1952년 7월 7일 테러단의 위협 하에 기립 표결로 강행 통과시켰다.

이 개헌은 두 가지 문제점이 있었다. 하나는 각기 따로 제안된 두 개의 개헌안을 발췌해서 새로

1952년 계엄 선포 하에서 통과된 개헌안에 서명하는 이승만

운 안을 마련하는 가운데 정식적인 공고 기간을 거치지 않는 등 절차를 무시했다는 점이다. 또 다른 하나는 테러단과 군경 등의 물리적 강압 하에 강행 통과시켰다는 점이다. 이 개헌의 주요 골자는 대통령을 국회에서 선출하지 않고 국민의 직접선거로 선출하는 것이다. 표면상으로는 국민의 직접 선출이니 민주적인 것 같지만, 당시의 선거는 경찰과 특무대, 여당의 정당·사회단체 등이 주동이 되어 조작할 수 있었기 때문에 이승만은 직선이란 가면 아래 영구 집권의 길을 모색한 것이다. 따라서 내외에 명분을 세우고 국민을 속이기 위해서는 그럴 듯한 내용으로 개헌안을 치장할 필요가 있었다. 국회를 양원제로 하고 국회에 국무위원 불신임제도를 도입하는 등 야당 측의 요구도 수용하는 듯 꾸며 놓았다. 이것이 제1차 개헌이다. 이승만의 영구 집권은 직선제로 그 길이 트였지만 다시 대통령 중임제한규정*이라는 벽에 부딪치게 된다.

당시 이승만의 집권체제는 관료와 경찰과 1951년 창당한 자유당의 3대 기구에 의해 관리되고 있었다. 자유당을 이끄는 이승만의 보좌역이자 제2인자는 이승만의 비서 출신이며 일제시대 요정 명월관의 경리였던 이기붕이었다. 그의 아들 이강석은 이승만의 양자가 되어 이씨 일가는 이승만의 후계자로서 공인되었다. 그러나 이기붕은 심약하고 허약한 자로 대중의 인기가 없었고 실권도 사실상 그 밑에 있는 일제 관료 출신의 장경근, 임철호, 이재학 등이 장악하

고 있었다. 한편 6·25전쟁시 서울 시민을 기만하고 도주한, 민족적으로 용서할 수 없는 이승만의 실정과 1951년 후퇴 당시 청장년을 강제로 연행해 아사와 병사로 몰아넣은 제2국민병사건과 같은 악행, 거창 등지의 양민을 공비로 몰아 무차별 학살한 만행, 공안수사기관의 전시하의 만행, 특히 6·25전쟁 발발 직후 보도연맹이란 좌익 활동 전역자 단체를 강제로 조직해 그 단체원을 무차별 학살한 만행 등 이승만의 무능과 관료의 부패에 대한 국민의 인내는 그 한계에 달하고 있었다.

그럼에도 이승만 추종자들은 영구 집권 개헌을 획책, 부정 폭력 선거를 통해 국회의 개헌 의결 정족수를 간신히 확보해 초대 대통령에 한해서 중임제한규정의 적용을 받지 않는 예외를 인정하는 개헌을 강행했다. 물론 이때에도 주권문제에 대한 국민투표, 국무총리제 폐지와 국무위원에 대한 개별불신임제 등 장황한 내용을 내세웠으나 그 초점은 이승만의 장기 집권을 트는 데 맞춰진 것이었다. 그런데 국회 표결에서 예상외의 결과가 나왔다. 의원 정수 203명 중 3분의 2인 136명 이상의 찬성이 있어야 하는데, 찬성표가 135, 반대는 60으로 1표가 부족해 부결이 선포된 것이다. 그러나 다시 사사오입(四捨五入)의 수학적 궤변을 끌어들여 의결 선포를 강행하고, 이어 당일로 국무회의에서 의결, 공포함으로써 기정사실로 밀어붙였다. 이것이 1954년 11월 29일 국회에서 야당의 반대를 무릅쓰고 부결 선포를 뒤집은 제2차 개헌이다.

이승만 정권은 1956년 대통령 선거의 승리를 위해 야당을 탄압하는 것은 물론 투표를 조작하고 관권·금권을 동원해 부정 선거를 자행했다. 하지만 대통령 선거 결과는 이승만을 놀라게 했다. 투표 결과는 다음과

사사오입 개헌 파동시 의사당 주변에 운집한 시민들

1956년 정·부통령 선거에 나붙은 슬로건들

같이 나왔다. 이승만이 당선은 되었으나, 그의 득표수는 504만 표, 사회주의자
조봉암이 216만 표, 더욱이 야당의 유력 후보였던 신익희는 사망했음에도 180
만 표였다. 부통령 선거에서도 이기붕이 낙선하고 야당의 장면이 당선되었다.
그 후 이승만은 1958년 조봉암을 간첩으로 몰아 죽이고, 장면 암살을 시도했
으나 실패하게 된다. 그러나 그의 야당 탄압과 폭정은 고삐 풀린 미친 황소처
럼 파국을 향해 치닫고 있었다.

4·19혁명과 제3차 및 제4차 개헌 ─ 제2공화국 하의 개헌

이승만의 폭정은 결국 1960년 3월 15일 부정선거로 인해 민중의 항거에 부
딪히게 되고 바로 이어지는 4·19혁명에 의해 완전히 무너진다. 이 혁명은
1894년 갑오농민봉기와 1919년 3·1운동과 함께 우리 근현대사에서 민중 봉
기의 일대 사건이며 민중 스스로의 저항권 행사이기도 했다.

그러나 4·19혁명의 주체였던 학생과 시민들은 조직된 역량이 미숙하고 그
것을 정치적 힘으로 결집시키는 능력이 부족했기 때문에 후에 일부 직업 정치
인에게 그 성과를 가로채이게 된다. 그들은 혁명을 '비혁명적'으로 마무리한
다는 허울을 내세워 정권 장악에만 몰두하는 한편 혁명의 헌법적 완결 작업으

로서 제3차 개헌을 단행한다. 1960
년 6월 15일 의결된 제3차 개헌에서
는 법률유보조항을 손질하고 정당조
항을 두는 등 기본권 규정을 보강하
고 의원내각제 정부형태를 채택하고
독일식 헌법재판소 제도를 설치했다.

4·19혁명 이후 3·15부정선거 사범에 대한 선고 공판

그러나 제3차 개헌이 4·19혁명의
마무리 개헌으로 부족하다고 생각하는 혁명군들의 대 국회 압력이 격렬해지자,
다시 1960년 11월 29일 제4차 개헌을 하게 된다. 이 개헌은 주로 3·15부정선
거 주동자에 대한 공민권(公民權) 정지와 부정선거에 항의하는 시위 군중을 발
포, 학살한 책임자의 처벌 및 이승만 정권 하에서 부정 축재한 반민족적·반사
회적 재벌에 대한 재산국고환수조치를 위한 소급입법의 근거 규정을 헌법 부칙
에 설치하는 것이었다. 이에 따른 특별법 제정과 재판의 진행은 5·16군사 쿠
데타에 의한 정치적 쇼로 결국 무산되지만, 우리가 민주 민족의 올바른 질서를
세울 마지막 기회였음은 틀림없다. 결국 5·16군사 쿠데타로 4·19혁명의 진정
한 정신적 가치는 유실되어버린 것이다.

5·16쿠데타와 제5차 개헌─국민투표를 도용한 합법화 조작극

1961년 5·16군사정변이 헌정 질서를 파괴한 내란행위임은 말할 것도 없
다. 더욱이 이 내란이라고 하는 힘의 논리에 굴복해 헌법 파괴를 정당화함으로
써 우리의 법률관과 법이념 속에는 '익법도 법'이라는, 강자 지배의 무법(無
法)의 법리가 뿌리박히게 되었다. 군사정권의 주역은 1850년 나폴레옹 3세가
국민투표를 통해 쿠데타를 합법화한 수법을 그대로 흉내 내었으며, 개헌 투표
이전 과도기에는 국가재건비상조치법(國家再建非常措置法)이란 파시스트 법

리로 헌법기관을 파괴, 해체한 행위의 합법을 가장하였다.[2]

　박정희는 1962년 12월 16일, 국민투표란 절차를 가장하여 헌법을 마련했다. 그러나 우리 헌법 논리로는, 계엄령 하에서 군인 집단 일부가 어용학자를 동원해 자신들이 파괴한 헌법을 승계하는 형식을 갖추기 위한 요식 행위가 정권의 정통성과 합법성의 근거가 될 수 없음을 분명히 해야 한다. 일부에서는 이미 절차를 밟아 기정사실화된 법질서는 그대로 인정할 수밖에 없다는 논리를 내세운다. 그 논리대로라면 어떠한 내란이라도 결과적으로 성공한 것이라면 합법화할 수 있다는, 민주 헌법체제 자체를 거부하는 자기 부정의 모순에 빠지게 된다.

　어쨌든 제5차 개헌으로 군사 통치가 시작되었다. 이 헌법은 라틴 아메리카식의 권위주의적 헌법이고 개발독재체제의 헌법이기도 했다. 또 부통령제가 없이 대통령에게 권한이 집중된 기형적 체제였다. 이 헌법은 그 본래의 독재성을 위장하고 정통성의 결여를 보완, 가장하기 위해 5·16쿠데타를 4·19혁명과 동위에 두고(동법 전문), 인권 규정을 장식적으로 장황하게 꾸며 놓는다든지 미국식 사법심사제도를 도입하는 등 번잡한 개정을 했다. 그러나 그 핵심은 부통령제를 없애 대통령의 권한을 집중 강화하고 정당 설립을 규제하여 관제 조작을 편리하게 하면서 정당추천제, 의원후보제를 채택한 것이었다. 이 헌법체제는 하나의 태양만이 있는 권위주의적 지배 구조로서 1979년 박정희가 피살될 때까지 유지되었고 지금까지도 부통령이 없는 대통령 1인 권한 집중 체제가 지속되게 하는 시발점이 되었다.

---

2. 알렌 덜레스는 영국의 국영방송국(BBC)에서 '박정희의 쿠데타는 미국 중앙정보국(CIA)의 성공한 공작이다' (大江志乃夫, 『戒嚴令』, 岩波新書, 1992, 23쪽)라고 말했으나 사실인지는 확인할 수 없다.

영구 집권 제도화의 시발, 3선 개헌—제6차 개헌의 심야 날치기 통과

　박정희뿐만 아니라 쿠데타로 집권한 무법의 권력자는 권좌에서 물러나는 것이 곧 자기의 무법과 불법에 대한 책임을 추궁당하는 심판이 되기 때문에 쉽게 물러나지 않으려 한다. 도미니카의 트루히요*는 31년간의 독재를 암살로 마감했다. 스페인 프랑코*의 30여 년 독재도 그의 사망으로 종지부를 찍었고 32년간 독재한 인도네시아의 수하르토*는 학생과 시민들의 항거에 굴복해 마지못해 물러났다. 필리핀의 마르코스*처럼 쫓겨나지 않으려고 점점 무리한 일을 하게 되기도 한다. 박정희 정권도 집권한 지 10년이 안 돼 당장 대통령의 중임제한 규정이란 제도에 부딪혔다. 박정희 정권은 이를 무시하고 영구 집권을 정당화하는 길로 개헌을 하고자, 국회의원 정수를 250명까지 늘려 출세주의자를 회유하는 한편 의원 겸직을 금지시키며 나아가서 대통령의 권위를 세우고 안정을 꾀한다는 이유로 대통령에 대한 탄핵 발의와 소추 의결 요건을 엄격히 강화하는 개정안을 꾸몄다. 1969년 10월 21일 국회 별관에서 여당 의원끼리만 모여 심야에 날치기 통과한 제6차 개헌의 주요 핵심은 대통령의 재임을 세 번까

3선 개헌 추신을 저지하기 위해
격렬한 시위를 벌이는 학생들

지 인정한다고 규정하여 집권 연장의 길을 트는 데 있었다.

이 개헌을 위해 군사정권은 역술인, 무당, 사이비 신흥종교 집단까지 동원해서 박정희를 반만년 이래 최고의 지도자로 조작했다. 박정희는 한국의 현 시점에서 국민이 따라야 하는 메시아, 미륵불이며 '정도령', '진인'이라는 천자천명설을 조작한 것이다. 이 조작은 어느 정도 서민 정서에 먹혀들었고, 당시 공화당 의장인 윤치영은 광주에서 '반만년 이래 가장 위대한 지도자'인 박정희의 대통령 연임만이 민족의 살 길이라고 떠들어대기 시작하자 이를 어용 언론과 어용학자가 수식해 나갔다. 당시 나는 이 3선 개헌에 감히 이의를 제기했으나,[3] 헌법학자로서 이의 제기자는 공식적으로 나 한 사람 이외엔 아무도 나타나지 않았다. 참으로 서글픈 한국 법학계의 모습이며 초라한 우리 헌법학계의 자화상이기도 했다.

1972년 친위 쿠데타와 유신헌법 ─ 제7차 개헌, 영구 집권의 독재 헌법

1969년 3선 개헌에 따라 다시 대통령 후보로 나선 박정희는 1971년의 유세 연설에서 다시는 국민에게 표를 달라고 호소하는 일이 없을 것이며 이번이 마지막이라는 거짓말을 했다. 대중을 우롱하는 그의 거짓말은 쿠데타 이후 민정 이양을 하겠다는 약속으로 이어졌다. 1971년의 대통령 선거 결과는 박정희 634만 표, 김대중 539만 표로 그 차이는 95만 표였다. 그 95만 표의 차이는 사실상 박정희의 참패를 의미한다는 것을 누구보다 박정희 자신이 잘 알았다. 1만 개의 투개표구에서 100장 한 다발씩만 해도 백만 표는 된다. 그리고 군인 60만 표와 경찰관과 공무원의 수십만 표는 어디로 갔는가? 주먹구구식 계산으로도 민선을 가장한 박정희의 대통령 당선 연극이 이제는 끝났음을 알 만한 사람은

---

3. 한상범, 「개헌 조항의 해석」, 『신동아』 1969년 11월호.

1972년 10월 17일 비상계엄 선포를 보도한 신문(왼쪽)과 12월 27일 유신헌법 공포(오른쪽)

다 알 수 있었다. 이에 불안을 느낀 박정희가 영구 집권을 제도화하여 못 박은 것이 이른바 1972년의 유신헌법*이다. 원래 친일 민족반역자인 박정희는 일본의 근대적 개혁인 1868년의 '메이지유신'과 그것을 추진한 지사에 대한 숭배자였다. 그래서 자기의 집권 정변도 유신이란 이름을 붙인 것이다.

1972년 10월의 정변은 정당을 해산하고 국민의 기본권을 유린한 헌법 파괴적 내란행위였다. 계엄령 하의 국무회의에서 개헌안을 마련하고 강제로 동원된 후보와 투표 조작극으로 안을 통과시켰다. 형식적으로는 국민투표 형식을 빌려 개헌을 확정지었다 해도 12월 27일의 제7차 개헌은 친위 쿠데타였다. 이 친위 쿠데타에 의한 헌법 개정의 명분은 주로 안전 보장과 평화통일이었다. 1972년은 닉슨이 북경을 방문하고 미·중 수교가 이루어졌으며 미국은 베트남 전쟁에서 그 한계점에 도달하게 되는 시기이다. 또 한국의 지배세력의 국내외적 위기의식과 집권체제의 동요, 특히 민심 이탈이 두드러져 가던 시기이기도 하다. 3선 연임 제한으로 기존 헌법체제 안에서의 집권이 좌절되자, 박정희는 스페인 프랑코 독재 헌법과 대만 국민당의 총통 독재 헌법 등을 참고해서 '통일주체국민회의'*라는 기관에 의한 대통령 선출과 대통령 권한의 설대화를 규정한 역사상 유례없는 독재 헌법을 마련했다. 이 유신헌법 체제는 사실상 헌정의 완전한 중단이었다. 군사정권의 명목을 유지했던 외견적 사이비 입헌주의 헌법체제의 명맥마저도 끊어버린 것이다. 이 헌법에 의하면 대통령은 임기 제한

없이 연임이 가능하고 대통령의 권한은 입법과 사법 등 국정 전반에 걸친 절대권으로 확장되었다. 이러한 친위 쿠데타 체제는 국민의 반발에 부딪히게 되지만, 군사정권의 계엄과 긴급조치가 이어지면서 공작·정보정치로 유지되는 어두운 시절을 맞게 된다. 유신헌법에 이의를 제기한 김철수, 한상범과 같은 학자는 문제 인물로 찍혀서 암울한 시대를 살아가야 했다. 유신 시절에 대한 나의 체험은 24시간 긴장과 불안으로 강요된 침묵 속의 우울과 정신적 박탈감의 기억으로 남아 있다.

박정희 피살과 신군부 쿠데타에 의한 군정의 연속 ─ 군부에 의해 조작된 제8차 개헌

김재규에 의한 박정희 피살은 유신에 종말을 고했지만 군사정권의 종말이 되진 못했다. 박정희의 암살은 국민 대중이 주도한 군정 종식이 아니었기 때문이다. 물론 군정 종식은 국민적 염원이었지만, 박정희의 추종세력은 정권의 공백 상태를 그대로 놔두지 않았다. 그것이 12·12 군사반란과 5·17 내란이었다. 1980년 10월 27일의 제8차 개헌도 국민투표의 형식을 빌린 쿠데타의 합법화였다. 이 점은 1997년 전두환, 노태우 등의 군사반란·내란죄 사건에 대한 대법원의 상고심 판결에서 법리적으로 확인되고 있다. 입법적으로는 「헌정 질서 파괴 범죄의 공소시효 등에 관한 특례법」이나 「5·18민주화운동 등에 관한 특별법」 등 1996년의 입법에서 확인되었다.

불행히도, 박정희 피살 후 다시 정권을 장악한 신군부세력의 1980년 제8차 개헌은 유신헌법 체제를 벗어나기는 했지만 권위주의적 개발독재 헌법의 테두리를 벗어날 수 없었다. 이 헌법 개정 내용도 본래의 의도하는 바를 은폐하기 위해 전통문화 보호 규정이니 환경권 등을 신설하고 복지규정을 보강하는 한편, 국회의 국정조사권을 명문화하고 비례대표제를 신설하는 등 국회 지위 보강을 꾀하는 인상을 주려 하였다. 그러나 그 초점은 대통령 권한 강화와 대통

취임 선서를 하는 전두환

령의 간접 선거제를 통한 집권 구조의 공고화였다. 그 중 7년 임기의 대통령 단임제나 전직 대통령에 대한 예우 규정 등은 라틴 아메리카의 권위주의 대통령제, 특히 멕시코의 공직단임제와 원로회의의 후견을 통한 일당 영구 집권제를 모방한 것이었다. 결국 이 헌법의 대통령 간선제*는 그 내용에 있어 1972년 유신헌법의 통일주체국민회의에 의한 대통령 간선제와 똑같았다. 그러한 간선제는 군부세력의 영구 집권을 정당화시켜 주는 것이었다.

1987년 6·10시민항쟁과 제9차 개헌

전두환 군사정권은 광주 학살의 기반 위에 집권의 전기를 잡아 나갔기 때문에 그의 구호가 아무리 '정의사회구현'이라고 해도 국민에게 설득력이 없었다. 헌법기관인 국회를 해산시켜 임의로 '국가보위입법회의'*라고 하는 기관을 만들어 언론기본법과 사회보호법 등 온갖 악법과 문제성이 있는 입법을 양산하고, 삼청교육대라고 하는 강제 수용 캠프를 만들고 언론인과 학자 등 지식인에 대한 대대적인 숙청을 감행해 공포 분위기를 조성했다. 사회정화위원회라고 하는 감시·밀고 기관을 만들어 직장 안에서 불신과 반목을 조장하고 권부에 아첨·영합해야만 살아남을 수 있게 했다. 이러한 사회 분위기 아래 보안사령부라고 하는 군 정보기관에서는 여당과 들러리 야당을 만들어 그들이 말하는 새 질서를 세웠다.

그러나 전두환 정권의 정통성은 아무리 공포 분위기를 조성해 정치를 조작한다 해도 세워질 수 없었다. 정보기관의 조종에 의한 테러집단의 노골적인 폭력으로 야당 결성을 방해한 일들은 민중의 분노를 야기하는 결과가 되었다.

1987년 인천 등지에서 야당 지구당 결성에 대한 노골적인 테러가 그것이다. 특히 학생운동과 노동운동가에 대한 공안기관의 무차별 고문과 시위에 대한 폭력적 탄압은 결국 박종철을 고문, 치사케 하고 이한열을 최루탄에 맞아 죽게 했다. 결국 더 이상 참을 수 없는 민중의 분노가 폭발하고 이는 곧 6·10 민주화 시민항쟁으로 이어진다. 그리고 그 구체적인 정치적 요구가 직선제 개헌이었다.

나도 1987년 『신동아』 4월호 권두에 「개헌 논의, 활성화해야 한다」란 논문으로 문제를 제기하였다. 그러자 어용 언론은 입을 맞추어 비생산적 논의니 학자의 탁상공론이니 하면서 배척했다. 그러나 노도와 같이 일어나는 민중운동을 경찰력의 힘으로 탄압하는 데도 한계에 이른 집권세력은 노태우(당시 여당 대통령 후보)의 '6·29 선언'이라고 하는 기만적 양보를 통해 시간적 여유를 얻게 된다. 결국 1987년 제9차 개헌으로 민중세력을 회유, 분열시킨 노태우는 '보통 사람의 시대'란 기만적 구호를 내걸고 집권에 성공한다. 이 제9차 개헌 헌법이 현행 헌법이다.

현행 헌법은 비록 대통령의 선거를 국민직접선거제로 하였지만 다음과 같은 점에서 비민주적 요소를 띠고 있다. 먼저 부통령이 없는 대통령제로 대통령의 막강한 권력, 특히 긴급권에 대한 통제장치가 거의 결여되어 있다. 그리고 대통령 직선제에 정해야 하는 유효 투표와 지지 투표의 최저 수치를 명시하지 않아 유효 투표의 5분의 1만 얻어도 정당 후보별로 표를 분산시키면 당선될 수 있다는 맹점을 갖고 있다. 또 대통령이 신임하면 누구라도 국회의 동의를 받아 국무총리로 임명할 수 있기 때문에 정치에 문외한인 사람도 국무총리로서 대통령 유고시 권한 대행을 할 수 있게 했다. 국민 선출의 검증을 거치지 아니한 아마추어가 오로지 대통령의 신임 하나로 권한을 대행한다는 것은 엄청난 위험을 국가가 부담하는 잘못된 제도이다. 또 대통령 선거에서 선거운동의 제한이 엄격해 야당에게 항상 불리하게 작용한다. 그러나 선거운동 자금의 사용이 아무리 불법이라 해도 당선만 되면 기정사실을 무마할 수 있는 반면, 야당은 선거운동 시작부터 선거법으로 발이 묶여 제대로 활동할 수 없다. 뿐만 아니라 투·개표 과정의 기술적·행정적 면에서 여당이 압도적으로 유리하게 되어 있다. 결과적으로 여당이 야당보다 한 표라도 많이 득표해서 당선 가능성이 커지게 된다. 이것은 일찍이 박정희가 1962년 헌법의 직선제에서 노린 효과가 그대로 이어진 결과로, 지금까지 대통령 선거의 후유증은 계속되고 있다.

특히 대통령, 국회의원, 지방의원 및 자치단체장의 선거를 일시에 치르던 것을 없애고 각 선거를 분리해 치름으로써 선거 조작에 편의를 도모하고자 했다. 그 결과 매년 또는 격년마다 선거를 하게 되어 경제는 더욱 어려워지고 선거 부정 또한 만연해 그 폐해는 심각하다. 1987년의 헌법 개정안은 당시의 집권 세력에게는 가장 시급한 문제였으며 치밀한 준비와 검증 없이 당장에 사태를 모면하려고 졸속 대처한 규정들로 인해 지금까지 많은 문제들을 해결하지 못하고 있는 것이다.

험난한 개혁에의 길—개혁은 혁명보다 어렵다

일제가 패망했을 당시에 우리 스스로의 힘에 의하여 해방을 자주적으로 이루었다고 하면 그것은 하나의 정치혁명이고 사회혁명이 되었을 것이다. 그렇지만 연합국이란 외세에 의해 일제패망이 이루어졌기 때문에 당시 조선은 미국 군대와 소련 군대에 의해 각기 38도선을 경계로 분할 점령되었다. 물론 그것은 38도선 이북은 일제 관동군 관할 지역이고 38도선 이남 지역은 일본 본토 관할 지역이라는 단순한 이유 때문이었다. 그러나 '무장해제를 위한 편의상 분할 점령'은 결국 강대국으로의 세력권 편입과 냉전체제 하의 영구 분할로 이어졌으며 결국에는 1950년 전쟁을 불러일으키게 되었다.

당시 미 군정 하에 있던 남쪽에선 일제 잔재의 청산 작업이 정지된 채 친일파들이 미 군정의 비호 하에 반공정책에 편승, 지배세력으로 기득권을 보존하고 마침내는 이승만의 정치적 기반이 되었다. 1948년 제주 4·3학살을 비롯해. 전쟁 발발 후에는 보도연맹원 집단학살과 거창양민학살의 참극이 벌어졌다. 1960년 4·19혁명에 반대하는 쿠데타 후에는 사법살인과 집단검거와 탄압이 이루어졌으며 박정희가 피살된 이후 이어진 신군부는 1980년 광주학살을 자행했다. 이러한 독재만행의 진상규명과 그 희생자의 명예회복 및 보상이란 국가적 과제가 1990년대 개혁의 과제로 등장하여 2000년대 전후에 개혁입법이 어렵게 실현되었다. 일제하의 친일 진상규명을 비롯한 강제연행에 대한 진상규명의 법률을 비롯해 제주 4·3사태와 거창 민간인 학살 및 광주민주항쟁 등을 규명·처리하는 입법이 그것이고, 독재의 탄압 하에 벌어진 의문사 진상규명의 법률과 보상 등 관계 법률이 그것이다.

그러나 이 개혁은 친일파로부터 이어져 내려온 구 부패 기득권 세력의 아류와 그 후손 및 추종 부류가 사회 각계에 실세로 있고, 부정 축재한 재산이 그들의 일대 세력의 기반이 되어 있는 한 참으로 어려운 과제이고 풀리지 않는 숙제이다. 예를 들어보자. 1970년대 박정희의 유신 쿠데타 이후 망명한 김대중을 일본에서 납치 살해하려던 당시 중앙정보부의 공작의 내막은 김대중이 대통령으로 재임한 5년 동안에도 하나도 공식으로 규명 정리되지 못했다. 일제하 친일파 매국노의 후손은 그들 선조가 매국의 대가로 축재한 재산을 가지고 온갖 반민족적·반민주적 작태를 연출하며 행세한다. 신군부 쿠데타의 주모자는 수천억을 축재한 채 거리를 활보하며 전직 대통령 대접을 받고 있다. 이것이 우리의 현실이다.

의문사 진상규명에 필요한 정보와 자료를 공안정보기관은 아직도 하나도 공개하지 않고 있지만 어쩔 도리가 없다. 그래서 의문사 진상규명은 헛바퀴만을 돌리고 있다. 혁명을 통해 청산할 일을 개량으로 이룩하려니 그 일을 하는 것은 마치 계란으로 바위를 치는 꼴이 되어도 국민대중은 강 건너 불구경하는 꼴이 되었다.

그러나 분명한 것은 개혁이란 과거청산을 제대로 이룩해내지 못하고선 21세기 정보기술혁명의 전환과 격변의 시대에 우리가 민주화된 모습을 갖추고 새롭게 태어날 수 없으리란 점이다. 우리는 낭면한 시대의 어려운 고비길에서 기로에 서 있는 것이 분명하다.

한국의 법사상·법의식과 헌법 정신
—민주헌법의 이념과 전근대·식민지적 권위주의 망령 사이의 갈등 속에서

청산되지 못한 봉건사상의 잔재

근대 헌법의 사상이 우리의 법사상이 된다면 그것처럼 이상적인 일은 없을 것이다. 그런데 현실은 그렇지 않다. 우리 헌법은 봉건적·식민지적 잔재에서 탈피하는 시민혁명을 거치지 아니한 채 밖으로부터 들여와 위로부터 주어진 서양의 제도와 사상을 그대로 수용했기 때문에 봉건 잔재를 청산하는 정치적·사상적 계기가 없었다. 계몽사상의 진통도 철저하게 거치지 못했고, 일제하 봉건 망국 왕조가 민족과 함께 동일한 피해자의 입장이었기 때문에 왕조 청산의 비판 과정도 없었다. 게다가 일제의 통치 이념이 서구의 자유 이념이 아니라 천황 신권주의와 유교적 이념을 기본으로 하였기 때문에, 식민지적 지배 하에서 그것은 더욱 왜곡되어 최악의 형태로 뿌리를 내렸나. 그 중에서 가장 문제가 되는 것은 노예근성의 뿌리를 뽑지 못했다는 점이다. 이 노예근성은 왕권 신수설에 그 이론적 근거가 있다. 동양의 전제왕권을 뒷받침하는 천자천명설*이 바로 그것이다. 이것은 권위주의와 관료주의라는 형태로 새로이 단장하여

민주의식을 마비시켰다. 우리의 시민의식의 빈곤은 여기서부터 비롯된다.

우리는 사회윤리를 말하거나 국가 질서의 기본문제를 다룰 때 동양 전제주의의 통치 이데올로기인 유교 이념에 상당 부분 의존하고 있다. 지배층의 정치윤리 또한 피지배층의 의식처럼 봉건 윤리의 사정거리 안에 있다. 이것은 우리 생활 구석구석에 뿌리 깊이 박혀 시민 윤리의 감각을 빈곤하게 만들고 있다. 사회질서의 타락과 정치의 문란을 봉건 유교 윤리의 회복에서 해결하고자 하는 것이다. 민주 시민의식과 민주 사회의 정치 윤리에 입각한 발상은 거의 엿볼 수 없다. 헌법에 정한 법가치에 대한 진지한 인식과 이해가 얼마나 결여되어 있는 것인가?

관료주의와 관료 법학의 정체

한국의 법사상과 법학에서 결정적으로 반민주적인 것은 관료주의 사상이다. 일제 파시즘이 절정기에 달한 1930~1940년대에 고등교육을 받고 일제 관료에 입문했던 친일 세력은 해방 후 관계·정계·학계 등 사회 전반을 지배해왔다. 그리고 이들로부터 전통을 전수받은 후배들이 이제까지 이 사회의 엘리트가 되어왔다. 그것은 수험법학 내지는 관료의 민중 지배 기술학으로 되어 있는 우리 강단 법학과 법교육의 한계로 말미암은 것이기도 하다. 한마디로 시민사상과 시민법학의 빈곤이다.

해방 이후 한국사회의 지배층으로 부상해서 일제 지배층의 자리를 물려받은 기득권층은 일제 교육과 식민정책의 영향으로 특히 일제의 법령과 제도를 그대로 이어왔다. 따라서 그들의 정신과 관습 및 관례뿐만 아니라 일제의 통치·지배 방식도 그대로 물려받게 된다. 관청의 제도와 관례 및 행정 모델은 거의 그대로 일제식이었다.

1950년대 중반에 이르러서야 형법 등을 시작으로 하여 우리 손으로 직접 법을 만들게 되었고 1960년대에 민법이 본격적으로 만들어졌다. 그러나 1961년 군사정권 성립 이래 상법 등 법전 정비를 급속히 추진하면서 신중한 검토를 거치지 않은 일본 법제를 졸속으로 도입, 모방하게 됨에 따라 많은 문제점을 안게 되었다. 특히 한국의 법학이 수험법학으로서 명맥을 이어가면서 해방 전 일제하의 권위주의, 관료주의, 파시즘과 군국주의의 잔재를 철저하게 청산, 극복할 수 있는 자체 역량을 결여하게 되었다는 점도 반성해야 한다.

정권 안보를 위한 반공주의 매카시즘의 부작용

해방 후 미 군정은 일제시대의 치안유지법(治安維持法)*을 그대로 운영, 미·소 냉전시대에도 경찰 관료의 권위는 계속 이어졌다. 여기서 한국판 매카시즘의 정체와 사상·양심의 자유의 실태, 나아가 한국의 기본적 인권과 민주주의의 문제점을 확인할 수 있다.

친일 경찰 관료가 일제 고등경찰로부터 물려받은 유산은 우선 체제 비판자를 적대시·범죄시하는 자세이다. 또 그에 필수적으로 따르는 고문은 경찰 조사에서 일상적으로 이용되는 악습이다. 일단 체제 비판자라는 혐의가 있으면 일체의 관용은 사라지고 무자비한 탄압만이 있게 마련이었다. 이러한 자세는 냉전시대에 사상·양심의 자유와 반대파에 대한 관용이란 것을 일체 말살시켰고, 민주의 이름으로 위장하여 반민주적인 악행을 자행하게 했다. 나아가서 정치적 적수나 사적 감정이 있는 자를 빨갱이로 몰아 제거하는 악습을 관행화시켰다.

일제하의 치안유지법이 적대시한 위험친 시 있이 무엇인지 알아보면 그들의 의식구조를 일부나마 엿볼 수 있다. 치안유지법의 보호법익은 '국체'와 '사유재산제도'이다. 따라서 자주독립을 주장하는 민족주의 사상은 인정될 수 없었다. 친일파는 민족에 대한 애착과 자부심이 없고 오히려 민족에 대한 비하, 경

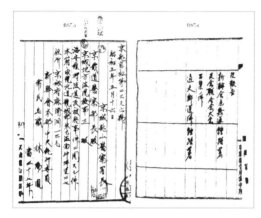

신간회 관련 치안유지법 위반자 피의사건에 관한
일제경찰의 심문조서 (독립기념관 제공)

멸, 적대감이 앞서 있었다. 그리고 사회주의나 무정부주의 사상과 운동을 페스트균처럼 혐오하고 배척했을 뿐만 아니라 자유주의에 대한 인식이 매우 피상적이어서 이를 방종·나약·퇴폐와 동일시했다. 그래서 이승만 치하에서는 이승만이 '나라님'이자 '국부'이며, 감히 그를 반대하는 자는 위험분자이고 결국은 빨갱이로 간주하는 것이 그들이 내세우는 정치 인식의 수준이었다. 그리고 일제 하에 축적한 재산을 물적 기반으로 하고 있었으므로, 사유재산 절대보장이란 사상으로 무장하고 친일파의 반사회적 축재에 대한 몰수나 환수를 주장하는 이를 빨갱이로 간주해 적대시했다.

이러한 반공주의는 민주주의의 이름으로 횡행하며 민주주의의 기반을 말살하는 결과를 낳았다. 한국의 반공주의가 일제의 치안유지법적 특성을 지니고 있고 '반국가'와 '반정부'를 동일시하여 주로 반정부적 야당을 제거하는 기능을 한 배경이 여기에 있다. 또 한국의 반공주의는 반민족적 친일 행위자에게 도피처와 변명의 구실을 제공하였으며, 결국 면죄부를 안겨주고 애국훈장을 달아주기까지 했다. 아직도 문제가 되고 있는 국가보안법의 실마리를 풀기 위해서는 정권 안보의 이름으로 잘못 끼워진 반공주의의 배경과 정체부터 살펴보지 않으면 안 된다.

심판이 없는 역사와 정의가 사라진 허무주의 — 기회주의와 출세주의가 한탕주의 불러

우리 사회를 가장 병들게 한 것은 해방 이래로 시비에 대한 심판을 제대로 하지 못했다는 점이다. 민족 반역을 그대로 용납하면 범죄자 스스로 자신의 죄를 부끄러워하지 않게 된다. 결국 무엇이 범죄이며 무엇이 정의인지를 구분할 수 없게 되는 것이다. 우리의 사정이 바로 그렇다.

그런 데다가 역대 독재 권력은 국민을 겁주고 탄압하기 위해 까다로운 법규를 대량으로 남발했다. 이러한 법률의 홍수 속에서 국민이 그 법규를 모두 지키면서 살아가기는 무척 어렵게 된다. 결국 너나 할 것 없이 법규를 어기는 범법자가 되고 만다. 바로 이 점이 권력자가 노리고 악용하는 지점이다. 어쩔 수 없는 사정으로 알게 모르게 법을 어기고 사는 힘없는 국민들에게 권력자는 법의 심판이라는 무기를 들이댄다. 이 무기 앞에 저항할 수 있는 국민은 거의 없다. 그러한 법률의 거미줄에 얽힌 힘없는 시민 모두가 관료 앞에서는 누구든지 죄인이다. 게다가 까다로운 법규와 알 수 없는 애매한 법규는 '코에 걸면 코걸이, 귀에 걸면 귀걸이'가 되어 법은 국민의 자유와 권리를 지켜주기보다 얽어매는 쇠사슬이 된다. 국민은 더더욱 법을 불신하고 기피하여 국민 생활에서 법은 외면당하고 법은 지배자의 독점 전유물이자 권력의 무기가 된다. 이러한 법률제도는 법치와 거리가 먼 것이다. 그런데도 지배층은 법치를 떠들어댄다. 그러니 법에 대한 신뢰가 생겨날 수 없다. 인치(人治)가 법치(法治)를 압도하는 것이 불가피하게 된다.

시민 법률 문화는 법이 시민의 자유와 권리를 지켜주는 정의 구현의 장치가 될 수 있다는 가능성에 대한 기대에서 비롯된다. 그것은 법의 일반성과 법집행의 공정성이 담보되며 그럼으로써 법생활에서 예측가능성·계산가능성이 보장될 때에 이루어지는 것이다. 현재 우리의 법문화 수준에서 근본과제는 시민법 문화를 쟁취하는 것이다. 이 시민법 문화의 쟁취는 시민이 스스로 주체가 되어 악법을 거부하고 정의를 구현하려는 민권 투쟁을 통해 이루어진다. 예링(Jhering, Rudolf Von)*이 『권리를 위한 투쟁』에서 말하는 권리는 독일어로 정의와 함께 법 자체를 의미하는 용어인데, 이 점에 시민법학의 성격이 단적으로 나타나 있다. 우리의 법제와 법학 사상의 과제는 바로 그 점을 확인하는 데서부터 출발해야 한다.

우리의 헌법 인식은 바로 이 잘못된 법의식과 법사상에 대한 도전으로부터 시작되어야 한다. 이것이 문제의 핵심이다.

3장

헌법이 정한 나라의 기본 질서는 무엇인가?

헌법의 기본 정신

—민족자주·민주·인권·복지의 실현과 국제평화·평화통일의 지향 및
압제에 대한 저항 정신

헌법 전문의 성격

나라에 따라 전문(前文: 머리글)을 두지 않는 경우도 있으나, 대개는 헌법 전문을 두고 있다. 전문에서는 프랑스 제4공화국처럼 헌법 제정의 유래를 비롯해 기본적 인권의 원리 원칙과 그 주요 근거까지 상세하게 정한 긴 것도 있다. 그러나 대개는 헌법 제정의 유래를 밝히고 헌법 제정권자의 결단과 헌법 정치의 기본 방향만을 선언하고 있다. 우리 헌법 전문도 이런 경우이다.

헌법 전문이 헌법을 구성하는 일부라면 전문도 헌법의 본 조항처럼 직접적인 재판규범으로 인정해야 하는가의 문제가 생긴다. 헌법 전문의 법적 성격을

완전히 배제할 수 없다면 어느 정도의 효력을 인정할 것인가?

재판은 개인 혹은 단체의 권리와 의무에 관한 구체적 다툼을 해결하는 수단이고 그 해결의 기준이 되는 권리와 의무를 명확히 정한 것이 법조항이다. 그러므로 전문은 직접적인 재판규범으로서 적용할 수는 없다. 그것은 권리와 의무에 관한 사항을 정한 헌법 규정이 아니기 때문이다. 그러나 헌법 전문은 그 내용과 비중으로 보아 개개의 조항을 해석하는 하나의 기준이 될 수 있다. 이러한 측면에서 간접적 재판규범으로서의 역할을 인정해야 할 것이다.

헌법 제정의 유래와 임정 법통의 계승

1948년 헌법 제정 이래 헌법 전문이 수정된 것은 1962년 군사 쿠데타를 정당화하기 위한 헌법 개정(제5차 개정)부터이다. 당시 전문에 임정 법통 조항을 삭제하고 5·16군사정변을 혁명이라 정하게 된다. 또 4·19를 의거로 하여 5·16혁명이 이 정신을 계승한다고 해서 군사정권의 합법성과 정통성을 위장하려 했다. '5·16혁명'이란 기만적인 수식어가 아주 사라진 것은 1980년대부터이다. 현행 헌법은 법통과 민주이념 계승의 근거로 3·1운동의 독립정신과 4·19의거를 들고 있지만 4·19의 민주혁명성을 제대로 표현하지 못하고 있다.

현행 헌법의 전문에 따르면 우리 헌법은 1919년 3·1운동으로 건립된

※ 헌법 전문

유구한 역사와 전통에 빛나는 우리 대한국민은 3·1운동으로 건립된 대한민국임시정부의 법통과 불의에 항거한 4·19민주이념을 계승하고, 조국의 민주개혁과 평화적 통일의 사명에 입각하여 정의·인도와 동포애로써 민족의 단결을 공고히 하고, 모든 사회적 폐습과 불의를 타파하며, 자율과 조화를 바탕으로 자유민주적 기본질서를 더욱 확고히 하여 정치·경제·사회·문화의 모든 영역에 있어서 각인의 기회를 균등히 하고, 능력을 최고도로 발휘하게 하며, 자유와 권리에 따르는 책임과 의무를 완수하게 하여, 안으로는 국민생활의 균등한 향상을 기하고 밖으로는 항구적인 세계평화와 인류공영에 이바지함으로써 우리들과 우리들의 자손의 안전과 자유와 행복을 영원히 확보할 것을 다짐하면서 1948년 7월 12일에 제정되고 8차에 걸쳐 개정된 헌법을 이제 국회의 의결을 거쳐 국민투표에 개정한다.

1987년 10월 29일

임시정부의 법통을 계승하고 있다. 3·1운동의 독립정신은 민족자주 입국을 지향하고 민주공화제 국가를 건설하려는, 즉 왕조 복고가 아닌 새 나라를 민족의 자주 의지에 따라 세우겠다고 하는 결단이었다. 바로 이 나라가 공화국의 계승자임을 우리 헌법 전문에 선언한 것이나. 또 헌법 전문에 밝힌 '불의에 항거한 4·19 민주이념'의 계승은 반독재 민주화 민권투쟁의 이념을 이어가는 것으로 해석할 수 있다.

이렇게 건립된 공화국은 내적으로는 민주개혁, 외적으로는 평화통일의 사명에 따라 민주·인권·복지의 평화국가를 건설해 나가겠다는 정신을 밝히고 있다. 결국 전문의 핵심은 구사회의 폐습을 타파해 자유·정의·복지, 상호 신뢰와 공존 협조를 이룩해 나가는 동시에 국제평화에 이바지하며 남북통일의 과제를 평화적으로 수행해 나가겠다는 것이다. 실제로 국제관계에서는 1989년 이후 동구 사회주의권과 소련체제의 해체와 냉전종식이라는 새로운 전기를 맞았으며, 남북관계에서도 1990년 남북의 유엔 동시가입과 2000년 남북정상회담 이후 긴장 상태 완화와 평화적 교류를 모색하고 있다.

그 밖에 헌법 전문에는 이 헌법의 제정과 개정의 주체가 국민임을 밝히고 있으나 추상적인 제헌권과 개헌권이기 때문에 정치적 구호로 이용되는 명목상의 근거로만 그치게 될 수 있다. 이 국민이란 주체가 결국은 투표권을 행사하는 시민이고 민중임을 구체적으로 인식해 우리들의 의지를 헌법 정치에 능동적으로 반영해야만 비로소 제헌권이나 개헌권의 진정한 주체가 된다는 것을 알아야 한다. 이제까지 그저 추상적 국민 속에 매몰된 채 일부 지배층이나 기득권층의 정치권력을 정당화시키고 합법성을 부여해 주는 정치적 객체에 머물렀다면, 이를 반성하고 극복해야만 나라의 진정한 주인이자 헌성의 수역이 된다는 것을 강조하지 않을 수 없다. 헌법을 국민의 이름으로 만드는 것도 중요하지만 그 이상으로 중요한 것은 그 헌법을 올바로 지켜서 국민의 헌법이 되게 하는 일이다.

최고의 법가치로서 인권존중주의 정신

근대 헌법이나 이를 이은 현대 헌법이 정하는 최고의 법가치·법이념은 인간 존엄성, 가치의 존중, 행복추구권의 보장이다. 우리 헌법의 전문과 제2장의 규정은 이를 구체적으로 정하고 있다. 국가를 위한 국민이 아닌 국민을 위한 국가의 존재이유를 인정함으로써 개인 존중이 법질서의 기본이 되고 있다. 이 시민정치 철학은 이성의 주체로서 만인의 인격을 존중한다는 자연법적 사상에서 비롯되어 현대까지 이어오고 있는 것이다.

인권이 존중되는 정치체제로서 민주주의 정신

우리 헌법이 나라 운영의 기본틀로서 민주주의를 정한 것은 민주주의가 인간 존중의 정신을 가장 잘 구현할 수 있는 정치제도이기 때문이다. 우리 헌법은 민주공화제와 주권재민의 원칙에 따라 대의제 민주주의를 기본으로 하되, 다원적 복수정당 제도를 통해 정당정치를 통한 민의 수렴을 구현하려 하고 있다. 물론 개헌이나 중요 국정 사항에 대한 국민투표제를 통해 대의제 민주주의를 보완·보충하려는 배려도 했다. 하지만 이러한 정치제도는 그 명분과 이상이 아무리 그럴 듯해도 그것을 지키고 운영하는 정치현장이 어떠한가, 또는 집권세력의 정체가 어떠한가에 따라 좌우되는 것이다. 제도의 규정은 법으로서 최저한 가능 조건을 정한 것이지, 그 자체가 보장의 충족이나 제도 취지의 구현 자체는 아니기 때문이다.

민주의 가능 요건으로서 평화와 질서 ─ 국제 평화주의와 평화통일의 지향

프랑스혁명 당시 1791년 헌법은 정복 전쟁을 포기하고 평화주의를 통해 인권과 민주를 구현하려는 정신을 선양했다. 물론 당시에도 그것은 많은 우여곡절과 현실의 전쟁 속에서 혼란을 겪지만, 인류는 헌법 정신을 통해서 침략과 전쟁을 방지하기 위해 꾸준한 노력과 투쟁을 지속해 오고 있다. 핵 시대인 현대에 들어 전쟁은 인류의 자멸을 의미한다는 인식 아래 그 어느 때보다 더 평화주의가 강조되고 있다. 평화를 침범한 죄를 물어 전쟁 범죄자를 처벌한 2차 대전의 종전 처리는 단순히 승자의 패자에 대한 재판만은 아니었다. 우리 헌법의 평화주의는 그러한 정신의 계승이다. 나아가 민족의 평화적·자주적 생존의 차원에서 남북문제도 그러한 헌법 정신의 원칙에 따라 풀어 나가는 자주적 자세가 우리에게 더욱 요청된다.

악법과 폭정에 대한 저항의 권리

근대 시민의 정치사상은 자연법이라는 정의의 법을 이성을 통해 인식하고 실현해야 한다는 사상으로부터 비롯되었다. 정의에 배치되는 법은 '악법'으로서 법이 아니고, 그러한 악법을 강제하는 폭정은 이미 정당성을 상실했으므로 용납할 수는 없다는 것이다. 그러면 악법이란 무엇인가? 그것은 인간이 태어날 적부터의 권리인 생명권과 자유와 평등의 권리를 침해하는 법이다. 정부(나라)도 결국 이 자연권을 보장하기 위해서 인민 사이의 합의에 의해 만든 것이다(사회계약설과 인민주권론).

18세기 미국과 프랑스의 시민혁명은 천부인권과 함께 저항권을 확인하는 데서 출발했다. 폭정과 악법에 대한 저항은 시민혁명의 직접적인 동기였다. 악법과 폭정에 대한 저항이란 근대사상은 왕권신수설(王權神授說)을 때려부수는 일로부터 시작된다. 왕이나 천자란 우상을 인정치 않고 나라의 주인이 인민이라는 생각을 실현하는 것이다.

우리의 4·19혁명도 적법화될 수 있었던 것은 폭정과 압박에 대한 저항이며 헌법 파괴자에 대한 저항이라는 의미가 있었기 때문이다. 4·19혁명은 이승만이 나라님[國父]이라는 신화를 거부하고 나라의 주권을 국민이 되찾고자 떨쳐일어난 한국식의 시민혁명이었다. 다만 이때에는 혁명의 주체인 민중이 스스로 나라의 권력을 장악하고 운영할 정도로 성숙치 못하였다.

1980년의 5·18광주민주화항쟁이나 1987년 6·10시민항쟁의 정당성과 적법성도 모두 폭정과 헌법 파괴자에 대한 정당한 투쟁이었다는 점에서 그 의미를 찾아야 한다. 우리 헌법은 저항에 대한 규정을 따로 두지 않았으나, 전문에서 '불의에 항거한 4·19 민주이념'을 계승한다고 명시한 부분이 바로 이 저항권을 간접적으로 확인하고 있는 것으로 본다. 헌법의 어디에도 저항권에 관한 근거 규정이 없다 할지라도 제헌권자의 헌법 제정의 결단 자체가 인권과 저항권을 전제로 하고 있다면 그것은 근대 헌법을 계승한 현대 민주 헌법의 속성으로 보아야 한다.

□ **헌법의 당위와 현실**

여기서 설명하는 나라의 기본 질서는 헌법에 정해진 것으로서 '있어야 할' 당위(Sollen)의 내용이지, 현실에서 '있는 그대로'의 존재(Sein) 자체는 아니다. 헌법이 규정하고 있다고 해서 그것이 곧바로 현실에서 실현되지는 않는다. 이념과 현실을 구별하지 못하고 법 형식의 글자놀이 속에 빠져 존재와 당위를 혼동하거나, 또는 현실과 이념 사이의 괴리를 보고 이러한 괴리를 극복하려는 노력 없이 좌절하거나 법 자체를 허위 구조로 돌려버리는 일이 대단히 많다. 나라의 정치 이념을 강하게 반영하고 있는 헌법에서 이러한 문제는 더욱 복잡하게 제기되기 때문에 참고로 지적해 둔다.

민주적 정치 질서

나라 이름과 민주공화제

대한민국 헌법의 제일 첫머리 규정은 "대한민국은 민주공화국이다"로 시작되고 있다(동법 제1조 1항). '대한민국'은 공식적으로 부르는 나라 이름[國號]이다. '대한'은 과거 상해임시정부가 붙인 공식 명칭에서 따온 것이고, 이것은 다시 조선 최후의 왕조가 국호를 '대한제국'이라 한 데서 따온 것이다. 국호를 대한제국에서 따온 이유는 1897년 대한제국의 전제군주제의 계승이 아니라, 우리 겨레가 최후까지 지켜온 나라를 다시 되찾자는 뜻으로 보아야 할 것이다.

다음에 '민국'(民國)이라 함은 'Republic'(공화국)의 한자식 표현이다. 이러한 표현방식은 아시아에서 가장 먼저 공화제를 선포한 신해혁명*의 '중화민국'에서 본뜬 것이다. 따라서 영어의 'Republic of Korea'는 '고려 공화국'이라고 할 수도 있다. 이러한 국호로 볼 때 '대한민국'의 성격은 '민주공화국'이다. 이는 군주국이 아닌 민주적 공화국이며 자유민주주의를 지향하는 의회제 민주공화국이란 뜻으로 보면 되겠다.

그런데 한국의 헌법이 정한 국가 기본 사항에는 헌법에서 정해야 할 부분 중 빠진 것이 있다. 그것은 나라의 상징인 국기와 국장, 국가와 수도에 관한 사항이다. 프랑스 제4공화국 헌법에는 나라의 상징 표시가 되는 국기와 국장이 규정되어 있다. 국가(國歌)에 관한 것도 마찬가지이다.[4] 또 분단국가인 한국에서는 수도의 위치가 대단히 중요하다. 영토에 관한 규정이 있으면 동시에 수도에

---

4. 우리에게 「애국가」가 있어서 애창해 오지만, 엄밀히 말해 국가는 아니다. 국가를 따로 만들어야 한다는 논의도 한때 있었으나 우리는 애국가를 국가로 알고 있다.

관한 사항도 헌법에 규정해야 하는데, 영토에 관한 조항만 두었다(제3조).

현행 헌법의 영토 규정도 남북이 각각 동시에 유엔에 가입하고, 그 이후 교류를 통해 평화통일을 이룩해야 하는 현재의 상황에서는 법률상 까다롭고 복잡한 문제이다. 6·25전쟁이 끝난 1953년 이후 휴전선이 사실상 국경에 준하는 남북의 경계선이 되어 있는데, 1972년 7·4공동성명과 1990년 남북합의서가 체결된 상황에서 현 헌법 규정과의 괴리가 생기게 된다. 이를 해석하는 정부의 공식 입장을 명확히 하고 법원이 일관된 자세로 판결하여 국민의 인권을 존중하는 동시에 평화통일을 지향하는 노력에 차질이 없도록 하여야 한다. 또 남북의 무장력이 대치한 현재의 긴장 상태에서는 군사·정치 문제가 다른 차원에서 제기될 수 있다. 이렇게 양 체제의 공존과 통일에 따르는 문제를 법리적으로 잘 해결하는 일이 남아 있다.

국민주권의 원칙

"대한민국의 주권은 국민에게 있고 모든 권력은 국민으로부터 나온다"고 제1조 2항은 정하였다. 여기서 주권이라 함은 나라의 정치나 공식 의사를 결정하는 최고 권력을 말한다. 다시 말해 헌법 제정권 또는 헌법 개정권이라 할 수 있다. 이러한 권력이 국민에게 있고 국민으로부터 나온다는 것이다. 이러한 사상은 군주주권을 거부하는 시민혁명을 통해서 공인된 것으로, 나라의 주인이 국민이며 나라 운영이 그 국민의 의사에 따라야 한다는 뜻이다.

일부 헌법학자는 주권자로서의 '국민'을 개개의 구체적 국민이기보다는 '이념적 통일체'로서의 국민으로 본다. 이처럼 국민을 추상적 인격체로 보고 현실 개개의 국민과의 관계를 단절하면 국민은 결국 정치의 대상인 수동체로 그치게 되고 만다. 따라서 개개 국민이 주권자의 일원이고 그 주권 행사의 주체가 되는 사람은 권리를 행사할 수 있는 행위능력이 있는 국민, 구체적으로 유권자로 나타난다고 이해하면 된다. 이를 헌법기관 또는 국가기관이라 하여 이념적·추상적으로 실체 없이 이름에만 한정 짓는 이론은 오히려 나라의 주인 구실을 모호하게 하는 것이다. 나라의 주인으로서 주권자의 의식과 사명을 가져야 한다. 독일 관료주의 공법 이론의 국가법인설(國家法人說)처럼 주권의 주체를 공중분해하는 국가론으로 외견적 입헌주의를 변호하던 전철을 밟아선 안 된다.

나라의 주인으로서 국민의 주권은 국정에서 어떻게 구현되는가? 공산주의 또는 인민민주주의 나라의 헌법에서는 주권이 '인민'으로부터 나온다고 되어 있다. 이때 인민에는 계급적 성격이 포함되어 있어 소위 반동계급에 해당되는 사람들은 제외된다. 그러나 한국 헌법에서 정한 국민의 의미는 이와 다르다. 따라서 행위능력에 문제가 없고 실정법상 권리에 제약이 없는 유권자가 모두 참여할 수 있다. 이들은 선거를 통해 구성한 대의기구나 공직자의 직분으로 국민 의사 형성에 참여하고, 한편으로는 헌법 개정과 같은 중요 사안에 대해서 직접 자신의 의사를 국정에 반영하도록 되어 있다(국민투표제도). 이에 대해선 헌법의 통치기구 편에서 상세하게 정하고 있다. 제헌 이래 국민은 20세가 되면 선거권을 가진다. 대개의 선진국가에서는 18세를 유권자 나이로 정하고 있지만 우리의 경우는 아직도 사회 발전에 역행하는 과거의 20세 유권자 연령을 고집하고 있다.

정당정치를 통한 민주제의 보장

한국 헌법에 정당 조항을 둔 것은 1960년 제3차 개헌 때이다. 1950년대에 자유당 정권이 진보당을 행정처분으로 해산 탄압했기 때문에 향후 정당 활동의 자유를 보장하자는 취지에서 설치하게 된 것이다. 3차 개헌 당시 정당 규정은 독일연방공화국의 영향을 받은 것이다. 그런데 1962년 군사정권의 제5차 개헌에서는 정당의 육성보다 그 설립 기준을 법정제도를 통해 제한하는 쪽으

제3차 개헌안 가결(1960)

로 헌법적인 위상이 바뀌었다. 그리고 냉전시대 독일연방공화국의 정당 조항처럼 우리 정당 조항의 취지도 자유민주주의 자체를 부인하는 반체제 정당의 활동은 용인하지 않도록 되어 있다(제8조 4항).

　현대 국가에서는 정당정치를 필수적인 제도로 하고 있으므로 정당의 지위를 헌법으로 보장해 건전한 발전을 뒷받침하는 것이 바람직하다고 본다. 지금의 정당공천제도와 정치자금 기탁제도는 그러한 취지로 만들어졌다. 그러나 실제 법제와 그 운영 면에서 여당에 유리하게 되어 있고, 야당이 정상적인 활동을 하기에는 아직도 제한이 많다. 우선 관료 주도의 재벌 위주 개발 정책이 지속되는 한 정경유착의 고리를 끊기 힘들고, 정치자금의 흐름도 '만년 야당'에게까지는 다다르지 않게 된다. 독점재벌과 기득권 세력이 여당의 금고가 되고 관료 또한 여당의 편에 서 있었던 과거의 정치 상황에서 야당이 정권을 이양받기란 거의 불가능하였다. 그러한 반신불수의 야당체제 하에서 정당정치란 집권여당의 들러리로서만 야당의 존재를 인정하는 라틴 아메리카의 일당 우위 정당체제와 비슷했다. 현행 제도는 정권 교체를 거치면서 개선되어가고 있다.

　냉전 시기 독일연방공화국의 정당 활동 한계 규정은 공산당 등 반체제 정당을 해산시키는 구실을 했다(독일 헌법재판소 제1법정 1956년 공산당 해산 판결). 그런데 우리가 남북 평화통일을 예상하고 정당 활동의 한계를 생각한다면, 그 목적이나 활동이 '민주적 기본 질서'에 위배되는 반민주적 반체제적인 정당의 범위를 어디까지 정해야 할까? 통일 독일을 보면 정당 조항과 관련해서 냉전 시대와는 다른 정책을 취하고 있다. 즉 통일 후 동부 독일의 공산당에 대해 탄압하거나 불법적 조치를 가하지 않는 것이다.

우리 민주주의 정치 질서의 핵심은 나라의 운영을 국민 스스로 또는 대표를 통해서 한다는 것이다. 그렇게 했을 때 여러 갈래로 분열되는 국민의 의사를 하나로 모아 그 이해의 갈등을 가장 적절히 조정할 수 있다고 보기 때문이다. 권력 장치로서 국가란 그 자체가 선(善)이 아니며 절대적인 존재로 군림하는 권위가 되어서도 안 된다. 산업사회에서 한 단계 비약해 21세기에 접어든 사회에서 민주정치의 시스템을 효과적으로 운영하여 인간적인 삶을 보장해내는 것은 우리의 생존이 걸린 문제이다.

법치주의 행정 질서

법치주의와 법의 지배

법 집행의 권력을 행사하는 주체는 행정기관이다. 근대국가 이전에는 전제왕권이 그 주역이었다. 이 전제왕권의 포악성과 예측 불허의 권한 행사를 제어하기 위해 국민 의사로 합의된 사항을 법률이란 형식으로 정해 놓고 그에 따라 권한을 행사하는 것은 예측가능성·계산가능성을 보장한다는 의미에서 바람직한 제도였다. 일례로 영국에서는 마그나카르타(1231) 이래 귀족이 의회를 중심으로 왕권을 견제하고 특히 법 집행 과정에서 전문가인 법조인이 주축이 된 법원을 구성하여 왕권의 남용을 '법의 지배'란 이름으로 억제해왔다. 여기서 영미의 '법의 지배'라는 지배 방식이 발전되어 온 것이다.

우리는 일부에서 법의 지배를 대륙계 나라에서 발달한 법치주의와 혼동해 같은 의미로 쓰고 있는데 둘은 그 역사적 배경이나 제도장치가 서로 다른 것이

에드워드 코크

다. 영국의 법의 지배는 재판관이 만든 보통법(Common Law)*의 지배를 의미한다. 재판에서 제시된 법리가 축적되어 그것이 선례로서 그 후에 발생하는 유사한 사건에 적용되는 법이다. 17세기 이래 영국의 재판관은 왕의 자의적 권력 행사를 법의 이름으로 견제해왔다. 에드워드 코크(Edward Coke)*의 '국왕은 최고이지만 국왕일지라도 신과 법 아래 있다'는 말은 법의 지배 원칙을 대변하고 있다. 1607년에 그는 국왕의 대권과 국법과의 관계에 대해, 국왕은 재판관을 통해서만 재판할 수 있다는 유명한 판결을 했다. 물론 여기서 말하는 법이란 재판관이 만든 보통법이었다.

이 재판관과 국왕의 대립이 진행되는 동안 왕권은 혁명으로 약화되었고 재판관의 보수와 신분보장이 법제화되었으며, 국가의 법체계가 오랜 역사와 전통을 축적한 끝에 보통법 재판소 하나로 통괄되면서 확립되었다. 그 기간 동안 왕에게 거역한 재판관의 수난 또한 계속됐다. 에드워드 코크는 역사적으로 유명한 법의 지배 원칙의 수립자로 알려져 있지만, 왕으로부터 직위를 박탈당하고 빈곤과 냉대에 시달리는 처량한 생애를 보냈다.

이러한 법조 중심의 법체계의 수립은 절차에 대한 존중으로 이어져, 미국에서는 적법절차(Due Process Of Law)*라는 보장 장치로 결실을 맺는다. 그리고 대륙법계처럼 기존 법조를 불신하여 행정재판소를 따로 만들지 않고 법 적용의 보통법 우위를 확립했다. 물론 영미에서도 의회 제정 법률이 많지만, 모두 보통법의 원칙에 따라 해석해야만 '살아 있는 법'으로서 기능할 수 있다는 점에 이 법계의 특성이 있다.

한국의 법치주의는 물론 대륙계의 제도이다.

대륙계의 법치주의는 영국처럼 점진적 개혁을 법원이 수용하면서 법조 중심의 법치를 이룰 수 없었기 때문에 혁명에 의한 의회 제정 법률을 통해 봉건적 관습법 체계를 청산하지 않을 수 없었다. 따라서 국회 제정 법률을 기준으로 국가기관을 구속하는 제도장치를 마련하게 된 것이다. 특히 프랑스혁명 당시 고등법원은 귀족계급의 아성으로 반동적 기관이었기 때문에, 별도의 행정재판 소를 만들어서 '법률에 의한 행정'이란 제도로써 법치주의를 확립했다.

한편 후진국 독일의 법치주의는, 의회에서 제정하긴 했어도 민권을 구현하는 내용이 빠져버린 형식적인 국회 법률로 행정작용을 규제하는 것이었다. 이 법률에 의해 행정을 담보하는 재판제도도 행정부에 부속된 행정재판소라는 관치행정기관에서 마무리되었다. 독일에서 이러한 관료주의를 청산하게 되는 것은 제2차 세계대전 이후 기본법의 실질적 법치주의 하에서이다.

대한민국 헌법은 인권을 최고의 법가치로 하여 국회 제정 법률에 의해서만 인권을 제한하도록 삼권분립과 입법권의 한계를 명시하고 있다. 우리의 법치주의가 대부분 대륙법계의 방식을 따르고 있지만, 절차를 존중하는 영미의 적법절차제도에 의한 영향도 받았다. 국민이 불이익한 처분을 받을 때 변명·방어의 기회를 보장하는 것을 비롯해 행정절차에서 공개 청문제도나 통고, 당사자 참여의 기회를 주는 것 등을 들 수 있다. 그리고 1962년 제3차 개헌에서 채택한 적이 있는 사법심사제도(司法審査制度)* 또한 우리가 받아들인 미국의 제도 중 하나다. 현재는 독일식 헌법재판제도를 통해 헌법 보장을 꾀하고 있다.

그럼 대한민국 헌법상의 법치주의는 어떻게 규정되어 있는가를 살펴보자. 헌법에서 삼권분립에 따른 행정권의 귀속을 정한 근거는 제66조 4항이고, 입법권의 한계를 정한 조항은 제37조 2항이다. 또 행정심판은 반드시 사법 절차를 준용하도록 했다(제107조 3항). 사법 절차를 준용한은 재판에서처럼 공개주의, 구술변론구의, 당사자주의, 증거재판주의를 최대한 존중하고, 심판관이 완전한 독립기관은 아니라 해도 공정과 적법을 보장할 수 있는 자격과 신분이 보장되는 지위에 있어야 한다는 것이다. 이의신청이나 소원절차의 행정심판이 위에 든 원칙을 준수해야 함은 말할 것도 없다.

행정절차와 행정지도

우리 행정의 병폐는 관료주의의 만연으로, 관치보다 인치가 주도하는 것이 가장 심각한 병리 현상이다. 군사정권기 개발독재 하의 행정은 관료 주도의 하향식 명령 행정이었다. 이러한 개발 행정에서는 행정기관이 사회의 부와 이권의 재배분 등 온갖 이권 창출의 권한을 한 손에 장악하고 있기 때문에 권한 남용과 온갖 부정·부패의 온상이 되어 왔다.

그렇다면 행정의 법치주의는 어떻게 관철시킬 수 있을 것인가? 여기서 행정절차의 적법성이 요청된다. 이에 행정절차법을 정비하고 제반 법제도를 보완하고 있지만, 그래도 아직까지 행정공개와 국민의 참여는 턱없이 부족한 실태다. 특히 행정정보가 공평하게 공개되고 국민의 감시와 참여 속에서 행정절차가 이루어지며 국민의 고충을 해결하기 위해 민원이 보다 신속하게 처리되어야 한다. 하지만 국민과 행정기관의 쟁송에서 관치행정의 폐습이 판을 치고 있고, 개발독재 시대 이래 민간에 대한 행정기관의 압력 수단인 '행정지도' 제도가 악용되어 왔다. 행정지도의 명목으로 관권이 부당한 위세를 부리거나 정경유착의 밀실 거래를 하는 등 부정·부패 현상은 끊이지 않았다. 결국은 주민의 감시·비판과 참여로 법치주의 행정질서의 확립이 이루어진 선진국의 사례를 충분히 반영하여야 할 것이다.

직업공무원제와 공무원의 정치적 중립성

현대 국가는 행정기구의 기본 골격으로서 **직업공무원제도***를 확립하고 있다. 국가의 행정기능이 확대되고 행정의 전문성과 기술성이 요구되면서, 시민국가 초

기의 엽관제도가 정권 변동에 영향을 받지 않고 복무할 수 있는 직업관료 제도로
변화한 것이다. 헌법도 공무원이 국민에 대한 봉사자이며 그에 따른 사명과 책무
가 있음을 강조하면서 직업공무원에 대한 신분보장제도를 명시했다(제7조).

　공무원의 신분보장제도는 주로 일반적 직업 관료를 대상으로 한다. 따라서
정치활동이 인정되고 정치적 소신에 따라 국가에 봉사하는 특수한 지위에 있
는 공무원은 오히려 신분이 정치적 책임에 좌우되므로 신분보장에서 제외된
다. 공무원의 정치적 중립성은 직업 관료가 특정 당파에 예속되어 파당적으로
되거나 정치적 변동에 따라 신분의 변동을 겪지 않도록 하는 보장적 제도장치
에 대응하는 것이다. '정치적 중립성'이란 용어는 군의 정치적 중립성과 용어
자체는 동일하지만 헌법의 영문 표기에서 나타나듯 그 뜻은 다르다. 영문 표기
에 따르면 공무원의 정치적 중립성은 'Political Impartiality' 다시 말해서 정
치적 비당파성이고, 군의 정치적 중립성은 'Political Neutrality' 다시 말해
서 정치적 불가담성을 뜻하는 것이다. 이러한 직업 관료들은 단순 노무에 종사
하는 공무원을 제외하고는 정치운동이 제한되며, 그 밖에 노동운동 제한, 공무
상 비밀 누설 금지, 겸직과 영리 사업 금지, 공무 이외에 집단 행위 제한 등의
제약을 받고 있다. 물론 공무원도 그 직무상 성격으로 보아 근로자이기 때문에
최소한의 근로조건을 보장받아야 하며, 시민으로서 자유로이 투표권을 행사하
고 인간으로서 각종 권리를 누린다.

자치행정제도

　지방자치는 헌법적으로 보장되고 있다. 주민이 기을 자치를 통해 지역의 발
진과 주빈의 복지를 좀더 충실히 이룩하고자 함이다. 현대 복지 행정에서 차지
하는 자치단체의 기능은 아주 중요하고 그 영역은 점차 확대되고 있다. 따라서
민주적 법치를 이룩하는 행정질서에서는 자치행정의 장(長)의 위상이 아주 중

요한 문제로 떠오른다. 현재 특별시와 시·도 등 광역자치단체를 비롯해서 구와 군·면에 이르는 자치행정기관에는 단체장과 의회의원의 주민 공선과 자치행정에 대한 주민참여제도가 보장되고 있다.

1961년 이래 군사정권은 자치행정을 중단시키고 주민 자율을 인정하지 않았었다. 지방자치가 이루어지기 시작한 것은 1990년대 이후부터이다. 30여 년 만에 다시 찾은 자치제도는 그동안 군사정권 하에서 발호, 토착화된 기득권 세력이 지역의 유력한 세력으로서 자리 잡는 한편 행정조직에 만연한 부패구조가 자치행정을 병들게 함으로써 절름발이가 되어 버렸다. 걸음마 단계의 진통을 어떻게 이겨내는가가 당장에 해결해야 할 현안이 되고 있다. 지방행정에서 정보 공개와 주민의 감시 및 참여제도를 보다 적절하게 활용, 활성화시키고 각종 시민운동을 통해서 노력해 나가야만 법치주의가 자치행정의 기반 위에서 꽃피울 수 있을 것이다.

사회적 시장경제 질서

사소유권제도와 사회적 시장경제 질서

우리 헌법에는 개인의 재산권과 직업의 자유가 인권으로 보장되고 시장경제의 질서 안에서 자유로운 개인의 영리 추구 활동이 보장되어 있다. 헌법 제2장에서 정한 재산권과 직업 선택의 자유, 제9장의 경제에 관한 규정이 그 근거이다.

18세기 이래 자유시장경제를 기반으로 한 자본주의는 눈부신 비약을 이룩했다. 19세기 무렵 서세동점의 물결은 쇄국사회였던 한국을 두드리게 된다.

이에 한국도 세계적 사회체제인 자본주의 시스템을 강제적·타율적으로 수용, 적응하여 발전의 추세를 따르느냐, 아니면 식민지나 반식민지로 전락해 선진 자본주의의 예속국이 되느냐 하는 갈림길에 있었다. 불행히도 한국은 1876년 일본 제국의 함포외교로 문호를 개방, 마침내는 일본 제국주의의 식민지로 전락하고 만다. 1945년 해방이 되었다고는 하지만 자본주의 발전의 낙후성과 식민 잔재로 말미암아 많은 어려움을 겪고, 분단과 전쟁이라는 혼돈과 격동을 거쳐 1960년대 개발독재를 통한 시장경제체제의 발전에 주력하기에 이른다. 그 후유증으로 관료 주도·재벌 중심의 개발 전략은 여러 가지 문제점을 안게 된 것이다.

헌법이 지향하는 이념과 현실 사이의 괴리

1948년 헌법 이래 한국 경제질서의 기본 방향은 사회정의를 원칙으로 균형 있는 국민경제의 발전을 꾀하는 사회적 시장경제를 지향하고 있다. 지금의 헌법은 제헌 당시 헌법보다 그 표현에서 개인의 창의와 자유를 강조하고 있지만 (제119조 1항), 사회정의를 기반으로 하는 균형 발전을 외면할 수 없다(제119조 2항). 제헌 이래 천연자원의 국유화(제120조)와 농지소작제도 금지(제121조)를 명시하고 새로운 발전 전략에 따라 국토의 이용·개발을 정하고(제122조) 중소기업과 농어민 등 경제적 약자 보호 규정(제123조)과 함께 소비자 보호 규정(제124조)을 두었다. 그러나 군사정권 30여 년간 위로부터의 불균형한 개발이 추진된 결과 독점재벌이 전 경제 부문을 지배하는, 균형을 잃은 파행적 발전이 이루어졌다. 재벌의 시장독점 실태에 대해 새삼스레 거론할 것은 없으나 한 가지 사례를 들어보면, 97년 당시 '6대 재벌(삼성, 현대, 엘지, 대우, 선경, 쌍용 등)의 매출액 합계는 GDP(국내총생산)의 6할을 차지했고, 삼성과 현대 그룹의 매출은 한국 정부의 일반회계 예산액을 넘어섰다.'[5]

이처럼 막강한 위세로 번창하는 한국의 독점재벌은 해방 전의 친일자본에서 시작해 해방 후 미군정에서 매판자본으로, 한국 정부 수립 이래로는 전·노 두 전직 대통령의 '비자금 사건'이 보여주듯이 정경유착으로 이어진 반사회적 축재 과정을 통해 번창하여왔다. 이에 대해 헌법의 경제 질서 규정은 글자 그대로 장식 규정이고 이념과 현실의 괴리를 극복하지 못하고 있다. 그리고 이것보다 더 큰 문제는 재벌을 보는 국민감정과 그로 말미암은 헌법적 가치의 실종이다.[6]

평화와 공존·협조의 국제 질서

근대 헌법의 평화주의

1791년 프랑스 혁명헌법의 정복 전쟁 포기 조항은 근대적 평화주의의 정신을 밝힌 대표적인 예이다. 19세기 제국주의 전쟁과 20세기 제1차 세계대전은 전쟁에서 승자와 패자가 따로 있을 수 없다는 비참한 진리를 알려 주었다. 이에 전 세계는 부전조약(不戰條約) 등을 통해 군축과 분쟁을 조정하고 국제연맹을 통한 평화유지 노력을 경주하였다. 그러나 파시스트 국가들이 일으킨 제2차 세계대전의 도발을 막지 못하고 또다시 전쟁의 참화를 겪게 되었다. 그 후 국제관계의 조정기구로 유엔을 창설하고 패전 국가는 전쟁 포기를 천명한 평

---

5. 池東旭, 『韓國의 族閥·軍閥·財閥』, 中公新書, 1997, 152쪽.
6. '재벌의 형성 과정에서는 남에게 말할 수 없이 지저분한 것이 많았다. 특혜로 육성된 재벌에 대해 한국인은 '죄벌시'(罪閥視)했다. …… 한국에서는 기업가는 존경받지 못한다. 탈법자·부정 축재자로 취급당한다.'(앞의 책, 157쪽).

화주의 헌법을 채택한다(예 — 일본의 절대 평화주의 헌법, 반전집총거부를 인정하는 독일의 평화주의 헌법). 한국 헌법의 대외정책 또한 평화주의의 구현에 있음은 말할 것도 없다. 제헌 이래 우리의 평화주의 지향에는 변함이 없다.

그러나 이승만 정권 하에서는 1950년 전쟁 이전까지 실현성이 거의 없는 '북진통일'의 호전적인 구호가 고창되었다. 1953년 정전회담 때도 이승만 정권은 국제연합군을 대표한 미군과 북측과의 정전협정 교섭에서 이탈하고 정전협정의 당사자로 서명하지도 않아 이제까지 정전협정에서 한국의 위치를 불분명하게 했다. 군사정권 집권 후에는 침략전쟁을 거부하는 근거 조항을 위반하고 1966년 베트남전쟁에 참전하였다. 참전은 미국의 권유에 따른 것이나 그 명분은 '반공 자유 우방을 지원한다'는 것이었다. 최근 들어 베트남전 파병이 엄격히 말해 헌법 정신에 합치되었는가 하는 의문이 좀더 적극적으로 제기되고 있다.

그 밖에 군인이 정치에 개입해온 우리의 역사적 전례를 고려하여 군의 위치를 헌법에서 다시 확인해 둘 필요가 있었다. 제헌 당시부터 군의 사명은 국토방위에 있음을 정한 규정은 박정희의 쿠데타로 무색하게 되었다. 이에 다시 1987년 개헌에선 경고성 규정으로 군의 정치 개입 금지 조항을 두게 되었다(제5조 2항). 군인의 정치 개입은 어디까지나 망국의 길이었음을 새삼 지적할 것도 없다.

북진통일 궐기대회(1954, 왼쪽)와 베트남 파견 장병 환송식(1967, 오른쪽)

침략전쟁의 부인

국제평화주의를 따른다고 함은 1791년 프랑스 헌법처럼 정복전쟁의 포기를 전제로 해야 한다. 우리 헌법은 침략전쟁 부인을 명시적으로 선언했다(제5조 1항). 여기서 침략전쟁이라고 함은 1960년 국제연합 총회의 '침략 정의(定義)에 관한 총회의결'에서 세부적으로 제시한 사항을 참고할 수 있다. 일찍이 부전조약에서 정의되었듯이 '침략'이란 국제분쟁이 발생했을 때 평화적 조정의 절차를 거치지 않고 무력을 행사하거나, 명시적 통고(선전포고) 또는 묵시적 통고(국교 단절 또는 주재국 사절 추방 등)을 하지 아니한 채 무력을 행사하는 것을 말한다.

'정의의 전쟁'에 대한 이론이 있지만, 이는 현대의 국제조약에서는 공식적으로 수용하지 않고 있다. 왜냐하면 전쟁을 도발하거나 가담한 쪽은 언제나 자신들이 정의의 전쟁을 하고 있다고 주장할뿐더러 정의의 전쟁이라고 규정할 수 있는 기준이 일치하지 않기 때문이다.

침략전쟁이 인정되지 않는다고 해서 자위전쟁(自衛戰爭)까지 금하는 것은 아니다. 전쟁행위는 대통령이 국회의 동의를 얻어 선전포고의 절차를 거쳐서 무력 발동으로 시작하게 된다.

□ **평화주의와 이라크 파병**

2004년 한국정부는 미국정부의 요청을 수용하여 이라크 전쟁에 파병을 결정했다. 이를 둘러싼 논의는 파병이 헌법규정에 적합한가 또는 위반인가보다는 주로 국익을 기준으로 하여 이루어졌다. 그런데 2004년 6월 23일 이라크 상사 주재원인 김선일 씨가 납치 살해되면서, 이라크 파병 문제가 다시 정치문제로 제기되어 찬반 논쟁이 불꽃을 일게 하고 있다. 여기서 이 문제는 헌법문제(침략전쟁을 부인하는 평화주의 정책 추구)로서도 관심을 기울일 필요가 있다.

이라크에 군대를 파병한 일본도 비무장 평화주의를 명시한 헌법 9조의 문제가 있다. 일본 정부는 전투 병력으로 활약하는 군대 파병이 아니고 독자지휘체계의 고수라는 이유로 변명하고 있다.

국제법의 준수와 외국인의 처우

국제사회의 일원으로서 국제평화를 유지하기 위해서는 무엇보다 국제사회에서 공인된 조약과 국제 법규를 준수해야 한다. 우리나라 헌법은 국제 법규를 국내법과 같은 효력으로 인정하여 준수한다고 정하고 있다(제6조 1항).

한편 외국인에 대해서도 국제법과 조약이 정하는 바에 의하여 처우한다(제6조 2항). 서방 제국주의가 침략을 통해 불평등조약을 아시아와 아프리카 등 비서방 세계에 강요할 당시의 외국인 처우에 관한 국제 관습법은 '문명국 법률 표준'의 법리였다. 외국인의 법적 처우는 문명국 수준의 법률에 따라 처우해야 하는데, 아시아나 아프리카의 법률제도는 문명국 수준에 미달하기 때문에 외국인 당사국의 영사재판권을 인정해야 한다고 하는 것이다. 아편전쟁 이후 중국에서 영사재판권을 인정하게 한 불평등조약이 체결되고, 일본은 1854년 개방 후 미국을 비롯한 서양 제국에게 강요당해 불평등조약을 체결했다. 물론 한국도 1876년 병자수호조규(丙子修好條規, 강화조약) 이래 일본을 비롯한 서방 제국주의 나라에게 불평등조약을 강요당했다.

물론 현대의 국제법에서는 그러한 제국주의 시대의 법리는 인정되지 않으며 내외국인 평등 처우의 법리에 따른다. 다만 별도의 조약이 체결되어 있으면 그 조약이 우선한다. 우리는 각국과 조약을 맺고, 국제사회의 일원으로서 공인된 국제조약과 국제법규를 준수하면서 협조해 나가고 있다.

평화통일의 지향

이승만 정권 하에서는 '북진통일'이 외쳐지기도 하고, 남북의 힘의 대결이 군사적 긴장을 끊임없이 고조시켜 왔다. 현재에도 휴전선을 두고 군사적으로 대치하고 있는 상황은 변함이 없다. 그렇지만 1972년 남북공동성명 후의 남북

접촉과 1989년 이후 냉전시대의 종식이라는 국제 정세의 변화는 우리에게 남북 유엔 동시 가입과 남북합의서의 양측 비준이란 새로운 전기를 가져왔다.

한편 헌법은 1972년 유신헌법의 정치적 평화통일 구호에서 한 걸음 나아가 1987년 헌법에서 평화적 통일 정책 추진 조항을 두었다(제4조). 일단 무력에 의한 북진통일은 국가 정책에서 공식적으로 배제되고, 우리가 주체가 되어 분단을 극복하는 평화적 노력을 하겠다는 의지와 숙원을 명시한 것이다. 1989년의 냉전체제의 종식과 동·서독의 평화적 통일은 우리에게 엄청난 충격을 주었다. 지금 세계에서 냉전시대에 분단된 이래 아직도 분단 상태를 지속하고 있는 나라는 한반도뿐이다. 우리는 냉전시대에 전쟁을 겪고 분단·대치를 지속해 온 특수한 상황에 있기 때문에 통일문제는 주변국가인 중국, 러시아, 일본 및 미국의 이해와도 아주 복잡하게 얽혀 있다. 그렇지만 민족의 자주적·평화적 생존권이란 차원에서 분단의 극복을 모색하는 것은 우리 시대 최대의 숙원이고 과제이다. 따라서 우리는 평화·공존·협조를 국제관계의 기본 질서로 하여 민족의 자주성을 바로 세워나가야 할 것이다.

헌법에 자유와 권리를 정한 것은 그것을 향유하는 주체가
그에 근거하여 자신의 입장을 주장할 수 있게 하기 위해
서이다. 인권 규정은 권리 보장의 '충족 요건'이 아니라
'가능 조건'이다. 아무리 법에서 자유를 명시하고 있어도
자유의 주체가 될 사람이 스스로 자유롭게 되고자 하는
활동을 하지 않는다면, 그것은 어디까지나 인권 보장의
'가능 조건'일 뿐이다.

제2부
헌법이 보장하는 인권

1장 인간 존중의 이념과 그 법구조

인권 사상과 인권의 법구조

천부인권 사상에 바탕한 인권제도

사람은 태어날 때부터 사람으로서 마땅히 누릴 권리가 있다는 사상에서부터 인권의 문제는 제기된다. 근대 인권의 사상과 제도는 시민계급의 성숙에 따른 자각과 혁명에 의해서 이루어진 것이다. 시민사상 이전에도 사람을 귀하게 여기고 권력자일지라도 그 존엄성을 함부로 침해할 수 없다는 생각은 있었다. 물론 이러한 사람의 지위를 구체적인 법제로 끌어올린 것은 근세 시민혁명 이후의 일이다.

그렇지만 이성의 주체로서 자유민에 대한 고대 그리스의 사상, 신의 형상을 하고 신의 뜻을 따르는 인간의 존엄성을 인정하여 악법에 대한 저항의 밑거름이 된 중세의 기독교 사상, 상위 신분과 하위 피지배 신분 사이에서도 약속은 지켜져야 하며 권세 있는 자의 교만과 포악성에 대해 경고해야 한다고 생각했던 게르만적 계약사상 등이 후세에 인권제도의 발달을 위한 인간의 자각에 영향을 미쳤다는 것을 인정해야 한다.

근대 시민적 인권의 직접적인 싹은 르네상스 이래 인간의 자각에서 비롯된다. 르네상스 시대 이탈리아의 피코 델라 미란돌라(Pico della Miran-

피코 델라 미란돌라

dolla)*가 쓴 『인간의 존엄에 대하여』(1486)는 사람의 존엄을 자유의사에서 추구했다. 또 종교개혁은 신 앞에 개개의 인간을 신앙으로 자각한 양심의 주체로 세우기 시작했고 그것은 이성에 눈뜨는 시초이기도 했다. 특히 18세기 프랑스 계몽시대는 인간 이성의 이름으로 인간성에 반하는 제도에 항거함으로써 자유에의 길을 열었다. 시민혁명은 그러한 성과의 축적과 완성의 결실이다. 특히 17세기 영국의 시민혁명은 가장 선구적 혁명으로서, 명예혁명 직후 로크의 『시민정부론』(1689)은 천부인권과 저항권의 사상으로 근대 인권의 이론적 기반을 공고히 해서 인권제도가 발전할 수 있는 발판을 마련했다.

로크가 말한 자연권의 내용인 생명, 자유 및 재산의 권리는 천부인권으로서 미국 독립혁명(1776)의 독립선언과 프랑스혁명(1789)의 인권선언에서 성문화되어 인류 공동의 유산이 되었다. 주목해야 할 것은 인권 사상과 제도는 악법과 폭정을 거부하는 저항과 투쟁의 결과로 마련된 것이라는 점이다.

사람이 누리는 불가침의 영구적 권리

인권이란 사람이 사람답게 살아가기 위해서 어떠한 시대, 사회에서나 반드시 누려야 할 자유와 권리를 말한다. 따라서 이러한 권리는 첫째, 사람으로 태어났다는 그 자체만으로 누리는 권리이다(고유성). 둘째, 그것은 성별, 문벌과 신분, 인종, 종파에 따라 구애받아선 안 된다. 물론 시민사회 초기부터 지금까지 사회제도와 편견에 따른 차별이 있어왔지만, 인권의 역사는 바로 그러한 차별에 대한 투쟁의 역사였다. 인권은 사람이면 누

한스 켈젠

구나 누려야 하는 권리란 뜻에서 보편성을 띠고 있다. 셋째, 누구도 다른 사람의 인권을 침해할 수 없으며 근대 시민혁명 이래로는 무엇보다 국가권력에 의한 침해로부터 보장되어야 한다. 현대 산업사회에서 경제적 강자에 의한 경제적 약자의 인권침해가 심각한 사회문제가 됨에 따라 사법(私法)관계에서도 인권침해의 문제를 헌법적 사정거리 안에 두고 해결하게 되었다. 이에 대해선 뒤에 다시 논하기로 한다. 넷째, 인권은 일시적 또는 잠정적으로 보장되는 권리가 아니다. 우리들은 물론이고 우리의 후손에게도 영구적으로 보장되어야 하는 천부의 권리이다.

이제까지 설명한 인권의 성격은 주로 자연법적 관점에서의 천부인권을 전제로 한 것이다. 자연법사상을 배척하는 외견적 입헌주의 이론이나 현대의 과학적 법률학을 자처하는 법실증주의 법학의 이론은, 인권도 법률이 정함으로써 인정되는 실정법상의 권리라고 하여 자연법사상을 거부한다(한스 켈젠[Hans Kelsen]*이 대표적 법실증주의론자이다). 그런데 이러한 논법은 자칫하면 권력자에게 악용되어 법률에 의하면 얼마든지 인권을 제한할 수 있다는 함정에 빠지기 쉽고, 실제로 그러한 전례가 많이 있었다. 이는 동시에 '악법'에 대한 저항의 이론을 묵살하는 것이 된다. 그리하여 과학적이란 매력을 악용한 권위주의와 관료주의의 망령이 법학의 전당에 잠입하여 인권의 여신을 죽여버릴 수 있었던 것이다. 법과 정의의 정신, 악법과 폭정에 대한 저항의 권리라는 근대 시

민사상의 유산은 인권 사상과 제도에서 수호자적인 방패 역할을 한다.

인권의 문제는 시대와 사회에 따라 다르다

시민혁명 당시 시민계급이 인권을 정립하기 위해서는 전근대적 절대 권력에서 해방되는 것이 우선적인 과제였다. 따라서 인권의 주된 내용은 '권력으로부터의 자유'였다. 지금도 국가권력의 규제 하에서 자유와 권리를 논하게 되므로 권력으로부터의 자유는 변함없이 중요한 문제로 남아 있다.

여기에 자본주의 사회의 발전으로 초래된 부유한 자와 가난한 자 사이의 인권 문제가 덧붙게 된다. 노사 간의 문제나 독과점 기업, 농어민, 중소기업자 및 소비자 사이의 문제가 바로 그것이다. 그래서 20세기 현대 헌법에는 사회권이라는 목록이 추가된다. 사회권이라는 기본권은 국가제도를 통해서 사생활에 개입, 강자를 억누르고 약자의 권리를 보장할 수 있게 배려하는 제도이다.

제2차 세계대전 이후에는 제3세계 민중의 해방과 독립 및 빈곤의 극복, 인종차별의 철폐, 제1세계 등 공업 선진국과의 무역관계에서 부등가(不等價) 교환의 경제 질서 타파와 제1세계의 정보 독점의 시정·타파에 이르기까지 새로운 형태의 인권 문제가 제기되고 있다.

1970년대는 정보화 사회로 진입함에 따라 정보 접근권과 프라이버시 권리가 헌법상의 문제로 제기됨을 볼 수 있다. 한편 공업화·산업화에 따른 생태계의 파괴는 환경권을 전 지구적인 문제로 부각시켰다. 그리고 1990년대 이후는 냉전의 종식과 공산제국의 해체가 초래한 새로운 상황에 대응하여 인간 권리의 새로운 모색과 정립을 과제로 안고 있다.

제2차 세계대전 후 유엔은 세계인권선언을 기초하여 선포했다. 이 선언은 실질적으로 각 나라를 구속하는 효력이 없다. 다만 인권의 경시와 그로 말미암은 폭정이 모든 반란과 인간 불행의 원인이 되어 왔음을 분명히 하면서, 모든 나라가 지켜야 할 일반 기준을 선언적으로 규정하여 각 나라에 준수를 촉구하는 방편으로 삼았다. 인권 보장을 위한 유엔의 노력은 큰 성과를 거두어 인종차별 금지, 민족자결과 독립의 원칙, 여성차별 금지, 아동의 권리, 갇힌 자(囚人)의 권리 보호, 난민 지위 보호 등 인권 전반에 걸쳐 눈부신 공헌을 하고 있다. 특히 유럽인권규약의 선례를 참고하여 '국제인권규약'을 제정하고, 1970년대 가입국이 이어지면서 인권의 국제적 보장 장치가 세계적으로 보급되게 되었다. 우리나라도 1980년대 뒤늦게 조건부로나마 참여한 것은 주목해야 할 사건이다. 국제인권규약은 국제사회에서 주권 국가에게 인권 보장을 촉구하고 압력을 가하는 효과적인 제도가 되고 있다.

이제까지 인권의 보장 문제는 국내법의 헌법 문제였다. 그런데 한 가지 주의할 점은, 1791년 프랑스 혁명헌법의 정복 전쟁 포기 조항이 정하고 있듯이, 자기 국민의 인권이 소중하면 마찬가지로 타 국민의 인권도 소중하다는 것이다. 따라서 인권 보장은 각 나라가 자국의 법을 이용해 단독으로 처리하는 데 그칠 문제가 아니다. 한 나라의 인권침해 문제는 곧 다른 나라의 인권문제로 직결되어 각 나라의 인권문제에 영향을 미치게 된다. 어느 특정한 나라가 인권을 침해했다면 국제사회 각 나라가 압력을 가하는 것은 물론 국제기구의 제재 조치까지 동원해서라도 인권문제를 해결하지 않으면 안 된다. 지구화를 지향하는 현 시점에서 인권문제의 해결에 대한 시각이 국제적인 차원에까지 이르게 된 것은 필연적이고 당연한 결과이다.

사람의 신분에 따른 인권문제

인간과 시민의 권리에 대한 시민 철학

1789년 프랑스 인권선언의 원래의 제목은 「인간과 시민의 권리 선언」이다. 이를 부르기 편하게 인권선언이라 한 것이지만, 본래의 표현이 인권의 사상을 보다 충실하게 나타내고 있다. 인권이란 '사람'으로서 마땅히 누리고 '시민'(나라의 구성원＝국민)으로서 행사해야 할 권리를 함께 말하는 것이기 때문이다.

시민적 법치국가가 가정한 '인간'이란 상인적·이기적·타산적 인간이다. 다른 말로 표시하면 이성의 주체로서 인격이었다. 대개 미성년자와 정신박약자, 그 밖에 법적으로 자격 요건이 결여되었다고 보는 사람(파산자, 자격정지자 또는 상실자 등)을 제외하고는 모든 개인이 동등한 거래 주체이자 행위능력자로 권리를 인정받았다. 한편 이들 시민적 인간이 거래하는 사회는 이익의 타산에 따른 거래이기 때문에 경쟁장이 되었다. 사회는 곧 시장(市場)이고 거래장이며 경쟁장이었다. 법은 이러한 거래장에서 다툼을 공평하게 해결하는 장치이기 때문에 법이 지향하는 정의는 등가교환의 윤리에 입각한 교환적 정의였다. 준 만큼 받고, 받은 만큼 주는 거래, 교환의 공정을 꾀하는 것이었다. 이것이 시민법적 정의이다.

자본가의 재산과 노동자의 생존권

자본주의 시장은 애당초 시민법이 예정한 것처럼 등가 교환이 원만하게 관철되는 사회는 아니었다. 출발부터 '사자와 토끼' 또는 '고양이와 생쥐' 사이의 대등한 거래를 가정한 것이었다. 그렇지만 그러한 가정 위에 세워진 법구조는 봉건적 특권계급의 지배를 타파하고 모든 인간의 이름으로 인권을 구가한 것이다. 즉 문벌과 신분에 의한 특권을 없애고 야만적 고문과 학대·구금을 금했으며, 지배자의 자의가 법의 이름으로 백성을 억압·착취하는 전제 지배를 폐지했다. 이것은 분명히 역사의 진보였다. 당시 노동자나 빈농 등의 사회계급은 시민혁명에서 인간 해방의 서광을 보았으므로 시민적 법질서를 긍정했다. 당시에 그 이외에 별로 두드러진 대안이 없었고 그들의 독자적인 능력도 부족했기 때문이다. 물론 프랑스의 실패한 혁명가 바뷔프(François Emile Babeuf)*처럼 극단적 공산주의 혁명을 시도한 몽상주의자도 있었다. 그러한 경향이 사회주의 사상으로 싹트고 있었지만, 그것이 사회적으로 주목을 받고 세력화되는 것은 19세기 후반 이후이다. 1848년 마르크스·엥겔스의 『공산당선언』도 당시에는 그들이 과장적으로 표현하는 것처럼 사회에 큰 위협이라기보다는 지배층의 신경을 거스르고 귀찮게 하는 정도였다.

그러나 노동자의 생존을 위한 자기주장은 사회주의라는 이데올로기와 직접적인 관계없이도 이미 사회문제가 되었다. 빈곤과 실업, 무지와 질병, 불경기와 경기 침체, 일부에 의한 부의 독점과 사회적 퇴폐, 소년과 여성의 혹사와 가정의 해체, 불행한 노동자의 유일한 위안으로서의 음주와 도박 그리고 범죄로의 타락, 빈곤 가정 자녀의 무교육과 무지의 상태 등이 그대로 북인·방치될 수는 없었다. 그것은 사회주의 문제 이전에 인도상의 문제이고 사회적 약자의 생존의 문제였다.

프랑스와즈 바뷔프

시민사회의 시장적 법구조의 이상형은 현실에서 보완되고 수정되어야 했다. 여기서 사회권 사상이 움트게 되고 노동자의 생존권이 자본가의 재산권과 마찬가지로 소중하게 인정되어야 한다는 주장이 주목받게 된다. 노동자의 신분에서 노동기본권이 보장되기 시작한 것이다.

사법자치에서도 인권은 존중돼야

시민사회 개개인의 사사로운 거래관계에서는 자율과 자치가 보장된다. 정부도 매매 등 계약의 당사자가 되면 사인(私人)과 마찬가지로 개인과 대등한 지위에서 거래한다. 이것을 사법자치 또는 계약자유라고 한다. 이러한 사법관계는 공법관계가 아니기 때문에 그 계약의 형식과 내용에 대해서 국가가 간섭할 일이 아니다. 다만 민법의 일반 조항인 공서양속(公序良俗) 조항에 따른 한계가 있다. 다시 말해서 선량한 풍속이나 기타 사회질서에 위반하지 않는 한에서는 자유이다(민법 제103조).

그런데 이 사법관계에서 인권을 침해하는 일이 벌어질 때에는 어떻게 할 것인가? 계약자유나 사적 자치라고 방임되고 말 것인가? 노동자와 자본가(사용자) 사이의 노동관계라면 노동기본권을 보장하는 헌법과 노동관계법의 규정에 따라 규제된다. 그렇지 않은 사인간(私人間)의 관계에서는 어떻게 될까? 미국에서는 이러한 사례가 인종차별문제와 관련되어 특히 심하게 일어났다. 법률이나 재판은 이 차별을 인정하지 않고 있다. 우리의 경우도 사법의 일반 조항인 공서양속 조항의 '질서'에는 헌법상 인권이 보장되는 질서를 포함하고 있다. 따라서 인권을 침해하는 위헌적 계약은 무효로 재판을 하여야 한다고 보고 있다(간접적용설*).

갇힌 자의 인권

죄를 지어 벌을 받기 위해 갇힌 자(囚人)는 형사절차에 따라 교도소나 구치소, 경찰서 보호실 등에 수용된다. 이들에 대한 인권문제에는 거의 무관심해

왔으나, 지금은 유엔에서 갇힌 자의 구금에 대한 최저 기준을 정하는 조약이 체결되었다. 물론 국내법상으로도 아무리 흉악범이고 사형수라 할지라도 최소한 건강을 유지하고 신앙생활을 자유롭게 하며 통신을 허용하고 수용 조건이 허용하는 한 독서와 집필을 할 수 있도록 해야 한다. 가혹행위가 가해지거나 보복 처우가 있으면 안 된다. 현재 문제가 되고 있는 것은 통신 비밀의 제한과 친족, 친지 또는 변호인과의 접견·교통권의 자유 제한 및 정치수(사상범)에 대한 전향 강요의 위헌성 등이다.

통신 비밀을 제한해서 서신 검열을 할 때에는 도망이나 기타 범죄 예방, 음모 방지 등 필요한 범위 내에서 최소한도로 해야 한다. 따라서 미결수와 변호인 사이의 서신을 검열하는 구행형법 제62조는 위헌이라 본다(헌법재판소 결정 1995.7.21. 전원재판부). 또 친족과 변호인과의 접견 교통권은 최대한 보장해야 한다. 이는 헌법에서도 주의적 규정을 두고 있다(제12조 4항 및 5항).

박정희 군사정권은 일제 이래 명맥을 유지해온 치안유지법의 전향제(轉向制)를 1970년대 「사회안전법」으로 제정해 한층 가혹한 강제전향을 시행했다. 그러한 반인륜적 잔혹행위는 김대중 정부 이후에는 결국 준법서약제도로 변용·수정되었다가 폐지되었으며 사회안전법은 보안관찰법으로 대체되었다. 그렇지만 아직도 그 매카시즘적 악습의 잔재는 존속되고 있다. 예컨대 사상범의 전향을 강요하는 제반 조치가 비공식적·비공개적으로 자행되고 있는 것이 문제가 된다.

1999년 12월 31일 비전향 장기수로 알려진 신광수와 손성모이 석방되면서 현재 구금되어 있는 비전향 장기수는 없다고 하겠다. 문제는 아직도 사상 신조 및 양심을 이유로 한 인신제약의 불이익이 가해질 수 있는 보안관찰법이란 일제하 예방구금제도의 잔재가 남아있다는 것이다. 보안관찰법이 국가보안법과 함께 존속하고 있는 한 사상의 자유 보장 문제는 미결의 숙제로 남아 있다.

정신병자의 인권과 구금문제

　1970년대 국제사면위원회*의 인권보고서 중에 유명한 것은 「고문(拷問)에 대한 보고서」와 「소련의 양심수인 보고서」였다. 여기서 특히 「소련의 양심수인 보고서」가 충격을 안겨준 것은, 반체제 인사를 정신병자로 조작해 정신병동에 감금시키고 정신과 신체를 무기력하게 만들어 제거해나간 사실이었다. 어떤 사람을 정신병자로 판정해서 구금하자면 의사 2인 이상의 감정 의견이 있어야 하고 그것이 재판절차를 통해서 적법 요건 여부가 심사되어야 하는 법제가 있는데도 이런 일들이 자행되어온 것이다.

　우리도 80년대 군사정권 하에서 정신보건법을 제정하려는 시도에 반대하는 인권운동을 전개했었다. 그 이유 역시 정치범을 정신병동에 구금하는 등 그 남용이 우려되기 때문이었다. 또한 정치범 외의 어떤 사람도 함부로 구금되어선 안 된다. 오늘날 같은 경쟁사회에서 고도의 스트레스에 억눌린 현대인의 정신질환은 그 정도가 심각하다. 우리 인구의 약 3퍼센트 가량이 정신질환 증상이 있다고 한다. 지금도 사회보호법은 정신질환 증상이 있는 범법자에 대해 의료감호에 처하고 있다. 그러나 이 감호조치의 결정 과정에서 관계 당사자의 참여와 의사 2인 이상의 감정 의견, 그리고 그에 대한 다른 의사의 감정 의견 제시 등의 절차가 충실하게 보장되어 있는지는 의문이다.

인권이 침해당하면 어떻게 구제하는가?

권리 위에 잠자는 사람은 보호받지 못한다

근대법 이후의 시민법 체계는 모든 사람을 하나의 권리주체로 보고, 서로 경쟁하는 사회관계에서 자주적으로 활동한다는 가정 하에 법률 시스템이 구성되어 있다. 근대 이전의 봉건사회가 혈연적 가족공동체와 지역적 촌락공동체 단위에서 인정과 의리라는 연고를 매개로 생활했던 것과는 달리, 자본주의 사회에서는 개인 단위로 자기 이익을 추구하며 살기 때문이다. 이러한 개인은 개인이나 사회적 결사를 통해서 자기 이익을 수호하며, 어디까지나 자신의 주관적이해에 따라 문제를 해결해야 한다. 이 사회에서 제1의 법적 원리는 '권리 위에 잠자는 사람은 보호받지 못한다'는 것이다. 또한 시민사회는 신의·성실과이에 따르는 인간 사이의 약속으로 맺어져 있다. 공적·사적 이해관계를 막론하고 자기 권리를 스스로 지키고 동시에 남의 권리를 존중해야 한다. 공존의윤리를 따르는 것이다.

따라서 헌법을 비롯한 법률에 자유와 권리를 정한 것은 그것을 향유하는 주체가 그에 근거하여 법적으로 자신의 입장을 주장할 수 있게 하기 위해서이다. 인권 규정은 권리 보장의 '충족 요건'이 아니라 권리 보장의 '가능 조건'이라는 점에 주의해야 한다. 아무리 법에서 자유를 명시하고 있어도 자유의 주체가될 사람이 스스로 자유롭게 되고자 하는 활동을 하지 않는다면 그것은 어디까지나 인권 보장의 '가능 조건'으로만 그친다. 권리의식이나 헌법의식의 중요성은 새삼스레 강조하지 않아도 될 것이다. 따라서 아래에 제시하는 권리 구제의 절차는 남이 해주는 것도 아니고 자동적으로 가동하는 것도 아닌, 권리를 주장하고 지키려 할 적에 비로소 기능이 발휘되는 제도장치임을 알아야 한다.

청원과 재판을 받을 권리

전제 왕권 하에서도 백성은 청원이란 방식을 통해 자기의 고충을 권력자에게 호소할 수 있었다. 근대적인 인권 보장 제도가 확립되기 이전 시대에 국민의 의사 전달을 통한 고충 처리 장치였다. 1905년 2월 제정 러시아에서 발생했던 '피의 일요일' 사건 같은 불상사도 그 발단은 청원제도와 관련되어 있다. 당시 제정 러시아의 군주는 근위병을 동원하여, 청원을 하려는 노동자와 가족들인 평화적 군중에게 발포해서 많은 사상자를 내는 어리석은 만행을 저질렀다. 그 사건으로 권력자의 정체를 알게 된 러시아 민중은 결국 1917년 혁명으로 군주제를 폐지한다.

근대 헌법은 유래상 가장 오래된 청원제도를 권리로 인정하고 있다. 누구든지 문서로써 어떠한 사항에 대해서도 자유롭게 국가기관에 청원할 수 있다(제26조). 이렇게 청원을 기본권으로 인정하는 데는 청원으로 인해 불이익을 당해선 안 된다고 하는 취지도 포함되어 있다. 물론 청원이 공직자를 모해하거나 모독해서는 안 되며 반드시 문서 형식을 갖추어야 한다. 또 중복 청원을 해서

1905년 혁명—피의 일요일
(바라노프 로시니, 1905)

도 안 된다. 헌법의 개정도 청원할 수 있다. 그런데 유신헌법 하의 독재에서는 개헌을 요구하는 청원을 긴급조치로 엄중하게 처벌하였다.

권리가 침해당했을 때는 재판을 통해 구제받도록 한다(제27조). 영국 보통법의 격언에 '누구든지 재판관으로부터 멀리할 수 없다'는 말이 있다. 누구든지 사법권의 독립이 보장된 법원의 재판을 신속하게 받을 권리가 있다. 그리고 형사재판에서는 공개재판을 받을 권리가 보장된다. 다만 풍속문란이나 안보의 위험이 있을 때에는 법원이 비공개 재판을 할 수 있다. 그리고 계엄 하에서는 예외적으로 군사법원에 의한 재판을 받도록 할 수 있다. 물론 비상계엄령이나 긴급명령으로 예외적인 조치가 있을 경우에 한한다.

잘못된 재판에 대한 보상

재판도 사람이 하는 것이므로 오판(誤判)이 있을 수 있다. 누구든지 무죄로 판명됐을 때에는 구금이나 형의 집행에 대해서 보상을 받는다(제28조). 이른바 **형사보상청구권***이라는 권리이다. 구금에 대해선 구금일수 단위로 보상액을 계산하고 벌금이나 몰수 · 추징에 대해서는 원금 이외에 이자를 셈하여 받으며 사형 집행에 대해서도 적절한 금전상의 보상을 받는다.

폭력 범죄로 말미암은 피해자에 대한 정부의 보상

정부는 국민이 생명과 자유 및 재산을 안전하게 보존하고 살 수 있도록 치안을 책임지고 있다. 우리가 세금을 내고 공무원을 뽑거나 임명해서 나라 일을 보도록 하고 있는 것이 바로 그러한 기능을 다하라는 것이다. 그래서 국민이 폭력 범죄 등으로 피해를 당해서 죽거나 다치게 된 때에는 정부가 보상하도록 했다(제30조).

행정쟁송절차와 헌법소원

국가기관의 행위로 인한 권리 침해에서 가장 문제가 되는 것은 행정처분으로 말미암은 권리 침해이다. 예를 들어 세금이 부당하게 부과되어 재산상의 손해를 보았다거나, 영업을 하는 기업이 허가를 취소당하여 피해를 당한 경우이다. 이때에는 행정심판으로서 이의신청이나 소원의 절차를 거쳐 행정소송을 하게 된다.

그리고 자기의 권리를 침해한 국가기관의 행정처분이나 그 밖의 행정작용이 헌법에 위반되는 법률을 근거로 한 것일 때에는 헌법재판소에 소원을 할 수 있다. 이때에는 대개 재판에서 문제될 경우이기 때문에 법원의 위헌 제청 절차를 거치게 된다.

국가배상청구권과 손실보상의 청구

국가공무원이 공무 집행과 관련해서 행한 불법행위 때문에 손해를 당했다면 국가기관을 상대로 배상을 청구할 수 있다(제29조). 여기서 공무원의 직무상의 불법행위는 반드시 적법한 직무 집행을 의미하는 것이 아니다. 경찰관이 휴무인 때에 경찰관 제복을 입고 검문을 가장하여 강도·살인을 한 때에도 국가기관은 그에 대해 손해를 배상해야 한다.

또한 국민의 재산권을 국가가 공공의 필요 및 기타의 이유로 사용·수용·제한한 때에는 보상을 해야 한다(제23조 3항). 사소유권(私所有權)이 보장되는 자본주의 사회에서 예외적으로 재산권을 제한하는 것이므로 원칙적으로 시가에 의한 보상을 한다.

참정권의 행사와 자유 보장의 조건

근대 시민법에서는 각 개인이 적극적이고 능동적으로 자기의 권리와 이익을 위해 활동하는 주체라고 가정한다. 가족과 같은 혈연적 유대 집단에서처럼 겸양에 따라 수동적으로 대세에 순응해서 살아가는 인간형은 싫든 좋든 산업사회에서는 존립할 수 없다. 더구나 인간으로서의 품위를 유지하고 자유를 지키는 일은 더욱 어렵다. 현대사회는 경쟁사회이기 때문이다. 따라서 법이 마련하고 있는 각종 제도장치는 그저 팔짱 끼고 기다리기만 해서는 가동되지 않는다.

우선 권력을 민주적으로 통제하지 않고서는 인권은 보장되지 않는다. 권력자가 아무리 국민의 이름으로 권력을 장악했다고 해도 그것이 곧장 국민을 위한 권력으로 행사되는 것은 아니기 때문이다. 국민이 그렇게 하도록 감시하고 견제하며, 위임에 배반해 말을 듣지 않으면 규탄하고 탄핵해야 한다. 여기서 가장 중요한 것은 국민이 투표권을 비롯한 참정권을 적절하고 효과적으로 행사하는 것이다. 그렇지 않으면 나라의 심부름꾼인 공직자가 나라의 주인 행세를 하고 정작 주인인 국민은 노예로 전락하게 될 것이다. 우리는 민주주의의 이름 아래 이러한 치욕의 역사를 헤아릴 수 없이 되풀이해오지 않았는가?

라스키(Harold Joseph Laski)*는 그의 저서 『근대국가의 자유』(1930)에서, '고대 그리스에서 확인된 자유의 비결은 용기에 있다'는 말로 그의 책을 맺고 있다. 사실 이 말은 조금도 과장된 표현이 아니다. 자유의 시발이나 그 마지막 수호의 비결은 결국 자유로워지려는 사람의 결단과 용기 있는 행동에 있다.

현대사회에서 자유가 정상적인 제도장치 속에서 가능할 수 있는 조건을 알아두는 일도 중요하다. 자유 보장 제도를 가동시키려면 개인의 노력과 투쟁이 있어야 한다. 그러나 개인의 힘에는 한계가 있다. 그렇다고 혈연 공동체나 지역 공동체에만 의존할 수는 없다. 그러한 연고를 정치적으로 악용해 국민을 지배하는 정치조작을 하는 이들은 권력을 장악한 독재자뿐이다. 여기서 우리는 라스키의 말을 다시 한번 되새길 필요가 있다.

사상·양심의 자유와 자주적 결사의 보장

바로 그렇다. 자주적 결사를 통해서 개인은 자기 이익을 추구할 수 있고 외부의 침해로부터 자기를 방어할 수도 있다. 권력과 자주적 결사가 균형을 이룰 때 자유의 조건이 마련된다. 정당을 비롯해서 사회단체, 기업, 노동조합, 종교단체, 학교와 연구 집단 등 각종의 사회결사가 각각의 이해를 노출시켜서, 사회에서 그 대립되는 이해가 조정되고 통합될 때 서로의 공존과 자유의 보장이 이루어질 수 있다. 권력의 일방통행만이 있고 사회결사가 권력의 조종·통제 하에 놓인 사회는 조지 오웰이 『1984년』에서 묘사한, 로봇이 꼭두각시놀음을 하는 독재 사회일 뿐이다. 우리는 바로 그러한 사회의 로봇이나 가축이 되기를 거부하는 인권의 보장 제도를 말하고 있는 것이다.

2장 | 사람은 존엄한 존재이고 누구나 법 앞에 평등하다

인간의 존엄성과 행복추구권

인간 존엄의 사상

사람은 존엄한 존재로 소중하게 대해야 한다는 사상의 뿌리는 서양을 기준으로 볼 때 두 갈래가 있다. 노예제 사회였던 고대 그리스 사회에서는 노예를 사람으로 보지 않았으며, 자유시민의 신분에 있는 남성만을 이성의 주체로 파악해 그 존엄성을 인정했다. 플라톤의 『국가론』을 보면 이성의 주체로서의 인간에도 세 가지 등급이 있다고 하였다. 첫째 이성이 충만한 슬기로운 사람[賢人], 둘째 용기를 가진 인간, 셋째 이성에 의해 자기 통제가 되기보다 욕망에 따라 움직이기 쉬운, 보통 생산에 종사해야 할 인간을 말한다. 사람의 소중함을 이성에 따른 분별력에 의해 따지는 전통은 르네상스 시대 피코 델라 미란돌

토마스 아퀴나스

라에게 이어진다. 피코는 인간의 존엄성을 이성적 주체의 자유의지에서 구했고, 그것은 근대 자연법사상으로 결실을 맺어 이성의 주체로서 인간의 자유와 평등의 존중이라는 인권사상으로 표현되었다. 18세기 계몽시대 이래 시민혁명으로 이어지는 시기를 '이성의 시대'라고 하는 까닭이 여기에 있다.

한편 서양의 인간 존엄의 사상에는 기독교의 인간관 또한 그 바탕에 깔려 있다. 중세 기독교 시대 악법에 대한 저항 이론은, 신의 형상을 하고 태어난 인간은 신과 약속을 하는 존귀한 존재로, 함부로 멸시·학대하면 신의 섭리, 자연의 법에 위배된다고 하는 내용을 담고 있었다. 중세 신학자 토마스 아퀴나스*가 정립한, 신의 섭리 자체인 '영원법', 인간에 의한 영원법의 형상화인 '자연법', 그리고 자연법의 테두리 내에 있는 '인정법'(人定法, 또는 실정법(實定法))의 관념 체계가 바로 그것이다.

18세기 미국과 프랑스의 시민혁명은 영국 시민혁명의 계보를 따라 이성 본위의 자연법사상을 내세우지만 그 바탕에는 기독교적 사상의 흐름이 깔려 있다.

제2차 세계대전 이후에 제정된 독일과 같은 서방 국가의 헌법에서는 시민혁명 이래 당연한 전제가 된 인간의 존엄성에 대한 규정을 다시 확인하고 있다. 독일연방공화국 기본법 제1조가 대표적인 사례이다. 그것은 나치즘 등 파시즘에 대한 반대와 함께 공산주의의 전체주의적 개인 부정에 대항하는 의미를 내포하고 있는 것으로 이해할 수 있다. 민족이나 국가의 이름으로 개인을 말살해 인간 존엄을 침해하는 폭정이나 일당 독재로 인간성을 유린하는 공산 독재체제에 대한 거부를 명시한 것이라 하겠다. 우리 헌법 제10조 규정이 바로 그것이다. 1948년 헌법 총강 제5조에 국가가 개인의 자유·평등과 창의를 존중하는 규정을 두었다. 1962년 제5차 개정 때 이 부분이 제2장으로 이전하고 조문의 내용도 인간의 존엄과 행복추구권의 보장 및 국가의 인권 보장 책무로 정리해서 현행 헌법에 이르고 있다. 제10조는 독일연방공화국 기본법과 일본 헌법 두 개의 인권 규정을 절충한 것으로 볼 수 있다. 여기서 참고로 이 두 헌법의 예를 들어보자.

독일연방공화국 기본법(1949)

[제1조 1항] 인간의 존엄은 불가침이다. 이를 존중하고 보호하는 것은 모든 국가권력의 의무이다.

[제1조 2항] 따라서 독일 국민은 세계의 모든 인간 공동사회·평화 및 정의의 기초로서 불가침의 양도할 수 없는 인권을 인정한다.

[제1조 3항] 아래에 (정한) 기본권은 직접으로 적용되는 법으로서 입법, 집행권 및 재판을 구속한다.

일본 헌법(1946)

[제13조] 모든 국민은 개인으로서 존중된다. 생명, 자유 및 행복추구에 대한 국민의 권리는 공공의 복지에 반하지 않는 한 입법 그 밖의 국정에서 최대의 존중을 필요로 한다.

일본 헌법(1946)

인간의 존엄성과 행복추구권

행복을 추구할 권리가 근대 인권선언에 등장한 것은 1776년 미국 독립선언에서 인간의 천부인권으로서 생명·자유 및 행복을 추구할 권리가 있다고 명시한 데서 비롯된다. 이 자연권, 천부인권으로서 행복추구의 권리란 존 로크가 『시민정부론』에서 천명한, 자연권으로서 생명과 자유 및 재산의 권리에서 연유한다. 미국 독립선언에서는 재산권을 '행복을 추구할 권리'로 정했다. 이러한 유래 때문에 시민헌법에서 행복을 추구할 권리란 재산의 소유와 그에 따른 활동 등 시민사회에서의 경제적 자유를 지칭하는 뜻으로 해석되었다.

현대의 복지국가에서는 재산권 중심의 경제적 자유 이외에 사회권의 보장도 행복추구권에 포함됨은 말할 것도 없다. 그리고 여기서 행복추구권이라고 하는 것은 각 개인이 행복을 추구할 수 있는 법적 조건을 보장한다는 것이지, 정부가 행복을 선사한다는 것은 아니다.

국가의 인권 보장 책무를 정하고 있는 이유는 국가의 존재 그 자체가 목적이 아니라 어디까지나 국민의 인권을 보장하기 위한 수단임을 강조하기 위한 것이다. 헌법에서 개인으로서 인간의 존엄성을 부각시키는 것은 전체주의를 거부한다는 뜻이다. 역사상 전체주의 국가에서 국가나 민족 또는 계급의 이름으로 권력 그 자체가 목적으로 전도하는 현상이 자행되어 왔기 때문에 이에 대한 경계의 뜻을 나타낸 것이다.

인간의 존엄성 규정과 생명권·인격권의 보장

우리 헌법 제10조는 일본 헌법 제13조처럼 행복추구권을 정하고 있다.

〔제10조〕 모든 국민은 인간으로서의 존엄과 가치를 가지며, 행복을 추구할 권리를 가

진다. 국가는 개인이 가지는 불가침의 기본적 인권을 확인하고 이를 보장할 의무를 지닌다.

헌법 제10조를 해석해 보자면, 우선 이 규정은 인권 전반에 통하는 총칙적 또는 원칙적 규정임이 분명하다. 헌법이 정한 인권의 각 조항은 제10조의 원칙에 입각해서 해석해야 하다. 여기서 한 걸음 더 나아가, 이 규정이 개개의 기본권의 근거 규정이 될 수 있다고 해석할 수 있는가의 문제가 있다. 전통적인 의견은 생명권이 신체의 자유를 보장하고 있는 것은 생명의 보존을 전제로 하고 있기 때문이며, 따라서 신체의 자유를 보장한다는 것은 생명권을 보장하는 의미가 있다고 보는 것이다. 그 이후 (제10조에서 규정한) 인간의 존엄성과 행복추구권으로부터 생명권과 인격권을 도출할 수 있다는 해석이 나왔다. 이것은 독일 학자의 의견에 따른 것이다. 여기선 이 의견에 따라 생명권과 인격권을 해석해보자.

첫째, 사형제도가 생명권 존중의 원칙에 반하는가의 문제가 있다. 1960년대 대법원에서는 사형은 합헌이라는 판결을 내렸다(대법원 1963년 2월 28일 大判 62도241). 헌법재판소도 사형을 합헌이라고 결정하고 있다. 헌법재판소의 사형 합헌 결정 이유에서 주목되는 것은 비례의 법칙에 따라 타인의 생명 또는 공익을 보호하기 위하여 예외적인 조치를 인정하고, 생명을 부정하는 범죄행위에 대한 응보주의와 일반예방상의 이유를 들고 있는 점이다(헌법재판소 결정 1996.11.28. 95헌바1 전원재판부). 한편 미국 연방최고재판소의 퍼만 대 조지아 사건 판결(Furman v. Georgia, 1972)은 사형이 인간의 존엄성에 반하는 잔혹하고 이상한 형벌로서 위헌이라는 결론을 냈다. 그 후에는 범죄의 성격에 따라 판결 법리에 약간의 변경이 있다.

독일연방공화국 기본법은 사형을 폐지하고 있다(동법 제102조). 그 밖에 사형을 법률로 폐지한 나라가 많다. 그러면 우리의 사형제도는 어떤 이유와 근거

미국 시민단체의 사형 폐지 촉구 포스터

로 합헌시되고 있는가? 대법원의 사형 합헌 판결은 일본 최고재판소의 판결(일본 최고재판소 1948년 3월 12일)을 따르고 있다. 이에 따르면 사형은 문명국가에서 공인하는 형벌제도로서 잔혹 행위를 최대한 제거한 것으로 일반예방의 필요성이 있고 국민의 법감정도 아직은 사형 제도를 수용하고 있다고 한다. 헌법재판소도 그와 같은 취지에서 응보적 법감정의 근거를 들고 있다. 그러한 사형유지론에 반대하는 측은 사형의 비인도성과 오판 시의 구제 불능, 정치적 악용의 위험성을 들어 사형은 인정되어선 안 된다고 한다. 국제사면위원회 등 인권단체는 사형 폐지운동을 하고 있다.

둘째, 낙태의 생명권 침해 문제이다. 낙태가 인간 생명에 대한 침해인 것은 말할 것도 없지만, 인구문제상 가족계획 정책이 일반화되면서 일상화되기까지 하였다. 그러나 낙태가 불법임은 변함이 없다. 다만 현행법상 모자보건법의 예외적 요건에 해당할 때에 한해 합법적 낙태를 인정하고 있다. 이 모자보건법상의 임신중절(낙태)에 대해서도 일부 종교계에선 문제를 제기하고 있다.

셋째, 안락사(安樂死)와 존엄사(尊嚴死)의 문제이다. 현대 의학의 발달은 인간의 생명을 연장시키는 데 이바지했다. 그러나 '식물인간' 상태의 생명도 연장해야 하는가의 문제가 제기되고 있다. 네덜란드가 안락사를 인정하고 있지만 대부분의 국가는 입법은 하지 않고 개별 사례에 따라 해결하고 있다. 안락사를 인정하는 요건으로 제시되는 것은 첫째, 불치병에 걸려 죽을 것이 확실한 환자가 격심한 고통에 시달리고 있고 둘째, 환자 자신이나 그 환자의 의사를 대변한다고 볼 수 있는 보호자의 승낙이 상당한 정도로 인정되고 셋째, 의사가 적절한 조치로 안락사의 시술을 할 때 등이다. 이러한 요건이 충족되었을 때 안락사를 인정할 수 있다는 판례가 일본 등에서 나왔으며 우리나라에서도 이를 지지하는 학자의 의견이 있다. 존엄사(품위를 지키며 스스로 죽는 자유)의 문제도 안락사의 하나로서, 환자 본인이 스스로의 의사와 본인이 선택한 방법에 따라 품위를 잃지 않고 생명을 단절할 결정권을 인정해야 한다는 것이다.

넷째, 자기 결정권의 문제이다. 사람이 자기 취미와 의사만을 고집하며 살려면 사회 공동생활의 습속이나 관례와 갈등을 빚을 수 있다. 젊은이가 수염을 길게 길러 사회 일반 통념이나 단체의 관례를 깬다거나 장발, 미니스커트가 당대의 풍속과 어긋난다거나 하는 일은 남에게 직접 해를 끼치지 않는 한에서는 자유롭게 방임할 수도 있다. 그러나 군대 생활에서 카이젤식 수염을 기르며 멋을 낸다거나 장발로 특이한 모양을 내는 것은 쉽게 용납되기 어려울 것이다. 한편 생명의 위험을 무릅쓰고 위험한 스포츠나 모험을 한다거나 과음 등 신체를 해치는 자해행위에 가까운 만용을 부리는 미성년자가 있다면 이에 대한 보호 조치를 취하면 된다. 그러나 성인의 경우에는 그의 의사를 무시하고 강제로 규제할 수는 없다. 이런 경우에도 자기 결정을 존중해서 방임해야 하는가의 문제가 생긴다. 그리고 이 문제와는 다른 사항으로서, 간통에 대한 처벌이 성행위에 대한 자기 결정권을 침해하여 행복추구에 지장을 초래한다는 반론에 대해 헌법재판소는 간통의 사회적 해악을 예방하기 위해서 필요하다고 하여 합헌의 이유를 들고 있다(헌법재판소 합헌 결정 1990.9.10. 89헌마82 전원재판부). 이 또한 간통에 대한 형사처벌의 근거로 충분히 납득할 수 있는 이유인지 의문이 제기될 수 있다.

끝으로 인종 격리 정책이나 소수민족·종파에 대한 박해·말살 등의 정책은 물론 인정되지 않는다. 그 밖에 강간 등 성범죄자에 대한 형벌로 단종이나 거세가 가능할 것인가, 신체 일부를 훼손하는 형벌이 가능한가 등의 문제도 제기될 수 있다. 물론 인정할 수 없다고 해석한다. 형벌에 있어 목적 범위를 벗어난 신체 훼손의 행위는 법률로 인정할 수 없다. 그 밖에 동성동본 결혼을 인정치 않고 있는 제도는 행복추구권과 양성 평등에 위배된다고 하는 헌법불합치 결정이 있다(헌법재판소 결정 1997.7.16.).

법 앞의 평등과 불합리한 차별의 금지

시민혁명과 평등

〔제11조 1항〕 모든 국민은 법 앞에 평등하다. 성별, 종교 또는 사회적 신분에 따라 정치적·경제적·사회적·문화적 생활의 모든 영역에 있어서 차별을 받지 아니한다.

평등의 사상은 봉건적 특권계급의 제도적 속박에서 벗어나기 위한 시민계급의 요구에 따라 제기되어 시민혁명을 통해 실현된 것이다. 시민적 평등은 형식적인 법적 지위의 평등으로서, 각 권리 주체 간의 법적으로 대등한 지위를 가정하는 것이므로 실질적 평등은 아니었다. 그렇지만 봉건적 계급제도를 타파하고 만인의 평등을 법으로 공인했다는 점에서 이는 역사의 일대 진보였다.

그렇지만 시민혁명 당시부터 여성은 평등한 주체가 아니었고 '수동적 시민'인 무산 계층도 평등한 참정권의 주체가 될 수 없었다. 여성, 무산 계층, 식민지 인민이나 노예, 토착 인디언 등의 평등이 인정되기까지는 오랜 투쟁의 과정을 겪어야만 했다.

법 앞의 평등

법 앞의 평등에서 말하는 '법'은 국회 제정 법률을 비롯한 국법 전반을 의미한다. 성문법 이외에 불문법까지 포함한다. 그리고 '평등'이란 사람으로서 차별을 받아서는 안 된다는 의미이다. 즉 인간에 대한 자의적(恣意的)인 차별 금지이다. 또한 시민, 국민으로서 권리 행사에서 차별을 당해서는 안 된다는 의미도 있다. 참정권에서의 차별 금지 등이 그 예이다. 그리고 개개의 자연인뿐만 아니라 법인이나 법인격이 없는 단체도 함부로 차별해선 안 된다. 그것은 결국 개개 자연인의 차별로 이어지기 때문이다. 물론 여기서 차별의 금지는 기계적 무차별이 아니라, 불합리한 차별을 금지하는 것이다.

그렇다면 여기서 합리와 불합리의 기준은 무엇인가? 차별을 해야 하는 상황에서 첫째, 차별의 대상이 다르고(예: 남자와 여자 또는 어른과 아이 등), 둘째, 차별을 하려는 목적이 정당하고(예: 아이와 여성의 근로조건에 대한 배려의 필요성), 셋째, 차별의 방법이 사회 통념상 인정될 수 있을 정도로 합당하고(예: 근로조건에서 아이와 여성의 위험 유해 작업 금지 조치), 넷째, 그 차별의 결과 목적하는 바를 충족할 수 있다(예: 근로조건의 보호)고 할 때에 합리적인 차별로 인정된다고 할 수 있다. 헌법 제11조 1항은 차별을 해선 안 되는 사유로 성별, 종교 및 사회적 신분을 예시하고 있다. 여기서 예시한 것은 역사적으로 차별의 사유가 빈번하게 되어 온 문제 사항들이다. 따라서 인종이나 정치 신조 등 그 밖의 사유로 차별하는 것 역시 안 된다.

예시된 사유 중에서 성별에 의한 차별 금지는 남녀평등을 말한다. 여성은 시민혁명 후에도 법적으로 사회적·정치적 차별을 당해 왔다. 사회적으로는 행위 무능력자로 간주되어 권리 행사가 제한되고 정치적으로도 권리를 행사할 수 없었다. 현재는 그러한 장벽을 허물고 노동관계법에서도 평등을 꾀하고 있지만, 동일임금제 관철이나 혼인퇴직제의 존치 등의 문제가 남아 있다.

1954년 인종격리 위헌 판결을 보도한 신문

종교에 의한 차별 금지는 종교의 자유 항목에서 국교제도 부인과 정교분리 원칙에 따라 보장되고 있다. 다만 아직도 정부에서 특정 종교에 편향한 정책을 펼친다는 일부 종교 교단 측의 이의가 제기되고 있다. 끝으로 사회적 신분에 의한 차별의 금지는 2항에서 금지한 특권계급제도나 문벌제도를 포함한, 제반 사회적 신분에 따른 차별 금지를 말한다.

한편 현재 문제가 되고 있는 것은 비속의 존속 살해에 대한 가중처벌규정이 존속과 비속 간의 생명 차별과 양형의 불공정·불균형으로 말미암은 위헌이 아닌가 하는 것이다. 일본의 판례는 형벌 가중의 정도가 극단적인 경우 불합리한 차별이 된다는 이유를 들어 존속살해가중처벌규정의 위헌을 판결하고 있다(일본 최고재판소 1973년 4월 4일 판결). 학설상으로도 위헌론과 합헌론이 대립하고 있다. 생명 가치의 평등을 인정한다는 측면에서 보면 존속의 생명과 비속의 생명의 보호 정도를 차별해서는 안 된다. 특히 가부장제도 하에서 비속을 존속 예속 하에 두어 차별하며 비속의 하극상을 최대의 죄악으로 보아 처리하던 봉건적 제도의 잔재를 '가족 윤리의 보호'라는 이유로 존치하는 것은 불합리한 차별에 해당한다. 그로 말미암아 인간 존엄성에 반하는 생명 경시에까지 이를 수 있기 때문이다.

미국에서는 '분리하지만 평등하게'(Separate but Equal) 처우한다는 원칙을 들어 인종 격리를 합법화했던 것을 브라운 사건의 판결(Brown v. Board of Education of Topeka, 1954)에서 번복, 파기했던 적도 있었다.

그 밖에 정치적 생활에서 평등권이 침해되는 문제는 선거에서 선거구를 확정할 때 종종 발생한다. 이는 각 선거구마다 유권자의 구성 비율에 격차가 생기기 때문이다. 평등선거는 1인 1표주의로서 투표 가치의 평등에 기초하고 있는데, 어느 선거구의 인구가 다른 선거구에 비하여 보통 상식으로 인정할 수 있는 격차의 수준을 초과하고 있을 때에는 문제가 된다. 예를 들어 10만을 최저 단위로 할 때 어느 선거구의 인구가 20만 이상이 된다면 납득이 안 가는 일이다. 일본에서는 투표 가치의 평등에 현저하게 반하는 의원정수배분규정에 따라 행해진 선거는 위법이라고 했으나(일본 최고재판소 위헌 판결〔사정 판결〕 1976년 4월 14일), 법의 기본 원칙에 비추어서 선거는 무효로 하지 않았다. 의원 정수 배분이 1인 1표주의에 위배되면 위헌이라는 원칙이 확인된 것이다. 다만 이미 정치적으로 기정사실화된 결과에 대해서는 입법부 자체가 수정하도록 하고 법원에서 구체적 결단을 내리는 것을 자제한 것이다. 한국의 헌법재판소도 1인 1표라는 투표 가치의 평등을 들어서 「국회의원지역선거구표」의 특정 구역 의원 배정을 위헌이라고 판결했다(1995.12.27. 95헌마244-239-285-373〔병합〕 전원재판부).

사회적 유습과 편견에 따른 차별구조의 타파

사회적 편견의 굴레와 그 반민주적 배경

어느 사회에서나 사회적 차별구조는 오랜 유습과 편견에 뿌리박고 있다. 이는 법을 정했다고 해서 쉽게 없어지는 것이 아니다.

구체적인 사례를 들어보자. 미국은 1860년대 남북전쟁을 통해 노예제도를

마틴 루터 킹 목사

폐지했지만 흑인에 대한 차별은 사라지지 않았다. 남북전쟁 이후 헌법을 수정해서까지 흑인의 차별 금지 조항을 설치했으나, 실제로 인종차별의 장벽을 깨기 시작한 것은 1954년의 흑백인종격리학교제도의 위헌 판결이다. 이 판결에서 근 100년간 유지돼 온 '분리하지만 평등하게' 처우한다는 차별 은폐와 정당화의 궤변적 법리가 제거되기에 이른다. 그 후에 흑인 인권운동은 킹 목사의 암살을 비롯해 어려운 길을 걸어오면서도 조금씩 개선되고 있다. 일본도 우리나라에서 '백정'에 해당하는 '부락민'이란 천민 신분의 사회적 해방 문제가 아이누족 차별 그리고 재일 한국인에 대한 차별과 함께 아직도 숙제가 되고 있다.

우리의 경우 1920년대 일제 치하에서 백정 신분에 대한 해방운동인 형평사(衡平社) 운동이 있었으나 성공적이지는 못했다. 일제 지배 하에서 차별과 억압을 당하면서도 동족인 백정 신분에 대한 차별을 멈추지 않았던 것은 우리의 부끄러운 과거라 하지 않을 수 없다. 이 사회적 유습과 편견 의식은 건국 후에도 독재정권의 지역주의와 학벌주의 조작으로 말미암아 한국의 고질적 차별구조가 되어 왔다. 지금은 특정지역에 대한 차별(특정 지역인의 식민지인화)과 학벌주의·족벌주의까지 가세해 있다. 이 사회적 차별구조는 정치적·비민주적 억압·수탈 구조와 공생하는 것이기 때문에 그 청산 작업은 결국 민주화라고 하는 어려운 과제의 일환이 되고 있다.

형식적 평등의 한계 극복

법 앞의 평등이라는 제도는 형식적 평등을 위한 보장 장치이다. 따라서 실질적 불평등의 문제는 평등권의 존재만으로 해결될 수 없다. 그렇지만 경제적 약자인 노동자나 소시민 및 각 계층은 우선 형식적·법적 지위에서 평등권을 확보하여야 한다. 이러한 시민적 기본권의 기반 위에서 사회적 기본권인 근로권과 노동삼권을 통해 자기의 실질적 불평등을 개선해 나갈 수 있는 것이다. 이렇듯 자본주의 사소유권과 시장경제를 기본으로 하는 사회에서 경제적 약자는 우선 시민적 기본권인 언론과 결사의 자유를 통해서 단합을 이루고, 노동자로서 노동삼권의 권리에 따라 자기의 처지를 개선해서 실질적 불평등으로 말미암은 사회적 부조리와 모순을 시정해 나가야 한다.

3장 | 신체는 자유로워야 한다

자유와 권력의 갈등
—권력이란 숙명적 제도와의 대결

'자유의식으로의 발전' 이란 헤겔의 문제의식

대부분의 사람은 성현과 같이 완전에 가까운 인격 주체가 될 순 없다. 그렇다고 사람이 금수같이 탐욕스럽기만 한 것은 아니다. 인류는 인간 본성이 선한가, 악한가에 대해 성선설(性善說)과 성악설(性惡說)로 갈라져 논쟁을 해왔다. 그런데 역사적 경험으로 보아 사람이 욕심이 많은 것은 분명하기 때문에 성악설 쪽으로 보는 것이 현실적이라 생각한다. 동양 2천 년을 지배해온 통치 이데올로기인 유교는 성선설 쪽이다. 그러나 유교 경전이 가르치는 성현의 길은 불완전한 인간에게 적용하기에는 너무 비현실적이었고, 결국 위선과 과장된 명분, 의리로 변질된 끝에 수신제가(修身齊家)의 기본 덕목조차 지배자가 피지배

왼쪽부터 마키아벨리, 토마스 홉스, 헤겔

자를 억압하는 구실이 되어버렸다. 결국 현실 정치에서 유교 윤리는 말잔치로 끝나는 공리공론(空理空論)이 되었다. 지배자가 피지배자를 억압하고 예속시키는 구실이 될 정도로 타락할 징조를 처음부터 지니고 있었던 것이다.[7] 근대 서양의 정치학이 마키아벨리*나 토마스 홉스*가 주장한 성악설의 인간 인식으로부터 발달하게 된 것은 이유가 있다.

그처럼 불완전한 인간이 권력을 장악하게 되어 있으므로 권력자를 불신하여 제도로서 이를 규제해야 한다는 정치적 지혜가 근대 헌법으로 완성된 것이다. 그러면서도 어떻게 하면 인간을 자유의 주체로 확립할 것인가를 향한 모색은 참으로 아름다운 시도이며 건전한 노력이었다. 헤겔*의 '역사는 자유의식으로의 발전'이라는 말은 이러한 점에서 타당하다.

근대 시민적 법치국가는 권력으로부터 자유로울 수 있는 제도장치를 마련하려는 노력과 투쟁의 결과로 탄생했다고 해도 지나친 말이 아니다. 자유의 조건은 권력자에 대한 불신으로부터 시작한다. 따라서 권력자의 선의나 은혜에 기대지 않고 권력자를 규제하는 제도를 마련하기에 이른 것이다. 몽테스키외의 권력분립론이 바로 그것이다. 권력분립장치의 가동으로 시민의 자유가 보장된

---

7. 이택후, 『중국 현대사상사의 굴절』, 지식산업사, 1994, 59쪽.

다는 것이 그 핵심 원리이다. 그런데 개개인의 자유가 보장되기 위해서는 법적으로 자유권이라고 하는 기본권제도가 있어야 한다. 이 제도가 움직이려면 자유 주체의 의식 각성과 권리 보장의 의지라는 주관적 요건 외에도, 정치권력이 헌법제도를 통해서 법에 따라 행사되도록 통제하는 객관적 요건을 갖추어야 한다. 법 집행의 행정권, 특히 수사권이나 기소권 등이 남용되지 않도록 통제하는 것은 권력자에 대한 불신에서 유래한 객관적 요건에 해당한다. 이 점은 정치적 문제이며 동시에 여론의 힘의 문제이기도 하다. 아무리 헌법에서 자유권을 보장하고 있어도 그 보장 규정과 제도는 보장을 가능하게 하는 조건일 뿐이지, 보장의 충족 자체는 아니라고 하는 점에서 자유권을 이해해야 한다.

시민적 자유권의 성격과 내용

시민적 자유는 먼저 국가권력의 위법과 부당한 침해로부터 자유로워야 한다는 데 그 초점을 맞추고 있다. 철학적으로 사람의 의지가 얼마나 자유로울 수 있는가 하는 점은 논외의 문제이다. 권력으로부터의 자유는 권력으로부터의 도피나 회피로 얻어지는 것이 아니다. 법적 권리 주체로서 자신의 자유가 생활의 모든 영역에서 구속당하지 않아야 하는 것이다. 구체적으로 권력이 개인의 신체의 자유에 대한 구속을 가하는 경우는 형사절차에서의 구속·체포·강제구인 등의 조치, 경찰권 행사에서 직무상의 검문과 긴급조치, 행정강제의 조치 등이 있다. 이러한 강권 발동시 위법하거나 부당한 강제처분을 받지 아니하며, 만일 위법하거나 부당한 강권으로 신체적 피해를 입었다면 사후에 구제받을 수 있다는 것이다. 자유권은 사람으로서 마땅히 누리는 권리이므로, 특별한 예외를 법률이 정하고 있지 않는 한 자유권의 향유 주체는 국적을 구별하지 않고 모든 사람에게 있다고 보아야 할 것이다.

이러한 자유권은 누구에게나, 언제, 어디서, 어떠한 상황에서도 보장되어야 하지만, 예외적으로 긴급권에 의한 엄중한 제한이 있다. 계엄령 하에서 군사법원에 의한 재판으로 민간인에 대한 처벌을 한다거나 긴급명령으로 특정 범죄에 대한 가중처벌을 정한다거나 하는 경우이다. 그렇지만 그것은 어디까지나 예외이기 때문에 엄격하게 한정해서 적용해야 한다. 그러한 예외 조치가 남용되지 않도록 국회는 행정부를 감시·통제하고, 국민도 마찬가지로 국회가 그러한 구실을 제대로 할 수 있도록 여론을 환기시키고 적극적으로 참여해야 한다.

각론으로 들어가기에 앞서 시민의 권리로서 가장 중요한 자유권의 내용을 분류해 보면 다음과 같다.

먼저 신체의 자유를 들 수 있다. 형사처벌과 그 예비 절차에서 강제에 의한 수사권과 소추권 및 처벌권의 남용을 방지하기 위하여 헌법은 형사법의 원칙 규정을 상세하게 정하고 있다. 크게 분류해 보면 죄형법정주의와 인도적이고 적법한 형사 절차의 보장 원칙이 주요 내용이다.

정신적 자유는 사상 표현의 자유라고도 한다. 이 사상은 봉건사회의 신앙의 속박과 국교제도의 통제에서 해방되기 위한 시민적 투쟁에서 비롯되었기 때문에 양심, 사상, 신앙의 내적 자유는 물론 비판, 반대 및 이의 제기의 자유를 보장한다. 이는 언론의 자유부터 결사의 자유까지의 주요 내용을 총망라하고 있다.

그리고 시민 생활의 사회·경제적 자유로서 시민의 재산권 보장, 영업과 거주 이전의 자유, 주거 및 통신 비밀의 보장이 있다. 아울러 현대사회에서 문제되는 사생활의 비밀 보장에 이르기까지 여러 자유를 정하고 있다.

신체의 자유와 법률주의

영미법의 인권 보장의 핵심은 보통법 체계 하의 절차적 보장에 있다. 법관이 만든 불문법 체계 하에 사법 절차의 법기술(法技術)이 권력을 견제해 인권을 보장한다. 그런데 여기서 주의해야 할 것은 사법 절차에 시민이 참여하는 배심 제도를 통해서 이러한 인권 보장 체계가 최종적으로 완성된다는 점이다.

한편 대륙법계의 인권 보장 제도는 1789년의 프랑스혁명을 계기로 하여 완결된 의회의 법률에 의한 보장 체계이다. 영국은 구 관습법과 관례를 점차 고치고 새것을 수용해 왔지만, 유럽 대륙의 오랜 구체제와 경직된 전제왕권의 지배체제는 혁명으로 고칠 수밖에 없었다. 이 점은 신체의 자유를 규제하는 형사법에서 더욱 두드러지게 나타난다.

우리나라는 말할 것도 없이 대륙법계의 성문법 체계를 따르고 있으므로 법률주의(법률과 적법한 절차에 의한 보장제도)를 채택하고 있다. 특히 다른 국가보다 뒤늦게 서양 근대법을 계수했기 때문에 법률 체계의 변혁에 의존하고 있다. 그 중 형사법제도는 독일을 모법으로 하는 일본 법제의 압도적인 영향을 받아 관료주의와 권위주의의 색채가 농후하다. 식민지 법제를 통해서 해방 후 1954년까지 우리는 일본 형법의 영향을 받았으며, 그 후 개정 헌법도 일본의 제도를 많이 이어받았다.

물론 해방 후 미 군정 하에서 구속적부심제도가 도입되었듯이 영미법의 좋은 제도가 형사소송법에서 도입되어 절차적 보장을 보강하는 데 도움을 주고 있다. 그렇지만 영미의 배심제도는 형사 절차에서 거론조차 되지 않았다. 아울러 사법부의 법관 및 검찰 인사에 대한 국민참여제도는 생각조차 못하고 있으며 일본 최고재판소 재판관에 대한 국민심사 같은 제도도 고려치 않고 있다. 그렇지만 형사법제 내용의 개선이나 운영의 민주화는 국민의 관심과 참여 없이는 이루어질 수 없다. 최근에는 사법 개혁이 논의되면서 배심제를 비롯한 사법에의 국민참여제가 논의되고 있다.

제12조 1항의 규정

〔제12조 1항〕 모든 국민은 신체의 자유를 가진다. 누구든지 법률에 의하지 아니하고는 체포·구속·압수·수색·심문을 받지 아니하며, 법률과 적법한 절차에 의하지 아니하고는 처벌·보안처분 또는 강제노역을 받지 아니한다.

"모든 국민은 신체의 자유를 가진다"라는 것은 신체의 자유의 불가침성을 말하는 것이다. 이 자유는 인간으로서 누리는 천부의 인권으로서 국적 등에 구애됨이 없이 모든 사람에게 해당되는 권리이다. 다만 국가긴급권이 발동된 비상계엄 하에서는 군인이 아닌 사람에게도 군사법원의 재판과 포고령 위반 처벌과 긴급명령의 처벌 입법이 부과된다. 그리고 군인 신분에 대해서는 군사법령을 적용하여 군사법원에서 재판한다.

"처벌을 받지 아니한다"라고 한 것은, 죄와 벌은 반드시 법률이 정하는 바에 따라야 한다는 죄형법정주의를 보장한 것이다. 죄형법정주의는 형법 제1조와 제13조에 규정되어 있다. 그 원칙을 살펴보면 첫째, 관습법으로 처벌할 수 없고, 둘째, 소급입법으로 처벌하지 못하며, 셋째, 형벌 법규는 유추, 확대(확장)해석해서는 안 되고, 넷째, 신체 구금 형벌인 경우 형의 기간을 정하지 않은 절대부정기형이라는 형벌제도를 정해 처벌할 수 없다.

다음으로 "보안처분과 강제노역을 받지 아니한다"라고 하였다. 보안처분이란 예방구금이나 보호관찰과 같은, 범죄에 대한 사전 사후의 형사 정책적 처분을 가리킨다. 특히 강제노역은 제헌 이래 "형의 선고에 의하지 아니하고는" 할 수 없다고 한 것을 유신 쿠데타 당시 제9차 개헌에서 누락시켰는데 법해석에 서는 이 내용을 적용해야 한다.

마지막으로 이 조항에서 "법률과 적법한 절차에 의하지 아니하고는"이라 정하고 있는데 여기서 '적법한 절차'는 미국법의 적법 절차, 다시 말해서 'Due Process of Law'라고 할 수 있지만 한국 법제처에서 펴낸 영문 헌법 조문에는 'Lawful Process', 곧 법률에 적합한 절차라고 되어 있으므로 일본의 '적정 절차'(適正節次) 조항과는 다르다. 영미법적 절차 보장의 영향을 받기는 했지만 그렇다고 영미법의 적법 절차 규정을 직접적으로 채택한 것은 아니며, 이 규정에 대한 헌법재판소의 해석에 의하면 절차의 적법성(適法性) 이외에 '적정성'(適正性)까지 포함한 개념이기도 하다. 그러므로 「반국가 행위자 처벌 특별법」에서처럼 상소권을 제한하고 상소권 회복을 봉쇄하는 규정은 절차적 정의를 위반하여 재판청구권을 침해한 위헌적인 것이다(1993.7.29. 90헌재35 전원재판부). 원래 이 법률은 박정희 정권기 해외의 반체제 민주운동을 탄압하려고 만든 악법이었다. 그래서 마침내 1996년 1월 25일 법 전반에 대한 위헌 결정이 내려졌다.

고문 금지와 묵비권
— 미란다 원칙의 보장

고문의 금지

피의자나 피고인이 범죄를 자백하도록 육체적·정신적 고통을 가하고 각종 위협, 협박과 유혹을 하는 등 공공기관의 공무원에 의한 가혹행위를 고문(拷問)이라고 한다. 근대 형법에서 고문은 일체 금지되어 있다. 우리 법제에서도 공무원에 의한 고문은 범죄가 되며 고문에 의해 수집된 증거는 증거 능력이 없다. 그렇지만 독재정권 하에서 우리는 끊임없이 고문의 악몽과 공포에 시달리며 그 피해자가 되어 왔다. 1980년대에 박종철* 학생이 수사기관의 밀실에서 물고문으로 피살되었고 여학생 신분이던 권인숙* 노동자는 성고문을 당했다. 이러한 피해의 사례를 전부 들자면 한 권의 책만으로는 부족하다. 1973년 국제사면위원회의 『고문 보고서』는 고문이 잔혹하고 기술적일 뿐만 아니라 정치적 반대파에 대한 위협과 말살의 목적으로 이용되고 있다고 지적하였다. 여기에는 박정희 정권의 희생자였던 서승과 서준식 형제*의 예도 제시되어 있다. 뿐만 아니라 정신병원이 고문실이나 정치적 반대파의 수용시설로 전용되는 예가 문제시되기도 했다.[8]

　고문은 수사공안기관이 관리하는 밀실에서 자행되기 때문에 피해자로서 그 사실을 증거로 입증하기가 대단히 어렵다. 따라서 변호인 조력 이외에 법관의

국제사면위원회의 고문 반대
포스터

철저한 조사와 검찰관의 경찰 감독 책임의 강화 등 그 본래의 준법 취지가 강조되어야 한다. 이와 함께 고문은 절대 용납할 수 없다는 사회적 인식이 바로 서야만 문명인의 수치인 고문제도가 근절될 수 있다.

묵비권

> 〔제12조 2항〕 모든 국민은 고문을 받지 아니하며, 형사상 자기에게 불리한 진술을 강요당하지 아니한다.

제12조 2항은 고문 금지와 함께 형사상 불리한 진술을 강요당하지 않을 권리인 묵비권*을 보장하고 있다. 피의자와 피고인, 증인과 참고인 누구를 불문하고 경찰(또는 정보기관), 검찰, 법원 또는 국회 국정감사나 조사 등 어디에서고 형사상 자기에게 불리한 진술을 강요당하지 아니한다. 이러한 묵비권의 보장 취지는 범죄인을 두둔, 비호하자는 것이 아니다. 만일 피의자에게 범죄 자백의 법적 의무를 부과하고, 그러한 진술을 강요할 권한을 공무원에게 인정하면 그것은 피의자에게는 인간성과 인도주의에 반하는 행동을 요구하는 것이고 공무원에게는 가혹행위를 할 유혹에 이끌리게 하는 것이다.

따라서 피의자나 피고인 또는 증인과 참고인을 심문할 때에는 묵비권이 있다는 것을 미리 알려야 한다. 이 내용을 규정한 것이 미란다 원칙이다. 미란다 원칙이란 1966년 미국 연방최고재판소의 미란다 대 애리조나(Miranda v. Arizona) 사건 판결에서 명시된 법리로서, 피의자를 특히 구속 상태에서 심문할 때에는 묵비의 권리를 알려야만 그 진술이 적법한 증거로 인정된다는 원칙이다. 미란다 경고 또는 알림〔告知〕의 내용은 다음과 같다.

---

8. 국제사면위원회, 『소련에서의 양심수인의 실태』

1) 당신은 묵비권을 행사할 수 있다.

2) 당신이 한 진술은 불리한 증거로 사용될 수 있다.

3) 당신은 수사기관이나 그 밖의 심문에서 당신이 지정한 변호인의 입회나 조력을 청구할 수 있다.

4) 당신에게 변호인 의뢰 비용이 없으면 국선 변호인의 선임을 요청할 수 있다.

위의 미란다 원칙을 알리는 일은 현행범 체포나 구속영장 집행 등의 급박한 상황에서부터 청문 절차나 법정의 공개 심문에 이르기까지 여러 가지 상황에서 요구되는 것이다. 따라서 공무원은 법 집행 과정에서 묵비권과 진술의 증거 이용 및 변호인 조력권을 간결하고 이해하기 쉽게 알리는 것을 습관화해야 한다. 한편 시민은 자기의 정당한 권리를 적절하게 활용할 수 있도록 해당 지식과 자기 방어의 자세를 갖추고 있어야 한다.

영장제도의 보장

영장에 의하지 않고는 사람을 체포·구속하거나 압수·수색할 수 없다. 이처럼 법원의 법관이 심사하여 발부한 영장에 의하지 않고서는 강제 조치를 할 수 없도록 함으로써 신체의 자유에 대한 침해를 방지하고자 한 것이다. 다만 현행범인 경우와 장기 3년 이상의 형에 해당하는 죄를 범하고 도피 또는 증거 인멸의 염려가 있을 때에는 사후에 영장을 청구할 수 있다(제12조 3항).

영장에는 구속영장과 압수수색영장이 있다.

먼저 구속영장*은 피고인(또는 피의자)이 죄를 범했다고 의심할 만한 상당한 이유가 있고, 주거가 일정치 않거나 도망하거나 증거를 인멸할 염려가 있을 때에 한해서 검찰관의 신청에 의해 법관이 발부한다. 죄를 범했다고 의심할 만한 상당한 이유 등은 검사가 소명해야 한다. 그리고 경범죄자에 대해서는 영장을 발부할 수 없다. 구속영장은 피의 사실을 구체적으로 제시하고 누구를 어디에 얼마간 가두어두게 될 것인가를 명시해야 한다. 영장 집행을 할 경우에는 본인에게 직접 제시하고 변명의 기회를 주어야 한다. 영장 없이 행하는 체포는 예외적인 것으로 신중을 기해야 하기 때문에 현행범과 긴급구속에 한정한다. 그밖에 검사 및 사법경찰관의 출석요구에 응하지 않는 피의자에 대한 체포영장의 집행이 있다.

범죄 사실과 관계되는 증거물이나 장물을 압수하기 위한 압수수색영장도 법관이 심사해서 발부한다. 이 영장도 마찬가지로 압수·수색의 사유와 함께 압수할 물건과 수색할 장소를 명시해야 한다. 과거에 남발·남용되어서 말썽이 되었던 '일반원조영장' (一般援助令狀) 같은 백지위임식의 무더기 영장 발부는 금지된다.

변호인의 조력을 받을 권리와 구속적부심사청구권

변호권의 의미

〔제12조 4항〕 누구든지 체포 또는 구속을 당한 때에는 즉시 변호인의 조력을 받을 권리가 있다. 다만, 형사피고인이 스스로 변호인을 구할 수 없을 때에는 법률이 정하는

　근대 형사소송법상의 소송 절차는 당사자주의(當事者主義)*를 전제로 규정되고 있다. 피고인은 유죄가 확정될 때까지 무죄로 추정되며(제27조 4항), 원고인 검찰관과 대등한 당사자로서 구술변론을 통해(구술변론주의*) 공개된 법정에서(공개재판주의*) 증거에 따라 유·무죄 여부를 법관 앞에서 주장·입증하고 부인·반증하며 다툰다(증거재판주의*). 또 법률로 증거 채택 요건을 미리 정하는 법정증거주의를 따르지 않고, 법관이 적법하게 제출된 증거를 자유롭게 판단하여 채택한다(자유심증주의*). 여기서 원고와 피고는 대등한 당사자로서 다툰다고 가정하기 때문에 공정한 재판이 되기 위해선 법률 전문가인 변호인의 조력을 받아야 한다. 그래서 일정한 중벌을 과하는 죄에 대한 재판에 대해선 변호인 없이 재판을 한 것은 무효가 되고 있다(필요적 변호제도, 必要的 辯護制度). 그래서 형사피고인이 변호인을 구할 수 없을 때에는 형사소송법이 정하는 바에 의하여 국가가 변호인을 붙인다(국선변호인제도*). 형사피고인이 아니라 경찰에 소환·연행·구속된 피의자도 변호사회에서 운영하는 '당직변호사'의 조력을 받을 수 있다.

　과거 독재정권 하에서 반체제 활동가나 민권운동가 또는 노동운동가를 임의동행 형식으로 구속하고 가족에게 통지하지 않은 채 상당 시일에 걸쳐 방치하는 등의 폐단이 있었다. 사람이 어느 날 갑자기 정체불명의 기관원에 의해 연행된 채 행방이 묘연해지는 '증발'이란 사태가 일어난다. 그의 가족이나 친지는 사방을 찾아서 헤매고 몇 달 후 어느 공안기관의 분실에 있는 것을 비로소 알게 된다. 그러나 이미 이때에는 강압에 못 이겨 자백 아닌 자백을 한 상태이고 건강도 엉망이 되어 있다. 독재정권 하에서 정부 비판자나 야당 활동가는 항상 불시의 연행 구속이란 악몽에 시달렸고, 독재정권은 그것을 유력한 무기로 이용해 반대세력을 제압했다. 그래서, 체포 구속을 할 경우에는 반드시 가족에게 통지하도록 새로운 조항을 마련했다. 즉 누구든지 체포 또는 구속의 이유와 변호인의 조력을 받을 권리가 있음을 고지받지 아니하고는 체포 또는 구속을 당하지 아니한다. 체포 또는 구속을 당한 자의 가족 등 법률이 정하는 자에게는 그 이유와 일시 · 장소가 지체 없이 통지되어야 한다(제12조 5항).

구속적부심사청구권

누구든지 체포 또는 구속을 당한 때에는 적부의 심사를 청구할 수 있다(제12조 6항). 이것은 영미법상의 인신보호영장제도*를 채택한 것이다. 인신보호영장제란 구속당한 자가 법원에 '신체를 제출하라는 영장'(인신보호영장)을 청구해 이를 구속한 자에게 발부해서, 구속한 자와 구속당한 자 쌍방을 법정에 불러내어 구속의 적법성 여부를 심사, 불법 구속된 자를 구제하는 제도이다.

영국에서는 이미 17세기에 인신보호법이 제정되었다. 미국 연방헌법도 "인신보호영장의 특권은 반란 또는 침략을 당해 공공의 안전상 필요한 경우 이외에는 이를 정지해서는 안 된다"(미국 연방헌법 제1조 9절 2항)고 정하고 있다. 우리의 헌법도 이러한 입법례를 따른 것이다. 이 영장제도가 들어온 것은 해방 후 미 군정 당시이다. 이를 헌법에 근거하여 형사소송법에서 정식으로 수용한 것이다.

과거 군사정권 하에서 이미 기소된 피고인에게는 이 권리가 적용되지 아니함을 악용하여, 정치범을 구속한 경우에 적부심 청구를 할 여유를 주지 않고 벼락치기로 '전격기소'를 했던 나쁜 선례도 있었다. 수사기관의 이러한 공소권의 남용은 법집행 면에서 반드시 시정되어야 할 것이다.

임의성이 없는 자백과 불리한 유일한 증거로서의 자백

근대 이전의 봉건사회에서 야만적·비인도적 형사 절차의 문제점은 잔혹한 형벌과 자의적인 장기간의 구속 이외에도 자백을 얻어내기 위한 고문의 자행에 있었다. 당시에 '자백은 증거의 여왕'이라고 했다. 피의자나 피고인에 대해서 우선 자백을 시키기 위해 고문을 자행하는 것이 일상적 관행이었다. 근대 법제를 이어받았다고 자부하던 일본 제국주의 당국은 조선인에 대해서 으레 고문과 자백 편중의 신문을 해왔다. 이러한 일본 제국주의의 폐습은 친일파인 일제 관료를 통해 그대로 이어져 왔다. 아직도 독재정권에서 정치범에 대한 박해뿐만 아니라 일반 형사범에 대한 자백 편중 수사가 문제되고 있다. 조사해 보면 대개의 오판 사건은 자백 강요에 의한 범죄 날조에서 비롯된다. 그래서 자백에 대한 규정은 신체의 자유를 보장하는 규정으로서 아주 중요하다.

임의성이 없는 자백은 증거능력을 인정하지 않는다. 피고인의 자백이 고문, 폭행, 협박, 구속의 부당한 장기화 또는 기만 기타의 방법에 의하여 자의로 진술된 것이 아니라고 인정될 때 이를 유죄의 증거로 삼을 수 없다(제12조 7항). 미국 연방최고재판소는 정신병자의 자백이나(Blackburn v. Alabama, 1960), 정신허약자에 대한 장시간 심문 끝에 얻어낸 자백도 강제자백으로 본다(Rock v. Pate, Waden, 1961). 나아가서 저능인이 변호인의 도움 없이 장시간 유도심문 끝에 한 자백도 강제자백으로 본다(Culombo v. Conneticut, 1961). 법정에서 증거로 채택되지 않는다는 것이다.

소추하는 검찰관은 먼저 피고인의 자백이 임의로 이루어진 것임을 입증해야 한다. 물론 법관이 자백을 증거로서 채택하고자 할 때에는 임의성이 있는 자백으로서 결함이 없는지를 원고인 검찰관에게 우선 소명하도록 해야 한다. 이 점을 철저하게 시행치 않고 피고인에게 자백에 이의가 있으면 임의성이 없음을 입증하라고 한다면, 이 규정은 신체의 자유를 보장하는 기능을 다하기 어려울 것이기 때문이다. 이와 관련하여 자동차 사고를 낸 책임자에게 보고 의무를 지우는 것이 자백 강요가 되는가 하는 문제를 다룬 일본 판례가 있다. 이에 대한 일본 최고재판소 판결은, 교통사고 보고 의무가 사고를 당한 피해자에 대한 보호와 교통질서 회복에 목적을 두고 있기 때문에 위헌이 아니라는 것이다(일본 최고재판소 1962년 5월 2일 합헌 판결). 한편 대법원은 수사기관에서 밤샘 심문 조사를 통해 받아낸 자백은 증거능력이 없다고 판결했다(대법원 1997.7.5 판결, 형사2부 주심 김형선). 대개의 수사가 밤샘 조사를 관례처럼 하고 있는 실정에 비추어 주목되는 판결이다.

헌법은 아무리 자백이 임의로 행해진 것이라도 자백 하나만의 증거로서 처벌할 수 없게 정했다. 정식 재판에서 피고인의 자백이 그에게 불리한 유일한 증거인 때에는 이를 이유로 처벌할 수 없다(제12조 7항). 자백에 보강 증거가 있어야 하는 것이다. 여기서 형사소송법상 문제가 될 수 있는 부분은 공범자 사이에서 다른 공범자의 자백을 보강 증거로 이용하여 처벌할 수 있는가 하는 문제이다. 어느 공범자가 자백을 안 한 경우, 다른 공범자의 자백을 증거로 자백을 안 한 공범자를 처벌할 수 있다고 하면 자백한 사람은 처벌을 면하고 자백을 안 한 공범자는 처벌받는 결과가 된다. 이는 검찰에 협조하는 피고인에게 유리하게 이용되어 공평과 정의의 원칙에 반할 우려가 있기 때문에 재고되어야 할 것이다.

소급처벌 금지와 일사부재리의 원칙 및 연좌제의 금지

죄형법정주의와 형벌불소급

모든 국민은 행위시의 법률에 의하여 범죄를 구성하지 아니하는 행위로 소추되지 아니한다(제13조 1항 전단 규정). 형법 제1조는 이를 좀더 구체적으로 상세히 정하고 있다. 형법 규정을 참고로 인용해 보자.

> 형법의 죄형법정주의 규정
> [제1조 1항] 범죄의 성립과 처벌은 행위시의 법률에 의한다.
> [제1조 2항] 범죄 후 법률의 변경에 의하여 그 행위가 범죄를 구성하지 아니하거나 형이 구법보다 경한 때에는 신법에 의한다.
> [제1조 3항] 재판 확정 후 법률의 변경에 의하여 그 행위가 범죄를 구성하지 아니하는 때에는 형의 집행을 면제한다.

형법 제1조 2항 및 3항은 형벌이 없어지거나 가벼워지는 사후 입법인 경우에는 소급해서 적용할 수 있도록 정하고 있다. 그것은 당연한 법리이다. 피고인이나 피의자에게 유리한 규정의 소급은 인정된다. 문제는 불리한 소급이 예외적으로 인정되는 경우이다. 제2차 세계대전 이후 나치와 일본 군국주의 전범에 대해 연합국 전범 규정을 사후에 정해 처벌하였다. 그리고 독일과 프랑스 등 나치 점령 하에 있던 나라에서 나치와 그 협력자로 복무한 죄에 대해서는 공소시효*에 기한을 두지 않는 무한 추급의 처벌입법을 정하고 있다. 「형사소멸시효기간 계산법」*의 형벌불소급 원칙 위배 여부에 대해 독일 헌법재판소는, 법적 안전성과 실질적 정의란 두 개의 법익이 충돌할 때에 어느 것을 우선할 것인가는 입법권자의 선택권에 속한다고 해서 합헌성을 인정하고 있다(독일 헌법재판소 결정 1969년 2월 26일). 실질적 정의를 실현하기 위해서 나치 전범 등에 대해서는 법적 안전성의 예외를 둘 수 있다고 한 것이다.

그러나 법치국가는 법적 안전성이 지켜져야 할 뿐만 아니라, 실질적 정의가 실현되어야 한다. 입법자가 법치국가 원리의 이 두 가지 측면을 대등하게 고려할 수는 없다. 그러므로 법적 안전성과 정의가 서로 모순되는 상황에서 어느 한쪽을 택하는 것은 입법자의 책무이다. 입법자의 결정이 자의적이 아닌 한 이에 대해 이의를 제기할 헌법상의 이유는 없다.

한편 프랑스의 형법도 정치적 살인 등에 대해서는 제213조의 5에서 공소시효를 적용치 않고 무한 추급한다. 우리의 경우 이미 해방 후 제헌헌법에서 부칙으로 친일 반민족 행위자에 대한 처벌의 소급입법이 있었고, 1960년 4차 개헌에서도 민주 반역자에 대한 소급 처벌을 인정했지만 제대로 실현되지 않았다. 1996년 헌법 질서 파괴 범죄에 대한 공소시효의 예외 규정을 둔 법률에 대해 헌법재판소는 법적 안전성보다 실질적 정의를 우선하여 합헌 결정을 내렸다. 전·노 등의 군사반란과 내란 범죄에 대해 검찰이 '성공한 쿠데타'라는 법리로 불기소처분하여 문제가 되었던 것에 대한 사후의 법적 시정 조치였다. 현재 반인륜적 범죄에 대해서도 공소시효의 배제를 정한 법리를 채택하려고 하는 입법은 바로 그러한 법정신을 따른 것이다.[9]

일사부재리의 원칙

〔제13조 1항 후단〕 모든 국민은 동일한 범죄에 대하여 거듭 처벌받지 아니한다.

---

9. 다만 1961년 쿠데타 정권이 이른바 '반혁명적 행위'에 대해 소급 처벌했던 「국가비상조치법」은 그야말로 반민족적·반민주적 악법으로서 정당화될 수 없다. 쿠데타를 통한 정권 탈취를 혁명이라고 우겨 그 쿠데타를 반대한 행위를 처벌하겠다는 것이었기 때문이다.

미국법의 이중처벌금지의 원칙은 대륙법의 일사부재리 원칙보다 그 내용이 더 알차다. 예를 들어 배심이 무죄 평결을 하면 검찰 측이 다시 항소할 수 없다. 우리는 판결 선고 후 누범이 발각되었을 때 다시 형을 가산 선고할 수 있다는 형법 제36조의 규정이 있다. 이 규정은 기판력(旣判力)까지도 무시하고 피고인의 법적 안전성을 부정하는 것으로, 일본 제국이 1930년대 파시스트 형법 이론의 영향 하에 만든 '형법 개정 가안'을 1954년 형법 개정시에 무비판적으로 수용한 것이다. 일본은 1946년 헌법 개정 당시 일사부재리 원칙을 헌법에 명문화하면서 그러한 규정을 삭제해 버렸다.

일단 무죄나 그 밖에 형이 확정되면 피고인에게 유리하게 작용하지 않는 한 변경할 수 없다. 살인범이 무죄로 확정되었는데, 사후에 범죄가 발각되었다고 해서 다시 재판할 수 없다. 이것은 범죄인을 비호하는 듯한 인상을 주지만, 법적 안전성을 고수하고 형벌권 남용을 억제하기 위해서 설치된 규정으로 이해해야 한다. 한편 재심이나 비약 상고로 무죄가 확정될 수 있으면 유리한 것을 따른다.

연좌제 금지

〔제13조 3항〕 모든 국민은 자기의 행위가 아닌 친족의 행위로 인하여 불이익한 처우를 받지 아니한다.

근대법에서는 개인 책임의 원칙에 따라서 법률생활이 영위된다. 형사 책임이나 민사 책임은 모두 개인 책임의 원리에 따라 구성되어 있다. 그러나 근대 이전 혈연과 지연 공동체의 연대 속에서 살던 시대에는, 개인에게 각종 책임을 추급할 때 혈연적으로는 삼족이 연대 책임을 지고 지연적으로는 오가작통법(五家作統法)에 따라 다섯 집을 하나로 묶어서 서로 감시하고 책임을 지도록 했다. 그러나 산업사회의 개인주의 원리에 따르는 근대법에서는 그러한 봉건 잔재는 인정되지 않는다. 혈족·친족 연대라고 하면 부부 사이의 가사에 관한 연대 책임 정도가 있을 뿐이다. 부부는 서로가 하나의 가정을 꾸려 나가기 때문에 그 범위 안에서 가사 권리에 관련된 것에 대해 연대 책임을 진다.

그러면 왜 이러한 규정을 두었을까?

좌우익 간의 분열과 대립이 심했던 해방 후, 특히 6·25전쟁 중에 경찰 등 공안기관에서 좌경분자의 블랙리스트를 관리하면서 그 친인척의 공직 취임과 해외여행 등을 불허하는 것을 비롯하여 각종 사회 활동을 감시, 통제해 왔다. 1963년 박정희는 대통령 후보 연설에서 그러한 좌익 가족 차별제도를 없애겠다고 공약했으나, 그것이 구체적으로 국정에 반영된 흔적은 없다. 그 후 1980년 신군부가 정권을 탈취하면서 제8차 개헌에서 제13조 3항에 이 규정을 신설했고, 그것이 제9차 현행 헌법으로 이어오고 있다. 군사정권의 선심성 규정의 성격을 띠고 등장했으나, 좌우 대결이라는 냉전시대의 상처가 그대로 나타나 있는 기념비적 규정이다. 민족적 비극의 묘비명이라고도 하겠다.

어떠한 경우에도 자기 아닌 친족의 행위로 불이익을 받아서는 안 된다. 다만 국가 정보·공안기관이나 특수한 지위에 있는 사람의 친족관계에 대한 조사가 국가 안전상의 이유로 행해질 수는 있다. 실제로 정보기관이나 군 장교 등 안보와 관계되는 기관의 근무 요원에 대한 신원 조사에서 친족관계 또한 포함되리라는 것은 쉽게 예상할 수 있다. 그러나 그것은 어디까지나 예외적 특수 사정이다. 예외는 엄격하게 한정하고 부득이 필요한 경우에 인정된다. 따라서 친족의 행위를 이유로 정상적인 공무 취임이나 해외여행의 자유가 제약을 받는 일이 있어서는 안 된다.

신체의 자유에서 공정한 재판을 받을 권리 등은 청구권적 기본권으로서 7장에서 설명한다.

4장 │ 사상과 표현은 벌할 수 없다

사상의 자유 이론과 독점자본시대의 언론 기업

사상의 자유시장론 ─ '사상은 벌할 수 없다'

사상·양심 및 신앙의 자유에 대한 각성은 시민계급의 성장을 배경으로 한다. 여기에 르네상스 이래 종이와 인쇄술의 보급은 사상 및 정보 유통에 혁명을 가져와서 자주적 정신에 눈뜨는 계기를 마련했다. 자유에 대한 각성은 정신일반을 규제하며 기성권력을 대변하던 종교의 지배로부터의 해방이란 모습으로 나타났다.

당시까지 문자는 성직자나 특권계급의 전유물이었고, 이는 곧 지식과 정보의 독점을 의미했다. 그러한 독점에 대한 도전은 결국 신앙의 자유를 위한 투쟁으로 나타났다. 성경을 모국어로 번역·보급하는 일은 곧 신앙을 비롯한 지

존 밀턴(위)과 존 스튜어트 밀(아래)

식 독점에 대한 파괴였다. 그래서 로마 교황청은 최초로 사상·신앙 및 언론에 대한 통제 장치로서 도서 검열제도를 시행하게 된다. 후에 이를 세속 군주가 모방해서 기성권력과 지배층의 이익을 지키는 데 이용한 것이다. 그러나 서양사에서 위대한 각성의 시대인 18세기 프랑스 계몽시대의 지적 반항과 자유 쟁취 운동은 이성의 이름으로 인간 정신을 일깨우기 시작했다.

영국에서는 청교도혁명 당시에 검열과 인쇄 특허 제도에 반대하는 투쟁이 일부 결실을 맺었다. 당시의 혁명 정부는 언론 탄압 기관이던 성실청(星室廳)*을 폐지하였다. 그러나 혁명 의회가 반혁명적 언론을 단속한다는 구실로 검열제도를 부활시키자, 당시 혁명군 총사령관 크롬웰*의 문서 비서였던 존 밀턴은 『아레오파지티카』란 책을 통해 검열 반대운동을 전개하였다. 그는 어떤 의견이나 학설이 옳은지 그른지는 권력자인 관헌이 결정할 사안이 아니라, 공개 경쟁장〔市場〕에서 논쟁을 통해서 심판되어야 한다고 했다. 결국 진리는 살아남고 허위는 도태될 것이며, 언론 사상의 시장에서 경쟁을 통해 그 수용 여부가 결정될 것이라는 생각이다. 이를 사상의 자유시장론* 또는 진리생존설이라 한다. 이 학설은 19세기에 존 스튜어트 밀*의 『자유론』에서 보다 치밀하고 설득력 있게 전개되었다.

20세기에는 1919년 미국 연방최고재판소의 쉬켕크 사건(Schenck v. US)* 판결에서 표현의 자유를 제한하는 기준을 '명백하고 현존하는 위험의 원칙'으로 제시했다. 물론 1950년대의 냉전시기 매카시즘 선풍 속에서 '위험한 경향의 원칙'으로 후퇴하고, 그 후 이익형량(利益衡量) 원칙*이 제기되기도 했다. 그러나 사상 표현의 제한은 사회에 명백하고 현존하는 위험을 야기할 때에 한하여 법률에 의해 최소한으로 이루어져야 한다는 보장 이론이 공감을 얻고 있다. 한국의 헌법재판소는 국가보안법 제7조의 이적 표현죄에 관한 위헌심판에서 "국가의 존립·안전이나 자유민주적 기본질서에 무해한 행위는 처벌에서 배제하고, 이에 실질적 해악을 미칠 명백한 위험성이 있는 경우로 처벌을 축소 제한하는 것이 헌법 전문·제4조·제8조 4항·제37조 2항에 합치하는 해석일 것이다. 이러한 제한은 표현의 자유의 우월적 지위에 비추어 당연한 요청이라고 하겠다"고 판시했다(헌재 1990.4.2. 89헌가113).

이 자유주의 이론은 권위주의의 우민정책에 반대한 이론이었다. 그런데 20세기에 나치즘 또는 파시즘의 이름으로 고개를 들기 시작한 신권위주의 이론이 민족국가의 이론으로 발전, 지도자 한 사람의 의지에 따라 전체를 조종하는 우민관에 입각한 정책이 판을 친 적이 있고, 냉전시대의 논리가 그에 기울기도 했다. 소비에트 독재 하에서 당이나 국가기관의 언론 검열과 통제제도도 결국 이 신권위주의의 아류라고 하겠다.

한편 자유주의의 정상적 발전이 이루어지지 않은 후진국에서는 독재 권력이 정보를 독점하고 언론에 대해 각종 통제와 탄압을 가하고 있다. 우리도 대중을 우민으로 취급하는 독재 권력에 의한 정보 독점과 정보 교류 통제 정책이 해방 이래 최근까지 일관되게 행해져온 실정이다. '사상은 벌할 수 없다', '사상에는 세금을 부과할 수 없다'고 하는 뜻을 깨닫지 못한 채 권력의 권위적 독점이라는 근대 이전의 봉건적 관념을 벗어나지 못하고 있는 것이다. 근대 시민적 법치국가는 칼 슈미트(Carl Schmitt)*가 말하고 있듯이 '중성국가'*이다. 국가권력은 가치중립적 입장에서 질서유지자의 기능을 해야지 진리 심판자나 도의적 심판자로서 특정 가치를 우선하여 다른 가치체계를 탄압하는 주체가 되어서는 안 된다는 것이다. 그것이 시민국가의 기본 성격이다.

기업의 언론 정보 시장 독점 문제

　독점자본주의의 발달은 언론 기업의 경쟁에도 영향을 끼치고 있다. 영세 언론 기업을 배제한 독과점 언론 기업의 시장 지배가 바로 그것이다. 언론 시장의 자유경쟁이라는 가설은 글자 그대로 가설로 전락하고 실제로는 대독점기업이 아닌 영세 언론 기업은 언론 시장에서 애당초 경쟁의 대열에 낄 수조차 없다. 이에 대한 대책으로 국가 통제를 일방적으로 강화하면 오히려 언론 탄압의 구실을 주게 된다. 따라서 언론 자유를 보장하면서 독점에 따른 폐해를 방지하고 시정하기 위해 언론 기업 3사 독점 금지(일본), 국영방송 공영제(영국), 방송주파수 배정의 공익위원회 정기심사제(미국), 언론 기업의 사회적 책임과 자율 규제 강화 등이 모색되고 있다. 경제에서 독과점 기업의 폐단과 마찬가지로 언론 시장의 독점화도 큰 문제이다. 지식과 정보 및 오락을 특정 대기업이 독점함으로써 시민의 정신생활 일반이 좌우되는 중대한 문제가 발생할 수 있기 때문이다.

　언론의 공정성 보장을 위한 구체적인 장치로서 우선 언론윤리강령을 자체적으로 정해서 자율적으로 준수하는 길이 있다. 그리고 편집을 소유주나 경영권의 독점적 관리에 맡김으로써 영리 일변도로 운영되는 것을 방지하기 위해 편집에 종사하는 노동자(근로자)인 기자의 의견이 공정하게 반영되도록 한다. 나아가 공정한 보도와 정보, 오락의 제공과 상응해서 소비자로서 독자와 시청자의 정보접근권*을 보장하는 과제가 남아 있다. 그 밖에 상업적 광고의 윤리와 광고주의 영향 및 성 표현의 문란이나 사생활 침해 등이 당면한 문제가 되고 있다.

사상·양심의 자유와 안보문제

사상 및 양심의 자유란

양심의 자유에 관한 규정은 제3차 개헌(1962)부터 신앙·종교의 자유와 별도로 정해 놓고 있다. 그러나 일본 헌법처럼 양심과 신앙·종교의 자유를 함께 정해도 상관은 없다. 독일연방공화국의 기본법은 양심 및 신앙의 자유를 조문상 좀더 명백히 정리해 놓았는데 이를 인용해 본다.

> 독일 기본법의 양심 및 신앙의 자유에 관한 조문
> [제4조 1항] 신앙, 양심, 종교 및 세계관의 고백의 자유는 불가침이다.
> (이하 생략)

헌법 제19조에는 누구에게나 내심의 자유로서 사상 및 양심의 자유를 보장하고 있다. 세계관을 고백할 자유뿐만 아니라 고백하지 아니할 침묵의 자유도 있다. 따라서 세계관에 대해 고백을 강요당하지 아니한다. 여기서 공직자 충성선서는 고백의 강요인가 하는 문제가 제기되는데, 이는 공직자에게 부과된 최소한의 직무 관련 의무이기 때문에 세계관 등 내심의 자유에 대한 침해는 아니라는 것이 미국 판례의 법리이고 우리의 학계의 인식이다.

반체제 사상의 탄압

양심 또는 사상의 자유는 그 연혁으로 보아 신앙의 자유와 불가분의 관계에 있다. 실제로 최초의 내심의 자유는 신앙의 자유 문제로 부각되었던 것이다.

그것이 시민적 법치국가가 성립되는 단계에 이르러 중성국가의 이념에 따라 비로소 사상 일반의 자유로 인정된다. 그래서 시민혁명이 정상적으로 성공한 영국이나 프랑스 등에서는 사상의 자유에 대한 탄압이란 신앙에 대한 간섭, 탄압과 같은 것으로 여겨졌다. 물론 1848년『공산당선언』을 쓴 마르크스나 망명자로서 유랑하며 폭

미하일 바쿠닌

동을 선동한 무정부주의자 바쿠닌* 같은, 위험인물이라 간주된 소수의 사람들은 19세기 중엽까지 박해를 받기도 했다.

그러나 정치 발전이 낙후된 대개의 후진국에서는 1789년의 프랑스혁명을 위험시하여, 그에 공감하는 청년 지식인들을 탄압했던 독일의 경우처럼 박해를 가했다. 시민혁명이 기정사실화된 19세기 말 반체제 사상 탄압의 대표적인 예는 비스마르크 체제에서의 「사회주의자 진압법」이다. 물론 제정 러시아 같은 후진국에서는 1825년 12월당*의 반란 실패 이후 시민적 자유사상조차도 위험시되었다.

20세기의 사상 탄압은 선·후진국 여하를 막론하고 1917년 러시아 10월 혁명으로 사회주의 체제가 성립하게 됨을 계기로 한다. 러시아혁명을 봉쇄하기 위하여 영국, 미국, 독일, 프랑스, 일본 등이 러시아에 대한 간섭 전쟁을 도발했는데, 미국에서는 이 침략 행위에 반대하는 사회주의자의 반전운동이 탄압을 받게 된다.

일제의 치안유지법과 국가보안법

일본에서는 1925년 이른바 치안유지법이라는 세계에서 유례없는 탄압 입법이 가동한다. 우리는 분단 이후 냉전 하에서 반공이라는 이름으로 사상 규제가

강행되었는데 주로 반대파나 비판적 지식인에 대한 탄압으로 나타났다. 이것은 마침내는 정권 유지 수단인 국가보안법을 주축으로 하는 탄압체제로 굳어지게 된다.

반공주의 체제에서 가장 남발·악용된 인권 탄압의 구실은 공산주의 사상이었다. 한국의 국가보안법 하의 반공주의 체제는 미국의 1950년대 매카시즘에서 일부 영향을 받았고 주로 일본 치안유지법의 입법과 운영체제를 답습한 것이다. 일제의 치안유지법을 살펴보면 다음과 같다.

1925년 제정 당시 일제 치안유지법(1938년 긴급칙령 개정추가)
〔제1조 1항〕 국체(國體)를 변혁하거나 또는 사유재산제도를 부인(否認)하는 것을 목적으로 하여 결사를 조직하거나 또는 정(情)을 알고 그에 가입한 자는 10년 이하의 징역 또는 금고에 처한다.
〔제1조 2항〕 전항의 미수죄는 이를 처벌한다.

1928년 개정 조문
〔제1조 1항〕 국체를 변혁할 것을 목적으로 하여 결사를 조직한 자 또는 결사의 임원 그 밖에 지도자의 임무에 종사한 자는 사형 또는 무기 혹은 5년 이상의 징역 혹은 금고에 처하며, 정을 알고 결사에 가입한 자 혹은 결사의 목적 수행을 위한 행위를 한 자는 2년 이상의 유기 징역 혹은 금고에 처한다.
〔제1조 2항〕 사유재산제도를 부인할 것을 목적으로 하여 결사를 조직한 자, 결사에 가입한 자 또는 결사의 목적 수행을 위한 행위를 한 자는 10년 이하의 징역 또는 금고에 처한다.
〔제1조 3항〕 전 2항의 미수죄는 이를 벌한다.
〔제2조〕 전조 1항 또는 2항의 목적을 가지고 그 목적인 사항의 실행에 관해 협의한 자는 7년 이하의 징역 또는 금고에 처한다.

〔제3조〕 제1조 1항 또는 2항의 목적을 가지고 그 목적한 사항의 실행을 선동한 자는 7년 이하의 징역 또는 금고에 처한다.

〔제4조〕 (전 제1조 목적의 소요 폭행 기타 범죄 선동자 10년 이하 징역 금고 처벌)

〔제5조〕 (전 제1조 목적 금품 제공자 5년 이하 징역 금고 처벌)

(이하 조문 생략)

위 치안유지법과 더불어 사상범 보호관찰법과 예방구금법 등의 악법은 체제 비판이나 정치적 반대파의 말살 내지 무기력화를 가능케 하는 만능 도깨비방망이와 같은 구실을 하게 되었다. 국가보안법 외에 한국의 보안관찰법(폐기된 사회안전법)은 일제의 보호관찰 및 예방구금법제를 모방 답습했다. 일제 고등경찰제도 하에 사상범을 탄압하기 위한 제도가 우리에게 그대로 이어지면서, 일제시대는 말할 것도 없고 해방 이래 계속해서 단선적 이데올로기의 통제를 받아오고 있는 것이다.

사실상 국가보안법 제7조의 이적 표현물 소지, 독서 기타의 죄는 사상 심사를 가능하게 하는 것이 아닌가 하는 의문을 제기할 수 있다. 이미 1992년에 법

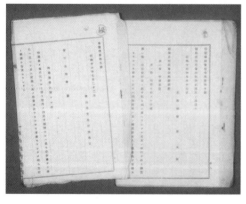

일제의 「조선 사상범 예방구금규칙」
(독립기념관 소장)

무부 수인처우규칙에 따른 전향제도의 실시가 사상·양심의 자유에 반한다는 헌법소원이 제기되었다. 1980년대와 1990년대까지 이어져온 불온서적 목록의 관리와 당국이 정한 이적표현물 소지 등의 유죄 인정은 아직도 문제이다. 이론상으로는 유물주의 세계관의 소지 자체를 처벌할 수 없고 그에 따른 행위가 범죄의 구성 요건에 해당할 때에만 처벌이 가능하다고 해도, 여전히 현실의 법정 사정을 보면 문제는 해결되지 않은 채 남아 있다.

매카시즘과 국가보안법 체제

일본제국의 식민지 지배체제에 기생하던 친일파는 일제 패망 이후에는 미군정에 편승했고, 이승만 지배 하에서는 반공주의의 대변자로 활약하면서 면죄부를 따내고 나아가 애국자로까지 변신했다. 그들은 이승만과 그 후속 박정희 등의 독재 권력에 반대하는 정파나 인사를 '좌경용공', '빨갱이'로 몰아서 탄압·제거하는 매카시즘의 기수로서 총애를 받으며 스스로가 지배세력의 일부가 되었다. 실제로 공산주의자가 아닌 중도파(김구, 김규식, 조소앙 등)나 반공 혁신파(조봉암)까지 모두 싸잡아 빨갱이로 몰아서 암살과 사법살인을 막론한 모든 합법 및 비합법 방법을 총동원하여 탄압했다.

멀게는 50년대 수십만 명의 보도연맹원의 집단학살로부터, 김대중 집권 시기에는 김대중을 지지하는 지식인을 용공으로 음해하여 매장하였고 최근에는 현직 대통령까지 공공연히 빨갱이로 모는 음해행위를 자행해왔다. 그 최대의 무기는 일제 치안유지법을 계승 모방한 악법체제의 악몽인 국가보안법이었다. 이 법은 고문 학살로부터 강제수단에 의한 전향과 보안관찰에 이르기까지 시민의 기본적 인권을 원천적으로 말살하는 수단이었다.[10]

그동안 유엔 인권위원회나 국제사면위원회 그리고 외국 정부까지도 한국정부에 대해 국가보안법의 폐기 또는 개정을 요청해 왔다. 1987년 6·10시민항

2004년 국가인권위원회에서 열린
국가보안법 공청회

쟁 이후에는 정부가 스스로 보안법의 개정을 약속하기도 했다. 2004년에는 국가인권위원회가 정식으로 국가보안법의 폐지를 건의한 바 있다.

그러나 이 사회의 실세인 구 기득권 부류나 매카시즘에 집착하는 정치세력은 아직도 보안법 체제를 고수하는 데 성공해 오고 있다. 솔직하게 말하면 민주개혁세력의 역량이 그에 반발하는 실세를 제압하지 못하고 있다는 뜻이다. 특히 공안경찰기관이나 검찰과 법원은 아직도 보안법 체제를 완고하게 고수하고 있다. 1990년대에 헌법재판소에서 보안법의 독소조항인 7조가 한정합헌 결정이 되었으나, 그것은 종이에 쓰인 법리일 뿐 현실에선 시행되지 않고 있다.

여기서 우리는 헌법에 인권을 보장하는 규정이 있다고 해서 현실에서 인권이 보장되는 것은 아니라는 점을 확인할 수 있다. 인권 보장이 실현되려면 그러한 법조문을 근거로 하여 법의 해석 적용(운영)에서 인권이 실제로 보장되도록 해야 한다. 무엇보다 국민의 의식이 깨어서 헌법을 준수하도록 감시하고 위헌에 대해 비판해서 시정하는 헌법운동(정치운동 또는 시민운동)과 연결되어야

---

10. 일찍이 국가보안법이 얼마나 악법으로 악용되어 왔는지에 대해서는 박원순 변호사의 『국가보안법 연구』1~3을 참조하라. 2004년에는 국가인권위원회가 국가보안법 적용사례를 연구한 실적을 펴낸 바 있다(민주화실천운동협의회, 『국가보안법 적용상에 나타난 인권실태』, 국가인권위원회, 2004.5.5.). 이외에 매년 발간되고 있는 대한변협의 『인권보고서』도 좋은 참고가 된다.

만 의미가 있다. 이 점을 관철하지 못하면 헌법은 실정법이 아니라 정치 강령이고 '간판법'에 그치는 정치적 장식물이 된다. 칼 뢰벤슈타인이 말하는 '장식적' 헌법이란 표현대로, 헌법 정치가 헌법의 효력을 담보해 내지 못하면 인권은 그야말로 '장식'에 그치게 된다. 그것은 화려한 인권규정을 갖추었던 1936년 스탈린 헌법만을 보아도 알 수 있는 것이다.

□ 보도연맹 사건

건국 직후 좌익 활동의 전력이 있는 사람들을 보도연맹이라는 내무부 산하의 어용 관변단체에 가입시켜서 감시·교육·통제해 오다가 1950년 북한이 남침하자 보도연맹 가입자를 전국적으로 검거하여 아무런 법적 절차(재판) 없이 집단학살한 사건이 있었다. 이는 법치국가에서 있을 수 없는 만행이며 불법행위였다. 이에 대해 정부는 아직까지 공식적으로 해명·사죄하지 않고 있다. 이 문제도 냉전과 전쟁이 몰고 온 비극적인 과오로서 사상문제에 대한 이 시대 우리 사회의 수준을 반영하는 것이다.

□ 보안사령부(현 기무사령부)의 민간인 사찰문제

1990년대 노태우 정권 당시 육군 보안사령부에서 작성한 민간인에 대한 정치 사찰 기록이 윤석양 이병에 의해 폭로되는 사건이 있었다. 이는 개인의 인격권과 사상·양심에 대한 난폭한 침해이며 군 기관에 의한 정치 경찰행위로서 불법 범죄임은 말할 것도 없다. 이 사건을 계기로 보안사는 기무사로 이름까지 바꾸었으나 민간인 사찰에 대한 국가배상사건에서 정부가 패소함으로써 그 불법성이 공인되었다. 독재정권에 의한 이러한 공포 분위기의 조성과 인권유린에 이르는 감시체계는 군사정권의 정보정치(공작정치)의 유물로 단시일 안에 쉽게 청산되지는 않을 것이다. 아직까지도 공안정보기관은 독재 시절에 자행한 정치탄압의 실상을 공개하지 않고 있다.

양심적 병역 거부

양심적 병역 거부 문제는 신앙·양심의 자유의 문제로부터 제기되었다. 18세기 미국 독립전쟁 당시에 퀘이커 교도들은 참전을 거부했다. 당시 이 사건은 대신 전비를 부담하는 것으로 수습되었으나, 1860년대 남북전쟁 때는 탄압을 받았다.

현재는 독일처럼 헌법으로 이를 보장하거나 대다수 서구 나라처럼 법률로 대체복무를 하도록 하고 있다. 독일 기본법 제4조 3항은 "누구든지 그의 양심에 반하여 무기를 들고 하는 전쟁 역무를 강제당해서는 안 된다. 상세한 것은 연방 법률에서 이를 정한다"고 했다. 미국은 징병제가 시행되던 베트남전쟁 당시에 종교 신앙과 직접 관계가 없는 개인적 신념의 영역까지 양심적 병역 거부를 확장했다. 미국 연방최고재판소의 판결은 일반 군사 훈련 및 병역에 관한 법률 위반 사건에서 양심적 병역 거부자는 특정한 전쟁의 병역만을 반대하는 것이 아니라, 병역 일반을 신조에 따라 반대하는 자를 말한다고 하고 있으며 (Gillet v. US, 1971), 병역 거부의 자세에는 성실성이 있어야 함을 강조하고 있다(Witmer v. US, 1955).

한국에서 병역 거부는 일관되게 병역의무 위반이나 항명죄로 처벌되어 왔으나, 최근에 심각한 사회정치 문제로 떠올라서 유엔에서까지 대체복무제 채용을 권장할 정도가 되었다. 2004년 5월에는 서울지법이 양심·종교·신조를 이유로 군 입영을 거부한 행위를 '정당한 이유'로 인정, 무죄를 선고하여 귀추가 주목되었으나 8월 26일 헌법재판소는 '병역법을 통해 달성하고자 하는 것은 국가안보라는 대단히 중요한 공익이며, 양심의 자유는 법질서에 대한 복종을 거부할 수 있는 권리가 아니'라는 이유로 양심적 병역 거부자를 처벌하는 병역법 조항에 대해 합헌 판결을 내렸다.

국기 경례 거부도 학교 교육 과정에서는 징계의 사유가 된다. 한국의 판결은 아주 간단한 형식 논리로 이를 처리하고 있다. 결론이 어떻든 그 이유에 대한 설시(說示: 설명)의 부실이 문제다. 개인의 도의적 양심상의 의무와 국가의 실정법상의 의무가 충돌하는 경우에 어느 정도의 선에서 조정할 것인가는 신중하고 치밀하게 법리적 근거를 들어 납득하도록 제시해야 한다.

헌법은 양심의 자유와 표현의 자유를 정하고 있지만, 1980년대 신군부 정권 하에서 금서목록에 오른 서적을 보면 우리가 아직도 일본 제국주의 시대의 치안유지법 아래 살고 있다는 것을 실감할 수 있다. 여기에는 E. H. 카의 『러시아 혁명사』나 E. 프롬의 『자유로부터의 도피』와 『사회주의 휴머니즘』, 마르쿠제의 『이성과 혁명』에서부터 미국 사회학자 라이트 밀즈의 『마르크스주의자들』과 구티에레스의 『해방신학』까지 포함된다. 마르크스, 레닌, 모택동은 물론 금서이다.

인권운동사랑방이 법무부에 정보공개청구를 해서 알게 된 이 금서목록을 보면 고전 명작의 전시목록 같기도 하다. 이런 책을 읽는다고 해서 보안사범 혐의자로 유죄에 이르게 되는 것이 보안법 7조가 있는 우리의 실정이다. 이렇게 지적 호기심과 지적인 모험을 금압시키는 분위기를 조성해서 무엇을 기대하는지 알 수가 없다.

금서 제도는 보안법 7조의 사후 규제 이외에 간행물윤리심의회라는 사전 검열 기관의 형태로 엄연히 존재하고 있다. 사상을 감시하는 공식기관으로는 대검찰청의 '민주이념연구소'와 경찰청(경찰대학)의 '공안문제연구소'가 있으며 사상문제에 관련한 강제구금제도로는 보안관찰법이 있다.

여기서 외국의 예전의 금서 사례를 살펴보자.

유고슬라비아의 항독 빨치산 지도자였고 2차대전 후 대통령이 된 카리스마적 지도자 티토가 1927년 노동운동 당시에 공산당 혐의로 유죄의 증거가 된 서적은 A. 베벨의 『여성과 사회주의』(한국어판은 『여성론』, 까치), 막심 고리키의 『어머니』 및 잭 런던의 『강철군화』 등으로 모두 한국어로 번역되어 있는 책들이었다. 우리의 군정시대의 국보법 탄압 체제가 이 당시의 수준이 아니었는가도 생각된다.

종교의 자유와 국교제도의 부인

종교의 자유와 그 역사적 의의

서방사회에서 근대적 인권 발달의 단서는 종교의 자유에서 비롯된다. 종교 개혁은 사회에 혁명적인 변화를 가져왔다. 인간 정신의 각성으로부터 개인 인격의 확립과 사생활 영역의 보존, 시민적 직업윤리와 사명감 확립, 성경의 모국어 번역을 통한 민족 문학의 발흥, 기업 발전을 위한 시민적 창의성 고조, 교회 모임을 통한 민주주의 집회와 토의·정리의 훈련, 공사(公事)에 대한 참여와 협력을 통한 동지적 유대와 협조, 목전의 이익보다 영원한 정신적 기여와 사명에 대한 인식과 고등 종교의 확립 등 긍정적인 면을 볼 수 있다. 물론 근대적 인권의 확립은 한편 18세기 프랑스 계몽사상가들이 구시대 종교의 모순과 폐단, 특히 우매한 맹신과 기복 신앙의 반시대성과 부패 타락을 폭로하면서, 즉 이성의 시대를 열면서 이루어진 것이기도 하다.

그러나 서방의 종교는 또다른 얼굴도 갖고 있다. 그것은 식민주의·제국주의와 결탁한 서양의 시장 개척의 첨병으로서의 역할이다. 무엇보다 서방의 종교는 동방의 종교를 일률적으로 우상과 미신으로 격하시켜 동방에 대한 편견을 보편화시켰다.

어쨌든 여기서 서방의 종교제도와 인권의 문제를 다루는 것은 자유제도로서 인권에 기여한 면을 보기 위함이다. 종교에 대한 문제에서 얼마만큼의 관용과 방임, 나아가서 자유의 내실이 있는가에 따라 인권 보장의 수준을 측정할 수 있기 때문이다. 이는 인간 정신의 자유가 서양 인권 역사의 기본을 이루고 있다는 점에서도 그러하다. 서방 근대제도에서 종교의 자유 문제는 권력이 종교의 이름으로 정치·경제·사회·문화 등 모든 영역에 얼마나 개입하는가의 문제이다. 즉 종교로 인한 직접적인 박해는 물론이고, 재판과 과세, 공직 취임, 직업 종사, 학위 수령, 국가의 사회단체 보조 및 교육에 있어서 특정 종교를 우대 또는 박해하는 문제 등 당장에 시민생활에 관계되는 생존에 관한 것이다. 따라서 종교의 자유는 단순히 내심의 자유, 좁은 뜻에서 개인의 신앙 문제에 국한되는 것이 아니다.

나라의 반종교 정책과 국교 정책

프랑스혁명 당시 혁명에 반대하고 구체제를 편드는 성직자는 자격을 박탈당하고 추방당했다. 그러나 혁명이 종교 자체를 거부했던 것은 아니다. 로베스피에르* 정부는 이성 숭배라고 하는 제전(祭典)을 화려하게 열고 기존 기독교에 대신한 국민의 정서적 대체물을 개발하려고 한 적이 있지만, 기성 종교 자체에 대한 근본적 거부는 시도하지 않았다. 18세기 유물론의 무신론적 사상을 실제로 구현하는 시도에는 이르지 않았던 것이다.

마르크스·레닌주의의 신조를 따르는 소비에트 정부는 집권 초창기부터 무신론과 반종교 정책을 채택하였지만, 2차대전시 종교 세력의 지원을 유도하면서 그러한 반종교 정책을 완화했다. 지금은 공공연히 반종교 정책을 표방하는 사회주의 국가는 거의 없다. 중국도 종교에 대해 관대해졌으며, 쿠바도 카톨릭교도의 활동에 대해 적대적이지 않다. 북한도 종교단체를 방임하면서 회유·이용하는 정책으로 전환한 지 오래다.

참고로 마르크스·레닌주의의 반종교 정책의 기원이 어디에 있는가를 살펴보자. 마르크스는 19세기 중엽 독일에서 유태인들이 박해받는 현실을 목격했다. 또한 그 자신도 자유주의나 민주주의를 내세우는 세력에 의해 사회적 활동을 억제당한 적이 있었다. 마르크스 집안은 유태계였지만 그의 아버지는 일찍이 신교로 개종한 중산층의 변호사였다. 그러나 마르크스는 당시의 정치 분위기에서 종교의 자유에 대한 속박을 느끼고, 계몽사상에 눈뜬 지식인으로서 당시 최고의 종교 비판서였던 브루노 바우어(Bruno Bauer)*의 논문이나 루드비히 포이에르바흐*의 『기독교의 본질』을 읽고 종교가 구시대 이래 지배층의 이해를 대변하고 대중을 몽매에 빠지게 하는 역할을 하고 있다고 느꼈다. 그는 1843년 공산주의자로서는 최초로 자기의 철학을 밝힌 논문인 「헤겔 법철학 비판 서설」*에서 다음과 같이 말했다.

루드비히 포이에르바흐(왼쪽)와
칼 마르크스(오른쪽)

종교적 비참은 현실적 비참의 '표현'이기도 하고, 현실적 비참에 대한 '항의'
이기도 하다. 종교는 박해당한 살아있는 자의 탄식이고, 비정한 세계에서의
정이고, 영혼이 없는 상태의 영혼이다. 그것은 민중의 아편이다.

민중의 환상적 행복인 종교를 폐기하는 것은 민중의 현실적 행복을 요구하는
것이다. 그들의 상태에 대한 갖가지 환상의 폐기를 요구하는 것은 '그러한
환상을 필요로 하는 상태의 폐기를 요구하는 것'이다. 그래서 종교의 비판은
종교를 후광(後光)으로 하는 우울한 세상에 대한 비판의 싹이다.

이러한 마르크스의 종교 비판은 독일의 사회주의자인 칼 카우츠키(Karl
Kautski)*의『기독교의 기원』*이란 연구를 통해 계승되었지만, 마르크스가 생존
시에 현세의 기독교 종파에 정면으로 대결하지는 않았다. 그러나 러시아와 아
시아에서는 사정이 달랐다. 러시아 정교의 타락은 10월 혁명과 동시에 종교
재산 몰수와 성직자의 공민권 박탈을 초래했으며, 비서방 세계에서 반식민주
의 해방 투쟁 세력은 식민주의 편에 선 기독교에 대해 반대로 돌아섰다. 현대
국가에서 종교에 대해 소비에트 러시아처럼 적대적인 억압 정책을 쓰는 나라
는 없다.

한편 위의 예와 반대로 아직도 국교제도를 유지하는 서방 국가로서 영국, 프

랑스 등을 들 수 있지만, 이 나라들의 국교 정책은 국가 의식에서 국교를 우선할 뿐 다른 종교·종파를 차별하고 불이익을 가하는 것은 아니다. 다만 이슬람권에서의 국교제도는 서양제도의 표준으로는 이해하기 어렵다. 동남아시아의 태국 같은 불교 국가도 특수한 사례이다.

칼 카우츠키

정교분리와 국교제도 부재를 명시한 미국 연방헌법 수정 제1조는 근대국가의 자유제도의 본보기다. 기독교 문화의 영향으로 '선서'에서는 성경을 통해서 맹서하지만, '확약'이라 하여 성경을 믿지 않는 사람을 위한 배려도 해주고 있다. 일본과 한국은 미국식의 정교분리 제도를 따른다.

독일은 미국과 유사한 것 같지만 정부가 '종교세'를 부과, 거출해 각 종파에게 배분해 주는 편의를 비롯해 바이마르 헌법으로부터 지금의 기본법에 이르기까지 종교에 대한 특수 규정을 두고 있다. 이러한 제도는 국교제도는 아닐지라도 '준(準)국교제도'로 볼 수 있다.

한국의 종교제도와 문제점

조선왕조는 유교를 정통 교학으로 해서 억불숭유 정책(불교를 억제하고 유교를 숭상 권장하는 국가정책)을 취해 왔다. 물론 불교나 민간신앙을 직접 억압하지는 않았지만, 차등을 두고 유학에 치중했다. 종교 자유의 문제가 정치문제가 되기 시작한 것은 영·정조 시대 이래 중국 북경으로부터 천주교가 흘러들어오면서부터였다. 천수교 박해로 발생한 프랑스 함대의 침입 사건(병인양요)은 정통 교학이 외래 종교로부터 받은 최초의 도전이었다. 조선 조정은 기독교의 유일신 사상과 신분질서·봉건적 가족 윤리에 대한 부정 등을 완고한 주자학

이승만의 3선 출마와 당선을 기원하는 법회(1956)

일변도의 정통 유학 세계관에 대한 일대 도전으로 보고 기독교를 탄압했지만 서방 제국주의의 문호 개방 압력과 기독교를 통한 근대 문물의 전파 앞에서 결국 무릎을 꿇었다. 한편 토착 종교로서 동학운동이 일어 유학의 세계관과 기존 질서에 도전하지만 농민전쟁(1894)의 좌절 후에는 결국 대세에 밀리게 된다.

그러나 조선 유학의 이단적 선구자인 실학, 조선에 전래된 기독교, 토착 종교운동인 동학의 3파가 일제 하에서 3·1운동의 주역이 되었던 것은 의미 있는 일이다. 실학의 일부는 상당수 친일화되지만 일부 기독교에 수용되면서 민족운동세력이 되었으며 기독교와 일부 토착 종교인 동학이나 단군신앙은 반제 항일운동의 세력이 되었다. 일제 말 기독교도에 대한 신사 참배 강요는 우리의 신앙과 민족적 기개를 꺾어보려는 시도였다. 당시 우리의 민족운동은 종교라는 외피를 보호막으로 해서 정치·사회운동을 할 수밖에 없었다.

일제의 조선에 대한 종교 정책은 한국 종교의 민족적·계몽적·사회운동적 성격을 거세하여 어용 친일 종교로 만들고, 일부 민간신앙이나 무속 신앙은 우민화시켜 조종하는 것이었다.[11] 일제 식민 통치의 방식을 거의 전적으로 모방·답습한 이승만 정권과 군사정권은 각 종교·종파를 어용화시켜서 정치적으로

---

11. 이러한 일제의 종교 정책은 강동진의 『일본의 조선지배정책 연구』(동경대학출판회, 한길사)에 잘 나타나 있다.

이용했다. 더욱이 민간신앙이나 역술·기복 신앙 등에 대해서는 더욱 교묘한 대중조작을 이용했다. 그래서 종교·종파의 정권 유착과 예속이 문제가 되고 특정 종교에 대한 차별 정책이 거론되기도 한다. 우리에게 있어서 종교의 자유는 이러한 일제 유산과 역대 독재정권의 종교 정책의 결과 및 1950년 전쟁의 영향(미국의 자선단체 원조로 인한 기독교의 득세 등)을 종합적으로 살펴보면서 문제점을 분석·비판해야 한다.

헌법에서 보장하는 종교의 자유

한국의 헌법 해석 이론은 종교의 자유에 대해서는 바이마르 헌법의 해석 이론인 안슈츠의 삼분류설*에 따르고 있다. 첫째로 좁은 의미의 신앙의 자유로서 특정 종교를 믿거나 믿지 않거나, 개종을 하거나 신앙고백을 할 자유, 종교 사항에 대해 묵비할 자유, 자기 자녀에게 종교 교육을 받게 할 자유 등이 있다. 여기에서는 사립학교의 종교 교육에 참여 또는 불참할 선택의 여지를 어떻게 확보하는가 하는 문제가 불거질 수 있다. 물론 국·공립학교에서는 특정 종교의 예배, 기도 및 기타 의식을 공비(公費)로 할 수 없다.

둘째로 종교적 행위의 자유로서 의식, 축전, 기도, 법회, 포교 행위 등이 있다. 이 자유는 외부에 표현되는 사회적 행위이기 때문에 질서 및 타인의 권리 침해와 풍속 문란 등에 대한 제한이 부과된다. 이를테면 과장된 언변을 구사한 설교로 금품 헌납을 강요한 것이 사기죄가 되는가 하는 문제로부터 회교의 일부사처제(一夫四妻制)가 한국 실정법에서 인정될 수 있는가 하는 문제도 있을 수 있다. 종교의식의 이름으로 행해지는 것이라도 강간·간통이나 추행에 해당하면 규제 대상이 된다. 물론 간통은 친고죄로 처리되지만, 정식 부부로서 호적에 등재될 수 없을 때에 당사자가 이를 요구할 수 있는가 하는 문제도 생각해 볼 수 있다. 물론 여기서 국가권력은 특정 종교의 교리를 심사할 수 없다. 교리에 대한 심사를 통해 특정 종교가 사교(邪敎)라고 판단할 권한은 어디에도 없다.

셋째로 종교적 결사의 자유를 들 수 있다. 새로 종단을 구성하는 창종(創宗)으로부터 이미 있는 종교단체에 가입하고 활동하는 자유가 그것이다.

언론·출판의 자유와 역대 정권의 정책

언론 자유와 식민시대의 우민 정책

표현의 자유를 보장한다고 정한 것은 시민사회에서 비판과 반대 및 이의 제기의 자유를 보장해야 한다는 취지이다. 인간을 이성의 주체로 가정하면서 동시에 절대로 남보다 우월한 존재로 인정하지 않는 것이 시민사회의 기본 원칙이다. 그래서 절대 권력자는 인정되지 않으며, 의견이 다를 때에는 구성원 다수의 결의를 따른다. 학문상의 대립은 끊임없는 검증을 거치고 납득될 수 있는 증명을 통해서만 인정되도록 한다. 각자의 이해관계가 대립될 때는 서로 공개리에 의견을 다투어서 납득할 수 있는 합리적 사유가 노출되도록 배려해야 한다. 이렇게 함으로써 소수 의견이 존중될 수 있다. 다수의 의견에 따르는 것이 많은 사람의 소망에 부응하는 길이지만, 소수자의 최소한의 이해도 배려하여 스스로 존립할 여지를 주어야 한다는 것이다.

그런데 의견 및 사상을 표명하는 매체를 대기업이 소유·관리하고, 그것을 운영하는 기술이 고도로 발달하게 되면, 언론 자유라는 사회제도의 메커니즘은 강자나 부자의 영리를 일방적으로 관철시키는 도구로 전락하고 만다. 우리처럼 왕조시대에서 식민시대를 거치고 다시 식민시대의 세력이 독재정권을 유지해 온 사회에서는 언론 자유를 위한 시민 투쟁의 역사적 기반이 거의 없었다. 근대적 언론은 3·1운동을 무마하기 위한 식민시대 일제 당국의 '문화정책'의 일환으로 인정되었기 때문에 애초부터 친일 어용이 끼어들 수밖에 없었다. 일제가 조선의 언론을 교묘하게 조정하여온 것은 비밀이 아니며, 그것은 우리의 정치적 성숙이 그만큼 뒤진 이유이기도 했다. 일본 자신도 패전 전에는 메이지유신 때부터 치안유지법제로 언론을 통제해왔고 패전 후에도 이전의 지배층이 그대로 지속되면서 우민정책을 이어왔기 때문에 정치적 미성숙을 면하기 어려웠다. 그러나 일본인들은 메이지유신 이래 자신들의 정치적 미숙을 비판적 시각으로 돌아보지 못했다. 이 말은 바로 우리에게도 해당한다. 식민지적 잔재로 말미암은 우리의 정치적 미성숙은 참으로 독재정치의 풍요로운 자양분이 되어 왔다.[12]

역대 정권의 언론 정책의 반민주성

이승만 독재에 대한 비판은 1950년 전쟁을 겪으면서 점차 고개를 들게 된다. 이승만 반대파도 이러한 여론과 대중의 불만을 의식해서 신문·잡지 등의 매체를 통해 점차 대담한 비판을 제기하기 시작했다. 일이 여기에 이르자 정권은 1950년대 후반 국가보안법의 개악을 비롯해 각종 규제와 탄압을 하기 시작해서 마침내는 당시의 가톨릭계 야당 신문이었던 경향신문을 폐간시킨다. 그러나 이에 대한 내외의 여론이 극도로 나빠지자 무기정간으로 변경했다. 이승만 정권은 경향신문이 법령에 위반한 행위를 하였다고 변명했지만 사실 경향신문의 어떠한 행위도 유죄가 확정된 것은 없었으며, 신문 정간의 법적인 근거

---

12. 우민화 정책에 대해서는 한상범, 『바보놀이 공화국—한국사회의 노예구조』, 법률행정연구원, 1996을 참조.

도 없었다. 결국 미 군정 당시의 군정법령을 들추어낸 결론은 1948년 헌법이 "모든 국민은 법률에 의하지 아니하고는 언론·출판·집회·결사의 자유를 제한받지 아니한다"고 하였으므로 '법률에 의하여' 제한하는 것은 문제가 없다는 것이었다. 여기서 '법률에 의한 제한'은 의회가 제정한 '법률에 의해서만' 언론의 자유를 제한할 수 있다는 보장적 의미의 '법률 유보' 이론인데, 반대로 '제한'이라는 데 중점을 둔 것이다. 본래 취지와 정신을 거꾸로 이용한 궤변이었다. 이러한 궤변의 여지를 없애기 위해 1960년 4·19혁명 후 제3차 개헌에서는 법률유보의 근거 자구를 삭제했다. 이로써 언론은 유사 이래 최대의 자유를 누리기 시작했고 「신문정당 등록법」에 따라 등록 절차를 필하면 어떠한 출판물도 발행할 수 있었다.

그러나 4·19혁명의 결실인 이 자유도 1년 만에 다시 5·16쿠데타로 군사정권에 의하여 압살당하게 되었다. 1961년 쿠데타를 한 군인들은 민간 정부 하에서 무질서와 혼란으로 반공체제가 흔들리고 부정부패의 만연과 경제의 파산으로 인해 민생이 어려워졌다고 주장했다. 그렇다면 쿠데타 이후 그들의 조치는 무엇이었는가? 반공을 국시의 제1로 한다고 해서 헌법기관인 국무원(내각)과 국회를 해산·해체하고 정당·사회단체·노조와 혁신운동·통일운동을 탄압하고, 언론기관과 언론인들을 대대적으로 숙청한 작업이 그것이었다. 당시 군인들의 집권기구인 '군사혁명위원회'는 「언론정화기준」이란 포고령에 따라 영세 언론사를 폐지하고 봉급이 체불되는 언론사를 부실기업으로 정비하고 병역을 미필한 기자는 해고했다. 또 이러한 조치의 위법성을 의식하여 1962년 제5차 개헌에서 언론 조항을 추가, 사후적인 마무리와 함께 언론 통제의 법제를 정비하는 근거로 삼았다. 여기서 그 조항을 살펴보자.

1962년 군사정권 하 제5차 개헌의 언론 조항

[제18조 1항] 모든 국민은 언론·출판의 자유와 집회·결사의 자유를 가진다.

〔제18조 2항〕언론·출판에 대한 허가나 검열과 집회·결사에 대한 허가는 인정되지 아니한다. 다만, 공중도덕과 사회윤리를 위하여서는 영화나 연예에 대한 검열을 할 수 있다.

〔제18조 3항〕신문이나 통신의 발행 시설 기준을 법률로 정할 수 있다.

〔제18조 4항〕옥외 집회에 대하여는 그 시간과 장소에 관한 규제를 법률로 정할 수 있다.

〔제18조 5항〕언론·출판은 타인의 명예 또는 공중도덕이나 사회윤리를 침해하여서는 안 된다.

언론에 대한 사전 규제인 영화 연예 검열의 근거 규정(제2항)과 함께 시설 기준 조항(제3항)을 두어, 이를 근거로「신문통신 등록법」을 정해 설치 기준에 따른 심사를 하여 사실상 허가제로 만들고, 그렇게 언론 시장에서 영세기업을 추방해 독점기업의 독무대로 만들었다. 이는 독점화를 의도적으로 유도해 소수파나 혁신계 언론의 말살을 꾀한 것으로서 영업의 자유 면에서도 기회균등의 원칙을 압살한 것이다.

이러한 규제 법제 하에서 정보기관원이 언론기관에 파견되어 상주하고, 언론 기업의 소유 경영진은 경제 전반의 인·허가 및 금융 보조 등 특혜 권한을 장악한 정부 앞에 점차 투항해 갔다. 그러나 군사정권은 민심의 이반을 초조해한 나머지 1972년 유신 쿠데타 때 다시 헌법의 언론 조항을 개악, 1948년 당시의 조문을 그대로 부활시켰다.

유신이라는 헌법 파괴적 조치를 단행하여 항구 집권의 기반을 다진 박정희도 결국 1979년 10월 26일 자기의 측근인 중앙정보부장에게 피살되어 그의 시대에 종언을 고한다. 12·12군사반란과 5·17내란으로 재집권한 박정희 수하의 정치군인들은 1980년 제8차 개정 헌법에서 다음과 같이 언론 조항을 고쳤다.

1980년 제8차 개헌의 언론 조항

〔제20조 1항〕 모든 국민은 언론·출판의 자유와 집회·결사의 자유를 가진다.

〔제20조 2항〕 언론·출판은 타인의 명예나 권리 또는 공중도덕과 사회윤리를 침해하여서는 안 된다. 언론·출판이 타인의 명예나 권리를 침해한 때에는 이에 대한 피해의 배상을 청구할 수 있다.

이 조항에서는 검열과 허가제 금지 규정이 누락되고 다시 1961년 조항으로 돌아간다. 다만 2항 후단에서 언론으로부터의 피해자에 대한 배상 규정을 두어서 언론중재위원회라는 관변 중재 기관을 설치했다. 문제는 이 2항 규정을 근거로 종래의 악명 높은 「신문통신 등록법」에 대응하는 「언론기본법」을 만들었다는 점이다. 이 법은 독일 반덴 주의 출판법을 모방했으나[13] 종전의 「신문통신 등록법」을 개악한 것으로, 국회가 아닌 쿠데타로 만든 기구인 '국가보위 입법회의'에서 제정되었다. 결국 규정이 더욱 까다로워진 것이다. 이 법률 하에서 '보도지침'이라는 정보기관의 언론 조정 기본 방침이 강제되고 편집과 보도에 정보기관원이 개입하게 된다. 또 5·17쿠데타 후에는 보안사령부가 주동이 되어 언론인을 대거 해고·숙청하고 일부 언론사를 강제로 통폐합했다. 이 과정에서 신문·방송이 폐간되고 강제로 소유 경영권을 강탈당하는 피해자도 생겨났다. 이러한 불법·무법의 조치는 당시 언론 자유 투쟁에서 희생된 기자에 의해 그 일부가 조사·폭로되었다.[14] 이러한 일련의 조치는 일본 제국주의가 1930년대 전시체제 하에서 강행 추진한 언론에 대한 탄압과 조종을 그대로 모방, 답습한 것이다.

---

13. 독일 반덴 주 출판법의 언론 규제 조항에서 본래 취지의 알 권리와 언론기관 보장 등의 부분을 왜곡, 변조했다.

14. 한국기자협회·해직언론인협의회 공편, 『80년 5월의 민주 언론─80년 언론인 해직 백서』, 나남신서 540, 1997 참조.

군사정권은 1987년 6·10시민민주항쟁에 양보, 타협하여 그 회유책으로 1987년 제9차 개헌에서 현행 헌법의 조항으로 정비했다. 대개 1962년 군사정권 하 제5차 개헌 당시의 규정으로 돌아갔으나, 시설 기준 조항에서는 "통신·방송의 시설 기준과 신문의 기능을 보장하기 위하여 필요한 사항은 법률로 정한다"(제21조 3항)라고 마치 언론 기능의 보장인 양 꾸미면서 「정기간행물의 등록 등에 관한 법」이나 방송법에서는 종래의 사전 통제와 관료 주도의 공영방송을 그대로 존속시켰다. 현재의 언론 조항에서도 시설 기준에 따른 사전 통제에 의해 언론 시장에서 영세 언론 기업이 배제되고 있으며, 정보기관이나 문화관광부 등 관청의 행정지도라는 가면 하에 각종 조정이 가해진다. 더욱이 방송은 주파수 배정과 관영방송 운영에 이르기까지 정부의 완전 규제 하에 놓여 있다. 더욱 문제가 되는 것은 막대한 광고 수익을 국영 및 사영 언론 기업에서 독식하면서 그 일부를 그 체제 안에 수용된 언론인에 대한 특혜로 배당하는 것이다. 그런 이유로 지금 일부 대기업화된 언론사 기자들의 사회적 지위는 비할 수 없이 격상되어 있다.

언론·출판의 자유의 제한

영국에서 언론 자유는 무엇보다 검열·허가·특허 등의 사전 제한이 없는 것을 의미했다. 이와 비교해 우리 법제를 살펴보자. 이미 지적한 것처럼 시설 기준과 방송주파수 배정, 연예의 검열 등 사전 제한이 존재하고 있다. 헌법재판소는 영화법 제12조의 공연윤리위원회의 사전 심의는 검열로서 위헌이라고 판결했다(1996.10.4. 93헌가13,91 〔병합〕 전원재판부). 이후 영화법에서 등급분류제로 바뀌었으나 '등급 분류 보류' 조항은 영화상영을 제한하는 독소조항으로 남아 있었는데, 2001년 8월 헌법재판소는 영화진흥법이 정한 상영등급분류제도가 '행정기관의 사전검열'에 해당한다고 하여 위헌 결정을 했다.

언론 자유의 보장에는 불합리한 사후의 법률적 제한이 있어서는 안 된다. 타인의 권리를 침해하거나 공중도덕에 위배되는 경우 이외에 질서 유지와 관련된 제한의 그 첫 번째는 유신 쿠데타 이후 자유 탄압의 상투적 구실이 된 안보(국가안전보장)에 의한 제한이다. 사실상의 선례로 보더라도 언론으로 말미암아 국가의 안전 보장이 위기에 처한 예는 어디에도 없다. 내란·외환 외 선동·선전이나 간첩에 대한 처벌은 냉전시대의 기류를 타고 계속되어왔으며, 특히 1948년 국가보안법 제정 이래 계속해서 강화되어왔다. 현재 가장 문제가 되는 것은 보안법의 이적 표현죄(利敵表現罪)*와 불고지죄(不告知罪)*를 이유로 한 탄압이다. 1996년 12월 26일 새벽, 이 죄에 대한 안기부의 수사권이 날치기로 국회에서 통과되었다. 이에 대해 헌법재판소에서는 '한정합헌'(限定合憲)*이란 법리를 제시하여 헌법불합치 결정을 내렸으나(1997.7.16), 수사 과정에서나 재판에서 이 법리가 거의 무력화되어 있다. 미국 판례의 '명백하고 현존하는 위험의 원칙'도 우리에게는 교과서나 학자의 논문에서나 거론될 정도이다. 최근에 대법원은 국가보안법 제4조의 국가기밀사항의 해석에서 공지의 사실은 그에 해당하지 않는다고 하는 한정적 엄격해석을 내렸다(대법원 1997.7.16. 전원합의부 판결). 이러한 법해석은 인권 보장에 도움이 되는 것으로 주목된다.

그 외에 공중도덕이나 사회윤리에 근거한 언론 자유의 제한이 있다. 주로 풍속 문란이라는 일종의 사회질서 침해에 대한 규제이다. 이에 의한 행정 규제로서 세관 검열이나 영화 연예에 대한 검열이 있다. 일부 검열이 헌법재판소에서 위헌이라고 결정되었으나, 행정기관 지도 하의 자율적 검열이라는 교묘한 방식으로 실질상 검열이 행해지고 있다. 구체적인 실정법상 처벌 근거는 음란 문서에 대한 죄인데, 이는 예술의 및 오락의 자유와의 갈등이 있다. 예술성 및 오락성 못지않게 우려되는 현상은 비디오 등 전자 매체의 혁명이 가져온 결과로 음란물의 손쉬운 보급과 확산에 따르는 부작용이다.

최근에는 인터넷의 확산으로 인해 네티즌들이 PC통신이나 인터넷에 자유롭게 자기 의견을 올릴 수 있는 자유가 문제되고 있다. 2002년 6월 헌법재판소는 한 네티즌이 PC통신에 올린 정부 비판글을 삭제하고 통신 사용을 정지토록 한 법규정에 대해 '표현의 자유를 해칠 우려가 있다'고 위헌 결정을 내렸다.

명예나 타인의 권리(프라이버시) 침해에 대해서는, 형법 제310조에 진실한 사실로서 공공의 이익에 관한 때에는 면책된다고 정하여 언론 자유를 배려하고 있다. 외국법에는 유명인이나 공인이 대중의 관심 대상이 된 경우의 명예나 프라이버시 침해·노출에 대한 수인(受忍, 참고 견딤) 의무가 있다. 여기에 덧붙여 언론의 공정한 보도 및 평론의 자유가 보장되어야 한다.

정보화 사회에서 정보공개청구권

현대 정보화 사회에서는 언론 매체에 대한 국민의 알 권리가 정보접근·정보공개청구권을 통해서 보장되어야 한다. 미국 정보자유법의 관청 정보에 대한 접근과 공개제도 및 프라이버시 보호법, 연방통신위원회의 방송 주파수 배정제도라든지 영국의 방송공영관리제(BBC) 등은 우리가 도입, 수용해야 할 중요한 입법례라고 하겠다. 일본에서는 지방자치단체별로 행정정보 공개제도가 정착되었다. 여기에는 국민 스스로의 알 권리에 대한 인식이 병행되어야 한다.

미국의 예를 보면 누구든지 정부 윤리국에 가서 작년 대통령의 연간 수입이 얼마였는지를 수수

워터게이트 사건으로 사임하는 닉슨

료를 내고 열람할 수 있다. 1974년 닉슨 대통령이 워터게이트 사건*으로 사임할 때 그 사임 사유 중 가장 결정적인 것은 자기 별장을 공금으로 수리한 것과 탈세의 사실이었다. 수십만 불의 연간 소득자가 몇천 불 소득자와 동일한 소득세를 낸다는 데 미국 시민은 분노한 것이다. 미국 공직사회의 부패 구조를 정화시키는 몫을 하는 것 중의 하나가 국민의 알 권리, 즉 정보접근권이다.

한국도 민주 개혁의 일환으로 정보공개제도를 1998년에 법제화하였다. 그런데 이 법률은 정보의 공개보다 공개에 대한 예외 조처인 비공개조항이 더욱 엄하게 정해져 있다. 우리에게 있어서 참여민주제도 실현의 가장 큰 걸림돌이 관공서의 관료주의와 비밀주의의 병폐이다. 우리나라 언론의 본래 기능이 마비되었다고 하는 것은 바로 국민에게 중요한 정보가 정확하게 전달되지 못하고 있다는 말이기도 하다.

공공기관의 정보공개는 말길을 트기 위한 것이다. 결국 국민이 공공기관의 정보에 얼마나 자유롭게 접근할 수 있느냐 하는데 민주화의 성패가 달려있다. 시민사회단체가 요구해오듯이 보다 폭넓은 공개쪽으로 법률개정이 이루어져야 한다.

평온한 집회의 자유와 자주적 결사의 보장

무기를 들지 않은 평화적인 집회

집회는 집단적 다중의 위력을 매개로 한 의사 표시의 수단이다. 근세에 대중이 각성하여 자기의 이해와 주장을 관철하기 위해 권력자에 맞서기 시작하면서부터 집회는 하나의 유력한 표현수단으로 이용되어 왔다. 그래서 지배계층으로서는 평화적인 집회를 강조하고 무기를 들지 않은 집회를 요구하게 되었다. 우리에게는 무기를 든 집회는 곧 폭동을 의미하는 것이지만, 고대 게르만의 민회는 무기를 든 전사의 집회였다. 그리고 서양에서 무장의 권리는 미국 연방헌법 수정 제2조에서 정하고 있듯이 국민의 고유 권리였다. 무기를 빼앗긴 민중은 압제자 앞에서 무기력하고 무방비 상태에 놓이는 것으로, 이는 약자에게 가해질 수밖에 없는 노예화의 첫걸음인 것이다. 영국에서 자유의 보장은 자영 농민층이 전시에 궁수(활 쏘는 전사) 부대원으로 활동, 무장력을 확고히 하고 강한 세력을 갖추면서부터 시작된다. 이 힘이 있었기 때문에 왕이나 귀족은 이들을 함부로 다룰 수 없게 된 것이다. 동양의 경우 비무장으로 파편화된 군중이 힘을 잃고 전제정치의 객체가 되는 운명에 처하게 되는 것은 어쩌면 당연한 것일지 모른다. 만약 1980년 광주에서 시민들이 무장하지 않은 채 야만적 공수부대가 휘두르는 곤봉과 총에 그대로 쓰러져 아무 저항 없이 지내기만 했다면 그렇지 않아도 유린당하고 있던 한국의 민주주의는 아예 그 뿌리를 잃고, 국민은 군부세력의 무자비한 폭정에 더 긴 세월을 치욕 속에 살아야 했을지 모른다. 저항권은 시위와 집회로 구체화되는 것이다.

현대 언론 시장에서 소비자로서의 지위밖에 차지할 수 없는 일반 대중이 언론 기업에서 소외되어 자기 목소리를 낼 수 있는 마지막 기회는 대자보나 집회를 활용하는 것이다. 근대 시민사회의 경제적 약자인 노동자가 단결하고 생존하는 길은 집회에서 비롯되었음을 근대의 역사가 가르치고 있다. 따라서 노동자에게 집회의 자유는 단결권임과 동시에 생존권의 하나로 보장되어야 한다고 공인된 것이다. 물론 집회의 자유는 시민으로서 노동자도 함께 누리는 본래의 자유권의 하나이다.

집회를 우려하는 권력자의 시각과 시위규제법

1960년의 4·19혁명은 부정선거에 반대하는 항의 시위에서 발단하였다. 당시 이승만 정권 하에서 시위를 규제하는 법률은 형법상의 소요죄나 도로교통법이 있을 뿐이었다. 더욱이 권력이 뒤에서 조정하는 시위만을 용인해온 당시의 경찰로서는 옥외 시위의 단속 진압을 위한 아무런 훈련도 받아보지 못했다. 6·25전쟁이 정전된 후 얼마 되지 않은 시기였기 때문에 당시 경찰관의 기본 무장 화기는 2차대전 당시 미군의 야전 무기의 하나인 칼빈과 M1소총이었다. 시위가 나자 당황한 경찰 당국은, 이 무기를 동원하여 사격으로 시위 군중을 제압하려고 해 결국 엄청난 살상을 낳은 비극을 초래했다. 이승만 정권이 퇴진한 이후 들어선 장면 정권은 봇물 터지듯 발생하는 시위에 대해 속수무책에 가까웠는데 이것이 군사 쿠데타의 구실이 되었다.

1961년 쿠데타로 집권한 군사정권은 시민 대중을 비상계엄령으로 탄압하며 계엄 해제에 대비했다. 한편 헌법에 옥외 집회는 시간과 장소를 규제할 수 있다는 근거 규정을 두어 「집회 및 시위에 관한 법률」을 마련했다. 이 법률은 신고제의 명색을 띠고 있으나 사실상 사전 신고를 통해 그 적합성 여부를 판별, 절차상 흠이 있다는 이유로 집회를 금지시킬 수 있게 하고, 그래도 집회가 이루어지면 이를 불법 집회로 처벌토록 하는 사실상의 허가제였다. 그 밖에 야간 집회를 비롯하여 주요 공공 기관과 외교 사절 관저와 주요 도로에서 시위가 금지되도록 규정했기 때문에 집회금지법이라고 해야 정확할 것이다. 박정희 정권 이후 신군부의 군

4·19혁명 당시 가두 투쟁을 벌이고 있는 시민들

사정권은 정치운동을 비롯, 학생운동이나 노동운동을 「집회 및 시위에 관한 법률」 위반으로 간주해 주동자는 3년, 단순 가담자는 1년 6개월의 실형을 무더기로 선고했다. 또 집회법 강화의 일환으로 화염병법을 만들어서 화염병의 제조·사용 등에 대해서는 중형으로 대처해왔다.

1960년 장면 내각이 공포한 「집회에 관한 법률」. 당시 빈번하게 일어나는 집회를 통제하기 위해 사전 신고제를 도입했다.

　시민사회에서 옥외 집회는 공공질서를 준수하는 것이 전제 조건이 되어야 할 것이다. 한편 단속하는 경찰도 시민의 생명과 재산을 보호해야 하며 또한 적법한 시위자의 자유를 보장해 주는 가운데 질서를 유지하는 책임을 다해야 한다. 질서와 평화는 서로 준법의 에티켓이 있어야만 유지된다. 법률에 지나치게 구애되어 사소한 위반을 트집 잡아 대응한다면 시민의 표현의 자유가 원천 봉쇄되기 때문에 집회법이 정하는 요건을 준수할 수 없게 된다. 불법집회로 규정하여 단속이 강력해지면 그에 대해 불법을 불사하고라도 자기주장을 내세워야겠다는 군중심리가 절박해져 더욱 과격한 불법시위로 이어지는 악순환이 벌어진다. 이것을 기화로 당국은 집회에 대한 탄압 정책을 펴 가혹한 처벌을 일삼는다. 결국 정부는 우리 시위 문화의 낙후성을 운운하며 시위에 가담한 시민을 불순세력으로 규정하고, 이를 과장하여 사실의 진의를 잃게 한다. 평화적 집회를 실현하기 위해서는 정부와 시민 상호 간의 신사적 약속에 의한 이해가 바탕이 되어야 한다. 규제만으로 평화적 집회를 이룰 수 있다고 생각한다면 우리의 집회 문화는 언제나 지금과 같은 악순환의 연속이 될 수밖에 없다.

자주적 결사의 보장과 제한

시민사회에서 자유 보장의 정치역학은 권력기관 이외의 다른 사회 조직체가 다원적으로 공존하면서 권력 조직을 견제할 때 균형을 이룬다. 근대 이전의 사회에서 사회적 생존의 보호막이 되는 조직의 바탕은 혈연적·씨족적 대가족 공동체와 지연적 촌락 공동체였다. 그런데 시민사회의 발전은 혈연 공동체인 대가족을 소가족으로 분해, 축소시키고 그 사회적 기능을 한정하며 도시화는 촌락공동체의 구실을 축소 내지 쇠퇴시킨다. 개인은 각자 자기의 이해와 목적에 따라 설립한 사회적 결사를 단위로 해서 자기 이해를 관철해 가며 살게 된다. 그래서 이 자주적 결사가 얼마나 성숙한 기능과 역할을 하는가에 따라 시민사회 발달의 정도를 알 수 있는 것이다. 라스키가 지적했듯이 근대국가에서 자유의 조건은 양심·사상의 자유와 함께 자주적인 사회결사의 보장에 있다.

사회단체라고 하면 정당, 기업, 노동조합, 중소기업 협동조합, 농어민조합, 소비자단체, 종교단체, 학술단체, 교원단체 등 다른 법률로 등록된 단체를 제외한 사회운동·시민단체가 될 것이다.

이 중 형법상의 범죄단체 구성이나 국가보안법상의 반국가단체 구성죄에 해당하는 것은 처벌하여 결사의 자유의 한계를 정하고 있다. 여기서 특히 '반국가단체'라고 함은 국가보안법 제2조에서 "정부를 참칭하거나 국가를 변란할 것을 목적으로 하는 국내외의 결사 또는 집단으로서 지휘 통솔 체계를 갖춘 단체"라고 정했다. 이 규정에 따르면 북한 정부도 물론 반국가단체에 해당되며 따라서 이 법의 주된 표적이 되고 있다. 90년대 이후 내외의 상황이 변화하면서 남북 유엔 동시 가입과 남북 교류법에 따라 북쪽과 접촉하고 있는데, 이와 관련해서 반국가단체 구성원과의 접촉이 문제될 수 있다. 또한 정부 정책에 반대하는 모임이 반국가단체로 몰리게 되는 경우가 있다. 군사정권 하에서 일어났던 아람회 사건*은 반정부적 의사를 함께 하는 사람의 모임이 반국가단체로 인정되어 대법원에서 유죄로 판결된 대표적 사례이다(대법원 1982.9.28. 82도 2016). 반국가단체의 해석은 그 개념이 확대, 왜곡되지 않도록 아주 엄격하게 해야 할 것이다. 이를 준수하지 아니한 독재 권력에 의해 무수한 인권유린 사건이 일어났다.[15]

1990년대에는 결사의 자유를 더욱 제한하는 판결이 나오기도 했다. 대법원 민사 1부는 1997년 6월 1일 전교조 가입만으로도 면직 처분을 한 것이 적법하다고 해서 종전에 그러한 판결이 재량권을 넘어선 것이라는 판례(1994년 3월 8일)를 번복했다(대법원 1997.6.1. 민사1부 주심 이돈희). 보수적 사법부의 일각에선 교원이나 공무원의 결사에 대하여 적대적인 성향을 드러내왔다. 이렇게 결사의 자유에 대해 위험시하는 관점은 아직도 문제로 남아 있다.

학문과 예술의 자유

독일의 대학 자치제도와 미국의 학문의 자유

1787년 제정된 미국의 연방헌법에 추가된 수정 10개조의 인권 조항 중 제1조에는 언론·집회 등 표현의 자유가 정해져 있다. 그 밖에 별도의 학문의 자유나 대학 자치에 대한 조항은 없다. 그러나 학문의 자유는 일반 표현의 자유보다 더 두텁게 보장되어야 한다는 법률 해석을 통해서 보장되고 있다.

한편 독일은 일찍이 1850년 프로이센 헌법*에서 학문의 자유를 별도로 정하

---

15. 5공 정치범 명예회복회, 『역사의 심판은 끝나지 않았다』, 살림터, 1997

스피노자(왼쪽)와 하이네(오른쪽)

고 그 후의 헌법도 그러한 전통을 따르고 있다. 독일연방공화국 기본법 제5조의 표현의 자유 규정 중 제3항에서 "예술 및 학문, 연구 및 교수는 자유이다. 교수의 자유는 헌법에 대한 충성을 면제하는 것은 아니다"라고 정했다. 독일은 학문의 자유가 다른 표현의 자유에 앞서 대학을 중심으로 한 연구 집단의 자치에 의해 보장되어왔다. 원래 대학은 군주가 설립한 것이었으나, 대학의 관리 운영이나 대학 구성원의 학술 활동 등에 대해 군주권력이 간섭하지 않는 교수회 중심의 자치제도가 발달한 것이다. 따라서 학문의 자유와 대학 자치는 불가분의 관계에 있다.

근대적 자유제도의 수립이 늦고 오랫동안 외견적 입헌주의 지배 하에 있던 독일에서 학문의 자유는 여러 가지 시련을 통해서 점차로 수립된다. 18세기 스피노자*는 독일 대학의 초빙을 '철학의 이유'를 들어 거부할 만큼 당국의 규제와 탄압은 심했다. 19세기 중엽 마르크스는 우인이자 선배인 브루노 바우어가 강사직에서 추방되는 것을 보고 대학교수직을 단념해 신문계로 나갔으며, 그보다 일찍이 하이네*는 유태인이란 이유로 독일사회에서 관료나 교수는 물론이고 그 어느 직업도 가질 수 없게 되자 결국 자유를 고취하고 사랑을 노래하는 시인이 되어 망명의 길을 걷게 된다. 칸트*도 그의 종교철학 논문으로 프로이센 문부대신의 경고와 논문 집필 중지 처분을 받았다. 19세기 독일 대학의 교수와 학생들은 독일의 자유와 통일을 위한 의지를 불태우다가 대학에서 추방되고 사회에서 설 자리를 잃었다. 나폴레옹 몰락 후 반동의 물결과 함께 칼스바드의 언론·대학 탄압 결의*가 밀어닥쳤던 일은 대학 자치의 역사에서 대서특필될 만한 사건이다.

한편 미국에서는 사립대학을 중심으로 대학이 발달해왔다. 미국 대학의 운영 주체는 이사회로, 대학교수는 대학 관리 운영의 주체가 아니었다. 20세기에도 미국의 어느 주, 어느 학교에서는 다윈의 진화론에 대한 강의가 금지되었다. 라스키가 경찰관 파업을 동정했다가 쫓겨난 대학이 바로 미국의 하버드 대학이다. 또 러셀*은 이혼한 사람이며 반전론자라는 이유로 뉴욕여자대학에서 강연을 취소당하게 된다.

학문의 자유는 왜 보장해야 하나?

표현의 자유에 대한 보장은 사상의 자유시장론에서처럼 당초부터 진리생존설에 근거를 두고 있었으나, 점차 자유로운 표현 자체를 존중하는 취지가 강조되기에 이르렀다. 특히 학문이나 예술 등 특수한 부문의 표현 활동의 자유는 전문적 특성을 가지고 있고 그 성과가 오랜 기간에 걸친 연구를 통해 나타난 인류 문화의 귀중한 결실이기 때문에 상식적인 판단에 따라 규제, 제한해서는 안 된다. 정치 지도자라고 해서 아인슈타인의 상대성이론의 의미를 알 수는 없다. 고급 관료라고 해도 로렌스의 『채털레이 부인의 사랑』이라는 작품의 예술성을 이해하기 어려울 수도 있다. 중세 말 갈릴레오의 지동설처럼, 학술 연구는 기존 권위나 질서 또는 기득권에 도전하는 비판과 검증의 정신을 생명으로 한다. 따라서 권력자나 기득권 세력은 학문적 비판이나 예술적 도전에 대해 관용하고 자유를 보장할 수 있는 자제력이 있어야 하며 아울러 제도가 그러한 관용과 자유를 유지시킬 수 있는 내실을 갖추어야 한다. 그렇지 않으면 학문의 자유, 예술의 자유는 존재할 수 없다. 일제나 나치 억압 하에서 사회과학이 고

막스 베버

사(枯死)하고 관변 어용 학문이 판을 쳐 학문의 발전 방향을 거꾸로 돌려놓았던 일을 우리는 생생하게 기억한다.

학문과 예술은 자유로운 풍토에서만 건실하게 발전할 수 있다. 이런 자유가 때로는 학문의 정치적 당파성 문제를 야기하기도 한다. 막스 베버*는 『직업으로서의 학문』이란 강연에서 학자는 교단을 정치 연단으로 이용해서는 안 된다고 했다. 학자의 학문은 보편타당한 객관적 진리를 탐구하는 것이기 때문에 특정 당파의 이해를 대변해선 안 되고 이데올로기에 대한 금욕적 자기 억제를 통해 직업윤리의 순결을 지켜야 한다고 하였다.

한편 막스 베버와 정반대로 '철학의 당파성'을 강조하는 것이 공산주의의 이론이다. 그에 따르면 학문하는 주체가 누구이며 그는 누구를 위하여 학문을 하는가가 핵심적인 문제이다. 그들의 결론은 노동계급의 선진성, 역사의 진보성에 따르는 것이 가장 과학적이라는 것이다.

위 두 개의 상반된 입장을 두고 볼 때 학문하는 사람도 가치판단을 하는 자기의 관점이 있고, 그에 따라 학설이 형성됨을 알 수 있다. 이때 자기의 선택을 솔직하게 제시하되 성실하게 그에 책임을 지며 동시에 반대의 학설이나 입장도 충분히 반영할 수 있도록, 학문하는 자세의 진지성, 성실성, 관용성을 강조하는 길밖에 없는 것 같다.

현대의 학문과 대학의 제도

한국의 대학은 오랜 군사독재 기간 동안 어용 교수가 대량생산되었고 다른 교수들도 무기력에 빠져 대부분의 대학교수들이 체제에 투항·순응해버렸다.

그 결과 대학 본래의 비판과 연구 및 사회봉사 기능은 그 빛을 잃고 학벌주의에 오염되어 간판 제조 산업으로 전락하고 말았다. 한국에서 대학의 학벌주의와 내실의 빈약성은 이미 그 위험 수위를 넘었고 게다가 일부 사립대학 관리자들은 독재정권과 유착하여 일대 세력으로 성장하며 대학을 사유물화하는 지경에까지 이르렀다.

학문은 계속해서 발전하고 대학도 각 나라마다 꾸준히 진보한다. 우리가 따라오길 기다리지 않는다. 대학의 대중화와 그에 따른 대학 기능의 변화가 이미 1960년대 이래의 과제였으며 지금은 21세기 정보사회에서 대학의 적응과 그 역할이 문제가 되고 있다.

학문의 자유와 한계

학문의 자유는 협의로는 첫째, 연구와 학설의 자유, 둘째, 연구 발표의 자유, 셋째, 교수의 자유로 나누어진다. 이 중 발표행위는 표현행위로서 국가보안법 제7조나 내란, 외환, 선동, 선전에 속하게 되면 범죄구성요건에 해당하여 처벌받게 된다. 일례로 1960년대 민족주의비교연구회* 사건에서 황성모 교수가 마르크스의 『공산당선언』을 인용한 것에 대해, 1심에서는 그 인용에 악의성이 있다면 처벌한다고 하고 있다. 그러나 이 점은 학설의 자유와도 관련된다. 즉 이론이나 방법론에 대한 찬성은 그것을 실행에 옮기라는 선동·선전이 아니기 때문에 이적 표현이라고 볼 수 없다는 미국의 판례가 있고 보통의 상식으로 생각해도 그러하므로, 결국 법관이 이 문제를 어떻게 보는가에 달려 있다. 현재는 냉전이 종식되고 공산체제가 붕괴되었음은 물론이고 마르크스의 150여 년 전의 학설이 고전으로 공지되어 인류 공동의 유산이 되고 있는 사실을 감안할 때, 편협한 불관용의 자세는 오히려 마르크스 이론에 대한 과다한 흥미와 동정을 유발하기만 할 것이다.

한편 대학의 자치는 학문의 자유를 제도적으로 보장하는 장치로 작용한다. 20세기 후반의 대학 개혁은 대학의 관리 운영을 교수회 중심에서 대학 구성원과 사회 유지의 참여로까지 확대시켰다. 1968년 프랑스 대학개혁법의 내용이 각국의 선례가 된 것이다. 그런데 한국 대학의 경우, 대학의 인사, 행정 및 학생 관리 등을 교수회나 다른 대학 구성원이 참여하는 기구에서 담당하는 다른 나라 대학의 자치와는 사뭇 다르다. 국·공립대학은 관료주의 체제이고 사학은 사학 관리자인 이사회의 전권 하에 있다고 하는 편이 정확하다. 특히 사립대학에서는 교수임용제로 말미암아 교수의 위치가 매우 취약해졌다.

또 대학 구내에 경찰이 침입하는 문제에 대해서도 총·학장의 허가가 있어야만 가능하다고 하지만, 실제의 사정은 복잡하다. 그러나 법리상으로는 이를 존중해야 마땅하다.

동경대학의 뽀뽀로 극단 사건은 학생들의 반전(反戰)운동 행사의 일환으로 개최한 연극에 잠입한 경찰관을 학생들이 적발, 체포해 그들로 하여금 정보활동을 사죄케 한 행위가 폭행죄로 기소된 데서 발단되었다. 검찰은 경찰 자체의 행위가 떳떳하지 못하여 공무집행방해죄로 기소하지 않고 집단 폭행을 문제 삼았고, 이에 대해 학생 측은 학문 자유와 대학 자치를 들어 정당성을 주장하고 맞섰다. 1심 지방재판소는 학생 측에 무죄를 선고했으나, 최고재판소는 이를 번복하고 유죄를 선고했다. 최고재판소는 학문의 자유와 대학의 자치는 순수한 학술 목적의 활동에 한해서만 고려된다고 했다(일본 최고재판소 1963년 5월 22일 판결). 이 판결의 문제되는 부분을 인용해 보자.

> 학문의 자유로서 보장될 수 있는 학술 활동
> 대학에 있어서 학생 집회도 위에 든 범위 안에서 자유와 자치가 인정되는 것으로서, 대학이 공인한 학술단체라든가 대학이 허가한 학내 집회에 한해서 특별한 자유와 자치를 향유하는 것이다. 학생의 집회가 진정으로 학문적인

연구 또는 그 결과의 발표를 위한 것이 아니고 실사회의 정치활동에 해당하는 경우에는 대학이 누리는 특별한 학문의 자유와 자치는 누리지 못한다고 보아야 할 것이다. 또 그 집회가 학생뿐만 아니라 특히 일반 공중의 입장을 허용하는 경우에는 오히려 공개 집회로 볼 것이며, 최소한 그에 준하는 것이라고 보아야 할 것이다.

여기서 한정한 '진정으로 학문적인 연구'라는 것이 실제로 막연하고 비현실적이어서 학문의 자유를 존중하는 취지를 구현하지 못한다는 비판이 있다.

미국의 연방최고재판소는 공산주의 이론이 관련된 사건에서 '추상적 이론'의 창도와 불법행위를 조장하는 창도는 구별해야 한다고 했다(Yeats v. US, 1957). 단순한 학설상의 관점이나 방법론에 대해서는 자유를 인정한 것이다.

예술의 자유와 오락의 자유

예술의 자유는 풍속 문란, 구체적으로 형법의 음란 문서, 도화 제조, 반포 등의 죄와 관련이 있다. 한국 판례는 1969년 염재만의 소설 『반노』(叛奴) 사건에서 부분적으로 음란한 표현이 있다고 해도 전체적인 평가를 통해서 가려야 한다고 하고 있다. 그러나 1970년 마네가 그린 마야 부인의 나체상을 성냥갑에 끼워 넣은 사건에서는 그것이 상업적 목적으로 한 것이라고 해서 음란 도화로 판정하고 있어 서로 모순되는 인상을 주고 있다. 실제로 『채털레이 부인의 사랑』이란 작품을 유죄로 판정한 일본의 형법 판례를 따르고 있는 것 같다. 우리 대법원의 일본 판례 의존 성향이나 그 보수성으로 보아서 충분히 그렇게 예측할 수 있다고 본다.

예술의 자유 못지않게 중요시되어야 하는 것이 오락의 자유이다. 사람은 성현의 글만 읽고 살아가는 것이 아니며, 오락이란 것이 생활의 활력소를 제공해

준다는 점을 경시할 수는 없다. 함부로 성욕을 자극하고 성 질서를 문란시켜 혐오감을 주는 음란물이 아닌 이상 예술성이 부족할지라도 상식인의 수준이나 도덕 감정으로 평가해 오락성을 인정할 수 있는 것에 너무 인색해서는 안 될 것이다. 우리는 일본의 최고재판소 재판관인 이로카와 고타로(色川幸太郎)*가 이 오락의 자유의 의미를 지적하고 있는 것을 본다. 물론 이 의견이 공인된 학설의 수준을 갖추지는 않았어도 일단 오락의 자유에 대한 중요한 평가로 주의를 환기할 필요는 있다.

□ 표현의 자유와 이적 표현물—신학철의 「모내기」 사건

1999년 8월 서울지법은 민중미술가 신학철의 그림 「모내기」에 대해 국가보안법 위반으로 유죄 판결했다. 「모내기」는 그림 하단의 농부가 코카콜라, 양담배 등을 바다로 쓸어 넣는 장면과 그림 상단의 농부가 풍년을 경축하며 기뻐하는 모습을 대비한 그림으로, '그림 상단부의 북한은 풍요롭게, 하단부의 남한은 매판자본과 독재 권력 등으로 묘사' 이적 표현물이라고 판결되었다. 신씨는 이 사건을 2000년 유엔 인권이사회에 진정하였으며, 인권이사회는 2001년 4월 이 판결이 표현의 자유에 대한 침해라고 결의하고 판결의 무효화 및 보상과 그림 반환 등 구제조치를 취할 것을 촉구했다. 한편 2004

신학철 「모내기」

년 6월 법무부는 「모내기」를 작가에게 반환하라는 권고를 받아들이지 않기로 했다고 공식적으로 밝혔다. 이 사례는 한국의 학문과 예술의 자유의 실태를 드러내는 것이다. 지금 21세기에도 과거로부터 얼마나 벗어나서 진보했는지 반성해볼 일이다.

5장 | 개인의 사생활 자유의 소중함

거주·이전의 자유와 직업 선택의 자유

토지에 속박된 농노에서 도시의 자유민으로

근대 이전 서양의 농업 위주 신분제 지배구조를 봉건사회라고 한다. 봉건사회에서는 영주가 지배 신분으로 생산자인 농노를 지배했다. 영주는 무장한 기사를 거느리고 토지의 소유자로서 자기 토지에서 노동하는 농노를 사유물처럼 부렸다. 농노해방이 서구에서 제일 뒤늦었던 제정 러시아의 영주 귀족은 파리의 고급 사교계에서 농노의 머릿수를 걸고 도박을 했다. 독일의 영주는 미주 식민지에서 독립전쟁이 일어나자 군대 인력이 부족한 영국에 자기 농노 수만 명을 용병으로 팔아먹었다. 독일의 프리드리히 왕은 농노 사이에서 일어나는 간통과 강간의 범죄를 방치했다. 왜냐하면 농노의 수가 불어나는 것은 곧 그의 수익이 늘어나는 것이기 때문이었다. 영주가 농노의 결혼식에서 첫날밤에 신부를 차지하는 권한(초야권, 初夜權)을 가졌던 것은 영주의 실권으로 보아 이상한 일이 아닐는지도 모른다.

농노가 신분적 속박으로부터 해방되는 것은 곧 토지의 속박으로부터 해방되는 것이었다. 농노의 해방은 자유도시의 발달로 말미암은 것이다. 십자군 원정 이후 상업의 발달로 부유해진 상인들은 영주에게 돈을 주고 산 특허장으로 자유도시를 건설했다. 자유도시의 시민이 되는 것은 봉건적 속박으로부터 해방된 자유의 신분을 얻게 되는 것이었다. 자유도시의 시민이 되려면 도시에 살며 자산과 직업이 있어야 했다. 농노들은 영주로부터 도망쳐 일정 기간 도시에 숨어 지내며 자기 직업을 가지고 안주함으로써 도시민이 될 수 있었다. 당시의 격언으로 '도시의 공기는 사람을 자유롭게 한다' 는 말이 있을 정도였으니 자유시민에 대한 바람이 얼마나 큰 것이었는지를 알 수 있다.

이렇게 자유인의 해방은 토지의 속박에서 벗어나는 것으로 시작했고, 이때 시민적 자유의 기초를 이룬 것이 거주·이전의 자유였다. 이 자유는 물적 재산의 보장과 함께 신분적 속박에서 벗어나는 시민의 인적 보장이라는 점에서 높이 평가된다. 시민사회가 발전한 19세기 나폴레옹 3세 치하에서도 '노동수첩' 제도같이 하층 노동계급의 자유로운 이전을 규제함으로써 신분상의 속박을 가하는 사례가 있었기 때문이다.

거주·이전의 자유와 영업·직업의 자유

봉건적 토지 속박에서 벗어나 자유로운 사회·경제적 생활을 선택할 수 있는 거주·이전의 자유는 당시로서는 곧 영업·직업 선택의 자유를 쟁취하는 것으로 이해되었다. 그래서 1948년 헌법에서 직업 선택의 자유를 따로 정하지 않았던 것도 연혁상 거주·이전의 자유에 영업·직업 선택의 자유가 포함되어 있다고 해석하였기 때문이다. 그 후 1962년 제5차 개헌에서 직업 선택의 자유를 따로 정하고 그것이 현행 헌법에 그대로 이어져오고 있다(제15조).

연혁상의 해석으로 중요한 것은 봉건사회에서 동직자 조합이 특정 직업을 독점 관리하던 것을 타파해 직업의 개방과 기회균등의 보장을 확립했다는 점이다. 아직도 봉건적인 동직 조합적 전통이 도제양성의 수련 관례로 남아 있는 일부 전문 직업을 볼 수 있다. 영미의 법률가나 의사 수련 과정의 전통적 관례가 그것이다. 그것이 직업의 기회균등에 어긋날 정도로 불합리한 독점적 폐쇄주의가 된다면 시정해야 할 것이다.

국내 및 해외의 거주·이전과 교류의 자유

거주·이전의 자유란 나라 안에서의 거소 선택과 이전의 자유는 물론 나아가 해외로의 여행, 이주, 국적의 이탈, 변경 등을 할 수 있는 자유를 말한다. 나라 안에서 이전의 자유에는 원칙적으로 정치적·사회적·경제적 속박이나 제약이 있어서는 안 되지만, 국방상의 필요나 그 밖에 공익을 위해서 개인의 거주나 이전에 대한 제약이 있을 수 있다. 그러나 지나친 제한으로 이 자유 자체를 본질적으로 침해해서는 안 된다. 해외여행 및 이주에 대해서도 역시 병역 적령자의 여행·이주는 제한된다.

한편 현대의 해외여행은 국제적인 정보 및 의견을 교류한다는 새로운 측면이 부각됨에 따라 우리가 생각하는 통념 이상의 의미가 부여되고 있다. 자기의 주장이나 학설을 해외에 나가서 직접 공표하고 교류하는 것이 점점 중요한 일이 되고 있기 때문이다.

『닥터 지바고』의 저자인 파스테르나크는 노벨상 수상자로 결정되었을 때 수상식에 참여하지 못했다. 소련 당국의 방해 때문이었다. 그러나 지구가 일일 생활권이 되고 전자 매체를 통한 의견 및 정보의 교류가 국경의 장벽을 초월하여 이루어지고 있는 현실에서 해외여행의 자유에 대한 불합리한 제한이란 어리석은 횡포가 아닐 수 없다. 하지만 아직도 각 나라의 사정에 따라 이러한 자유가 제대로 보장되지 않은 곳도 많다.

직업 선택의 자유

모든 국민은 직업 선택의 자유를 가진다(제15조). 이는 모든 사람에게 직업의 기회가 균등하게 주어지며, 자유경쟁이 보장되는 것을 의미한다. 따라서 근대 이전의 동직자 조합(길드)*에 의한 특정 직업의 독점관리권 같은 것은 인정되지 않는다. 다만 직업이나 영업에 따라서 공익과 시민의 생명, 재산의 보호를 위해 허가제나 일정한 자격 규제를 두는 경우도 있고 국가가 정책적으로 독점권을 행사하는 전매사업도 있다. 그렇지만 목욕탕이나 약국 등의 업소간 거리 유지를 위해 허가로 규제하는 등 결과적으로 기득권의 이익을 보호하려는 제한은 말할 것도 없이 불합리한 제한이다. 일본의 판례에서 그러한 영업 제한이 위헌이라는 판결이 나와 있지만 외국의 선례일 뿐이다.

그 밖에 사회적 시장경제 원리에 따라 자유경쟁을 규제 내지 통제하는 경우가 있다. 헌법 제9장에서 정한 제반 규정이 그에 해당한다. 독과점 기업의 시장 지배를 억제하여 정상적인 시장 기능을 회복시키려면 경제적 약자를 최소한 보호해야 한다. 현대 산업사회에서 노동자들은 사용자에 비해 경제적 약자의 위치에 놓여 있으므로, 시민법적 직업 또는 영업의 자유와는 다른 차원의 보호를 받게 된다. 따라서 노동자에게는 시민법적 자유로서 직업의 자유와 함께 사회법적 기본권으로서 근로의 권리(노동권), 근로조건의 보장과 노동삼권의 보장이 집단적 고용·노동 관계에서 우선하게 된다.

헌법재판소는 검찰총장이 퇴임 후 일정기간 특정 공직에 취임하는 것을 제한한 것은 직업선택의 자유를 제한한 위헌이란 결정을 했다(헌법재판소 결정

1997.7.16.). 위 결정은 형식논리로 보면 그럴 듯하다. 그러나 원래 이 규정은 검찰총장이 본직을 정치적 진출의 발판으로 이용하는 폐단을 없애고자 설정한 것이다. 검찰 고위직뿐만이 아니고 다른 공직에도 그러한 제한은 필요하다. 따라서 이는 우리 정치 실정에서 고급관료가 정권과 이권에 밀착하는 병폐를 전혀 무시한 잘못된 결정이다. 이 헌재 결정은 법조 이기주의와 법해석상 개념법학적 형식논리를 조작한 사례로서 비판받아 마땅하다.

재산권의 보장

시민의 물적 생존 기반으로서의 재산

존 로크는 그의 『시민정부론』에서 자연권,* 즉 천부인권으로서 생명과 자유 및 재산권을 들었다. 이러한 천부인권의 이론을 성문화한 1776년의 미국 독립선언은 이를 생명, 자유 및 행복을 추구할 권리라고 표현했으며, 1789년의 프랑스 인권선언은 신성불가침의 권리로서 재산권을 명시했다.

현대사회에서는 1919년 바이마르 헌법의 예에서 볼 수 있듯이 재산권과 공공복리의 조화를 강조하게 되었다. 따라서 1946년의 일본 헌법은 1776년 미국 독립선언의 '행복을 추구할 권리'를 단순히 재산권의 의미에만 한정하지 않고 해석한다. 우리 헌법 제10조의 행복추구권도 마찬가지로 재산권에만 초점을 맞추어서 해석하지는 않는다. 행복을 추구할 수 있는 제반 조건이 되는 권리에는 시민적 재산권 이외에 사회권도 있기 때문이다.

주의할 것은 재산권이 공익을 위해 제한될 수는 있어도 사유재산제도 하에서는 시민 생존의 물질적 기반이기 때문에 반드시 보장되어야 한다는 것이다. 더욱이 소시민이나 농민에게는 그의 주택이나 농지가 생존의 물적 기반으로서 아주 소중한 것이다. 따라서 이를 공익을 내세워서 함부로 침해해선 안 된다.

재산권 보장의 내용과 한계

〔제23조 1항〕모든 국민의 재산권은 보장된다. 그 내용과 한계는 법률로 정한다.

원래 제헌 당시(1948)의 헌법에는 재산권 조항의 내용 중 '모든 국민'이라는 주체가 명시되지 않았다. 그러다가 보장의 주체가 명시되기 시작한 것은 1962년 제5차 개헌부터이다. 그렇다면 재산권의 보장에서 '모든 국민'의 범위는 어디까지일까?

우선 재산권은 다른 자유권과 마찬가지로 국적에 차별을 두지 않고 보장되는 권리이다. 다음으로 자연인 이외에 법인도 재산권 보장의 주체로 보는 것이 타당하다. 왜냐하면 회사나 단체 그 밖에 법인이라는 형태의 조직을 통해서 재산권을 소유, 관리하면서 활동하는 주체는 자연인이기 때문이다.

재산권은 주관적 권리로서의 보장뿐만 아니라 객관적 법질서에 의한 제도적 보장이 있어야 비로소 완전한 것이 된다. 따라서 주관적 권리로서 재산권의 침해는 물론 사소유권제도의 본질을 침해하는 입법을 한다거나 그 밖에 부당한 제한, 침해를 해선 안 된다. 여기서 재산은 물권으로부터 채권, 무체재산권(지적재산권 등) 등을 모두 포함하는 개념이다. 이러한 재산권은 민법, 상법 등 법률을 비롯해서 저작권법에 이르기까지, 그리고 공법에서 사법 전반까지 모든 법률 분야에 걸쳐 존재한다. 그 중에서도 특히 소유권은 최우선의 지위에 있다.

재산권도 헌법 제23조 1항이 명시하듯이 그 권리의 내용에 제한이 없는 것은 아니다. 복지정책이 강조되는 현대사회에서 공공복리를 위한 제한이 부과되는 것은 당연하기 때문이다.

재산권의 수용에 대한 보상 기준

제23조 2항은 "재산권의 행사는 공공복리에 적합하도록 하여야 한다"고 정하고 있다. 재산권 행사에 대한 제약이라고 할 수 있는데, 이 규정을 잘못 인식하면 재산권의 행사가 반드시 공공복리를 따라야 하는 것으로 이해할 수 있다. 그러나 이는 각자가 자기의 의향에 따라 자유로이 재산권을 행사하되 그 과정에서 공공복리를 위반하면 그에 대한 법률적 제약이 부과될 수 있다는 의미이다. 우리가 개인적으로 술을 마시거나 화장품을 사는 데 돈을 쓰는 것이 공공복리에 적합하도록 해야 한다는 의미는 아니다. 다만 재산권을 행사하는 데 있어 공익에 저촉되지 않도록 해야 한다는 최저한의 한계선을 제시하고 있는 것이다.

공공필요에 의한 재산권 수용 등에 대해서는 나라가 그에 대한 손실보상을 해야 하는데 현행 헌법은 정당한 보상, 다시 말해 시가(市價)에 기준한 보상을 원칙으로 하고 있다(제23조 3항). 이에 관한 규정은 1948년 이래 몇 차례 개정되어 왔다. 그 경위와 문제점을 돌아본다.

제헌 당시의 헌법에서는 "공공필요에 의하여 국민의 재산권을 수용, 사용 또는 제한함은 법률이 정하는 바에 의하여 상당한 보상을 지급함으로써 한다"(제헌헌법 제15조 3항)는 상당보상설(相當補償說)*을 채택하였다. 농지개혁법에 의한 지주의 토지 수용처럼 시가에 못 미치는 보상을 해도 소유권자는 이를 받아들여야 한다는 것이었다. 이것이 공공복리의 증진이란 사회정책을 추진하는 헌법 정신에 적합하다고 보았다. 그런데 일부에서는 상당보상이 사소유권제와 시장경제를 원칙으로 하는 나라에서 지나치게 재산권을 경시하는 처사라는 비판이 있었다. 1950년 전쟁 발발 후에 군의 전시 재산 징발 등에서 그러한 지적을 받을 만한 처사가 있었던 것이다. 그래서 1962년 제5차 개헌에서는 상당한 보상이란 자구를 '정당한 보상'으로 고쳤다(제5차 개헌 제20조 3항). 이 개정에 따라 시가에 의한 보상 원칙을 확립한 것으로 보인다.

그런데 1972년 유신헌법에서는 법률에 보상 여부와 정도를 백지 위임하는 몰상식한 법리 무시의 개헌을 했다. 원문 그대로 살펴보자.

> 1972년 제7차 개헌(유신헌법)의 수용 보상 규정
> 〔제20조 1항〕(구 조항과 동일)
> 〔제20조 2항〕(구 조항과 동일)
> 〔제20조 3항〕 공공필요에 의한 재산권의 수용·사용과 제한 및 보상의 기준과 방법은 법률로 정한다.

위의 보상 규정을 형식 논리로 해석하면, 보상을 안 해줘도 아무런 대책이 없다. 실제로 유신헌법 하에서 대법원은 조선대학교가 소유한 토지를 서울시가 무단 점유, 사용한 사건에서 헌법에서 수용·사용과 제한 및 보상의 기준과 방법을 법률로 정하고 있는 바, 그에 대한 법률이 없기 때문에 무단 점유에 대한 배상은 물론 사용료를 내지 않아도 된다고 하는 판결을 했다. 이러한 판결은 사유재산제도 하에서 민사상의 구제 절차의 기본을 파괴하는 것으로 헌법 조항을 거꾸로 해석한 것이다. 유신헌법의 백지위임 규정은 군사정권이 국가의 손실보상 사건을 감당할 수 없는 궁지에서 벗어나고자 만든 안이한 편법이었다. 당시 손실보상이나 국가배상 사건에서 정부에게 패소 판결을 한 법관과 정부의 비위에 거슬린 양심적인 법관들은 유신헌법에 따라 법관을 전부 새로 임용하는 과정에서 탈락되었다.

박정희가 피살되고 신군부세력이 쿠데타로 집권한 뒤의 1980년 제8차 개헌에서는 유신헌법의 조항을 그대로 지속시킬 수 없다고 보아 다음과 같이 개정하였다.

유신헌법에 대한 미련이 엿보이는 애매한 보상 규정이다. 이 조항을 보면 보상에 관한 규정은 엄연히 존재한다. 그러나 공익관계자의 이익을 정당하게 형량하여 법률로 정한다고 했는데, 법률이 각 경우마다 그러한 구체적 형량 사항을 정할 수는 없다. 결국 행정처분에 법률 기준이 되는 원칙을 명시하여 그에 따라 보상하고 그 보상의 적법성 여부도 최종적으로 법원에서 판가름하게 된다. 따라서 공익에 대해 사익은 뒤로 밀려날 수밖에 없다. 이러한 일들은 이미 국가주의 원칙을 우선시하는 나치나 일제 식민시대에 있어 왔던 것이다. 우리의 경우도 자칫하면 악용될 수 있다는 점에서 이 조항은 문제점이 많은 것이었다.

결국 1987년 제9차 개헌에서는 정당 보상 규정으로 다시 고쳐 정리했다. 제23조 3항은 "공공필요에 의한 재산권의 수용·사용 또는 제한 및 그에 대한 보상은 법률로써 하되, 정당한 보상을 지급하여야 한다"고 정했다. 시가(市價)에 의한 보상을 원칙으로 한다는 것이다. 그런데 여기서 제한당하는 모든 재산권을 획일적으로 무조건 시가에 의해 보상한다는 것은 아니다. 소시민이나 농민의 생존 기반이 되는 재산은 시가에 의한 보상을 해야 한다. 그렇지만 국민이나 국가의 부담이나 수혜로 조성되고 그 행사가 반사회성을 띠고 있어 공익을 위해 제한당하고 있는 재산의 경우에는 반드시 시가가 아니라도 적당한 가격으로 그에 상당한 보상을 할 수도 있다. 이 점은 법집행 과정에서 행정기관의 판단과 법원의 최종 판결로 가리게 될 것이다.

　　2001년 1월 16일 서울지법 14 민사부 이선희 부장판사는 친일파 이재극이 친일 반민족행위의 대가로 취득한 재산을 헌법의 독립정신 등에 비추어 법원이 보호할 수 없다고 판결했다.

　　그런데 2003년 4월 25일 서울고등법원 29 민사부는 친일파의 재산이라고 하여 법원의 재판을 받을 권리가 배척될 수 없다고 해서 친일파 이재극의 후손의 항소이유를 인용, 1심법원으로 환송했다. 결국 친일파의 기득권과 재산권을 대한민국 법제가 보장해주고 있다는 요지이다.

　　지난 1990년대 친일파 송병준의 후손이 재산을 헌납해 사회에 기여하겠다고 언론에 밝힌 일이 있다. 그런데 최근 보도를 보면 인천 소재 미군부대 주둔 토지 소유권에 관한 소송을 진행 중이며 여기에 민영환 후손이 동 재산은 송병준이 강탈했던 것이라 해서 독립당사자 참가를 신청했다고 한다.[16] 이러한 기막힌 사건들은 모두 구시대 잔재의 청산이 제대로 되지 못한 데서 연유하는 것이다.

주거의 불가침 보장

　　〔제16조〕 모든 국민은 주거의 자유를 침해받지 아니한다. 주거에 대한 압수나 수색을 할 때에는 검사의 신청에 의하여 법관이 발부한 영장을 제시하여야 한다.

　　모든 사람에게 각자의 생활 근거가 되는 주거의 보장은 프라이버시 보장의 조건인 동시에 생존·안전의 전제 조건이다. 고대 로마법에는 예전부터 '각자의 집은 각자의 성곽이다' 라는 격언이 있었다. 영국에서도 '국왕의 권력도 개인 저택의 문턱을 넘어설 수 없다' 고 하는 격언이 보통법에 있었다. 대륙법에서도 사주소 불가침과 민사관계 불간섭의 원칙이 경찰권의 한계로 정해져 있다.

---

16. 『한겨레』 2004년 6월 1일, 9면 기사

미국은 식민지시대에 그들의 주거에 대한 영국 병사들의 강제 점유와 징발로 인해 고통을 당한 경험이 있기 때문에 헌법에 다음과 같은 규정을 두었다. "평시에는 소유자의 승낙이 없이는 누구의 주거에도 병사를 숙영시켜서는 안 된다. 전시에도 법률에 정하는 방법에 의하지 아니하고는 숙영시켜서는 안 된다"(미국 연방헌법 수정 제3조).

우리나라의 경우 주거에 대한 영장 없는 침입은 형법상의 주거 침입이며 그러한 불법 절차에 의해 수집된 증거는 증거 능력이 없고, 그러한 불법행위에 대해서는 국가배상청구를 할 수 있다.

통신 비밀의 보장

통신 비밀의 보장 규정이 헌법에 등장한 것은 1850년 프로이센 헌법의 '체신의 비밀' 규정이 처음의 사례이다. 미국·프랑스혁명 당시만 해도 체신 관서에 대한 국가 관리와 유선 통신 설비가 발달하기 전이었고, 유선 통신은 19세기에 이르러 본격적으로 발달하게 된다. 따라서 18세기 제정된 미국 연방헌법의 수정 헌법 인권 조항에는 통신 비밀 규정이 따로 없다. 다만 압수수색영장 제도의 보장 규정에 따라 서신의 비밀을 보장하고 도청을 금지하고 있다. 우리의 헌법은 각종 통신 시설이 발달한 20세기에 제정된 헌법이다. 그렇지만 인터넷과 복사기 및 핸드폰 시대에 걸맞는 법제는 아니다.

모든 국민은 통신의 비밀을 침해받지 아니한다(제18조). 이는 주거와 함께 프라이버시를 보장하는 규정이다. 통신 비밀의 보장과 관련해서는 서신의 검열과 유선 통신의 도청, 녹음과 무선 통신 등에 대한 임의적 정보 침해 등이 문제될 수 있다. 검열에 관해서 대통령은 통신비밀보호법이 정한 '국방상·치안상 필요할 때에' 서신에 대한 검열을 명할 수 있다. 타인의 전화 도청이나 무선호출기 도청 조작은 통신비밀보호법에 의해 규제받는 한편 민사상으로는 사생활의 비밀(프라이버시) 침해로 손해배상책임을 진다. 문제는 형사 절차에서의 서신 검열과 압수·수색 및 유선전화나 무선호출기의 도청이다. 미국 연방의회는 미국 연방최고재판소가 옴스티드 사건(Olmstead v. US, 1928)에서 도청을 인정하자 연방통신법(1934)을 제정해서 도청한 증거를 불법화했다. 단 예외적으로 범죄 수사에서의 도청은 각 주에 따라 법관의 영장으로 가능하게 했다. 그러나 주거 안에 도청 장치를 설치하는 것은 주거에 대한 압수수색영장이 없는 상태에서의 침입으로 불법화되고 있다. 범죄가 고도로 지능화, 첨단화되면서 범죄의 죄질이 나쁜 마약이나 테러, 간첩 등의 사건으로 긴급을 요할 때에는 법률이 정한 요건에 따라 도청수단이 사용될 수 있다. 다만 도청에 의해 수집된 증거가 어떠한 적법한 요건을 구비할 때에 증거로서 인정될 수 있는가 하는 문제가 있다.

사생활의 비밀과 자유

정보혁명시대의 문제

　정보 전달 매체와 함께 정보 수집, 관리, 활용 기술의 발달은 사회생활에서 하나의 혁명적 변혁을 초래하기에 이르렀다. 우선 전파는 정보의 전달과 수령에서 국경의 장벽을 허물어 국가 간의 검열제도를 무력화시켰다. 20세기 말

정보 전달을 통제하는 검열제도가 무력화되고 정보의 관리가 누수되면서 정보를 독점 관리하며 권력을 유지해 온 독재 권력은 붕괴되기 시작한다. 이란의 이슬람 혁명을 가능케 한 도구가 바로 카세트 녹음기이다. 망명 중에 있는 호메이니의 목소리를 글자를 모르는 노파까지도 집에서 들을 수 있게 된 것이다. 팔레비 정권의 타도를 외치는 그의 목소리는 손바닥 안에 들어가는 작은 테이프에 녹음되어 이란 방방곡곡에 뿌려졌다. 소련 독재의 당 검열도 지하(비밀) 출판과 해외에서 보내는 방송에 의해서 흔들리기 시작했다. 팩시밀리는 고르바초프를 추방·제거하려는 공산당 우파의 쿠데타 시도까지 좌절시켰다. 결국 정부 권력이 정보와 이데올로기를 독점하여 통제할 수 없게 되면서 전체주의 독재의 주역인 당이 더 이상 정신적 주축으로 군림할 수 없게 된 것이다.

한편 정보를 전달하고 수집·관리하는 컴퓨터와 인터넷은 계산과 기억을 하는 기계 기능을 넘어서 그것을 이용하는 방법에 따라서는 사고방식과 정보관리 자체에 큰 변화를 가져왔다. 독재의 도구로 대중조작에 이용되던 각종 정보관리 기술이 정반대로 대중이 각성하는 전기를 마련하는 데 이바지할 수 있게 된 것이다.

정보 시장과 개인의 인격권

한편 정보혁명은 대중매체를 통해 정보, 지식 및 오락을 상품으로 판매하는 시장에도 일대 변화를 몰고 왔다. 사기업과 공공기관이 함께 정보관리 주체로 등장하면서 공공기관은 정치적 통제를 위해, 사기업은 영리를 목적으로 정보를 이용하게 되고, 이 와중에 개인에 대한 추문(스캔들)을 상품화하는 것이 돈벌이 되는 것을 발견하게 된다. 군중 속에서 파편화되고 소외된 대중들에게 타인의 사사(私事)와 추문은 매우 특이한 호기심을 유발시킨다. 경쟁사회에서 패배한 일반 대중은 유명 인사나 인기를 누리는 상류층 인사가 추문으로 그 위

루이스 브랜다이스

신과 권위를 실추당하는 것에서 정신적 카타르시스를 얻기도 한다. 언론 기업은 그러한 대중심리를 이용해 추문 폭로를 상품화한다. 뿐만 아니라 경쟁사회에서 적수(라이벌)에 대한 정보는 경쟁에서 이기는가 지는가의 사활이 걸린 문제이기 때문에 그러한 정보는 고가의 상품이 된다.

그러나 이런 개인 정보의 상품화는 자칫하면 인격권에 대한 침해로 작용할 수 있다. 그것을 일찍이 통찰하고 문제를 제기한 이들이 후에 미국 연방최고재판소 장관이 된 워렌(Sammuel D. Warren)*과 최고재판소 재판관이 된 브랜다이스(Louis D. Brandeis)* 두 변호사였다. 그들은 1890년 하버드 대학 법학보인 『하버드 로 리뷰』에서 이 프라이버시의 문제를 다루었다. 그 후 프라이버시라는 인격권은 미국의 주와 연방에서 법률이나 판례로서 그 자리를 잡아갔다. 일본도 1970년대 이후 산업화가 가져오는 변화에 헌법적으로 대응하기 위하여, 일본 헌법 제13조에 규정한 인간 존엄과 행복추구권에는 환경권과 개인의 인격권으로서 프라이버시의 권리가 포함된다고 해석하는 법이론을 공인하기에 이른다. 여기서 프라이버시의 권리가 있다고 해석하는 근거가 된 제13조 규정을 보자.

일본 헌법의 프라이버시 근거가 된 행복추구권 규정
〔제13조〕 모든 국민은 개인으로서 존중된다. 생명, 자유 및 행복추구에 대한 국민의 권리에 대하여는 공공의 복지에 반하지 아니하는 한 입법 그 밖의 국정에서 최대의 존중을 필요로 한다.

우리 헌법 이론에서도 환경권과 프라이버시의 규정이 별도로 정해지기 전에는 일본의 영향을 받아서 유사한 법리가 전개되었다. 그 후 헌법에서 여기에 대한 명문 규정이 설치되어 그러한 법해석론의 수고를 덜어주게 된다.

사생활의 비밀·자유의 내용과 한계

> 〔제17조〕 모든 국민은 사생활의 비밀과 자유를 침해받지 아니한다.

사생활의 비밀과 자유는 이미 시민사회에서 법과 도덕을 구별해 권력의 한계와 개인의 자율을 보장하는 이론에서부터 제기되었다. 법과 도덕을 구별한 칸트의 이론에 따르면, 법은 외부에 나타난 행위로 타인의 권리나 질서에 관계되는 것으로서 강제의 대상이 되는 영역의 문제이고 도덕은 개인의 내심이나 사사(私事)로서 남과 관계가 없는 개인 양심의 자율에 맡겨지는 영역의 문제이다. 여기서 권력은 개인의 내심과 사사로운 생활 영역에 대해서 간섭하지 않는다. 그러나 개인의 내심이 겉으로 드러난 그 행위가 타인의 권리를 침해하거나 질서 문란에 이를 경우에는 법의 규제를 받게 된다.

헌법 자체에는 개인의 인격권 보장 규정으로 주거의 불가침, 통신 비밀의 보장, 공사법의 구분에 따른 사적 자치와 경찰권의 한계를 명시하고 있으며, 이를 포함하여 개인의 프라이버시를 보장하고 있다. 여기서 우리보다 일찍이 발달한 미국법의 법리를 참고해 보자.

프라이버시의 권리란 '혼자 있을 수 있는 권리'(right to be let alone)이다. 구체적으로 이러한 권리 침해의 양태는 다음과 같이 나타난다. 첫째, 사람의 이름 또는 사진을 무단히 이용하거나, 둘째, 사생활을 침해하거나, 셋째, 사적 사항을 폭로하거나, 넷째, 그 사람과 관계없는 신조, 활동 등을 연관시켜서 공중이 그 사람을 잘못 인식하게 하는 것 등이다.[17]

---

17. 다나카 가즈오(田中和夫) 편, 『영미법(英米法) 사전』, 동경대학출판회, 1991 참조.

미국 연방최고재판소의 그리스월드 대 코네티컷 주 사건(Griswald v. Connecticut, 1965) 판결에서는 미국 연방헌법 수정 제1조(종교·언론·출판·집회·청원의 자유), 제3조(주거의 불가침), 제4조(압수수색영장제도 보장), 제5조(적법절차 보장), 제6조(헌법에 열거되지 아니한 권리의 인민 유보와 그에 대한 존중) 등에 관한 권리로부터 프라이버시 영역이 형성된다고 보아서, 임신중절의 권리, 의사가 기혼자에게 피임방법을 조언하는 권리, 집안에서 음란물을 보는 권리, 일정한 정보를 자기만의 비밀로 둘 수 있는 권리가 인정된다고 했다.

이 권리는 자기 결정권의 권리, 즉 남에게 간섭받지 않고 자기의 판단에 따라 자기 식으로 살아갈 자유로 볼 수 있다.

그런데 이 개인권의 불가침도 공인(公人), 유명인, 인기 연예인, 대중의 관심을 끌게 된 인물(범죄인, 시위 선도자, 천재적 업적을 남긴 자, 벼락부자, 기타 그와 유사한 사례에 속하는 사람들)의 경우에는 어느 정도 한계가 있다. 그리고 역사적 인물에 대한 조사나 공공의 평가 대상이 되는 경우에도 참아야 한다. 이러한 프라이버시의 한계에 대해서는 미국의 풍부한 판례가 사례를 보여주고 있다. 대중의 관심의 이유가 합리적인 것이라고 하면 프라이버시의 영역이 노출되어도 할 수 없는 것이다. 다만 호기심이나 남을 골탕 먹이려는 데 지나지 않는 침해의 경우에는 세인의 관심사가 된다 해도 보호해야 한다.

사생활의 비밀과 자유에 대한 침해는 민사상 불법 행위로서 손해배상청구의 대상이 된다. 우리 법제에서도 사생활의 자유는 공공기관의 정보관리와 공개에서 보호되고 있다. 그러나 실제로는 개인정보가 공공기관에 의해서 자의로 제한·침해되는 사례가 있다. 지문 날인을 비롯해 개인의 프라이버시에 속한 가족 사항, 예금 관계, 병력 등에 관한 것이다. 아울러 사기업의 영리 목적으로 알게 모르게 침해당하고 있는 프라이버시의 상황은 큰 사회문제가 되고 있다. 미국처럼 공공기관이나 사기업의 개인 사생활 침해에 대한 규제를 법규로 정비할 필요가 있다. 그리고 공공기관이 보관하는 개인 프라이버시 기록의 열람 및 정정 청구도 생각해볼 문제이다.

수용자가 보내거나 받는 서신의 검열

교도소 수용자로 하여금 제한 없이 서신을 발송할 수 있게 한다면, 서신교환의 방법으로 마약이나 범죄에 이용될 물건을 반입할 수 있고, 외부 범죄세력과 연결하여 탈주를 기도하거나 수용자끼리 연락하여 범죄행위를 준비하는 등 수용 질서를 어지럽힐 우려가 많으므로 이들의 도주를 예방하고 교도소 내의 규율과 질서를 유지하여 구금의 목적을 달성하기 위해서는 서신에 대한 검열이 불가피하다. 만약 국가기관과 사인(私人)에 대한 서신을 따로 분리하여 사인에 대한 서신의 경우에만 검열을 실시하고, 국가기관에 대한 서신의 경우에는 검열을 하지 않는다면 사인에게 보낼 서신을 국가기관의 명의를 빌려 검열 없이 보낼 수 있게 됨으로써 검열을 거치지 않고 사인에게 서신을 발송하는 탈법수단으로 이용될 수 있게 된다. 따라서 수용자의 서신에 대한 검열은 국가안전보장·질서유지 또는 공공복리라는 정당한 목적을 위하여 부득이할 뿐만 아니라 유효적절한 방법에 의한 최소한의 제한이며, 통신비밀의 자유의 본질적 내용을 침해하는 것이 아니어서 헌법에 위반된다고 할 수 없다(헌재 2001.11.29. 99헌마713, 판례집 13-2, 739, 746-748)고 결정하고 있다.

6장 | 복지사회의 생활권과 노동기본권

사회체제의 실험과 복지국가

유토피아와 사회운동

근세 이전의 사람들은 조상으로부터 물려받은 세계관이나 인생관을 그대로 받아들여 전래의 방식대로 생활하는 데 의문을 갖지 않았다. 그러나 근세 이후의 사람들은 관습처럼 전해 내려온 사회적 모순에 의심과 불만을 품고 그것을 극복하고 개조해 나가려는 시도를 하게 되었다. 비판적인 인식의 눈으로 세상을 돌아보게 된 것이다. 그러한 문제의식은 봉건 체제가 붕괴되고 새로운 산업사회로 가는 과도기에서 발생한 사회 전반의 모순을 자각하면서 더욱 심화되었다.

16세기 영국이 모직물 생산의 일대 변혁으로 봉건적 농경사회에서 산업사

토마스 모어

회로 서서히 변화하던 시기에 사회적 모순에 눈을 뜨고 이상사회를 심각하게 구상한 사람 중의 하나가 토마스 모어*이다. 그의 『유토피아』(1516)는 단순한 이상향을 그린 공상적인 작품이 아니라, 영국 사회의 모순에 대한 항의이고 양심의 고뇌를 통해 새로운 세상을 구현하려 했던 사색과 노력의 결실이었다. 그는 국왕의 혼인에 동의하지 않은 고집 때문에 결국 단두대의 이슬로 사라졌다.

그는 『유토피아』에서 '양이 사람을 잡아먹는다' 는 역설적인 표현으로 산업화에 따른 모순을 얘기했다. 당시 지주들은 모직물의 원료인 양모 생산을 위해 양을 길러 수익을 올리려고 소작인을 쫓아내고 그 자리에 울타리를 치는 일(인클로저 운동*)에 한창이었다. 그는 사유재산제도 하의 인간의 탐욕이 얼마나 남을 해치는 어리석은 것인가를 깨닫고 그러한 불합리를 극복한 이상사회를 묘사했다.

1789년의 프랑스혁명은 '자유, 평등, 우애' 의 구호 아래 새 사회를 약속하지만, 그러한 장밋빛 꿈을 믿지 않고 실력으로 공산주의적 이상을 실현할 음모를 꾸미던 바뵈프 일당은 사전에 잡혀 처형당한다. 그러나 사유재산제의 모순은 루소로부터 일찍이 불평등의 원인으로 지적되고 프랑스에서 마블리(Gabriel Bonnet De Mably)*와 후대의 생시몽과 푸리에 같은 사회주의자를 낳았다. 로버트 오웬(Robert Owen)*은 산업혁명의 모국인 영국에서 직접 공장노동조건을 개혁하고 노동자의 지위를 향상시키려 노력했으며 미국에서 이상향 실험도 해보았다.

그러나 최초로 자본주의 사회체제를 반대하는 사회주의 운동을 시도한 사람은 마르크스와 엥겔스로 알려져 있다. 그들은 자신들의 주장을 '과학적 사회주의'라 하여 다른 사회주의 자들의 사상이나 운동과 구별했다. 1848년 그들이 소수 망명자와 노동자 결사의 의뢰로 쓴 『공산당선언』을 발표했을 때만 해도 그들의 운동이 위력이 있거나 기존 체제에 대해 큰 위협이 되지

연설하는 레닌(1917)

는 않았다. 다만 그들의 일관된 이론체계인 유물사관(唯物史觀)*과 잉여가치설*의 이론은 19세기에 일부 지식인의 호응을 받고 특히 독일과 러시아에서 노동운동의 이론적인 지침이 되었다. 독일에서는 비스마르크의 '사회주의자 진압법'에도 불구하고 사회민주당이 일당으로 부상했다. 제1차 세계대전 당시 제2인터내셔널*에 뭉쳤던 각국의 사회주의자들 중 레닌*이 지도한 러시아의 볼셰비키*를 제외하고는 대부분 전쟁 지지로 돌아서는 바람에 사회주의의 국제적 유대가 깨지게 되었지만, 결국 1917년에는 러시아에서 일어난 10월 혁명으로 지구상에 사회주의 체제란 새로운 사회체제가 실험을 개시하게 된다. 이 체제는 제2차 세계대전 이후에는 미국과 대결할 정도의 위력으로 발전하는 듯하였으나, 1989년 베를린 장벽의 붕괴와 독일 통일, 동구 공산권의 붕괴에 이은 1991년 소비에트 연방의 해체로 74년에 걸친 사회주의 실험은 막을 내리고 만다.

그러나 반세기 이상 존재한 사회주의 체제가 현재의 자본주의 사회에 끼친 영향은 적지 않다. 첫째로 자본주의 사회가 안고 있는 모순과 부조리를 사회주의 체제를 도입해 수정함으로써 오히려 자본주의 체제의 건실성 회복에 기여했다. 둘째로 선진국을 중심으로 사회민주주의의 점진적 개량 노선을 받아들여 복지국가의 지향이 일반화되었다. 오늘날에는 아무리 자본주의 시장경제라 해도 그것은 '사회적 시장경제'이며, 자본주의적 기업을 기반으로 한다 해도

소유와 독점의 무제한 허용은 이미 과거의 일이 되고 말았다. 우리 헌법도 1919년 바이마르 헌법처럼 수정자본주의 헌법의 계보를 따르는 복지국가 헌법이다. 이에 대해서는 사회권 규정과 함께 제9장의 규정들이 정하고 있다.

임시정부 건국강령과 삼균주의

1948년의 헌법에는 현행 헌법의 사회권에는 누락된 근로자의 이익균점권*이라는 사회권이 있었다. 1948년 헌법 제18조 2항에 정한 이 규정을 보면 다음과 같다.

> 1948년 한국 헌법의 근로자의 이익균점권
> 〔제18조 2항〕 영리를 목적으로 하는 사기업에 있어서는 근로자는 법률이 정하는 바에 의하여 이익의 분배에 균점할 권리가 있다.

이 규정 자체만으로 보면 대단히 이상적이고 급진적이다. 당시의 분위기가 그러한 기본권을 구상하게 했을 것이다. 여기에는 임시정부가 1941년에 공포한 건국강령에서 새나라 건설의 구상을 제시한 정신의 영향이 들어있다. 우리가 임정 법통 계승을 의식적으로 강조했기 때문이다. 이 건국강령의 초안자는 조소앙이다. 그는 그의 주장이자, 임시정부에서 채택한 삼균주의 이념에 따라 강령을 초안했다. 삼균주의의 골자는 정치적 기회균등, 경제적 기회균등 및 교육적 기회균등이다. 근로자의 이익균점이라는 구상이 성문화될 만했다.

그런데 유감스럽게도 이 규정은 입법 방침에 그치고 말았다. 회사법과 노동법, 어디에서도 이 규정을 구체화시킨 규정이 없다. 독일 회사가 노동자 이사제도를 둔 것과 얼마나 대조적인가? 결국 이 조항은 무관심으로 방치된 채 1962년 제5차 개헌에서 슬그머니 사라지고 그 자리에 "공무원인 근로자는 노동삼권

신민당사 농성 중 강제 해산
되는 YH 노동자들(1979)

을 가질 수 없다"는 제한 규정이 삽입된다. 이처럼 사회권 일반까지 시들해진 것은 군사정권 하에서 개발독재의 영향 때문이었다.

개발독재가 독과점 기업과 재벌 위주로 추진될수록 노동문제는 갈수록 심각해져갔다. 1971년 노동자 전태일의 항의 분신은 당시의 개발독재 실상을 그대로 보여준다. YH 노동자들의 야당당사 농성과 노동자의 투신 사망은 노동 탄압의 절정이자 박정희 정권의 최후를 예고한 극적인 사건이다. 개발독재로 노동삼권을 제한하고 노동자·농민·도시 빈민에게 사회적 부담을 전가시킨 채 성장을 추진했지만 그에 대응한 사회정책의 부재 탓에 결국 한계에 부딪치게 된 것이다. 이에 대한 대응책으로 군사정권은 '새마을운동'을 통해 전통적인 인보상조(隣保相助, 이웃 간 서로 돕기) 의식과 효도를 통한 가족적 유대를 강조하면서 기업과 자본의 사회보장 비용 부담을 최소화시켜 재투자를 촉진해왔다. 그렇지만 그러한 반동적 대응조치가 사회문제나 노동문제의 해결 대안이 될 수는 없었다.

사회권의 보장과 법구조

헌법에 정해진 사회권*은 수정자본주의 사회의 '사회정책적 기본권'이다. 자본주의 사회에서 경제적 강자와 약자 사이의 모순을 해결하기 위해, 국가는 경제적 강자의 소유와 경쟁을 억제하며 경제적 약자의 물질적·문화적 생활 조건을 향상시키고자 하는 것이다. 따라서 사회권 보장의 범위는 경제적 강자가 얼마나 양보하는가, 또는 얼마나 양보하게 하는가 하는 세력의 균형 여하에 의존하게 된다.

사회권의 규정이나 이념 자체가 구상으로 그쳐 사회보장의 권리가 프로그램(강령)으로 전락되어버릴 수도 있다. 1919년 바이마르 헌법 규정의 운영 실태가 그러했다. 일본이나 우리 헌법의 사회권 구조는 위에서 든 바이마르 방식이다. 그러나 독일연방공화국 기본법의 규정은 그렇지 않다. 동 기본법은 제1조 3항에서 기본권에 직접적 입법, 집행 및 재판 구속의 효력을 명시하였다. 즉 프로그램적·입법 방침적 규정 대신에 노동자의 단결권이나 교육제도 등 구체적 권리와 제도만을 정하고, 독일연방공화국이 사회적 법치국가라는 일반적 이념을 명시하고(동법 제20조 1항) 이를 입법에서 실현토록 하고 있다.

앞에서 지적했듯이 우리의 경우는 독일과 달리 입법 방침적 규정을 많이 두고 있다. 사회적 기본권으로서 제2장에서는 교육권, 노동권과 근로기준의 법정, 노동삼권, 혼인과 가족의 보호 규정, 환경권 등을, 제9장에서는 소비자의 권리를 비롯해 농어민과 중소기업자의 조합을 통한 보호 규정 등을 두고 있다.

인간다운 생활을 할 권리와 가족의 복지

빈곤관과 현대의 사회문제

근대 이전 봉건사회에서는 가난(빈곤)을 하나의 숙명이나 운명으로 보았다. 봉건사회의 빈곤관을 나타낸 속담으로 '가난은 나라도 구제 못한다'는 말이 있다. 따라서 이 시대에는 혈연적 유대인 대가족 공동체가 친족 부양을 맡고 지연적 유대인 촌락 공동체가 인보상조의 연대로 가난에 대응했다. 특별히 흉년이나 기타 자연재해나 내우외환의 경우에만 국가가 구휼로 구제하였다.

근세 시민사회가 발달하면서 개인이 독자적으로 이익을 추구하여 재물을 축적하는 시장적 사회가 형성되었다. 이때부터 부의 축적은 행운과 동시에 유능과 근면의 징표가 되고 가난은 나태와 무능으로 간주되어 개인의 책임으로 돌려지게 되었다. 대가족이 해체된 시민사회에서 빈곤 구제는 근친 간의 친족 부양과 자선에 의존하게 되었다. 나라의 역할도 영국의 구빈법 같은 형사 정책으로 빈곤 부랑자를 처벌하는 데 그쳤다.

그러나 공황이나 자연재해에 대해서는 체제 유지의 차원에서 그 대책이 마련되지 않을 수 없었다. 또 자본주의 사회가 점차 발달하면서 빈곤의 원인과 그 책임을 개인의 나태와 무능만으로 돌릴 수 없다는 것도 수긍하게 되었다. 사회 현상으로서 빈곤은 개인의 의도와는 무관하게 사회경제적 요인으로 발생하기 때문이다. 따라서 친족 부양과 자선 이외의 사회정책적 대응으로 사회 보험, 사회 부조와 복지 및 사회보장제도의 정비가 필요해졌고, 이것은 바로 수정자본주의 복지국가 사상으로 구체화된다. 수정자본주의의 사상가로는 마르크스주의 사회혁명을 거부하고 입법과 계몽 및 교육 등을 통해 복지사회를 실현한다는 생존권 사상을 내세운 **법조 사회주의자**(法曹社會主義者)*인 안톤 멩거

파리코뮌 100주년 기념우표

(Anton Menger)*가 있다. 그리고 입법 선례로는 20세기의 바이마르 헌법 이전 1848년 프랑스의 혁명헌법에서 당시에 사회주의자의 참여로 영향을 받은 사회정책적 기본권을 들 수 있다. 비록 이 헌법의 사회정책인 노동과 교육의 보장 규정은 실현되지 못한 채 구호로 그치지만 사회권의 사상과 제도의 발전에 기여한 바가 컸다. 그것은 1870년 파리코뮌 강령의 선구이기도 하다. 여기서 1848년 헌법의 사회정책적 기본권 사상의 일부를 엿보자.

> 1848년 프랑스 헌법 전문 5절의 사회권 강령
>
> 공화국은 시민을 그 일신, 그의 가족, 그의 종교, 그의 소유권, 그의 노동에 대해서 보호하고 또 모든 사람에게 불가결한 교육을 각자가 받을 수 있도록 배려해야 한다. 공화국은 우애적 원조에 의하여 가난한 시민에 대하여 그 자원의 허용 한도에서 노동을 할 수 있게 하고, 그리고 노동을 할 수 없는 사람들이 가족이 없을 경우에는 원조하여 그러한 사람들의 생존을 확보하지 않으면 안 된다. 이러한 모든 의무의 수행을 위하여 그리고 모든 이러한 권리의 보장을 위하여 국민의회는 프랑스혁명을 창업한 여러 종류의 대회의의 전통을 충실히 따라 다음과 같이 공화국 헌법을 제정한다.

위의 사회정책적 기본권 사상은 맹거의 생존권 이론과 함께 복지국가 이념의 형성과 발전에 영향을 미쳤다. 바이마르 헌법의 생존권과 노동권 규정은 이

두 줄기의 흐름을 이어받아 노동법 학자인 진스하이머에 의해 성문화되었다. 여기서 인간다운 생활의 권리 규정을 인용해 보자.

1919년 바이마르 헌법의 생활권 규정

[제151조 1항] 경제생활의 질서는 모든 사람에게 인간다운 생활을 보장할 목적에 따라 정의의 원칙에 적합하지 않으면 안 된다. 개인의 경제적 자유는 이 한계 안에서 확보되어야 한다.

한국 헌법은 제헌 당시에 인간다운 생활을 할 권리를 직접 명시하지 않고 생활 무능력자에 대한 보호 규정을 두어서 이 취지를 반영했다(1948년 헌법 제19조). 인간다운 생활을 할 권리로 명문 조항을 정리한 것은 1962년 제5차 개헌부터이다. 정비된 내용은 제30조 1항의 인간다운 생활을 할 권리, 2항의 정부의 사회보장 증진 노력 책무, 3항의 생활 무능력자 보호 규정이다. 그 후 1987년 제9차 개헌에서 제34조로 조문을 변동하여 종전 규정의 3항에서 여성 복지 향상 노력 책무, 제4항에서 노인과 청소년 복지 향상 의무, 제6항에서 재해 예

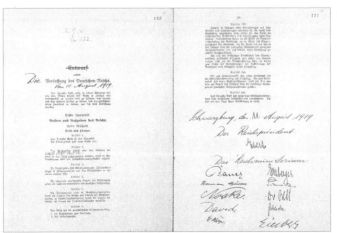

바이마르 헌법

방 노력 책무 등을 보완했다. 종전의 3항은 5항으로 이동했다. 군사정권 하의 개헌에서 장식적 인권 규정을 화려하게 부가한 이유는 개발독재 하의 성장을 미화하는 효과 이외에 국민에게 복지국가의 환상을 주려고 한 의도로 엿보인다. 문제는 이 규정의 실제 효력이고 국민이 이를 국정에서 얼마나 구현하는가 하는 것이다.

인간다운 생활을 할 권리 ─ 입법 방침설과 법적 권리설

〔제34조 1항〕 모든 국민은 인간다운 생활을 할 권리를 가진다.

우리의 사회권 규정은 입법 방침적 규정을 둔 1919년 바이마르 헌법의 유형을 따르고 있다. 이 규정의 성격을 입법 방침으로 보는가, 법적 권리로 보는가의 해석에 따라 그 결과에 법적으로 중대한 차이가 있다. 입법 방침으로 본다면 이 규정은 재판 규범으로서 효력이 제한된다. 법해석에 있어 이 규정의 구속력이 없는 것이다.

일본의 아사히(朝日茂) 사건 소송 판결에서 그러한 사례를 볼 수 있다. 이 사건은 사회보장을 받을 권리에 관한 소송 사건으로 일본국 헌법 시행 이래 최대의 사회권 소송 사건이다. 일본의 최고재판소는 인권 규정이 재판규범의 효력이 결여된 강령 또는 지침이라는 입법 방침설을 따르는 판결을 했다. 이 사건의 요지와 경과를 보면 다음과 같다. 아사히라는 폐결핵 환자가 일본국 후생성 산하 복지시설에서 요양을 하면서 매월 일용품비 최고액인 6백 엔 한도의 비용을 받고 있었다. 그런데 일본 후생성 당국은 친족 부양 의무자로서 아사히 시게루를 책임질 사람을 전국적으로 수배, 그의 형을 찾아내서 그 비용을 물리도록 하고 국가가 종래 지급하던 비용은 지급을 중지했다. 이에 대해 아사히는 국가가 지급하던 비용을 형의 지급분과 함께 수령하도록 해 달라고 한 것이다.

폐결핵 환자로서 6백 엔의 잡비는 부족하다는 것이 이유였다. 그러니 일본국 헌법이 정한 대로 "건강하고 문화적인 최저한도의 생활을 할 권리"에 따라 그 비용을 마땅히 수령해야 한다는 것이었다. 이에 대해 일본 최고재판소는 인간다운 생활을 위한 비용의 구체적인 액수는 후생 대신이 정책적으로 정할 '합목적적 재량'(合目的的裁量)에 속하는 것이고 그것을 지급하지 않는 행정행위는 재량행위에 속하므로 위법의 문제가 되지 않는다고 판결했다. 또한 이 소송 도중에 아사히가 사망하고 그의 양자가 소송을 승계했는데, 재판소는 이 권리가 본래 '일신전속적 권리'(一身專屬的 權利)로서 아사히가 사망함으로써 이미 소멸했으므로 소의 이익을 다툴 수 없다고 했다.

그러나, 앞서 든 이유에 대해 구체적으로 최저한 비용을 따질 수 있기 때문에 전적으로 정책적 판단에만 맡겨서는 안 된다고 하는 이론이 있다. 또 일신전속적 권리론에 대해서도 재산적 권리성이 있기 때문에 당연히 상속권자에게 승계되는 것으로 볼 수 있다. 이 소송은 1960년 10월 19일에 1심 판결이, 1967년에 최고재판소의 판결이 내려졌다. 7년이라는 긴 세월 동안 폐결핵 말기 환자를 법정에 세워 놓고 1천여 엔을 가지고 다투었던 것이다.

이 권리가 정책적 판단에 좌우되는 것이라면 사회보장의 권리, 다시 말하면 인간다운 생활을 할 권리는 중대한 제한을 받게 되는 것이고, 나아가 권리성 자체가 상실되는 중대한 결과가 초래된다. 그래서 오래도록 각계의 주시 하에 신중을 기하여 심리된 것이다. 여기서 인간다운 생활의 보호기준이 정책적 판단이라는 판결 요지의 일부를 인용해 본다.

1967년 7월 7일 일본 아사히 소송의 최고재판소 판결
……모든 국민이 건강하고 문화적인 최저한도의 생활을 할 수 있도록 국정을 운영할 것을 나라의 책무로 선언한 것에 그치는 것이지, 직접 개개의 국민에게 구체적인 권리를 부여한 것은 아니다. 구체적인 권리는 헌법의 규정 취

지를 실현하기 위하여 제정된 생활보호법에 의하여 비로소 부여되어 있다고 할 것이다.

……원래 후생 대신이 정하는 보호기준은 법 제8조 2항 소정의 사항을 준수할 것을 요하며, 결국은 헌법에 정하는 건강하고 문화적인 최저한도의 생활을 유지할 수 있는 것이라야 한다. 그러나 건강하고 문화적인 최저한도의 생활이란 것은 추상적·상대적 개념이며, 그 구체적인 내용은 문화의 발달, 국민경제의 진전 등에 수반하는 다수의 불확정 요소를 종합 고려하여 비로소 결정할 수 있는 것이다. 따라서 무엇이 건강하고 문화적인 최저한도의 생활인가 하는 인정 판단은 일본 후생 대신의 합목적적인 재량에 맡겨져 있고, 그 판단의 당·부당의 문제로서 정부의 정치적 책임이 추급되는 일은 있어도, 곧바로 위법의 문제가 발생하는 것이 아니다. 다만 현실의 생활 조건을 무시하여 두드러지게 낮은 수준을 설정하는 등 헌법 및 생활보호법의 취지·목적에 반하여 법률에 의하여 부여된 재량권을 남용한 경우에는 위법한 행위로서 심사의 대상을 면할 수 없다.

……원판결이 확정한 사실관계는 본건 생활보호기준에 따라 입원 입소 환자의 최저한도의 일용품비를 지급한 것으로서, 후생 대신의 인정 판단이 부여받은 재량권의 한계를 넘어서 또 재량권을 남용한 위법이 있다고는 도저히 단정할 수 없는 것이다.

일본 최고재판소의 판결은 결국 입법 방침설을 따르고 있다. 이에 대해 법적 권리설*을 따르는 학설은 입법 조치가 없으면 구체적으로 행사할 수 없는 불완전한 권리라도 권리임에는 틀림이 없다고 본다. 이렇게 권리로서 해석해야 헌법 이하 하위법의 해석에서 권리 침해에 대한 구제 근거가 되고 구체적인 복지보장의 효과를 거둘 수 있다는 것이다.

우리 헌법 제34조는 1항에서 인간다운 생활의 권리를 정한 이외에 "국가는 사회보장·사회복지의 증진에 노력할 의무를 진다"고 하여 입법 방침에서 이 권리를 약화시킬 수 있는 여지도 남겼다. 이어 3항에서 6항까지 앞서 기술한 각 항목의 인권 규정을 정하고 있다. 위의 조항에 의거한 복지정책 입법의 실제는 지극히 불만족스러운 상태이다. 생활보호법을 비롯한 연금과 기타 의료 등 보험 제도를 실시하고 있는 것은 상당한 진보라고 볼 수도 있지만, 소시민, 근로자, 도시 빈민과 농어민은 산업화의 그늘에 가려진 채 과다한 사교육비의 지출, 국제시장 가격을 무시한 소비자 물가의 상승 등으로 가계 파산의 위기에 놓이게 되었다. 또한 복지정책의 전반적인 빈곤과 근로소득자의 부담에 전적으로 의존하는 세법제(稅法制) 등 독과점 기업과 대기업 위주의 불균형한 경제정책이 지속되고 있다. 입법에 의해 고쳐나가야 할 것은 바로 그러한 점일 것이다.

가족의 복지와 양성 평등

현대 산업사회에서 대부분의 가족 형태는 소가족·핵가족이다. 산업사회 또는 시민사회의 발전은 대가족제 또는 가부장적 가족제도를 해체시키고 개인을 독립시켰다. 이와 아울러 전통적인 남존여비 사상도 조금씩 변하기 시작하고 있지만, 양성 평등의 실현이 쉽사리 이루어지는 것은 아니다. 아직도 여성의 취업과 임금 및 승진, 승급, 퇴직에서 남녀 차별이 문제가 되고 있다. 가족관계에서도 가부장제의 유물인 호주제도와 남계 씨족 위주의 유풍이 배어 있는 친권제도가 전통적 미풍양속이라는 명분 아래 버젓이 남아 있다. 이러한 봉건 잔재는 특정 집단이나 계층에게 부당한 이득을 넘겨주는 차별과 부조리의 온상이 된다. 그래서 헌법에 다음과 같은 계몽적인 규정을 두고 있다.

[제36조 1항] 혼인과 가족생활은 개인의 존엄과 양성의 평등을 기초로 성립되고 유지

되어야 하며, 국가는 이를 보장한다.

양성 평등의 가족관계를 유지, 발전시키기 위해서는 봉건적 대가족 제도 하에서 절대적 사회 윤리로 군림해 온 삼강오륜(三綱五倫)이라는 유교 덕목을 시민 윤리의 덕목으로 대체해서 개인의 존엄에 기반한 민주사회를 이루어야 한다. 그런데 역대 군사정권은 충효라는 봉건 윤리를 내세워 하향식 지배 조작을 해왔고 가족제도의 미덕을 내세워서 사회보장의 비용을 가족·친족의 봉양에 전가시켜왔다. 한편 기업은 개인, 남녀, 노동자에 대한 책임을 봉건적 대가족 제도의 의존관계에 분담시켜 생계와 동떨어진 저임금 체계를 유지하는 일제 이래의 노동정책을 이용하기도 했다.

평등의 저해 요인은 무엇보다도 여성 노동의 저임금 그 밑바닥에 깔려 있는 여성에 대한 편견과 차별의 구조이다. 민주화를 거부해 온 군정세력은 전통적인 미덕이라는 미명 하에 비시민적 봉건 윤리를 강조하여 편견의식을 조장했다. 그러나 이러한 장애는 사회의 민주화를 이룩함으로써 극복될 것이다. 이 조항의 정신은 민주 복지사회를 이룩하는 데 중요한 근거이다.

□ **동성동본 혼인 금지 제도의 위헌성**

1997년 7월 16일 헌법재판소는 동성동본 결혼을 인정치 않는 제도에 대해 헌법불합치 결정을 내렸다. 이는 동성동본 혼인 금지 제도가 첫째, '인간으로서의 존엄과 가치 및 행복추구권'에 대한 헌법이념 및 규정과 '개인의 존엄과 양성의 평등'에 기초한 혼인과 가족생활의 성립·유지라는 헌법규정에 정면으로 배치되며, 둘째, 그 금혼의 범위를 남계혈족에만 한정하여 성별에 의한 차별을 하고 있는데 이를 시인할 만한 합리적인 이유를 찾아볼 수 없으므로 헌법상의 평등의 원칙에도 위배됨을 그 근거로 한 것이다.

모성 보호의 과제

헌법에 "국가는 모성의 보호를 위하여 노력하여야 한다"(제36조 2항)라는 조항이 있다. 여기서 모성이란 여성으로서 자녀를 출산하고 양육하는 사람을 말한다. 이들 여성의 보호는 가정과 자녀를 보호하는 것이나 마찬가지로 중요한 과제이다. 하지만 어느 가정이나 사회를 막론하고 여성인 모성의 소중함은 마찬가지인데, 어째서 헌법에 성문화하기까지 했을까? 그 이유는 두 가지이다. 하나는 봉건제 사회에서 모성을 아이 낳는 도구나 기구 정도로 보는 여성 천시적 편견이 이어져 왔기 때문이다. 그래서 가족도 양성 평등의 원칙에 기초해야 한다고 제36조 1항에서 강조한 것이다. 그런데 근대 시민사회에서 인간으로서나 모성으로서나 여성의 해방이 제대로 이루어졌는가 하면 그렇지 못하다. 노동하는 여성들의 열악한 지위의 문제는 산업혁명 이후 아주 심각한 사회문제가 되었다. 따라서 노동조건에서 여성의 보호가 아이의 보호와 함께 입법화된 것이다. 가족관계에서 모성 지위의 정상적 회복과 함께 노동관계에서도 양성 평등이 이루어져야 한다.

보건 위생 면에서 모성 보호에 대한 입법으로는 모자보건법이 있다. 이 법률은 주로 건전한 자녀 출산을 위한 모성 보호의 관점에서 임신중절에 대한 규정을 두고 있다. 산모의 생명, 안전 및 건강을 위한다는 면에서 배려하는 조치를 정한 것이다. 그 밖에도 평소 자녀의 출산·양육·교육 등에서 모성이 하는 역할에 대한 사회적 대우와 부담의 경감을 위해서 탁아소 등 보육시설로부터 각종 위생·복지·교육시설에 대한 국가적 조치가 좀더 내실 있게 배려되어야 한다.

보건의 보호

〔제36조 3항〕 모든 국민은 보건에 관하여 국가의 보호를 받는다.

공중위생을 중심으로 한 국가의 보건 정책은 적절하게 시행되어야 할 문제이다. 일본 헌법도 "나라는 모든 생활부면에 있어서 사회복지, 사회보장 및 공중위생의 향상 및 증진에 노력해야 한다"(동법 제25조 2항)라는 유사한 규정을 두고 있다.

국민 보건의 보호는 예방의학적 조치를 통해서 시행되어야 하고, 그런 면에서 공중위생과 평상시의 검진제도가 생활 속에 뿌리를 내려야 한다.

특히 현대에는 에이즈와 암이란 병마를 예방, 극복하는 것이 주요한 과제가 되고 있다. 그리고 일상생활에서는 공해·환경오염과 무절제한 흡연·음주 및 마약의 범람이 위험 요소이다. 미국에서는 교육문제 다음으로 마약문제가 심각한 사회문제가 되고 있다. 현 상황에서 '강 건너 불구경' 식으로만 바라볼 일은 아닌 것이다. 우리도 이에 대한 대비책을 시급히 강구해야 한다.

교육을 받을 권리와 의무

로크와 콩도르세의 교육론

봉건 지배계급의 지식 독점과 우민정책에 대한 시민사회의 도전은 말과 글의 사용방식을 일대 변혁하는 어문(語文) 혁명, 즉 종교개혁에서 성경의 라틴어를 모국어로 대체하는 민족 문화의 창달로 나타났다. 그리고 누구든지 지식에 접근할 수 있는 자유를 누리기 위해서는 인쇄물·출판물의 자유로운 제작과 유통이 필수적이었다. 18세기 프랑스 계몽 시대, 시민혁명이 가장 선구적으로 이루어진 네덜란드, 그리고 청교도혁명 시기의 영국에서 모두 검열에 대한 저항이나 폐지가 일어났다. 마찬가지로 시민혁명의 모국인 영국에서 시민혁명을 지지한 로크가 교육의 자유를 제창한 것은 우연이 아니다. 20세기 사회권의 '교육의 권리' 이전에 '교육의 자유'가 먼저 나타난 것이다. 그런데 이는 주로 유산 시민층의 사적인 가정교사제도나 사립학교의 교육의 자유를 내용으로 하는 것이었다. 로크 자신도 유력한 귀족의 가정교사 겸 시의(홈 닥터)였다.

콩도르세

유산 시민층의 고등교육과 서민 대중의 성경 읽기, 숫자 계산 정도 수준에서 더 나아가 공교육의 발상과 계획을 제기한 이는 프랑스혁명 당시에 혁명 의회의 교육 위원이던 콩도르세(Marie Jean Antoine Condorcet)*였다. 그는 시민사회에서 정치에 참여하는 주권자인 시민으로서 최저 수준의 시민교육이 필수 불가결함을 지적했다. 동시에 그는 사회적 생존을 영위하는 시민으로서 생존에 필요한 기초교육을 제창했는데, 이것이 사회권으로서 교육을 받을 권리로 발전하게 된다.

특히 산업혁명 이후 노동에서 기계를 다루는 것이 필수적인 시대로 접어들면서 노동자를 우민으로 방치한 채로는 현대 공장조직이 운영될 수 없었다. 또한 국민병역의 군사제도에서도 글자와 수리의 기초를 몰라 기계화된 무기 조작을 할 수 없는 병사로는 군사상의 작전이 불가능하였다. 이러한 요청이 공교육으로서 시민교육의 배경이 되어 마침내 1848년의 프랑스 혁명헌법에서 생활권으로 규정되기에 이른다.

그런데 위로부터의 근대화를 추진한 19세기 독일과 일본에서는 시민교육을 국가주의적 신민(臣民) 교육으로 변조하여 의무교육으로 발전시킨다. 국가나 민족 또는 그것을 대표하는 군주를 위해 맹종하는 노예이자 충성스럽고 양순한 노동인력을 키워가는 교육으로 변질되었던 것이다. 프로이센의 절대군주 또는 일본 제국의 군주에 대한 충성을 중시하는 국가주의적 교육이 그것이다. 일제 식민지하의 '국민학교' 제도도 신민교육의 일환이다.

이러한 일본 제국의 교육 신조는 그들의 천황이 1890년에 하사했다는 「교육칙어」에 잘 나타나 있다. 충성과 효도의 유교 덕목을 강조하면서 천황의 신민으로서 절대자인 천황을 위해 언제든지 목숨을 바쳐 충성하도록 가르치는 내용이다. 우리나라 군사정권 하에서 만든 「교육헌장」은 일제식 「교육칙어」를 모방한 것으로서, 공교육으로서의 시민교육이라는 정신이 결여되어 있다. 일례로 국민교육헌장 첫머리는 '우리는 민족중흥의 역사적 사명을 띠고 이 땅에 태어났다'로 시작되는데, 각 개인은 천부의 권리 주체로서 하나의 인격체로 세상에 태어난 것이기 때문에 날 때부터 전체라는 하나의 정치 틀 속에 가둘 수 없는 것이다. 우리가 개인으로 태어나서 값진 삶을 꾸려감에 있어, 민족과 조국이 소중하다는 논리를 거꾸로 해석해서 개인이 전체에 절대적으로 예속된다고 주장할 수는 없다. 로크와 콩도르세가 주장했던 진정한 교육의 의미를 우리 교육의 현실에 비추어 살펴보아야 한다.

교육의 기회균등

〔제31조 1항〕 모든 국민은 능력에 따라 균등하게 교육을 받을 권리를 가진다.

능력에 따라 균등하게 교육을 받을 권리가 있다고 하는 것은 교육을 받는데 부당하거나 불합리한 제약을 해서는 안 된다는 것이다. 다만 기회균등이 기계적 무차별의 평등이 아니기 때문에 교육의 성격상 필요로 하는 최저한의 능력과 학력 정도에 따라 제한을 둘 수 있다. 따라서 능력이 미치지 못하는 사람은 원하는 교육의 기회를 얻지 못할 수도 있다. 우리의 현실은 교육 현장에 수용할 시설이 부족해서 같은 요건을 갖추고 있는 사람도 시험을 통해 선발하는 것이 부득이한 조치가 되었다. 아마도 그러한 일이 상례가 되면서 일류병이 고질화되고 사실상 교육의 기회균등의 이념이 무산되고 있다. 되도록 동격의 조건에 있는 사람들이 원하는 대로 교육의 기회를 누리도록 해야 한다. 교육을 받을 권리는 법률에 따라 정해진 자격을 갖추고 있는 사람이면 누구나 향유할 수 있다.

피교육자의 교육권과 부모의 취학시킬 의무

〔제31조 2항〕 모든 국민은 그 보호하는 자녀에게 적어도 초등교육과 법률이 정하는 교육을 받게 할 의무를 진다.
〔제31조 3항〕 의무교육은 무상으로 한다.

의무교육인 초등교육에서 학령 아동을 보호하는 부모는 교육법에 따라 자녀를 반드시 취학시킬 의무가 있다. 여기서 교육을 받을 권리란 국가의 권한이 아니라 학습하는 주체인 피교육자의 학습권을 중심으로 이해해야 한다. 국가가 교육 시설을 설치·관리·운영하는 것은 국민의 수임을 받아서 하는 것이다. 외견적 입헌주의 국가에서 교육에 관한 권한을 국가의 전권인 양 오해하여 피교육자의 학습권을 무시하고 국가가 규제하는 객체 또는 국가주의적 수단으로 전락시켜서 전쟁을 위한 도구로 훈련시키는 과정으로 악용해 왔던 일이 있다. 일제의 교육칙어 아래 피교육자인 아동을 천황이라는 군주의 부속물로 보고 군주를 위해서 목숨을 버리는 것을 충성으로 가르쳐 전쟁에서 총알받이로 희생시켰던 잘못된 과거가 있다.

한편 학부모가 그 자녀를 취학시켜야 할 의무는 단지 국가에 대한 의무만이 아니라 학습권의 주체이자 교육의 주체가 되는 아이를 위한 의무인 것이다. 이를 국가에 대한 의무란 관점에서만 해석하면 파시즘적 교육론으로 빠져버릴 수 있다.

우리의 「국민교육헌장」이 국가주의적이며 일제 잔재성을 지니고 있다고 지적되는 것은 피교육자를 독자적 인격이자 주체적 존재로 인정하지 않고 있기 때문이다. 한편으로는 그러한 국가주의·파시즘의 아류를 충성과 애국으로 착각하는 시민정신의 부재 내지 빈곤이 문제이다. 개인 존중의 기본 이념을 무시한 식민지 교육의 수렁에서 아직도 헤어나지 못하고 있는 것이다.

교육의 자주성과 정치적 중립성

〔제31조 4항〕교육의 자주성·전문성·정치적 중립성 및 대학의 자율성은 법률이 정하는 바에 의하여 보장된다.

각급 학교의 행정이 관료의 통제 명령이나 정치적 변동, 당파적 이해에 좌우되지 않도록 법률로 정한 것이다. 이를 위해 교육자치제를 도입하고, 대학의 자율성을 인정하여 대학의 자치도 일응 배려하고 있다. 물론 그러한 법률 규정이 있다 해도 그것이 실제로 시행되고 있지는 않다. 이 규정은 아직은 장래의 희망사항이며 계획 정도로 생각하면 맞을 것이다. 이것이 규범으로서 법을 통해 구속력을 발휘하도록 하는 것이 당면한 과제이다. 이 당면한 과제를 위해 몇 가지 문제점을 사항별로 지적해 본다.

첫째, 우리의 교육 행정은 교육부의 관치 통제에서 벗어나지 못하고 있다. 군정 하에서 교원은 교육부의 지시사항을 받는 사무원이 되었다. 이렇게 일제 총독부의 통제체제를 벗어나지 못했던 이유는 군사정권 이전부터의 식민 잔재가 청산되지 않았고 민주교육의 기본 정신을 올바르게 실천하지 못했기 때문이다.

둘째, 교육의 전문성, 정치적 중립성을 명시하고 있으나 그것의 시행은 대단히 어려운 문제이다. 이를 위해서는 교육에 대한 정권의 정치적 간섭과 규제를 법률의 보장 규정으로 배제해야 한다.

셋째, 대학 자율성의 보장 규정은 좀더 명확히 대학 자치제도의 보장이라고 해서 학문의 자유 규정에 두었으면 적절하였을 것이다. 학문의 자유와 대학의 자치가 어떠한 처지에 있는가 하는 것은 이미 학문의 자유를 다룬 앞 절에서 말했다.

평생교육의 진흥

〔제31조 5항〕 국가는 평생교육을 진흥하여야 한다.

현대 기술문명사회의 일 년은 예전의 십 년, 삼십 년, 백 년이 넘는 기간의 변화와 맞먹을 정도로 빠르게 변하고 있다. 따라서 그에 적응해서 살아남는 일도 쉽지 않다. 한국 교수사회에서 연구를 태만히 해 보직교수가 된 사람이 학계의 변화에 따라올 수 없어서 계속해서 보직을 전업으로 하며 대학에 피해를 주는 경우가 있는데, 일찍이 고등 전문 직종에서 최소한 3년에 한 번 정도는 연수교육이나 재교육을 통해 내실을 꾀하는 것을 제도화하고 있는 이유가 바로 여기에 있다. 일반인이 기술 문명이 가져온 변화에 적응하며 그 성과를 누리기 위해서는 당연히 평생교육이 필수적이다. 이런 교육체제는 스웨덴처럼 대학의 강좌를 일반인에게 공개하고 각종 연수시설의 설치 및 운영이 공사의 각 기관에서 이루어져야 가능하다. 우리도 평생교육에 관한 법제와 각 기관의 프로그램이 있어 이 부문에 대한 노력을 하고 있다. 다만 그 핵심적 내용이 유한적 취미에 그쳐서는 안 되며 시민교육으로부터 출발해 현대사회에 적응해 나갈 수 있는 시각과 자질을 키워나가는 교육과정으로 내실을 기해야 한다.

우리 사회는 학교교육이 학벌주의와 간판주의로 병들고, 학원 부실 경영의 만성화로 인해 교육의 질과 내용이 빈곤해지는 것이 문제가 되고 있다. 이러한 기존 제도 하에서 부실한 교육을 받은 사람들에게 그것을 보완해 주는 교육이 필요하다. 어려서부터 군사독재 하에서 우민 교육의 희생자가 되어 신문 한 장도 올바르게 볼 수 없는 현실에 대해 눈을 감고 외면할 수는 없다. 또한 일제 식민지 교육에 대한 향수에 젖어서 노예교육의 당위성을 맹신하는 지식인이라고 하는 사람들이 유지 행세를 하는 풍토를 개선하기 위해서도 평생교육의 재정비는 꼭 필요하다.

21세기는 우민교육으로 살아남을 수 없다. 이것은 정보와 기술문명사회에 적응하는 자질의 육성 못지않게 자유인의 자질 문제인 것이다. 로마클럽을 창설한 이탈리아의 아우렐리오 펫제이*는 '인류의 미래는 인간의 자질에 달려 있다' 고 하였다. 그가 로마클럽의 이름으로 연구 개발한 교육 프로그램은 우리의 평생교육 프로그램 구상 수립에 도움이 될 것이다. 중요한 것은 평생교육이, 인류가 어떠한 인간형과 미래사회를 지향하는가에 대한 근본 발상의 문제라는 점을 인식하는 것이다.

교육제도 · 재정 및 교원 지위의 법정

〔제31조 6항〕 학교교육 및 평생교육을 포함한 교육제도와 그 운영, 교육 재정 및 교원의 지위에 관한 기본적인 사항은 법률로 정한다.

교육에 관한 주요 조항은 입법 사항임을 정하고 있다. 국민의 교육은 다른 어떠한 것보다 중요한 사항이므로 법률로 정해야 함은 당연하며, 따라서 이를 근거로 교육관계법이 정해졌다. 그러나 우리의 교육 재정은 예산부터 턱없이 부족한 실정이다. 우리 사정은 아직도 냉전시대의 대치 상황 속에서 교육비보다 국방비가 우선하고, 복지보다는 안보가 선행하는 것이 현실이기 때문이다.

특히 교원의 지위는 「교원 지위 향상을 위한 특별법」이 있지만 아직 미흡한 현실이다. 교원에 대한 사회적 처우와 평가의 문제는 교원의 봉급이나 신분보장 규정 몇 개로 해결되는 것이 아니기 때문이다. 법률로 그러한 사항을 정할 때에도 다른 법률과 유기적으로 연계해서 이루어져야 한다. 교수 재임용제나 사립 재단의 인사권 전권 주재 등 교원에 대한 군사정권의 규제 정책이 아직도 그대로 시행되고 있으면서 교원 지위를 운운하는 것도 앞뒤가 맞지 않는 처사이다.

노동기본권

노동권 사상의 발전

노동이 신성한 의무라는 생각은 종교에서 일찍이 강조되어 왔다. 신약성서에도 '이마에 땀을 흘리지 않는 자는 먹지 말라'는 말이 있다. 그러나 근대 이전의 봉건사회에서 지배계급은 육체노동을 하지 않는 기생적 신분이었기 때문에 농노의 육체노동을 천시했다. 동양에서도 『논어』에서 보듯이 군자는 글을 읽는 신분으로서 육체를 써서 일하는 피지배 신분인 농민과 다르다 하여 노동을 천시하였다. 그러나 시민사회에 들어와서 노동이 직업으로서 천직, 곧 소명이라는 사상이 종교 윤리로부터 시민의 사회 윤리로 정착된다. 그렇지만 경제적·사회적 피지배자인 노동자의 노동이 실제로 신성시되어 그에 상응하는 대접을 받은 것은 아니다.

시민사회로서 자본주의 사회의 한계를 돌파, 초극하려는 사회주의 사상이 노동의 사회적 이상을 제고하는 데 크게 기여했음은 두루 알려진 사실이다. 마르크스 이전의 고전 경제학자인 아담 스미스*나 리카도*는 사회적 부의 원천을 모두 노동가치설*에서 구하였는데, 이는 로크의 노동가치설의 구상을 발전시킨 것이다. 하지만 당대의 노동관을 크게 변화시킨 것은 마르크스의 노동가치설에 입각한 잉여가치론이었다.

한편 이러한 마르크스주의의 계급투쟁적 노동관을 수정한 개량주의적 노동권의 사상은 안톤 맹거에게서 볼 수 있다. 그의 노동관과 생존권 사상은 저서 『전노동수익권사론』(全勞動收益權史論)에서 전개되고 있다. 자본주의 사회에서 사회주의로 가는 과도적 단계의 사회에서 노동자는 먼저 사기업에 취업을 해서 살아가는데, 만일 사기업에 취업할 수 없을 때에는 국가가 그에 가름하는 노동의 기회를 제공해 주거나 다른 생활 조치를 취해 줘야 한다는 것이다. 그것이 바로 노동권이다. 이러한 사상은 1848년 프랑스 혁명헌법에 따른 '국민노역장'(國民勞役場)의 실험 선례와 함께 바이마르 헌법의 노동권 규정에 영향을 주었다.

근로(노동)기준의 법정

근대적 노동관계는 전형적으로 대기업에서 집단적 고용관계로 이루어진다. 노동자와 사용자가 시민법상의 계약관계가 아니라 노사협약이란 노동법상의 단체협약에 따른 관계로 맺어지는 것이다. 노사의 관계는 사실상 경제적 강자인 사용자(자본가·기업주)와 경제적 약자인 노동자와의 관계이므로, 약자가 단체의 힘을 이용해 대결하는 한편 계약 자유의 원칙을 수정하여 집단적 고용관계에서는 법률이 미리 정하는 최저한의 노동조건을 사용자 측이 지키도록 하였다. 그런데 헌법재판소는 이를 외면한 채 근로기준법 제37조 2항의 퇴직금 우선변제 조항이 다른 이해 당사자의 재산권을 침해하게 됨으로써 위헌이란 헌법불합치 결정을 했다(헌법재판소 결정 1997.8.21. 전원재판부). 이 판결 법리처럼 현대법의 상식을 무시한 예는 없을 것이다. 이는 경제적 약자를 보호하는 노동법 정신을 시민법의 시각에서 본 것으로 경영 참여 당사자가 아닌 고용된 자에게 기업도산의 연대책임을 부과한 격이다. 더욱이 대법원의 1973년 판결에서 퇴직금은 '후불적임금'이라고 한 법리를 무시하고 있다.

19세기 후반 런던 성냥공장의 여성 노동자들. 이들의 처참한 착취 현실이 폭로된 후 1888년 파업을 일으켜 승리를 거둔다.

근로조건의 기준은 인간의 존엄성을 보장하도록 법률로 정하고 있다(제32조 3항). 특히 여성과 소년 노동자에 대해서는 위험 작업이나 야간작업 등의 금지를 명시하는 특별 보호 규정을 4항과 5항에서 정하고 국가유공자 보호 규정도 6항에 두었다.

자본주의 사회가 발달함에 따라 사회적 모순으로 인하여 제일 먼저 사회문제가 된 것은 소년과 여성 노동이었다. 그들은 저임금과 열악한 노동조건 속에

□ **노동자와 근로자**

우리나라의 헌법을 비롯해 법률에서는 노동자를 구태여 '근로자'라고 해서 근로기준법이란 말로 노동기준을 정하고 있다. 그러면서 노동조합은 '근로' 조합이라고 하지 못하고 있다. 될 수 있으면 노동자라는 말을 쓰기를 꺼리는 것이다. 비단 노동자란 말 이외에 '인민'이란 말도 사용하지 않고 있다. 이러한 언어 구사의 금기는 해방 후 좌익 측에서 노동자나 인민이란 말을 쓰기 시작한 데서 기인한 것 같다.

그런데 냉철하게 생각하면 노동조합은 근로조합이라는 말로 사용하지 않으면서 노동기준은 근로기준으로 표현하고 있는 것은 우스운 일이 아닐 수 없다. 우리의 법률용어는 대개 일본의 것을 따르고 있는데 일본도 노동기준법이라는 표현을 쓰고 있다. 근로권이 아닌 노동권이라는 말을 쓰게 된 것도 그 영향이다. 일본 법제의 법률용어를 어원으로 하는 우리 법률용어에서 우리 식의 것이라는 언어학적인 근거 없이 이상한 용어를 쓰는 상황이 된 것은 바람직하지 못하다. 이러한 잘못된 용어들은 하루빨리 바로잡아나가야 할 것이다.

서 장시간 혹사당해야 했다. 그래서 초기의 노동 입법은 소년과 여성 노동에 대한 보호 입법으로부터 비롯되었다. 위의 규정은 그러한 입법의 연혁을 존중하는 뜻에서 주의적으로 둔 것이다.

노동의 권리와 의무

헌법은 바이마르 헌법의 예에 따라 노동의 권리를 정하고 있다. 여기서 노동권에는 두 가지 뜻이 있다. 하나는 멩거가 말한, 자본주의 사회에서 사회주의 사회로 넘어가는 과도기에 처한 노동자의 생존권으로서의 노동권이다. 그것은 노동시장에서 사기업에 취업하지 못하게 된 노동자가 법률이 정하는 바에 따라 노동의 권리를 청구할 권리이다. 또 하나는 생산수단이 공유화된 사회주의 사회에서 노동자의 직접적인 청구의 형태를 띤 노동권이다. 한국 헌법이 정하는 근로의 권리 또는 노동권은 물론 전자에 속한다.

노동자는 노동시장에서 개별적으로 사기업에 취업하는 것으로 가정되고 있으나, 만일 노동자가 취업을 할 수 없을 때 법률이 정하는 바에 따라 노동의 기회를 제공한다면 그 법률의 근거에 따라 청구하는 것이다. 따라서 이는 법률의 규정이 없으면 실현되지 못하는 불완전한 권리이다. 바이마르 헌법 제163조 2항은 "각 독일인은 경제적 노동에 의하여 그의 생계를 영위할 가능성이 부여되어야 한다. 그에게 적당한 기회가 부여되지 아니하는 한은 그 필요한 생계에 대해 배려받는다. 상세한 것은 라이히의 법률에 의해 정한다"고 했다. 한국 헌법의 노동권도 바이마르 헌법처럼 입법 조치가 있어야만 보장되는 권리이다.

노동의 의무는 노동의 권리에 대응하는 개념으로, 노동권을 행사하는 주체가 그러한 노동권 보장의 법률에 대해 부담하는 의무이다. 따라서 이 권리와 의무의 주체는 노동자·근로자라는 사회적 신분에 한정된다. 이러한 취지에 따라서 제32조 2항의 근로의 의무를 이해해야 한다. 특히 2항에서 근로의 의무의 내용과 조건을 민주주의 원칙에 따라 정하도록 한 것은 강제노역 같은 비인도적인 행위는 물론이고 노동의 의무가 그 의무 주체가 되는 특정 계층에게 불이익하게 부과되는 것을 미리 막고자 하는 것이다.

노동삼권의 유래와 내용

경제적 약자인 노동자가 생존하려면 단결밖에 다른 방도가 없다. 그래서 산업혁명 후 일찍이 노동자들은 단결하려는 움직임을 보였고 그에 대해 사용자와 정부는 일관되게 탄압으로 대처해왔다. 산업혁명의 모국 영국에서도 보통법상 노동자의 단결은 계약의 자유를 침해하는 강박행위로서 19세기 초까지 범죄로 처벌되었다. 그 후 이러한 억제가 방임되고 단결, 다시 말해서 노동조합의 결성과 가입의 자유가 인정된 것은 훨씬 후인 19세기 말엽이었다. 이는 노동자의 오랜 투쟁의 산물이다. 프랑스에서도 혁명 직후 노동자의 결사와 집회의 자유가 샤프리에 법(결사금지법)*으로 탄압의 대상이 되었다. 엥겔스가 24세에 쓴 『영국 노동계급의 상태』(1844)는 영국 의회의 국정조사 자료에 의거해 쓴 책인데, 여기서 노동자의 헌장운동(차티스트 운동)*을 통한 투표권 등의 권리 획득 운동이 얼마나 가혹하게 탄압되었으며 당시의 노동자의 상태가 얼마나 열악했던가를 생생하게 보여주고 있다.

노동자의 투표권을 요구하는 집회를 탄압하는 경찰 (1842년 영국 *Illustreated London News*의 카툰)

자본주의 사회를 건전하게 유지하려면 건전한 노동력이 있어야 하고, 건전한 노동력을 보존하려면 노동자의 권익이 보장되어야 한다는 사실을 노동자는 오랜 투쟁을 통해서 공인받게 되었다. 단결권, 단체교섭권 및 단체행동권은 시민적 자유인 결사의 자유, 계약의 자유 및 시위·집회의 자유와 구별된다. 이 권리는 노동자가 생존을 위해서 행사하는 권리로서 자유권이 아닌 사회권에 속한다. 그래서 노동자는 시민으로서 시민적 자유도 누리는 동시에 경제적 약자의 생존의 권리로서 노동삼권을 가진다.

　그 중 첫째, 단결권이란 노동조합을 결성하고 결성된 조합에 가입하며 조합의 강화·확장을 위한 각종 활동을 할 수 있는 권리이다. 시민적 결사와 다른 것은 단체의 구성 목적과 구성원 유대 등이다. 조합 결성은 신고제로 행정 당국은 물론 사용자로부터도 부당, 불법한 제약이 가해져서는 안 된다.

　1997년 개정된 법률에서는 기업 단위의 복수노조를 2002년 12월 31일까지 한시적으로 금지했다. 그런데 2001년 2월 노사정위원회는 이 금지조항을 노조 임원에 대한 급료 지불 금지와 함께 2007년까지 다시 연장했다. 교원과 공무원은 원래 노조 결성이 금지되었는데, 교원 노조는 「교원 노동조합의 구성과 운영에 관한 특별법」으로 마지못해 인정했고 공무원 노조에 대해서는 2003년 노동부가 공무원노조법안을 입법예고한 상태이다. 한편 제삼자개입금지 조항은 1997년 노동법에서 삭제되는 대신에 노사가 지원받을 수 있는 자의 범위를 한정적으로 명시해서 제한하고 있다.

　둘째, 단체교섭권은 시민법상의 노무 계약이 아니라 노조가 당사자가 되어 사용자와 단체협약을 체결하는 권리이다. 임금이나 노동조건에 대한 합의 사항을 1년 이상으로 연장하지 못하게 한 것은 물가인상 등 경제 상황의 변동에 대응하여 매년 협약을 갱신하는 것이 노동자의 권익 향상에 필수적이기 때문이었다.

　셋째, 단체행동권은 단체교섭이 노동자에게 유리하게 작용하도록 압력을 가

하는 수단으로 파업이나 집단적 시위 등의 방법을 이용하는 권리이다. 그러나 단체행동은 쟁의 발생 즉시 할 수 있는 것이 아니다. 냉각기간을 두어서 조정이나 중재를 거치게 하고 있으며, 공익사업의 냉각기간은 더욱 엄격하게 규정되어 있다.

그런데 이러한 노동삼권은 시민적 자유의 전통이 없는 사회에서는

1960년대 전자제품 생산라인에서 일하는 여성 노동자들

쉽사리 무시되고 유린된다. 특히 한국 보수층을 비롯한 대부분의 정치인은 노동삼권을 비롯하여 노동 대중 등 경제적 약자의 생존 기본권 차원에서 생겨난 노동관계법의 제반 권리에 대한 법인식이 전혀 부족하다. 당초에 노동권이나 그에 따른 노동법은 경제적 약자를 경제적 강자인 자본가·기업경영자·사용자로부터 보호해야 한다는 정신에서 출발하고 있다는 사실을 무시하고 있는 것이다.

개발독재 하에서 독과점 대기업의 이해를 우선한 경제개발을 추진하는 정치 세력은 노동자의 저임금과 장시간 노동을 경제 발전의 발판으로 삼기 위해 노동운동을 탄압하였다. 한국의 군사정권이 출범부터 노조에 대한 탄압으로 일관해온 이유가 바로 여기에 있다. 노동운동에 대한 오랜 억제 전략은 치안이나 안보문제로 위협하여 억압하는 것이었다. 이러한 노동 정책의 잔재가 입법이나 노동 행정에 아직도 그대로 남아 있어 문제가 되고 있다.

노동쟁의가 발생해도 그것은 어디까지나 민사관계에 준하는 수평적 거래관계이므로 현행범이 아닌 한은 체포, 구속하지 못한다. 그러나 군정기간에 당국이나 사용자의 노동쟁의에 대한 대책은 집시법(「집회 및 시위에 관한 법률」) 위반이나 보안법 위반으로 단속·구속하는 치안 위주의 대응에 머물렀다. 사용

자는 파업 파괴 전문가나 구사대(救社隊)라는 폭력 조직을 동원하기도 했다. 뿐만 아니라 근로감독관도 오히려 사용자의 편에서 개입하였다.

특히 정치자금법과 공직선거법에 의한 노동조합의 정치활동 제약은 세계에 유례가 없는 악법이다. 한국 정부는 조합을 어용화시켜 정치적으로 이용하는 한편 노동조합의 정치운동을 일체 금지하고 회사에 예속시키면서 노동운동을 극도로 왜곡해 왔다. 민주주의와 산업혁명의 모국인 영국의 경우를 보면 노동당이 노조의 정치헌금과 노동자의 지지를 기반으로 국정을 담당하고 있다. 일본의 혁신계 정당 또한 노동조합을 기반으로 하고 있다. 보수정당이 자본가 단체인 전경련의 지원을 받고 유력한 독점기업의 자금지원을 받으면서 그와 대립하는 약자가 자기를 정치적으로 대변하는 정당을 지지할 수 없다는 것은 무슨 논리인가? 노조의 주장과 활동 목적은 경제적 권익이지 정치운동이 아니라고 그럴싸한 궤변을 들이대지만 정치를 통하지 않고 경제적 이익이나 권익을 실현 관철할 수 있단 말인가? 노동조합을 위험 단체나 반체제 집단으로 사찰 감시 공작하던 군사정권이나 식민지시대의 발상과, 노동운동 대책을 치안 대책으로 몰고 가던 궤도에서 벗어나야 한다. 그러한 구시대 잔재에서 벗어나지 않고선 민주 복지국가로의 길은 없다.

주택권과 깨끗한 환경에서 살 권리

산업화와 주택문제

영국에서 산업혁명 이후 가장 기본적인 사회문제로 등장한 것은 노동자의 열악한 노동조건과 주택문제였다. 농촌에서 도시로 옮겨온 노동자들이 생활하는 공장 근처의 염가 주택이나 빈민촌들은 열악한 환경으로 또다른 사회문제들을 낳았다. 좁은 주택 공간에 다세대가 밀집, 동거하면서 생기는 상·하수도 시설의 부재, 전염병 발생, 치안의 부재, 버려지다시피 한 청소년의 저임금 노동과 범죄 등이 엥겔스의 『영국의 노동계급의 상태』에 상세하게 지적되어 있다. 엥겔스는 또 「주

엥겔스

택문제」라는 장편의 논문을 통해 이러한 문제점을 상세히 고발하고 있다. 자본주의의 수정이라는 과제 중에서도 주택문제는 기본적이고도 긴급한 과제가 되어 왔다. 1945년 8월 16일 비버리즈의 복지정책을 추진하던 영국 의회에서 수상 애틀리*는 '나는 인간 정신에 있어서 주택 이상으로 소중한 것은 생각할 수 없다고 봅니다. 국가가 당면한 최대의 문제는 주택문제입니다. 정부의 긴급하고 중요한 과제는 모든 가능한 수단을 다해서 주택을 충실화하는 것입니다' 라고 강조했다.

우리도 해방 당시에는 해외 동포의 유입으로 인한 주택난을 겪었고, 1950년 당시에는 피난민이 넘쳐 판자촌이 형성될 정도였다. 그러나 이승만 정권은 전후 복구에서 주택문제를 방치하다시피 했다. 박정희 군사정권은 도시 빈민의 판자촌을 개발 명목으로 쓸어버리는 데는 용감했지만, 정작 주택정책은 주택업자의 이익을 대변하는 데 지나지 않았다. 그것은 서대문 지역의 와우 아파트 붕괴 사건과 1970년대 광주 단지 빈민들의 봉기 사태에서 극명하게 드러난다. 특히 1980년대 신군부의 부동산 거품경제를 타고 재벌이 벌인 부동산과 주택 투기는 결국 전 인구의 절반 이상으로부터 내 집 마련의 꿈을 앗아갔다.

노태우 정권 말기에는 월세와 전세금이 매년 올라 이를 감당할 수 없는 도시 빈민의 일가가 집단 자살하는 사건이 잇달아 일어났다. 이에 주택 몇만 호 건

설 계획을 내놓았으나 주택 건설업자의 졸속 부실 공사가 성행해 국민은 또다시 그 피해를 볼 수밖에 없었다.

환경권에 대해 규정한 헌법 제35조 3항에서는, 그 내용은 화려하지만 말뿐인 주택에 관한 장식적인 규정을 달아놓고 있다. 하지만 주택권의 문제는 개인으로서는 환경권 이전에 생존의 필수요건이다. 사람이 먹고 입고 자는 문제가 해결되지 않으면 생존하기 어렵기 때문이다. 주거가 있고 난 뒤에야 비로소 주변 환경의 위생이나, 병원, 탁아·유치원 시설, 교통편의 시설, 치안·안전 보장 등을 고려할 수 있다. 이러한 면에서 보자면 현 주택정책이 안고 있는 가장 큰 문제점은 뭐니뭐니해도 저소득 무주택자의 주거를 해결해주지 못하는 것이다. 지금처럼 공공의 임대주택 정책이 제대로 추진되지 못하는 조건에서 평균적인 봉급생활자는 평생토록 저축을 해도 내 집 마련의 꿈이 요원하다. 결국 이는 복지국가의 이념과는 거리가 먼 현실이 되고 만다.

인간다운 생활은 삶의 터전이 마련된 상황에서 현실화될 수 있다. 이러한 의미에서 주택권은 인권이며 사회권이다. 헌법은 "국가는 주택 개발 정책을 통하여 모든 국민이 쾌적한 주거 생활을 할 수 있도록 하여야 한다"(제35조 3항)고 정해서 장래 정책에 미루고 있다. 그러나 주택권은 인간이 자기의 생활 공간을 확보하고 최소한의 위엄과 안전을 누리며 살아갈 인권이므로 시급히 보장되어야 한다.

인권으로서 주택권

헌법의 규정은 주택 조항을 인권으로 규정하지 않고 주택 개발 정책으로 정하고 있다. 그런데 인간으로서 생활공간 없이 살아간다는 것은 인권 자체의 근본 조건이 결여된 허상이다. 결국 주택권을 인권으로 해석하고 그것의 입법적 근거를 확보하지 않고서는 다른 인권도 무의미한 형식적 규정에 그쳐버리고 만다.

인간다운 생활의 공간적 조건으로서 주거권 또는 주택권은 안전하고 건강하게 살 수 있도록 쾌적하고 편리하며 가계비를 압박하지 않는 주택의 임대 또는 소유를 보장하는 것이다. 물론 이것도 입법으로 구체적인 주택정책이 세워져서 추진되어야 실현되는 권리이다.

현재에도 부동산 투기를 억제하여 주택 가격을 안정시키려는 정책으로 부동산실명제와 토지 투기 억제책이 시행되고 있다. 또 무주택자의 주택 분양 우선순위 부여, 주택 매입 자금 융자, 전세권 등기제를 통한 전세권자 보호 등 각종 조치가 강구되며, 호화·고가 주택의 건축보다 서민 주택의 건축을 권장하고 있다. 그렇지만 그것만으로는 부족하다. 정부는 먼 장래를 내다보고 중·장기 및 단기의 주택정책을 제시하여야 한다. 그리고 부동산 투기와 주택 월세 및 전세금의 인상을 억제하는 정책이 필요하고, 무주택자 보호 입법이 보완되어야 한다. 주택 건설업자나 투기꾼의 발호를 더욱 강력하게 단속하고 세제 개혁을 통해 불로소득과 탈세의 틈을 줄여가야 한다. 그 밖에 궁극적으로는 공공임대주택을 대대적으로 건설하는 계획이 추진되어야 한다. 모든 시민이 반드시 주택을 소유하게 하는 이상을 실현하려는 것만으로는 대책이 될 수 없으며, 주택을 소유하지는 않더라도 실질적으로는 삶의 공간을 확보하는 서구식 공공임대주택제도를 보편화해야 한다. 소시민이나 노동자가 자기 소유 주택을 마련하기 위해 평생을 누고 소득을 바쳐야 할 정도로 미련하고 불합리한 희생을 강요하는 사회는 없다. 임대주택으로도 자기 생활공간으로서 불편 없이 위엄과 품위를 손상치 않고 살 수 있는 분위기가 법제 장치로 보장되어야 한다. 그러한 제반 주택 조건이 이룩되도록 우리는 각종의 방법으로 노력해야 한다.

산업화와 환경문제의 발생

산업화의 추진 목적은 사람이 풍요롭고 편리하게 살아가자는 데 있다. 18세기 산업혁명 이래 이루어진 발전은 이전 몇 세기의 발전을 합친 것보다 더한 물질적 풍요와 생활의 일대 변화를 가져왔다. 또 그에 따른 대가도 치러야 했는데 그것은 자연 생태계의 파괴에 따른 문제이다. 잘 살고자 한 일이 자기도 살 수 없는 환경을 만들어 자연의 보복을 당하게 된 것이다.

1900년대에 쓰인 업튼 싱클레어*의 소설『정글』은 시카고 이민 노동자 가족인 주인공이 식육업계 공장에 노동자로 고용되어 저임금 하에 살아가면서 노동운동에 눈 뜨는 이야기이다. 썩은 쇠고기를 방부, 착색하여 햄을 만들고 그 썩은 쇠고기 속에 죽은 쥐가 빠진 것이 그대로 혼합 분쇄되어 식탁에 오르는 고기로 둔갑되는 과정으로부터 업계의 부정과 부패의 내막, 노동자에 대한 가혹한 착취와 노동자 가족의 열악한 생활 상태 등이 극적으로 묘사된 충격적인 소설이다. 테오도르 루스벨트는 백악관에서 이 소설을 보다가 자기 식탁에 있는 햄 등 고기를 창문으로 던져 버렸다고 한다. 그것이 계기가 되어 식육업관계의 법률 입안이 추진되었으나, 그 법률의 완성은 존슨 대통령 때인 1960년대에 이루어진다. 존슨 대통령은 1900년대에 식육업계의 문제를 제기했던 싱클레어를 이 법안 서명의 입회인으로 초빙했다. 싱클레어가 이 소설을 집필할 당시 그의 나이는 20대였는데 백악관에 그가 초청되었을 때에는 80여 세의 고령이었다. 이 예는 공해 방지의 입법이 얼마나 어려운 것인가를 극명하게 보여주고 있다.

1960년대에는 해양생물학자인 레이첼 카슨*이 환경오염의 진상을 폭로한『침묵의 봄』이란 책으로 미국 독서계를 뒤흔들었다. 우리나라에도 번역, 소개된 이 책은 농약의 남용이 싱싱하고 생기에 넘치는 산야, 하천 및 바다를 죽음의 정적으로 몰아넣는 엄청난 사실을 폭로하고 있다. DDT의 사용이 얼마나 무서운 결과를 초래하는가, 우리가 무심하게 뿌린 살충제가 생태계를 파괴해서 결국 우리에게 어떻게 되돌아오는가를 생생하게 말해주고 있다. 당시의 농약업자들은 카슨을 비방하고 그의 주장이 허구라며 끊임없이 중상하고 괴롭혔

지만, 지금 이 책은 환경문
제의 고전이 되었다.

레이첼 카슨(왼쪽)과 『침묵의 봄』(오른쪽)

1960년대 무모할 정도로
개발지상주의를 추진하던
군사정권은 일본에서 수은
중독이 원인인 미나마타병*
이 문제가 되었을 때에도
공업화에 따르는 공해를 오
히려 성장과 발전의 징표로 삼았다. 1970년대 로마클럽이 펴낸 『성장의 한계』
라는 보고서도 일부 지식인에게만 화제가 되었을 뿐 별다른 영향을 주지 못했
고 기업의 이익을 위해 환경문제는 계속해서 뒷전으로 밀려날 수밖에 없었다.

생명권과 건강권의 전제인 환경권

헌법의 환경권 규정은 1980년 제8차 개헌에서 신설했고, 그 후 제9차 개헌
에서 이를 일부 보완했다. 이러한 헌법의 환경권 규정이 없을 때에도 환경권은
인간 존엄과 행복추구권 및 인간다운 생활을 할 권리의 보장 규정에 근거하여
헌법상의 권리로서 이론적으로 확고한 지위를 굳혔다. 이는 일본의 오사카 변
호사회 연구팀이 개척해서 일본 헌법학의 공인을 받은 해석론을 참조하여 이
룩된 것이다. 환경권을 헌법에 명문 규정으로 둔 것은 스페인 헌법에 이어 선
구적인 입법이라고 할 것이다.

헌법의 환경권 규정

〔제35조 1항〕 모든 국민은 건강하고 쾌적한 환경에서 생활할 권리를 가지며, 국가와
국민은 환경보전을 위하여 노력하여야 한다.

〔제35조 2항〕환경권의 내용과 행사에 관하여는 법률로 정한다.

〔제35조 3항〕국가는 주택개발정책 등을 통하여 모든 국민이 쾌적한 주거생활을 할 수 있도록 노력하여야 한다.

환경권의 주체는 국민이고 구체적으로 주민이 된다. 이 권리는 환경 파괴로 인한 생명권과 건강권의 침해로부터 보호를 구하는 생존의 권리로, 사회권의 하나로서 분류한다. 환경 파괴의 주체는 자연을 개조하여 이윤을 취득하려고 하는 기업이나 그에 준하는 주체로서 사인이나 공기관이 포함되며, 이에 대해 환경권의 일반적 주체는 주민으로부터 개개의 개인이 될 수 있다. 이 때 가해자와 피해자 사이의 분쟁은 먼저 불법행위의 형태로 법률문제가 된다.

불법행위라 함은 민법상의 채권과 채무 관계가 발생하는 행위로, 고의나 과실로 인한 위법행위로 타인에게 손해를 가한 자는 그 손해에 대해 배상책임을 지는 것이다. 이때 가해와 손해 발생 사이에 인과관계의 증명이 있어야 한다. 그런데 공해로 인한 손해 발생은 공해라는 가해행위가 장기간의 다발적 요인이 복합적으로 작용하여 나타나기 때문에 종래의 인과관계의 법칙에 따라서 증명하기 어렵다. 그래서 학자나 일부 판례는 상당 인과관계의 증명보다 개연성(蓋然性)의 증명으로 이 문제를 해결해야 한다고 보고 있다. 그런데 이 설은 아직도 일반적으로 승인되고 있지 못할 뿐만 아니라, 사법상의 구제만으로는 공해로 인한 환경 파괴에 대처할 수도 없다. 따라서 불법행위에 대한 구제 이외에 행정상 규제를 하는데 환경보존법이 그 일반법이라 하겠다. 행정상 사전·사후의 예방과 시정 조치를 가하고 행정벌과 행정강제를 통해서 대처하는 것이다.

다음에는 형벌 법규로 공해 책임자를 처벌한다. 행정벌을 형사벌로 보완해 효과를 보려는 시도인데, 자유형과 재산형이 함께 부과된다.

그 밖에 환경오염은 국경의 장벽을 넘어 발생하는 국가 간의 문제가 되기 때문에 해양, 하천의 수질오염 및 대기오염에 대해 국가 간 협약을 맺어서 해결토록 한다. 중국에서 불어오는 황사나 서해의 해양오염 문제 등은 우리나라만으로는 해결할 수 없으므로 당사국의 협조가 필요하다.

환경오염을 해결하려면 기업이 오염 방지를 위한 사전 및 사후 시정 조치 비용을 부담하게 하고 기업의 자제와 윤리를 요구해야 한다. 그런데 자본주의 시장경제의 생리상 환경 보존에 비용을 들이는 기업보다 그렇지 않은 악덕 기업이 경쟁에서 더 유리해지므로, 환경 보존에 비용을 들이고 환경 기금으로 자기 이윤 일부를 헌납하는 기업에 대한 보상이나 표창 제도를 병행해야 한다. 그리고 궁극적으로는 시민이 환경 보존에 대한 의식을 가지고 환경운동을 강력하게 추진하여야 한다. 원자력 발전으로부터 공장의 오염 물질 배출, 도시 주민의 쓰레기에 이르기까지 모두 시민의 자발적 협조가 없이는 해결될 수 없는 어려운 과제들이다.

소비자의 권리와 농어민, 중소기업자를 위한 사회정책

소비자의 권리

헌법 제9장 경제 조항에는 소비자에 대한 규정으로 소비자 보호운동 육성 조항이 있다.

〔제124조〕 국가는 건전한 소비행위를 계도하고 생산품의 품질 향상을 촉구하기 위한 소비자 보호운동을 법률이 정하는 바에 의하여 보장한다.

현대 산업사회의 발전으로 독과점 대기업이 시장경제를 마음대로 움직일 수 있게 됨에 따라, 공정거래의 질서를 회복하기 위한 경제 규제 이외에 소비자로서 시민의 권리가 생존권의 문제가 되었다. 이 소비자의 권리는 1960년대 미국 대통령 케네디가 「소비자 권리 교서」에서 밝힌 것으로 소비자가 상품의 정보를 알고, 그 상품의 위해에 의한 피해로부터 구제를 받으며, 소비자의 요구가 생산자에게 적절히 전달될 수 있는 권리를 말한다.

한때 '소비자는 왕'이란 기업의 상업 광고가 유행하였지만, 독점기업의 막강한 위력 앞에 소비자는 개인으로서 무력한 존재이다. 여기서 집단적 결집에 의한 자구행위의 일환인 소비자 시민운동의 필요성이 제기된다. 정부는 소비자보호원이란 공공기구를 두고 소비자운동의 보호, 육성을 꾀하고 있다.

농어민과 중소기업의 협동조합

독점기업 앞에서 생존권이 위협을 받고 있는 것은 소비자 이외에 농어민과 중소기업자도 마찬가지다. 그래서 이들에게 협동조합을 조직하게 하여 그 권익 보장을 뒷받침하고 있다.

그러나 소수 독점기업이 시장을 장악하고 있고 정경유착의 폐습이 이어지는 환경에서 농어민과 중소기업자의 문제는 생각보다 심각하다. 1960년대 이후 개발독재 하의 성장 정책은 농촌의 과잉 인구를 도시로 유입시켜 저임금 노동을 부채질했고, 저임금 체계는 농산물 가격을 묶어놓는 저곡가 정책으로 뒷받침되었다. 1970년대 당국이 고구마 수매 약속을 어겨 파산한 농민이 궐기한 함평 고구마 사건을 비롯해 농촌정책에 항거한 다수의 농민운동은 박 정권의 몰락을 재촉한 민중운동들 중 하나다. 그리고 지금은 농산물 시장까지 완전히 개방되어 식량 자급이 중지된 지 오래다. 이른바 '세계화'란 미국주도의 시장경제의 체제 재편성은 농산물 개방, 특히 쌀 수입을 의무로 부과해 허약한 농업이 몰락위기에 처하고 있다. 식량자급은 고사하고 무기농법의 남발로 환경이 오염되고 물을 저장하는 전답(논)이 감소됨에 따라 물 부족의 위기가 국토의 사막화로 이어질 위기를 맞고 있다. 절대 농지조차 계속 잠식되면서 농촌경제의 몰락은 가속화되어왔다.

한편 중소기업은 독점기업 하에서 하도급(하청) 기업으로 겨우 연명해 오고있다. 그러나 재벌 위주의 경제구조가 시정되지 않는 한 해결의 실마리를 찾기란 쉽지 않다.

그렇다 하더라도 농어민과 중소기업자는 협동조합 운동을 비롯해서 자구적 사회운동을 힘차게 펴나가야 하며, 이에 대해 정부는 공정거래의 시장 기능을 회복하면서 제119조가 정한 균형 있는 경제의 발전과 경제의 민주화를 이룩할 수 있는 경제정책, 사회정책을 추진해야 할 것이다. 그리고 무엇보다 농어민과 중소기업자가 주체적으로 나서서 건전한 경제정책을 수립, 집행하도록 밑으로부터의 운동을 활성화시켜나가야 한다.

7장 | 기본권을 침해당하면 어떻게 해야 하나?

법치와 인권 침해에 대한 구제

법은 멀고 주먹은 가깝다?

시민사회는 계약과 거래로 이루어진 사회이기 때문에 법을 지키지 않고 상식에 반하여 억지를 부리는 사람이 많으면 사회가 혼란스러워진다. 더욱이 그런 행위들이 권력을 집행하는 관료나 권력을 방패삼아 행세하는 세도가에 의해 자행될 때에 그 문제는 더욱 심각해진다. 시민사회 이전부터 우리 주변에는 '법은 멀고 주먹은 가깝다' 라고 하는 속담이 있었다. 이러한 사회적 폐풍과 악습이 아직도 판을 치고 있는 데에는 여러 가지 이유가 있겠지만, 그 중에서도 헌법을 파괴한 쿠데타로 정권을 잡은 군부독재의 통치로 인한 부작용이 가장 클 것이다. 멀쩡한 정부를 총칼로 뒤집어엎고서는 질서가 없으니, 부패가 만연

했느니, 나라가 위태롭다는 등의 궤변이 그럭저럭 통해온 듯한 세상이기 때문이다.

그러나 법은 부정한 힘과 폭력을 억제하기 위한 것이다. 정의에 어긋나는 힘을 억누르고 조리와 이치가 통하는 질서를 세우기 위한 것이다. 주먹이 지배하는 세상이 아니라 법이 통하는 세상을 만들어 가자는 것이 법치이다. 또 이 법적 질서와 안정에 따라 권리가 보장되고 침해된 권리가 회복되도록 해야 한다. 결국 법을 세운다는 것은 마지막에는 재판을 통해 시비를 가리는 것이 된다.

시민적 법치국가의 본질

근대 이전의 국가와 시민적 법치국가가 근본적으로 다른 것 중 하나는 지배층 간에 분산되었던 무장력을 정부가 통괄하여 관리한다는 점이다. 봉건사회의 '결투 재판'은 법적 분쟁이 발생했을 때 권위 있는 재판소가 해결하지 못하고 세력 있는 당사자끼리 결투라는 실력으로 해결하는 수단이었다. 무장력이 국가 관리 하에 있지 않고 각 신분이 자위 차원에서 보유하는 권리와 같은 것이었기 때문에 재판기관이 그러한 세력에게 법을 강제하는 데는 한계가 있었다. 근대 시민국가는 질서를 기반으로 하되 그 질서의 최종적 유지 장치는 재판이고, 이 재판을 담보하는 실력 장치로서 무장력은 정부의 독점적 관리 하에 두게 된다. 그 대신에 공정성은 법 집행의 절대 요건이다. 물론 법이 무력화되는 최악의 사태를 당하면 인민이 스스로 자위책으로 무기를 들고 봉기하게 된다.

동양적 전제주의 풍토 하에서는 각 신분에 따른 무장권이란 생각할 수 없었다. 전제권력 앞에서 무방비 상태로 살아온 사람에게 무장력을 가질 권리란 이상하게 보일 것이다. 그렇지만 서양 중세 봉건사회의 암흑시대에도 하층 농노에 이르기까지 그 신분에 따라 다르지만 무장권이 인정되었다. 이 무장력은 외적 방어를 위해 영주에게 협조하는 것이므로 영주가 이를 원천적으로 말살할 수는 없었다. 서양에서 자유의 전통은 고대 게르만족 민회의 전사의 모임이나 고대 그리스의 자유민 등 무장한 주체의 존재로부터 비롯되어왔다. 16세기 이래의 농민전쟁이나 영국의 시민혁명과 프랑스혁명이 무장한 농민과 시민에 의한 참여와 봉기로 성공한 것은 무장권의 전통 하에서 각개 민중이 무기를 다룰 수 있었기 때문이다. 폭정에 대한 저항은 단순히 맨주먹의 외침만으로 되는 것이 아니었다. 이러한 전통을 이은 미국 연방헌법의 수정 제2조는 인민 무장권을 정하기를, "규율 있는 민병은 자유로운 국가의 안전을 위해서 필요한 것이므로 인민이 무기를 보유하고 휴대하는 권리는 불가침이다"라고 하였다.

근대 시민적 법치국가에서는 이러한 무장력을 정부가 관리하고 개인의 자위적 실력 행사를 정당방위나 자력구제와 같은 예외적인 사태에 한정시켰다. 법으로 권리를 구제하는 평화적 분쟁 해결의 수단을 보장한 것이다. 그래서 시민적 법치국가의 재판기관은 공정과 정의를 생명으로 하며, 이에 대한 신뢰가 바로 법원의 독립이 가능한 힘을 제공하는 비결이다. 법치국가의 조건은 재판에 대한 시민의 신뢰를 기본으로 하는 시민적 질서에 있다.

인치와 관치는 법치의 자해행위

입헌주의 국가의 조건이 미숙했던 19세기 독일의 외견적 입헌주의 체제는 '관헌국가', 다시 말해서 관료가 지배하는 체제였다. 메이지유신 이후의 일본 역시 독일과 마찬가지로 관헌국가였으며 아직도 과거의 잔재가 남아 있다. 우리나라 역시 일제의 영향과 해방 후의 독재정권으로 말미암아 관치와 인치(人治)의 단계에서 몸부림쳐 왔다. 민주주의의 기본인 선거가 부정과 타락에 이르는 것도 '관권 선거'로부터 연유한다. 위로부터 관료의 조작과 강제가 모든 생활 영역에서 판을 치고, 재판이나 사법 절차도 관료주의에 의해 병들었다. 게다가 관료가 떡값이나 뇌물을 받는 행위가 일상화하면서 관료사회는 부정부패의 온상이 되었다. 아직도 교도소나 구치소, 유치장에 가면 '유전무죄, 무전유죄' (有錢無罪 無錢有罪, 돈이 있는 자는 무죄가 되고, 돈 없는 자는 죄를 뒤집어쓴다)라는 말이 유행하고 있다. 급행료를 얹지 않으면 될 일도 안 되고 멀쩡한 사무 절차도 제대로 돌아가지 않는다. 바로 이런 것이 법치를 안으로부터 붕괴시키는 요인이다.

　정치인과 관료가 부자가 되는 나라는 장래의 희망이 없다. 그런 나라에는 정의가 설 자리가 없기 때문이다. 정의가 설 자리가 없는 나라에서 약한 자는 항상 힘센 놈과 교활한 악당의 먹이가 된다. 그러한 세상을 우리는 무법천지라고 한다. '무법천지' 가 되지 않도록 하기 위한 최종적인 저항권의 발동 없이 법이 세워지는 사회를 우리는 법치국가라고 한다. 이 법치를 세우는 첫걸음이 법을 통한 권리 구제이다.

　근대법은 권리 본위로 구성되어 있기 때문에 법은 그것을 통해 주장하는 사람이 세워 나가야 한다. 시민적 법치에서 재판의 제1원칙이 당사자주의로 되어 있는 이유가 그것이다. '권리 위에 잠자는 사람은 보호받지 못한다' 는 엄연한 원칙을 알고 실천하는 데서 시민 생활은 출발한다. 헌법과 법률이 정하고 있는 자유와 권리의 구제 절차는 그 구제의 가능 조건일 뿐이다. 이 가능 조건은 권리를 주장하는 당사자가 나서서 권리를 구체화시킬 때 비로소 충족된다. 이 법리를 분명하게 알아야만 청구권의 의미를 이해할 수 있다.

청원할 권리와 국가기관의 심사할 의무

하고 싶은 말은 해야 한다

우리가 정부에 세금을 내고 국가기관을 운영하는 것은 이들이 우리의 요구에 따라 움직이는 기관이기 때문이다. 그러므로 우리가 정부의 종이 아니라, 정부가 우리의 공복이라는 점을 인식하고 그런 권리를 주장할 수 있어야 한다. 그러나 현실은 그렇지 못하다. 국민은 정부라는 지배체제 앞에 고개를 숙이고 오히려 그에 대해 두려움마저 느끼고 있다. 그러한 현실을 이념과 목표에 맞게 고쳐가는 일도 우리의 몫이다. 그것만이 국민이 권력의 노예가 되는 것을 막을 수 있다.

전제군주의 공포정치 하에서도 불평불만을 발산하고 언론의 숨통을 트고자 하는 장치가 있었다. '신문고'나 민성(民聲, 백성의 소리), 언로(言路, 말길) 등이 백성의 요구를 듣고자 했던 장치였다. 지배자도 백성의 소리를 너무 억누르면 혁명이나 봉기가 일어난다는 사실을 알고 이를 두려워했던 것이다.

영국의 입헌주의와 민주주의 발전의 계기가 된 것도 백성의 소리를 들어보려는 시도에서부터였다. 그 한 가지 방법으로 청원이란 것이 있었다. 영국의 입헌주의는 국왕이 입법 청원을 받아들이는 형식을 통해 민의 수렴기관으로서 국회의 지위와 입헌군주로서 국왕의 지위를 확립하게 하였다. 미국 연방헌법도 인권 규정인 수정 제1조에서 청원권을 제한하는 법률의 제정을 금지하는 조항을 두었다. 1946년 일본 헌법의 청원 조항은 20세기 헌법으로서 주요 사례에 속할 것이다. 여기서 동법의 조항을 살펴보자.

일본 헌법의 청원 조항

〔제16조〕 누구든지 손해의 구제, 공무원의 파면, 법률·명령 또는 규칙의

제정, 폐지 또는 개정 그 밖의 사항에 관하여 평온하게 청원한 이유로 차별 대우를 받아서는 안 된다.

한마디로 말해 정부나 권력자에 대해 할 말은 하고 살아야 한다는 것이다. 이 자유조차 없다면 민주주의는 이루어질 수 없을 것이다.

청원권의 주체와 내용

청원은 누구나 할 수 있다. 한국인으로서 자연이나 법인 및 법인격 없는 단체도 할 수 있고 외국인이나 무국적자도 할 수 있다. 청원법은 청원의 대상이 되는 사항을 첫째, 피해의 구제, 둘째, 공무원 비위의 시정 또는 공무원에 대한 징계나 처벌의 요구, 셋째, 법률·명령·규칙의 제정·개정 또는 폐지, 넷째, 공공의 제도 또는 시설의 운영, 다섯째, 기타 공공기관의 권한에 속하는 사항 등이라 규정하고 있으며 이외에 헌법 개정도 청원할 수 있다. 1970년대 독재 시절에 유신헌법에 대한 개정의 발의나 청원을 처벌하는 긴급조치를 발동했던 일이 있지만 이는 입헌주의 국가에서 있을 수 없는 일이었다. 개헌도 당연히 청원할 수 있다.

청원은 국가기관에 대해 국민의 희망, 요구 기타 사항을 문서로 제시하는 것으로 같은 기관에 거듭 청원하거나 동일한 내용을 여러 기관에 중복 청원해서는 안 된다. 또 청원은 어떠한 국가기관에 대해서도 할 수 있다. 다만 법원에 대해 재판에 간섭하거나 사법권의 독립을 저해하는 내용은 청원할 수 없다. 검찰에 대해서도 범죄의 수사·소추에 간섭하는 내용은 청원할 수 없다. 그리고 타인을 모해하는 청원이나 국가 원수를 모독하는 청원도 물론 해서는 안 된다.

일단 청원을 하면 국가기관은 그에 대해 심사할 의무를 진다. 청원 내용을 반드시 수용해야 하는 것은 아니지만 그 심사 결과는 통지해야 한다. 그리고 무엇보다도 청원을 했다고 해서 불이익한 처우를 받거나 국가기관이 청원한 사람에 대해 보복적인 조치를 해서는 안 된다.

청원권은 기본권을 확보하기 위한 기본권으로서 가장 기초적인 것이다. 누구나 쉽게 문서로 청원의 형식을 빌려서 국정에 참여할 수 있는 권리이다. 재판권 같은 정규 절차가 아니고 일상적으로 활용할 수 있는 간소한 절차라는 점에서 그 의미가 인정되는 기본권이다.

재판을 통해 권리가 구제되어야 한다

공정한 재판을 받을 권리

영국 보통법의 원칙은 '어느 누구도 재판관으로부터 멀리할 수 없다' 는 것이다. 일찍이 13세기 마그나카르타(대헌장)에서부터 배심 재판을 보장해온 영국에서는 왕위계승법에서 법관의 보수와 신분을 보장하여 독립을 인정하는 것을 법의 지배의 기본 골격으로 삼아왔다. 영미법의 보통법을 통한 지배는 오랜 기간 판례를 통해 축적된 관습법을 토대로 법관이 내리는 재판을 받는다는 것이었다. 한편 대륙법의 법치주의는 의회가 제정한 법률에 의한 재판을 받는다는 것이다. 물론 이 재판은 자격이 있고 신분이 보장되는 법관에 의한 재판을 말한다.

〔제27조 1항〕 모든 국민은 헌법과 법률이 정한 법관에 의하여 법률에 의한 재판을 받을 권리를 가진다.

재판을 받을 권리는 국적에 차별을 두지 않고 보장되는 청구권이다. 따라서 외국인이나 무국적자도 한국 영역에서 재판을 받게 된 경우에는 이 권리가 보장된다. 여기서 '헌법과 법률이 정한 법관'이라고 함은 헌법의 제5장(법원)에서 정한 규정과 그에 따라 제정된 법원조직법의 규정에 따라 신분이 보장되는 일반 법원의 법관을 의미한다. 따라서 일반인은 군사법원의 재판을 받지 아니한다. 그리고 '법률에 의한 재판'이라고 함은 좁은 의미의 국회 제정 '법률'만을 의미하는 것이 아니라 넓은 의미의 국법(國法)에 의한 재판을 받아야 한다는 의미이다.

앞에서 언급한 일반 법원 이외에 특별 법원으로 헌법이 인정하고 있는 것은 군사법원이다(제110조). "군인 또는 군무원이 아닌 국민은 대한민국 영역 안에서는 중대한 군사상 기밀·초병·유해음식물공급·포로·군용물에 관한 죄 중 법률이 정한 경우와 비상계엄이 선포된 경우를 제외하고는 군사법원의 재판을 받지 아니한다"(제27조 2항)고 정하고 있다. 군사법원은 군인이라는 특별 신분에 대해 예외적인 필요에 따른 형사 재판권을 관할하지만 비상계엄 하에서는 민간인도 특정 범죄에 대해서 재판할 수 있다(계엄법 제13조). 그러나 미국 남북전쟁 당시 민간인에 대한 군사재판을 인정하는 경우에도 일반 법원이 정상적으로 운영되는 지역이라면 군사법원의 재판에 붙이는 것은 위헌이고 무효라는 판례가 나와 있다. 밀리간 사건(EX Parte Milligan, 4 Wallac 2: 1866)에서 연방최고재판소는 일반 법원이 정상적으로 기능하는데도 민간인을 군사재판에 회부한 것은 위헌이라고 판결하였다.

한국 사정을 보건대 쿠데타나 군사정권 하에서 민권운동을 탄압할 때마다 비상계엄령이나 긴급조치(현행법의 긴급명령에 해당)를 선포해서 군사재판을 해왔다. 이 군사법원의 재판에서 무수한 희생자가 생겼고 이들을 미국 판례의 경우처럼 일반 법원이 가동하고 있다는 이유를 들어 구제할 수도 없었다. 결국 계엄령 선포행위에 대한 위헌·무효를 법원이 받아들여야 하는데, 1960년대 대법원은 군사정권 하에서 계엄선포행위는 통치행위로서 사법 심사의 대상에서 제외된다고 판결했다. 즉 대통령의 비상계엄 선포행위는 '고도의 정치적·군사적 성격을 지니고 있는 행위'로서 '그것이 일견 헌법이나 법률에 위반되는 것으로 명백하게 인정될 수 있는 것이라면 몰라도 그렇지 아니한 이상' 무효가 아니고, '계엄 선포의 당(當)·부당(不當)을 판단할 권한은 오로지 정치기관인 국회에만 있다'고 판시한 것이다(64초4 재판권 쟁의에 대한 재정신청, 1964.7.21. 대재정). 계엄권을 남용하는 위헌행위에 대해 통치행위라는 이름으로 합헌성의 면죄부를 안겨 준 것이다. 통치행위에 대한 이 첫 판례는 군사정권이 한·일 굴욕 외교를 반대하는 학생과 시민의 민권운동을 탄압하기 위해서 선포한 조치였다. 여기서 우리는 계엄 선포행위라고 해도 인권이나 국민의 권리, 의무를 직접 침해할 때에는 법원의 심사의 대상이 되어야 함을 확인할 수 있다.

신속한 재판과 형사재판의 공개

재판의 지체는 재판의 거부다. 아무리 결과적으로 재판을 통해서 법을 바로 세운다고 해도 10년 이상이 걸리거나 보통 3년을 넘기는 재판의 관행이 통용된다면 그것은 결국 재판을 받을 권리를 박탈하는 것과 같다.

〔제27조 3항 전단〕 모든 국민은 신속한 재판을 받을 권리를 가진다.

대륙법계의 재판은 영미법의 배심 재판처럼 재판의 집중 심리와 신속성이 부족하다. 일본에서 재판의 지나친 지연을 이유로 면소 판결을 한 예가 있다. 지법의 일심 심리 중단 이후 15년 이상이 지나 재심에 들어간 것은 재판의 지체 사유로서 면소가 마땅하다고 판결한 것이다(세칭 다카다〔高田〕 사건, 최고재판결 1972년 12월 20일). 미국법은 재판을 신속하게 진행시켜 달라고 하는 영장 (Mandamus) 제도가 있다. 우리는 재판의 지체가 최악의 경우에 달하면 위법을 이유로 국가배상청구를 할 수 있고 나아가서 그 재판 자체의 무효까지 주장할 수 있다. 소송법에서는 심급마다 재판의 최장 한도를 정하는 등 신속한 재판을 위한 조처를 강구하고 있다. 그렇지만 실상은 재판의 지연·장기화로 결국 재판을 통한 권리구제가 유명무실해지고 있다. 결국 돈이 없는 사회적 약자는 법의 보호를 받지 못하는 것이 현실이다.

〔제27조 3항 후단〕 형사피고인은 상당한 이유가 없는 한 지체 없이 공개재판을 받을 권리를 가진다.

형사피고인에 대한 공개재판을 요구하는 이유는 비밀 재판 또는 암흑 재판 등을 이용한 정치적 탄압을 미리 막고자 하는 것이다. 재판의 공개는 국민의 감시와 비판을 보장하는 것이다. 물론 사법권의 독립을 침해하는 재판 간섭은 비판의 한도를 넘어서는 것이지만 그렇지 않은 한도에서는 법리상의 비판은 물론 법리 이외에도 비평을 할 수 있다.

재판의 비공개는 '상당한 이유'를 들어서 법원의 결정으로 할 수 있다. 그러면 상당한 이유의 내용은 무엇인가? 헌법 제109조에서 이를 정하고 있다. 즉 "재판의 심리와 판결은 공개한다. 다만 심리는 국가의 안전 보장 또는 안녕 질서를 방해하거나 선량한 풍속을 해할 염려가 있을 때에는 법원의 결정으로 공개하지 아니할 수 있

진보당 사건 판결 언도 장면(1958)

다"라는 내용이다. 안보와 안녕 질서를 이유로 비공개로 재판한 유명한 사례가 1950년대 진보당 사건*이다. 당시 재판을 진행하던 초기에 검찰의 요청으로 비공개 재판을 결정, 집행하였으나 남이 보기에도 너무나 뻔한 일이라 다시 공개로 진행된 것이다. 그러나 그러한 비공개의 제스처에 의해 진보당 사건이 어마어마한 사건이고 피고가 말 못할 극악범이라는 인상을 심어주는 데는 성공한 엉터리 정치재판이었다. 이 규정이 남용되지 못하게 하기 위해서는 일본 헌법의 다음 규정이 참고되어야 할 것이다.

일본 헌법의 재판 비공개에 대한 예외 규정
[제82조 2항] 재판소가 재판관의 전원 일치로 공공의 질서 또는 선량한 풍속을 해칠 우려가 있다고 결정한 경우에는 대심은 공개하지 않고 진행할 수 있다. 다만 정치 범죄, 출판에 관한 범죄 또는 헌법 3장에서 보장하는 국민의 권리가 문제가 되는 사건의 대심은 항상 이를 공개하지 않으면 안 된다.

비공개 정치재판의 역사적 사건이 쿠바의 바티스타 독재정권 하에서 일어났다. 카스트로*가 바티스타 독재정권에 대항하여 일으킨 봉기에서 실패하자 정권은 그에 대한 재판을 군인 몇 사람만을 입회시킨 채 진행하였다. 결국 카스트로는 그러한 편파적인 정치재판을 역으로 이용하여 법정을 정치 선동장으로 만들었다. 그의 유명한 변론 연설인 '역사는 나에게 무죄를 선고할 것이다'라는 말이 밖으로 새어나가 그는 영웅이 되고 바티스타의 폭정은 세계인의 질타를 받게 되었다.

재판의 합법성과 정당성은 공개를 통해서 국민에게 납득시켜야 한다. 계엄하 군사법원의 재판이 비공개로 이루어져 정치재판으로 이용된 선례를 다시는 밟지 말아야 할 것이다.

무죄 추정을 받을 권리

〔제27조 4항〕 형사피고인은 유죄의 판결이 확정될 때까지는 무죄로 추정된다.

무죄추정권* 은 1789년의 프랑스 인권선언에서 다음과 같이 선언되었다.

〔제9조〕 모든 사람은 범죄인으로 선고될 때까지는 무죄로 추정되는 것이므로 그 체포가 불가결하다고 판정되었을지라도 그 신병을 확실히 하기 위해 필요치 아니한 모든 강제 조치는 법률에 의하여 준엄하게 억제되지 않으면 안 된다.

근대 이전의 형사 절차에서 피의자나 피고인은 혐의만으로도 죄인처럼 취급되어 가혹하게 처우당하는 불공정한 사례가 흔히 있었다. 무죄추정권은 이러한 폐단을 시정하여 피고인의 인권을 보장하고 재판의 공정을 기하자는 취지에서 나왔다.

피고인이나 피의자는 재판에서 검찰관의 입증에 의해 유죄가 인정되지 않는 한 무죄로 추정된다. 이러한 원칙에 따라 검찰 측은 공소사실의 모든 요소에 대해 합리적으로 의심할 여지가 없다는 것을 증명할 책임이 있으며, "의심스러운 때는 피고인의 이익에 따른다." 형사 절차에서 형법 제310조처럼[18] 피고인이 스스로 무죄를 입증할 책임을 지는 경우도 있으나, 그것은 언론 자유의 원칙에 따라 예외적 면책 특권을 누리는 피고인에게 해당되는 어디까지나 예외적 규정이다.

---

18. 형법 제310조는 명예훼손죄에 있어서 피고인은 자기가 적시한 사실이 진실한 것이고, 또한 공공의 이익에 관계되는 것임을 입증해야만 무죄가 된다고 했다. (형법 제310조, "제307조 1항의 행위〔명예훼손─인용자〕가 진실한 사실로서 오로지 공공의 이익에 관한 때에는 처벌하지 아니한다.")

미국 헌법에는 프랑스 인권선언처럼 명문의 규정은 없으나, 공정한 재판을 받을 권리에 대한 내용을 담고 있다고 해석하여 배심 평의에 앞선 법관의 설시 (說示)에서 이 기본 원칙을 반드시 언급하도록 되어 있다. 우리는 법관 스스로 가 자유심증주의에 따른 증거 판단을 할 때에 이를 준수하도록 하고 있다.

형사 피해자의 진술권

근대국가의 형사소송법은 피의자나 피고인의 인권이 관헌에 의해 침해되는 것을 방지하기 위해 여러 규정을 두었다. 그간의 인권 유린 사례를 감안한 규정의 정신과 취지가 살아 있는 인권 보장의 값진 원칙이다. 그 대표적인 규정이 미국 연방헌법 수정 제6조의, 피고인의 자기에게 불리한 증인에 대한 대질 심문권이다.

> 미국 연방헌법의 피고인의 권리 규정
> 〔수정 제6조〕 모든 형사상의 소추에 있어서 피고인은 범죄가 행해진 주 및 미리 법률에 의해 정해진 지구의 공평한 배심에 의하여 신속한 공개재판을 받으며, 또 공소사실의 성질과 원인에 관해 고지 받을 권리가 있다. 그리고 피고인은 자기에게 불리한 증인과 대질심문을 구하고, 자기에게 유리한 증인을 얻기 위해 강제적인 절차를 취하고 또 자기의 변호를 위하여 변호인의 조력을 받을 권리가 있다.

한편 헌법 제27조 5항은 형사 피해자, 다시 말해서 피고인의 반대편에 서는 범죄 피해자인 사람에게 당해 사건의 재판 절차에서 진술할 수 있는 규정을 두었다. 이러한 규정 이전에 형사 피해자는 수사와 소추 과정에서 증인이나 참고인으로 경찰, 검찰에 출두하여 의견을 진술하고 재판에서도 피해자나 증인으로서 증언할 것이다. 그런데 다시 진술할 권리를 부여한 것은 형사 사건의 피해자의 발언이 법정에서 공식적으로 반영되어야 한다는 생각에 따른 것이라고 본다.

무고한데 단죄된 사람은—형사보상청구권

재판도 사람이 하므로 잘못될 수 있다

톨스토이는 사람이 사람을 처벌하는 것을 인정하지 않는 무정부주의자였다. 일본의 지배층은 이 톨스토이의 사상을 위험시했다. 그의 무정부주의 사상은 물론 그의 작품에 등장하는 의부증에 의한 치정극의 심리 묘사도 금기시할 정도였다. 그의 작품 『부활』에서는 재판제도와 국가형벌제도의 모순이 극명하게 묘사된다. 일본 제국은 의처증을 지닌 가장의 살인극을 묘사함으로써 가정문

톨스토이

제를 제기한 희곡, 『크로이체르 소나타』를 금서로 정했다. 1930년대 중반 교토 대학 형법 교수인 다키가와 유키도키(瀧川幸辰)*는 톨스토이를 소재로 해서 형벌에 대한 무정부주의적 사상을 소개하고 간통죄에서 부녀 간통만을 처벌하는 모순과 가난한 사람이 범죄자로 전락하는 등의 사회문제를 지적했다가, 무정부적 국가 부정, 가족제도 파괴, 범죄의 원인을 경제적 조건에서 찾는 마르크스주의적 관점 등을 이유로 대학에

서 추방당하기도 했다. 일본 제국의 관료들이 보기에는 재판의 권위에 대한 도전이 못마땅했는지도 모른다.

그러나 사람이 사람을 심판하는 것에는 한계가 있을 수 있고 사람의 인식력과 정황으로 보아 재판의 공정성에 의문이 갈 때도 있다. 정치재판과 재판의 편파 및 오판문제는 일찍부터 있어왔다. 19세기 말 프랑스 제3공화정을 뒤흔든 드레퓌스 대위의 간첩죄 날조 사건이 그 예일 것이다.

사코와 반제티의 처형 사건을 풍자한 카툰(*Daily Worker*, 1927)

이 사건에서 드레퓌스 대위가 무죄로 명예를 회복하기까지에는 많은 시간과 희생, 물의가 따랐다. 유태인에 대한 편견과 정치적 파쟁이 재판을 얼마나 망쳐버릴 수 있는가를 보여준 사건이었다. 미국의 사코 및 반제티 사건은 1920년대 무정부주의를 신봉하는 이민 노동자를 정치 재판으로 처형한 사건으로 최근에 그 무죄가 공식적으로 확인되었다. 1930년대 미국 남부에서 일어난 스코츠보로 흑인 소년의 백인 소녀 강간 사건도 무죄가 입증되기까지 긴 시간과 희생이 따랐음은 말할 필요도 없을 것이다.[19]

죽은 사는 말이 없고 그 무죄는 법률로 밝혀지지 않는다. 이러한 오판에 대한 구제제도가 형사보상청구권*이다. 이에 대해 대륙법계는 재심보상제도로 해결하고 있고 미국의 법제는 그때마다 특별 입법을 통해 구제하는 제도로 대응해 나가기도 했다.

---

19. 우리나라에서도 조갑제의 『오휘웅 이야기』(한길사)는 무고한 자가 사형대의 이슬로 사라진 사건을 서술한 책으로 주목되고 있다.

형사보상청구권

형사보상법에 의하면 구금되었다가 무죄 판결을 받은 자 이외에도 사형으로 처형된 자로부터 벌금형, 과태료나 몰수 처분을 받은 자에 이르기까지 무죄 판결을 받은 때에는 모두 금전적 보상 조치를 하도록 정했다. 보상의 내용은 1일 구금일수에 대해 대통령령이 정하는 금액, 사형 집행에 대해서는 일정액수를, 몰수 과료에 대해서는 민법 제379조의 법정이자를 지급하며 몰수품은 반환하고 그것에 대해서도 민법 전조의 법정이자로 계산한다. 그리고 이 보상과 별도로 손해배상도 청구할 수 있다. 물론 이 보상과 배상의 청구권은 상속된다. 정식 재판을 받지 않고 피의자로서 구금되었다가 석방된 자도 공소를 제기하지 아니하는 처분을 할 사유가 존재한 경우에는 보상을 청구할 수 있다.

범죄 피해자의 구제

국민의 생명과 신체 및 재산의 안전은 국가가 책임을 진다. 우리가 정부를 운영하면서 세금을 내고 있는 이유가 여기에 있기 때문이다. 만일 국가가 이러한 가장 초보적인 책무를 완수하지 못하면 그야말로 큰 문제가 아닐 수 없다.

그런데 현실은 범죄의 흉폭화, 직업화, 지능화, 다발화, 테러리즘의 일상화 등으로 날로 심각해지고 있다. 이 중 생명·신체에 대한 직접적인 가해행위인 폭행·상해·살인에 대해서 그 피해를 국가가 구조토록 한 것이 「범죄 피해자 구조법」의 취지이다.

그런데 이 법률의 취지를 우리가 얼마나 깊이 인식하고 있으며, 이 법률의 피해자 구제가 실익을 발휘하도록 시행되고 있는가 하는 것은 생각해볼 문제이다. 이 법률이 '간판법'이나 장식물로 전락된다면 그것은 법치주의의 병리를 더해 갈 뿐이란 점을 주의해야 한다.

국가배상청구권과 손실보상청구권

국가 무책임의 원칙과 피해배상문제

공무원은 그의 직무를 수행하는 과정에서 그에게 주어진 권한을 넘어서 불법을 저지를 수 있다. 물론 공무원은 그러한 월권에 의한 불법에 대해 책임을 져야 한다. 가령 범죄를 수사하는 경찰이 범죄 조직과 야합하여 범죄 조직에 반대하는 선량한 시민을 오히려 살해하는 중대한 범법행위를 했다고 하면, 응당 그에 대한 처벌을 받고 그로 말미암은 손해를 배상해야 한다. 그런데 만일 그 경찰관이 피살된 선량한 시민의 유족에게 배상할 만한 재산을 가지고 있지 않다면 어떻게 해야 할까? 경찰관 본인의 책임으로만 한정시킨다면 다른 방법이 없게 된다.

　제2차 세계대전 전까지 이에 대한 영미법의 법리는 국가 무책임의 원리로서, 공무원에게 직무상의 권한을 부여한 것은 어디까지나 적법한 직무상의 행위를 하라는 것이지 위법한 직무행위를 하라는 의미는 아니므로 국가는 그에 대해서 책임을 지지 않는다는 것이었다. 영미법상의 원칙은 '국왕은 불법을 행할 수 없다'라는 말에 잘 나타나 있다. 이 법리는 이론상으로 보면 별다른 흠을 찾을 수 없지만 실제로 국가가 공무원에게 직무상의 권한을 부여하면 그 직무 집행에 따르는 불법의 위험도 당연히 따르게 마련이다. 그래서 현대 국가에서는 그 직능과 권한이 미치는 범위가 국민 생활에 깊이 관련되어 있고 공무원의 불법행위로 인해 손해를 입은 국민이 있다면 그에 대해 국가가 책임을 지는 것이 합리적이고 현실적이라는 점을 인정하게 되었다. 그래서 영국에서는 「국왕소추법」(Crown Proceeding Act)이, 미국에서는 「연방 불법행위 청구법」(Federal Tort Claims Act)이 2차대전 후에 제정되었다.

　한편 대륙계 국가인 프랑스에서는 행정재판소의 판례로서 '공역무의 과실'이라는 법리가 일찍이 인정되어 그 구제를 할 수 있었다. 독일은 바이마르 헌법에서 공무원의 직무상 행위가 공권력 발동을 수반할 경우의 불법 책임에 대한 국가 배상의 원칙을 명문화하였다(바이마르 헌법 제131조). 한국 헌법의 해당 조항은 바이마르 헌법의 예를 따라서 정한 규정으로 볼 수 있다. 그러한 입법 예는 독일연방공화국 기본법 제34와 일본 헌법 제17조가 있다.

공무원의 직무상 불법행위에 대한 배상

〔제29조 1항〕 공무원의 직무상 불법행위로 손해를 받은 국민은 법률이 정하는 바에 의하여 국가 또는 공공단체에 정당한 배상을 청구할 수 있다. 이 경우에 공무원 자신의 책임은 면제되지 아니한다.

여기서 공무원이라 함은 공무를 집행하는 자 모두를 말하는 것으로 임시직이든 촉탁이든 전부 포함한다. 직무상의 불법행위라 함은 적법한 직무행위에 국한하는 것이 아니라, 제삼자에게 직무의 외형, 외관을 갖추어서 직무행위로 믿게 한 것도 포함한다. 경찰관이 휴무에 자기 관할 구역이 아닌 다른 지역에서 불심검문을 빙자하여 강도, 살인을 한 경우에도 국가가 책임을 진다는 일본의 판례가 일찍이 있었다. 이는 당연한 것이다. 불법행위를 한 공무원을 명확하게 특정하지 않아도 되는 경우도 있다. 경찰이 시위 행위자를 타살한 경우에 경찰의 시위 진압 중에 타살된 것이 확실하면 되는 것이지, 어느 경찰이 어떻게 경봉(警俸)으로 타살했다는 것까지 입증할 필요는 없다.

또 여기서 불법행위라 함은 민법상의 불법행위로서 고의 또는 과실로 인해 타인에게 손해를 가한 것을 말한다. 행위와 손해 사이에 인과관계가 있으면 된다. 일반인에 의한 손해배상의 청구는 먼저 배상심사위원회가 심사하고 그에 불복하면 정식 소송으로 손해배상을 제기할 수 있다. 다만 군인과 같은 특정 신분자에 대해서는 헌법 자체에서 예외적 처우를 규정하고 있기 때문에 그에 따라야 한다. 즉, 군인·군무원·경찰 공무원 기타 법률이 정하는 자가 전투·훈련 등 직무 집행과 관련하여 받은 손해에 대하여는 법률이 정하는 보상 이외에 국가 또는 공공단체에 공무원의 직무상 불법행위로 인한 배상을 청구할 수 없다(제29조 2항). 이러한 예외 규정은 제7차 개헌인 1972년 유신헌법에서 신설해서 현행 헌법에까지 이어오는 것이다.

8장

정치와 나라의 주인으로서의 지위와 의무

정치와 나라의 주인으로서의 지위

우민정치의 굴레

나라의 주권자가 국민이라고 히지만 그것은 어디까시나 헌법 조문에 쓰여 있는 것이고 현실 세계에서는 권력을 장악한 자의 막강한 위력이 천하를 좌우한다. 초대 대통령으로 전제군주처럼 군림하며 '국부'(國父)로 행세하던 이승만의 시대에 그의 양자 이강석을 사칭한 사기꾼이 지방 관료의 칙사 대접을 받으며 사기 행각을 하던 사건이 있었다. 그야말로 고골리*의 『검찰관』에 나오는 장면 그대로의 희극이었다. 이 희극은 19세기 러시아 관료사회의 부패상을 신랄하게 야유, 조롱한 것으로 당시의 예카테리나 여제*도 이 희곡을 보면서 밤새도록 웃었다고 한다. 한국 사회의 전근대적 세도정치와 부패구조는 제2, 제3

이승만의 81회 생일을 축하하는 문구를 단 전차(1956)

의 이강석을 계속해서 낳고 있다. 오늘날에도 봉건적 우민정치는 고도의 대중 선전과 여론 조작을 자행, 직접 눈에 띄는 물리적 탄압을 가급적 회피하는 교활한 통치기술로서 명맥을 유지하고 있다. 주권자가 국민이라는 나라에서 느닷없이 대통령을 '최고 통치권자'라고 하여 이 나라가 메이지 헌법의 일본 제국주의 시대로 회귀한 것이 아닌가 하는 착각이 들게 하였던 것은 어제 일이 아니다.

정치의 발전은 엄청난 피와 눈물의 역사적 대가를 치르면서 이루어지는가보다. 18세기 계몽시대 프랑스의 볼테르는 민주정치를 말하는 지식인들을 비웃으며 말하기를, '민주정치란 생쥐들이 고양이 목에 방울을 달자고 하는 공론'이라고 했다. 민중이 정치의 주체가 될 수 없다는 말이다. 유교적 정치관에 사로잡혀 있는 우리에게도 이상뿐인 민주정치를 근본적으로 불신하는 지식인이 뜻밖에도 상당수 있다.

그러나 현대 산업사회에서 우민정치의 굴레를 벗지 못하고서는 살아남을 수 없다. 이는 개인이나 민족 모두 마찬가지이다. 스탈린 독재 하에서 우민화된 정치적 후진국 러시아는 관료 독재가 붕괴되자 그 자리를 대신하여 마피아가 판을 치며 전사회적으로 부패가 만연하게 되었다. 그래서 다시 공산당 세력이 고개를 들면서 과거 독재 시절의 안정을 향수 어린 심정으로 그리는 정치적 우민 정서가 먹혀들고 있는 것이다. 이런 상황이 반드시 남의 일만은 아니다. 우리 정치의 현주소는 어디인가? 헌법이 가정하는 정치적 시민은 민주적인 시민인데, 우리는 몇 세기적 나라님의 백성 행세를 하고 있는가? 우리 헌법은 자주적 자치 능력을 갖추고 자유를 지향하는 시민을 모델로 해서 만들어진 나라 운영의 틀이다. 이 기본틀을 내 것으로 할 것인가, 아니면 스스로 이 틀을 파괴할 것인가는 전적으로 우리 자신에게 달려 있다.

능동적 시민과 수동적 시민

1789년의 프랑스혁명은 자유, 평등 및 우애의 깃발 아래 전개되었지만 모든 시민을 정치의 주체로 인정하지는 않았다. 시민혁명의 모국인 영국에서도 여성과 하층 시민의 선거권은 19세기 후반 이후부터 점차 인정되기 시작했다. 이는 피나는 폭동과 시위, 청원과 압력 등 대중운동의 힘에 놀란 지배층이 마지못해 인정한 것이다. 프랑스혁명 당시에도 마찬가지로 '능동적 시민'에게만 선거권이 부여되었다. 능동적 시민이란 25세 이상의 어른인 남성으로서 일정한 재산을 소유한 유산 시민을 의미했다. 여성과 무산 하층시민은 수동적 시민으로 정치의 객체에 머물렀다. 일본에서도 1889년 메이지 헌법에 따라 25세 이상 남자로서 매년 일정 액수 이상의 세금을 내는 유산 시민층만이 선거권을 가졌다. 이에 남성의 보통선거권을 쟁취하려는 운동이 수백 개의 경찰관 사무

1910년 런던에서 여성 참정권 쟁취를 위한 시위를 알리는 전단(왼쪽)과 시위 중 다친 여성 운동원 (오른쪽)

소와 관공서를 방화하고 폭동을 일으키는 등 사회 위기를 초래할 정도로 맹렬한 기세로 타올랐다. 결국 지배층이 할 수 없이 양보한 결과가 1925년 보통선거법 제정으로 이어진다.

우리는 이러한 능동적 시민으로서의 권리를 일본 제국이 연합국에 항복한 때문에 얻게 된 해방으로 인해 너무 쉽게 얻었다는 생각이 든다. 혁명과 민주주의의 수업료를 치르지 않고 해방을 쉽게 얻었다는 이유로 이 중요한 권리를 가볍게 생각해서는 안 될 것이다.

민주주의와 시민의 자질

민주주의란 국가 운영의 방식으로 시민이 스스로 또는 대표를 통해서 나라 살림을 꾸려가는 제도이다. 따라서 인간 존중의 취지를 가장 잘 반영하고 있지만, 이를 운영하기는 세상에서 가장 까다로운 제도이기도 하다. 특히 과거 식민지나 반식민지였던 나라에 민주주의가 도입되었을 때 시민 스스로 나라 살림을 운영한다는 원래의 민주주의 방식을 살려나가기란 지난한 과제이다. 그래서 민주주의 앞에 각종 군더더기 말이 붙고 온갖 구실이 따른다. 중국 신해혁명을 추진한 쑨원의 삼민주의(三民主義)*의 방략(方略)에서는 민정 이전에 군정과 훈정(訓政) 단계를 거쳐야 한다고 했다. 수카르노는 교도(敎導) 민주주의란 말을 내세운 훈정 민주주의를 말했다. 박정희까지도 독재를 민족적 민주주의, 행정적 민주주의라는 말로 변형시켜 '한국적 민주주의'를 내세웠다. 민주주의라는 말 앞에 수식어가 붙고 그 내용이 복잡해지는 것은 결국 민주주의를 위장해서 독재를 하겠다는 뜻이다.

이런 행태에 대해 일부 서양 사람들은 비서방 세계에서는 민주주의를 할 풍토가 못 된다고까지 하였다. 그러자 기다렸다는 듯이 싱가포르의 독재자 리콴유는 유교 문화권에서는 서양식 민주주의가 적합하지 않고 '군자'(君子: 소수

엘리트)의 지배가 적당하다는 구실로 봉건적 권위주의를 다시 끌어내어 독재를 정당화하는 데 이용했다.

그러면 다시 원점으로 돌아가서 질문해보자. 우리에게 민주주의를 할 자질은 당초부터 결여되어 있는 것일까? 만일 그렇다면 민주 헌법은 왜 만들었는가?

우리 민족은 1894년 일제에 대항하는 혁명전쟁인 갑오농민봉기를 일으켰고 1919년에 3·1운동으로 민주공화제의 길을 마련했다. 또 일제 하에서 신간회로 좌우 민족 단합을 이루고, 광주학생운동을 이끌었다. 해방 후엔 독재에 항거하여 1960년 4·19민주혁명, 1980년 5·18민주항쟁, 1987년 6·10시민투쟁을 일으켰던, 민주주의를 향한 열정이 누구보다 뛰어난 민중이다. 다만 그때마다 혁명과 변혁의 고삐를 기회주의자나 정치꾼에게 어리석게 넘겨주는 일대 과오를 되풀이해왔다. 결국 식민주의 잔재 세력이 기득권을 움켜쥐고 피지배층을 우민화했던 정치적 모순에서 오늘의 현실이 기인한 것이다. 이런 역사적 교훈 속에서 우리는 현재의 헌법 정치의 문제점을 해결하는 실마리를 찾아야 할 것이다. 가장 큰 문제는 관권선거와 금권선거이다.

선거권과 공무담임권

20세 선거권과 18세 선거권

한국 헌법은 1960년 3차 개헌 이래 20세 이상의 선거권 규정을 두어왔다. 현행 헌법은 20세 명시 문구를 삭제하고 법률이 정하는 바에 따른다고 했다.

관련 조항은 제24조 "모든 국민은 법률이 정하는 바에 의하여 선거권을 가진 다"로 제헌 당시 헌법과 같다. 선거권자의 연령 면에서 볼 때 20세 규정을 두고 있는 국가는 한국과 일본뿐이다. 영국, 프랑스, 캐나다, 그리스, 이탈리아, 덴마크, 아이슬란드, 스위스, 이스라엘, 스페인, 스웨덴, 미국, 독일, 네덜란드 등 대부분의 서방 국가가 18세 규정을 두고 있다. 아시아에서도 싱가포르 21세, 인도네시아 17세 등의 규정을 제외하고는 대부분이 18세로 정하고 있다.

나는 1980년 개헌 논의 당시에 18세 명문화를 주장한 바 있다. 당시에 나의 개헌 주장에 보수 기득권층이 가장 반발한 항목은 저항권의 명문화와 함께 18세 유권자 연령 주장이었다. 18세부터 19세까지의 유권자의 수와 그들의 성향, 그로 인한 정치적 영향을 계산해 보았을 때 구 기득권 부류인 그들에게 이롭지 못하다는 판단이 섰을 것이다. 그리고 무엇보다 그들이 두려워하고 꺼린 것은 18~19세 유권자의 정치 교육과 정치 참여에 대한 불안이다. 그러나 국가가 위기에 처했을 때는 총을 들게 했고, 산업현장에선 노동인력으로 일하게 했으면서 유독 나라의 시민으로서 국가 공무와 정치에 대한 책임과 사명감을 가지게 하는 훈련의 기회인 선거권에서만 20세를 고집하는 것은 모순이 아닐 수 없다. 그런데 헌법재판소는 선거권 연령을 18세로 하지 않고 20세로 한 것의 합헌 이유를 미성년 고교생의 정치참여가 비교육적이기 때문이라고 했다 (헌법재판소 결정 1997.6.26. 전원재판부). 다른 선진국 대부분이 성년을 18세로 해 시민으로서 권리를 행사하며 책무를 부과한다는 점에서 볼 때 헌법재판소의 법리는 졸렬하다.

과거에는 선거권을 공무의 일종으로 보아 의무성을 강조하는 국가주의적, 외견적 입헌주의의 학설도 있었다. 그러나 선거권은 어디까지나 개인이 유권자이자 주권자로서 가지는 권리이다. 따라서 기권의 자유도 있다.

공무담임권

국민은 신분이나 신조, 성별과 출신 지역 등에 구애받지 않고 공무를 담임할 수 있다. 제25조가 "모든 국민은 법률이 정하는 바에 의하여 공무담임권을 가진다"라고 정한 것은 공무 취임에 요구되는 자격이 있고, 임명의 요건을 갖추고 있으며, 선거에 입후보할 자격이 있으면 그에 대해 어떠한 제약도 부과할 수 없다는 뜻이다. 과거 봉건시대의 문벌, 성별 또는 종교, 신조에 의한 차별과 배제를 부인한다는 취지이다. 오늘날에는 과거 군사독재 30여 년간 분열 지배 정책의 일환으로 공공연히 도입한 학벌주의와 지역주의의 차별이 거의 제도화되어 있다. 그러한 악습은 철저하게 청산되어야 한다.

국민 참정권과 관련하여 공직 선거에 후보로 나서는 사람에 대해 기탁금제도에 의한 후보 등록 제한 등이 문제가 되고 있다. 이에 대해 헌법재판소는 「국회의원 선거법」 제33조 및 제34조가 정당 후보에게는 1천만 원의 기탁금을 내게 하고 무소속 후보에게는 2천만 원을 기탁하게 한 것은 불합리한 차등이라고 해서 위헌을 결정했다(1989.9.8. 88헌가6 전원합의부). 원래 이 기탁금 제도는 후보 난립의 폐단을 막고 정당정치의 육성을 도모한다는 취지에서 설치된 것이므로 기탁금의 액수를 곱으로 부담시키는 것이 위헌이라는 판결은 당연하다.

직접민주주의와 국민투표

독재자의 단골 메뉴, 국민투표

대중 선동의 천재적 능력과 기술을 구사할 줄 알았던 야심가들은 대중의 박수나 지지 표수를 통해서 그 위세로 정권을 장악하고, 장악한 정권을 유지하기 위하여 정치적 변동을 유도하며 자신의 지위를 민중의 이름으로 신격화해왔다. 이러한 대중 선동의 정치극은 시대마다 모습과 방법을 달리하여 역사 속에서 되풀이되어 왔다. 소크라테스를 사형으로 몰고 간 재판도 투표에서 다수표가

나폴레옹 3세(위)와 드골(아래)

그에게 불리하게 기울었기 때문이다. 소크라테스가 군중심리를 무시한 채 고집을 부렸고 그 반대파의 선동이 먹혀들어갔던 것이다. 로마의 독재자 시저도 일찍이 대중의 박수와 환호의 위력을 이용했다. 그러나 그를 암살한 부르터스 역시 그것을 암살의 정당화에 이용했다. 이러한 대중조작 중에서 가장 성공적이면서도 희극적 어리석음과 비극적 과오를 한꺼번에 응집한 정치극은 나폴레옹의 조카인 나폴레옹 3세를 자처한 떠돌이 정객의 국민투표 연극이었다.

1848년 혁명 이후 프랑스 부르주아의 혁명 공포증과 농민의 시대착오적인 나폴레옹 향수는 나폴레옹 3세를 자처하는 떠돌이에게 대통령의 감투를 안겨 주었다. 그는 1850년 건달로 득실거리

는 군대를 술과 소시지로 매수, 유혹하고 권부의 명령이라면 범죄 기계 노릇도 불사하는 경찰 조직을 이용해서 쿠데타로 황제에의 길을 열었다. 그것은 국민투표로 합법성을 가장한 것이었다. 이처럼 직접민주주의의 꽃이라는 국민투표 제도는 독재자나 야심가, 선동가들의 단골 메뉴로 자주 이용되었다.

20세기에도 민중의 우상으로 군림하며 국민에게 직접 자신의 카리스마적 위엄을 내놓고 도박을 하는 데 재미를 붙여온 사람이 프랑스의 드골* 장군이었다. 그는 제4공화정의 혼란 속에서 제5공화정의 산파 겸 지배자로 국민투표의 요식행위를 이용해 절대자로 등장했다. 직접선거는 아니라고 해도 초대 5공 대통령 선거는 드골의 절대적 인기와 군중지지의 위세를 탄 것이었다. 그 후에 그는 입법조차도 국민투표의 방식으로 결정해 국민의회의 권위를 무시했다. 마침내 1968년 국민투표에서 국민의 지지를 잃고 안건이 부결되자 대중 선동의 권위를 만능으로 행사하던 드골의 시대도 끝이 나게 된다. 나폴레옹 1세를 거쳐 3세를 지나 20세기 드골시대에 이르기까지 카리스마적 지도자에게 박수와 환호 및 투표를 보내던 프랑스 국민은 드골을 하야시킨 국민투표로써 1789년의 혁명 전통을 이은 국민의 명예를 회복했다.

5·16쿠데타 정권의 국민투표 이용

이처럼 국민투표 제도는 그 제정을 기초한 발안자들이 정치적으로 국민의 이름을 이용하려고 규정하였을 수도 있다. 특히 우리의 국민투표 제도가 군정 하에서 등장한 것 자체가 그러한 태생적 흠을 지니고 있다고 할 수 있다.

이승만은 '민의'를 들먹이며 직선제에 의한 대통령 선거제 개헌(1952년 제1차 개헌)으로 장기 집권의 길을 열었다. 이승만의 국민투표 이용 수법은 관권 선거와 금권 선거를 통해 대중의 눈을 멀게 하고 투표 조작으로 승리를 얻는 것이었다. 그것이 1960년 3·15 정부통령 선거의 부정으로 한계에 이르러

4·19혁명으로 파국에 이른 것이다. 4·19혁명으로 출범한 민간 정부를 뒤집어엎은 1961년의 쿠데타 정권은 국회도 해산시키고 헌법도 파괴해 버렸다. 그러니 이들이 집권 합법화를 조작할 길은 1962년 개헌 국민투표라는 정치 연극밖에 없었다. 그런데 이 국민투표에 의한 개헌 절차를 동아일보가 물고 늘어졌다. 사설에 「국민투표가 만능이 아니다」라는 글이 실렸던 것이다. 이에 대해 군사정권은 계엄포고령 위반이라는 구실로 사설의 집필자인 황산덕 교수를 잡아넣었다. 후에 그는 정권에 굴복하고 군사정권 하에서 문교부장관(현 직제 교육부장관)과 법무부장관을 지냈다. 군사정권의 지지 세력이 된 것이다. 이로써 국민투표는 개헌 찬성과 쿠데타의 합법성을 얻어준 요식행위가 되었다.

그러나 국민투표로 쿠데타가 완벽히 합법화될 수 있을까?

쿠데타를 투표행위로 기정사실화했다고 믿는 사람들이 흔히 들이대는 이 법리의 정체를 알아야 국민투표를 이용한 도깨비놀음의 정체를 깨부술 수 있다. 나치 지배는 1933년에 시작해서 1945년 히틀러가 자살해 연합군에 항복할 때까지 지속되었다. 그 12년간 히틀러 치하에서 멍청한 자와 기회주의자들은 제 세상이 된 줄 알고 날뛰었고 그에 따라 온갖 일이 벌어졌다. 그렇지만 나치 패망 후 그들은 관료와 군인, 검찰관과 재판관에 이르기까지, 나치의 악법에 따라 범죄를 행한 죄로 처벌을 받았다. 불법은 어떠한 경우에도 그에 대한 대가를 치러야 한다.

그런데 우리는 일제 36년을 청산하면서 헌법 부칙에 「반민족 행위자 처벌 특별법」을 만들어 처벌 근거를 두었으면서도 이승만의 친일파 두둔으로 단 한 사람의 친일 매국노도 처벌하지 못했다. 그래서 결국 정의와 민족정기는 타락하고 사회는 부정을 부끄러워하지 않게 된 것이다. 독일과 한국을 비교해 볼 때 다른 점은 바로 이것이다. 과거의 실수나 부정을 깨끗이 처벌하고 부끄러움 없는 사회를 이루려는 시도가 있어야 하는데 우리의 경우는 그렇지 못했다. 법에서도 마찬가지다.

힘의 논리가 정의를 유린하는 것이 기정사실로 묵인되고, 그러한 바탕 위에 누적된 불투명한 사실을 토대로 법질서를 이끌어 가는 데 쿠데타 법리의 맹점이 있는 것이다. 그렇게 가치를 상실한 법적 허무주의의 질서는 힘과 부정의 묵인으로 스스로 자폭하게 되는 한계를 지니고 있다. 국민투표라는 군정의 정치 연극에 외형상 국민이 동원되고 표가 집계되어 그 결과로 요식 절차가 끝났다고 말하는 법리론은 바로 군사독재의 헌법 파괴자들이 노리고 있는 함정에 스스로 빠져들어간 것이다. 그러한 민주 반역은 비록 악의가 없다고 해도 면책될 수 없다.

1962년 헌법개정안 국민투표장에서 투표하는 포즈를 취하는 박정희

박정희 정권 등 군정 하에서 국민투표에 대한 항거 방식은 소극적인 행위로서 우선 투표에 기권하는 것이었다. 그러나 투표에 참석하지 않은 사람을 공개적으로 불러내어 투표에 참석시키는 등 이 기권의 자유마저 허락되지 않았다.

유감스럽지만 1961년 쿠데타 이래 독재정권이 국민투표를 동원한 선례는 1962년 제5차 개헌, 1969년 3선 개헌, 1972년 10월 유신, 1980년 신군부 쿠데타의 작품인 제8차 개헌 등으로 이어져 왔다. 결국 국민이 투표했으니 합법성을 인정한다는 논리는 '성공한 쿠데타'의 합법성 취득 논리와 마찬가지로 잘못된 것이다. 따라서 이것을 뒤집는 1996년의「헌정질서 파괴죄의 공소시효 등에 관한 특별법」의 제정은 법적 가치의 확인이고 무법 상태에 대한 종식의 상징이며 정의 회복의 첫발이라고 하겠다. 이 법의 제정을 두고서 보복이니 전직 대통령에 대한 과잉 조치니 하는 말이 있었고 제정 배경의 정치성을 문제 삼았지만 이 법률의 법리는 옳은 것이다. 이미 오래전에 이러한 법률이 있어야 했다. 프랑스는 나치의 폭정과 반역을 경험한 이후로 반역자에 대한 공소시효를 형법에서 아예 없애 버렸다. 법적 정의가 법적 안전성에 앞설 수밖에 없는 상황은 민주 반역과 민족 배반에 대한 응징의 필요에서 제기되는 것이다.

이러한 법리를 정치적 보복론이니 과거의 일에 집착해서 민족의 화해를 해치고 미래 지향에 지장을 초래한다는 등의 궤변으로 흐린다면 그 민족은 낙오되고 그러한 사회는 파렴치가 판을 치는 사회로 전락해 자동적으로 붕괴되고 말 것이다.

개헌과 중요 국정에 관한 국민투표

헌법 개정은 국민투표로 이루어진다. 헌법 개정의 발의는 국회의원이나 대통령이 하고 그것이 국회에서 의결되면 최종적으로 국민투표에 의해 확정된다.

〔제130조 2항〕 헌법 개정안은 국회가 의결한 후 30일 이내에 국민투표에 붙여 국회의
원 선거권자 과반수의 찬성을 얻어야 한다.

그 밖에도 대통령의 주도로 중요 국정 사항을 국민투표에 회부하는 제도가
있다.

〔제72조〕 대통령은 필요하다고 인정할 때에는 외교·국방·통일 기타 국가 안위에 관한
중요 정책을 국민투표에 붙일 수 있다.

정책에 대한 국민투표 이외에 프랑스 5공화국처럼 입법 사항에 대한 국민투
표나 공무원의 파면에 관한 소환 투표 등이 있다. 일본 헌법은 최고재판소 재
판관의 신임을 묻는 국민투표도 정하고 있다.

고전적 의무와 현대적 의무

권리와 의무의 관계

영국의 권리장전이나 프랑스의 인권선언 모두 권리에 대해 정하고는 있지
만, 의무에 대해 정하지는 않고 있다. 권리와 함께 의무를 동격으로 정한 것은
19세기 외견적 입헌주의 헌법인 독일 헌법과 일본의 메이지 헌법에서였다. 근
대법은 권리 본위의 법구성이기 때문에 권리와 함께 의무를 특별히 강조할 필
요가 없었다. 사실 법률관계는 권리와 의무의 관계이고 권리가 있으면 그에 대

응해 의무가 따르기 마련이기 때문이다. 의무를 주목하게 된 것은 현대 헌법에서 재산권 등 경제적 자유 남용을 억제하고 현대적 권리에 대응하는 의무를 명백히 할 필요에서 나온 것이다. 노동의 의무가 그 권리를 전제로 하는 것처럼 현대 기본권이 그 구조면에서 시민적 기본권과 다른 차원의 질적 변화를 맞이하게 된 데 연유한다 할 것이다.

외견적 입헌주의나 관료주의적 관점에서 의무를 강조하는 것은 주로 국민의 권리 남용에 대한 기우와 국민을 잠재적인 질서 혼란자로 위험시해서 규제·통제해야 한다고 보는 그릇된 관념의 산물이다. 한국의 관료주의 헌법론에서도 국민을 위험시하는 그러한 관료주의적 관념의 뿌리는 의외로 깊다. 헌법에서 법을 준수할 책임에 대한 명령은 주로 권력자에게 부과되는 것이다. 국민은 그러한 헌법제도를 통해서 권력자의 권력 남용을 견제함으로써 인권을 보장받는 주체이다. 어느 나라에서도 국민이 권리를 남용해서 질서를 혼란시켜 헌법 질서가 파괴된 예는 없다. 권력자의 월권과 인권 침해, 야심에 의한 헌법 파괴와 영구 집권 시도 등으로 나라의 질서가 문란해지고 선량한 사람이 총칼에 맞아 죽고 감옥에 가게 되는 것이다. 시민의 권리 남용이나 질서 문란은 헌법보다는 형법과 형사 정책, 시민적 질서의 문제일 것이다.

납세의 의무―재산을 지키려는 납세자의 권리

영국, 미국, 프랑스 등 모든 나라의 시민혁명은 시민의 재산권을 지키려는 투쟁에서 비롯된 것이다. 1776년 미국의 독립선언도 '대표 없이 과세 없다'라는 조세법률주의를 주장하는 식민지 인민의 항거에서 비롯되었다. 인지세법을 거부하는 인민의 투쟁이 독립전쟁으로 이어진 것이다. 프랑스에서도 세금을 둘러싼 문제로 소집된 3부회의가 국민의회로 둔갑하면서 바스티유 감옥의 파괴, 점령을 시작으로 혁명이 발발한다.

시민헌법에서 납세의 의무는 재산권 보장제도의 일환이다. 조세법률주의에 따라 국민대표기관의 의결로 제정된 법률에 의해서만 세금을 부과할 수 있다. 그리고 재정(財政) 민주주의 원칙에 따라 예산은 '예산법안'의 형식으로 국회에서 발의·심의·확정한다. 이것이 영국, 미국, 프랑스 등의 예산법안 제도이다. 이에 따르면 예산은 법률이기 때문에 예산법을 어긴 행정 관료는 위법의 책임을 지게 된다.

한국 헌법은 납세 의무에 대해 "모든 국민은 법률이 정하는 바에 의하여 납세의 의무를 진다"(제38조)고 정했다. 우선 조세법률주의를 원칙으로 함을 명시한 것이다. 그런데 이에 따라 징수한 세금으로 예산을 편성·심의·확정해 집행하는 제도인 재정 민주주의에 부실한 점이 있다.

우선 한국 헌법의 예산제도는 일본 메이지 헌법의 예를 따르고 있다. 예산이 예산법안이 아니라 '예산안'이며 확정된 예산안은 '예산법'이 아니라 '예산'이다. 이 점이 영국, 미국, 프랑스와 다르다. 그리고 예산의 발의가 의회에 의해서 이루어지는 다른 나라와 달리 한국 헌법은 메이지 헌법처럼 행정부가 발의기관이다. 더욱이 메이지 헌법 제71조를 그대로 답습한 준예산제도*를 두고 있다(헌법 제54조 3항). 준예산제도라 함은 법정 기일 안에 국회에서 예산안이 확정되지 않으면 전년도 예산을 준용한다는 것이다. 이것은 재정 민주주의에 반하는 제도이다. 내각제에서 그러한 사태가 일어나면 내각 불신임으로 보아 총사퇴해야 하며, 내각제적 요소를 가미한 한국의 권력구조로 보아서도 총리 이하 전 각료가 퇴진해야 한다. 미국 대통령제 하에서 연방 의회의 예산 의결 지체로 연방 공공기관의 지출이 금지되었던 일이 1996년에 일어났던 것을 기억하고 있을 것이다.

우리 예산제도는 일제 제도의 영향을 받고 있다. 제57조에서 국회가 정부의 동의 없이 정부 제출 예산 각 항목을 증액할 수 없다고 한 것은 아직도 우리 헌법제도가 19세기 독일 비스마르크 시대의 제도나 일제시대의 수준을 넘지 못하고 있음을 보여준다. 더욱이 문제되는 것은 1961년 쿠데타 이후 군사정권이 예산회계법을 임의로 개악해서 공공요금을 국회의 동의 없이 행정부의 공공요금 심사위원회의 결의로 변경할 수 있게 한 것이다. 이것은 조세법률주의와 재정 민주주의에 반한다.

국민국가의 국방 의무

시민혁명 이전의 전제군주국가는 용병을 거느린 나라였다. 프랑스혁명 당시에 왕을 호위하는 근위 부대는 스위스 용병이고 일반 군대도 귀족이 장교가 되는 용병 부대였다. 그들은 군주와 개인적 연관으로 맺어진 충성관계에 있었으므로 혁명은 그러한 군대를 해산시켰다. 혁명이 진행됨에 따라 주변의 군주국은 군주를 처형한 프랑스의 혁명을 압살하기 위해 침범해 들어왔는데, 이때에 혁명 정부는 시민을 무장시켜 전선으로 보내 방어에 임하게 하였다. 당시에 전선으로 향하던 병사들이 부른 라인 강 수비대의 노래가 오늘의 프랑스 국가인 「라 마르세예즈」이다.

「라 마르세예즈」의 모태가 된 라인 강 수비대의 군가

누더기를 걸친 빈약한 무장을 한 군대의 병정들이 자기의 고향, 부모, 형제를 지키고, 혁명으로 이룩한 자유·평등과 우애의 정신이 깃든 조국을 지키고자 전선으로 향하면서 불렀던 노래는 '시민들이여 무기를 들어라'로 시작되고 '압제자가 우리를 향해 오고 있다'로 급박성을 일깨우며, 마지막에 '더러운 적의 피로써 이 강토를 적셔 버리자'에서 절정에 달한다. 혁명과 조국을 지키려는 애국심의 열기 속에서 근대 시민국가의 국민군이 탄생한 것이다. 미국도 독립전쟁에 나선 민병이 미국 군대의 선구였음은 프랑스나 마찬가지이다. 용병이 아니라 국민의 군대가 탄생한 것이다.

이처럼 국방의 의무는 나라 사랑의 정신에서 비롯되는 것이다. 그것은 동시에 국민이 병역이나 재정을 통해 국토를 방위할 의무가 의회의 법률로써 비로소 부과된다는 점에서 납세의 의무처럼 보장적 성격을 지닌다. 보장적 성격의 권리와 의무는 표리관계로서 불가분의 관계에 있는 것이다.

〔제39조 1항〕 모든 국민은 법률이 정하는 바에 의하여 국방의 의무를 진다.

이 의무는 납세의 의무가 한국 영역에 있는 외국인에게까지 부과되는 것과는 달리 한국 국적을 가진 자에게만 부과된다. 일차적인 국방의 의무는 병역의 의무이지만, 병역 이외에 노역을 부과하는 경우도 있다. 1950년 전쟁 당시에 보급, 건설 등에 종사한 노역 부대가 바로 그러한 예이다. 이러한 노역의 제공 이외에 재산상의 의무를 부과 받는 경우도 있다. 세금으로 국방에 소요되는 비용을 납부하는 이외에 전시에는 국방상 징발도 있을 수 있다.

현대적 의무로서 교육과 근로의 의무

납세와 국방의 의무 이외에 현대 복지국가의 헌법에는 교육의 의무와 근로 (노동)의 의무가 추가되고 있다.

교육의 의무는 교육권, 학습권을 누리는 주체인 어린이를 보호하는 국민이 그 교육권을 누리는 것에 대응해서 학령 아동을 취학시킬 의무이다. 그리고 근로의 의무도 모든 국민이 부담하는 의무가 아니라 법률이 정한 바에 따라 근로의 권리를 누리는 주체가 그에 대응해서 부과받는 의무이다. 물론 시민국가에서는 재산을 가진 자가 그 재산에 기생하여 노동하지 않고 살아갈 수도 있다.

직업의 자유는 무직업의 자유도 포함한다. '일하지 않는 자는 먹지 말라'는 원칙은 자본주의 사회에서는 법률로 강제될 수 없다. 다만 도의적·종교적인 교훈으로서 이해할 수 있을 것이다.

일부 교과서는 제23조 2항에서 "재산권의 행사는 공공복리에 적합하도록 하여야 한다"고 정한 규정을 '재산권 행사의 의무'로 설명한다. 그런데 이러한 설명은 오해를 불러일으킬 수 있다. 자본주의 사회에서 개인의 재산권의 행사는 각자의 사사로운 사항으로서 자유이기 때문에, 제23조 2항이 재산권을 행사할 때마다 공공복리의 적합성을 따라야 한다는 제약의 의미로서 의무를 규정한 것은 아니다. 이 조항은 다만 재산권 행사가 공공복리에 어긋날 경우에는 그에 대한 제한을 할 수 있다는 것을 간접적으로 제시하는 규정이다. 따라서 부자의 반사회적 재산권 남용을 방지하기 위한, 복지국가에서 경제적 자유의 한계를 명시하는 규정으로 이해하여야 할 것이다.

토마스 만이 나치 지배에 대해 말하기를, '정치를 경멸
하는 국민은 경멸당할 만한 정치를 가질 수밖에 없다'
고 했다. 주권자가 제 구실을 못하면 집을 지키라고 심
부름시킨 파수꾼이 안방을 차지하며 집안 살림을 통째
로 빼앗기게 되는 것이다.

제3부
민주주의의 정치기구와
삼권분립

1장

자유 보장을 위한 정치기구가 제구실을 하려면

헌법의 권력구조를 보면서

인권 규정과 권력구조의 관계

헌법을 주요 내용에 따라 구분하면 크게 인권에 대한 규정과 권력기구에 대한 규정으로 나눌 수 있다. 1789년의 프랑스 인권선언도 입헌주의 헌법의 필수 조건으로 인권의 보장과 그를 위한 권력분립을 규정하고 있다. 그런데 인권선언 제16조에서 인권을 보장하기 위해 권력분립주의를 정치기구의 원리로 강조하는 데서 볼 수 있듯이, 두 가지는 서로가 불가분의 유기적인 관계에 있다. 인권의 보장은 권력 작용에서 문제되는 것이기 때문이다. 인권 규정의 효력이란 결국 권력 작용에서의 구속력을 말하는 것으로, 인권 규정이 어떤 형태로 보장될 수 있는가의 문제는 정치기구가 권력기구로서 얼마나 헌법을 잘 준수하느냐에 달려 있다.

각 나라마다 정치 풍토가 다르므로 정치기구의 구성과 작용의 모습도 다르게 나타난다. 영국은 의회의 하원을 중심축으로 민의가 수렴되어 그것이 행정의 권력남용을 감시하고 억제하며, 재판 과정에서 법의 지배를 담보하는 직·간접의 작용을 한다. 미국은 연방과 주의 이중 구조로 대통령의 권력이 연방상하 양원과 연방 법원 및 주정부의 견제를 받으면서 법의 지배를 세워 나간다. 프랑스도 대통령과 내각의 이니셔티브(initiative, 주도권)가 강하게 작용하는 정치제도로서 의회와 법원과 헌법법원의 교묘한 견제가 작용한다. 독일은 특유의 안정된 내각제를 축으로 연방과 주의 이중 권력구조 하에서 헌법재판소가 법원과 함께 강력한 견제역을 간접적으로 담당하며 안정된 정치 질서를 이룩해 나가고 있다. 일본의 내각제는 1당 우위를 유지하면서 정경유착 하의 실질적인 관료 지배구조를 이어오고 있다. 이렇게 각기 다른 구조 속에서 인권은 어떤 정도와 모습으로 보장되는 것일까?

중요한 것은 우리가 우리의 정치를 헌법이라는 기준을 통해서 볼 때 인권의 문제와 불가분의 관계가 있다는 점을 아는 것이다.

헌법 이념과 실제 헌법 정치의 괴리

헌법이 자유민주주의를 표방한다고 해서 우리의 현실이 곧 자유민주주의가 되는 것은 아니다. 박정희 이래 군사정권도 자유민주주의를 표방하고 헌법도 그럴 듯하게 치장을 했었다. 그렇다고 박정희 독재체제를 자유민주주의라고 하지는 않는다.

지향하고 표방하는 이상과 주어진 현실이 반드시 동일한 것은 아니다. 그렇지만 헌법 정치가 잘 되어가는 나라는 헌법의 이념과 가치에 접근하려고 끊임없이 노력하며 그 노력은 입법 과정에서부터 법집행과 사법 과정에까지 나타난다. 그런데 정치적인 후진국에서는 헌법과 헌법 정치의 괴리가 너무나 심하고 때로는 헌법이 현실의 반헌법적 모순을 은폐, 위장하는 장식물로까지 이용된다. 19세기의 외견적 입헌주의의 사례까지 갈 것 없이 제2차 세계대전 후에 탄생한 신생국의 헌법 정치의 실태가 바로 그러하다. 그것은 인권 규정이 재판 규범성을 상실하고, 정치기구를 규제하는 헌법 규정이 주요 결정적 부분에서 준수되지 않는 점을 특징으로 한다. 한국의 헌법 정치에서 권력자의 헌법 무시 행위가 묵인되고 헌법에서 가장 중요한 견제 역할을 할 기구가 그 기능을 발휘하지 못했던 사례가 바로 그것이다. 다수의 횡포를 막는 절차적 보장을 유린하는 날치기 통과가 아주 중대한 사안에서 자행되는 것도 그 예일 것이다.

그렇다고 해서 우리 헌법 전체가 절망적이라고 볼 것은 아니다. 그나마 헌법이 있으니까 권력자가 그것에 의해 제동을 당하게 되고 동시에 국민은 그 헌법을 제도적인 발판으로 하여 입헌제도의 정상화를 꾀할 수 있는 것이다. 이 점을 긍정적으로 수용하고 활용해야 한다. 이와 함께 우리 헌법 정치에서 어떤 헌법 규정이 시행되지 못하고 왜곡되었는지, 그 이유는 무엇이며 시정책은 어떻게 강구할 것인지에 대해서 끊임없이 논의하고 이를 정치에 적용해 나가야 한다. 우리가 헌법을 알고자 하는 것은 바로 그러한 노력에 보탬이 되어 인권을 보장하고자 하는 것이 아닐까?

민주공화제의 나라

나라님이 없는 세상

우리는 반만 년 역사를 말하는데, 어쨌든 역사가 있은 이래 줄곧 왕을 받드는 나라의 백성으로 살아왔다. 왕이 없는 내 나라를 가지게 된 것은 20세기 중엽 헌법이 만들어지면서부터이다. 여기서 왕이 있는 나라와 왕이 없는 나라의 차이점을 살펴보자. 왜냐하면 그것을 통해 그 국가가 개인의 자유를 인정하는 자율에 의한 국가인지 아닌지가 구별되기 때문이다.

지금의 왕은 대개 '입헌군주제의 왕'이기 때문에 근대 이전의 전제군주와는 다르다고 한다. 물론 다르다. 영국처럼 왕이 관습적 장식물 이상의 큰 작용을 안 하면 그 말도 옳다. 그러나 일본처럼 아직도 왕을 신 자체나 신의 자손으로 보아 신격화함은 정치적 국수주의와 신권주의의 제도적 근거가 되고 노예근성에 찌든 어리석은 국민을 만들어낸다는 점에서 위험하다. 어쨌든 왕의 정치적 존재에 대한 부정은 제도 면에서 일대 진보인 것만은 틀림이 없다.

그런데 제도적으로 왕이 없는 나라에서도 정신적으로 왕의 망령을 믿는 나라가 아직도 꽤 많다. 왕의 신하로서의 신민적 정신 구조가 남아 있는 것이다. 그것은 권위주의라는 말로도 표현할 수 있고 다른 말로 그 정신적 부작용 면에서 노예근성이라고 할 수도 있다. 유감스럽게도 우리는 아직 이 노예근성의 멍에를 벗지 못하고 있다. 우리에게는 아직도 권력자가 '나라님'이고 그의 관료는 '나리'로 통한다. 권력자가 국민의 공복이고 대표자라기보다 '최고 통치권자'라는 도깨비감투를 둘러쓰고 있다. 국민의 심부름꾼인 공무원이 전제시대의 '관료'인 '나리'로서 국민 위에 군림하며 특권을 이용하여 사리사욕을 채우고 있다. 권력자와 관료가 부자가 되는 나라는 아무리 그럴 듯하게 변명해도 진정한 민주공화국이라고 불리기에는 문제가 있다.

민주공화제 입국의 이념

1910년 조선이 정식으로 일본 제국주의의 지배 아래 식민지가 되기까지 우리는 군주전제의 나라에서 살아왔다. 식민지가 되면서 그 군주와 지배층 양반

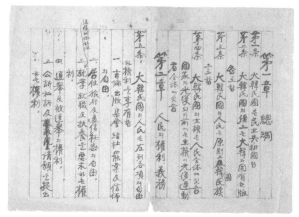

1944년 임시 의정원에서 확정 공포한 대한민국 임시 헌장(헌법) 초안. 제1조에서 "대한민국은 민주공화국임"을 정하고 있다.(독립기념관 제공)

계급은 자기 일신과 일족을 위해 일제에 투항함으로써 이미 민족을 대표할 자격을 스스로 포기하였다. 물론 조선 멸망 후에도 군주 지배에 대한 향수와 복벽을 꿈꾸는 일부 시대착오적 양반 잔류인 유림이 있었으나 그들이 민족을 대변할 수는 없었다. 일본 제국의 강점 과정에서 지배층 양반의 대다수인 2만 7천 명 가량이 일본 제국의 왕으로부터 작위와 합방 하사금을 받았다. 이로써 그들은 민족을 배반하여 그 민족 대표성을 스스로 포기해 버린 것이다.

이 시점에서 이미 우리 민족의 자존을 위한 과제는 군주 복고가 아닌, 공화 입국을 통한 자주독립이 되었다. 여기서 우리는 3·1운동에서 탄생한 상해임시정부의 민국(民國, 공화국) 수립의 역사적 의의를 인식할 수 있다.

3·1운동으로 탄생한 대한민국 임시정부는 민주공화제의 입국을 지향함을 분명히 하였다. 1948년의 정부수립은 이 임정의 법통을 계승함으로써 민족적 정통성을 확립하려고 한 것이다. 문제는 아직도 친일 잔재와 잔당에 대한 숙청과 역사 바로 세우기가 미해결의 과제로 남아 임정의 건국 정신을 제대로 계승하지 못하고 있다는 점이다. 2004년 뒤늦게나마 친일파 청산을 위한 1948년 「반민법」의 정신을 이은 「친일진상규명법」을 제정하여 일제 잔재를 청산하고

민족정기를 바로 세워서 분단 극복과 민주 공화의 기반을 마련코자 하고 있다.

민주공화국의 성격

이 나라가 민주공화국임을 규정한 데는 몇 가지 의미가 있다.

첫째, 군주제가 아닌 공화제임을 분명히 한 것이다. 이것은 중요시되기보다는 당연시되어야 할 원칙이다. 이를 위해서는 우리가 노예근성을 벗은 자유시민으로서 나라의 주인으로 주체성을 견지해 나가야 한다. 말뿐인 공화국의 시민은 있을 수 없다. 마음속에 도사리고 있는 '나라님'의 망령을 쫓아내지 않고서는 공화국의 시민이 될 수 없다.

둘째, 민주공화제라고 함은 글자 그대로 자유와 평등의 나라답게 운영이 되어야 한다는 의미이다. 군주 대신에 군주 못지않게 사납고 포악한 독재자를 모시고 있는 꼴이 되어서는 안 된다. 우리 스스로가 나라의 주인으로서 자유의 법제가 이룩되어 나가도록 해야 한다. 군사독재 시절처럼 독재와 폭정이 판을 치고 정치적 반대파나 야당이 역적시되어 박해와 차별을 받는 곳에서 자유민주주의를 백번 소리 질러 보았자 헛된 구호이고 자기기만일 뿐이다. 합의와 공론이 통하는 민주공화제의 정치 시스템이 가동되도록 헌법의 제도를 살려나가는 것이 중요하다. 현재 우리는 노예근성에 묶여 정치 조작을 당하고 금권 선거를 되풀이하면서 '제 발등 찍는 일'을 하고 있는 건 아닌지 다시 한번 반성해보아야 할 것이다.

셋째, 민주공화제는 냉전시대 이래 노동계급 주도의 사회주의가 아닌 서구식 자유민주주의를 지향한다는 뜻에서 '인민' 공화제가 아니라는 점을 강조했다. 문제는 우리가 서구식 자유민주주의 체제의 일부로서 민주공화제라 하면 그 내용에 언론 등 기타 표현의 자유와 정권의 평화적 교체가 가능한 제도 장치를 담고 있어야 하는데 최근까지 그런 수준에 이르지 못했다는 것이다. 무엇보다 군사독재나 반정부 당파에 대한 탄압이 다시는 없도록 국민의 성숙한 역량이 발휘되어야 하는 과제가 있다.

대의제 민주주의와 권력분립주의

공개와 토의에 의한 정치의 발달

전제정치의 특성은 국민 대중을 우민화하고 밀실에서 공사(公事: 나라 일)를 정하며 당파 사이의 정치적 대결을 폭력이라는 힘의 논리로 해결하려 한다는 점에 있다. 민주정치라고 하면 적어도 국민이 누구나 정치의 주체로 한 표를 행사할 수 있고 공적인 일은 공개된 장에서 논의를 통해 정하며 정치적 대결은 언론과 투표로써 가리는 것이다.

그런데 이 공론의 정치는 대단히 어려운 것이다. 아시아의 나라들은 근대국가를 위한 혁신을 할 때 공론에 의한 정치를 하겠다는 의지를 공공연히 서약하고 약속하였다. 일본의 메이지유신 당시의 메이지 왕의 서약이 그랬고 조선의 마지막 왕도 종묘에서 공론에 의한 정사를 맹서했다. 위의 경우 모두 국민에게 직접적인 맹서를 하지 않았다는 점에서 '위로부터의 근대화'의 한계를 엿볼 수 있다.

민주정치가 먼저 발달한 서양의 배경을 살펴보면 아래로부터 말길[言路]의 문화 풍토가 존재했다. 고대 그리스 시민정치의 열쇠는 자유민 사이의 토론과 대화에 있다. 플라톤은 소크라테스를 등장시킨 『대화록』을 만들었다. 그리스 철학의 대가인 소크라테스는 토론과 논쟁의 명수였는데, 그 배경에는 시민 소

소크라테스(왼쪽)와 공자(오른쪽)

크라테스로 상징되는 그리스의 공론 정치 문화가 있다. 한편 동양의 『논어』는 평생 벼슬자리를 찾아서 군주와 제후에게 구직운동을 하다가 실패한 공자라는 선생을 모시고 그 선생의 말씀을 듣는 내용으로 되어 있다. 이의 제기나 반박, 거부는 있을 수 없다. 따라서 맹목적 암기 및 무비판적 순종은 유교의 핵심 요체이자 전제군주제의 지배 이데올로기로 천 년을 이어져왔다. 이는 각 나라의 정치 풍토와 거기서 나온 정치제도의 차이이다.

영국에서 의회제도가 발달한 데는 앞서의 그리스 문화의 전통 이외에 영국 국왕의 힘도 한몫을 했다. 영국의 왕은 다른 대륙의 왕처럼 강력한 상비군을 거느리지도 못하였고 카리스마적 위력도 없었기 때문에 영주 귀족과 승려, 부유한 시민들의 눈치를 볼 수밖에 없었던 것이다. 그리고 무엇보다 영국의 왕과 귀족은 17세기 청교도혁명에서 국왕이 인민에 대한 반역자로 몰려 목이 잘렸던 교훈을 잊지 않았다. 뿐만 아니라 명예혁명을 통해 의회를 탄압한 국왕의 운명이 어떻게 되었는지에 대한 교훈을 얻었다. 여기에 왕실의 추문과 추태는 왕의 신격화를 방지하는 데 이바지해서 영국의 중산계급을 정치적으로 계몽시켰다. 또 왕이나 귀족, 부유한 시민은 의회에서 공론을 수렴하여 서로가 적당한 선에서 타협을 하는 것이 피차 살아남는 길이라는 것을 경험을 통해서 배울 정도로 실리적 타산을 할 능력이 있었다. 영국의 의회 정치는 이러한 여러 복합적 요인과 배경에서 자리 잡게 되었다.

의회를 통해 부각되는 당파세력 간의 실세를 국왕이 정식으로 인정함으로써 영국의 의원내각제가 책임 정치의 관례를 세운 것은 영국민의 정치적 슬기이기도 하지만 실리 추구가 빠른 장사꾼의 근성이 낳은 결과이기도 하다. 이 장사꾼의 이해타산은 노동자계급이 실세로 등장하자 그를 대표하는 의원의 의회 진출을 점차 인정해 주었다. 실세를 공론의 장으로 끌어들여 하나의 세력으로 인정해 한편이 되게 한 것이다.

프랑스혁명과 국민의회의 대표성

영국에서 발달한 의회를 통한 공론 수렴의 대의정치는 프랑스혁명을 통해 극적으로 자리를 잡게 되었다. 영국처럼 평상시에 의회를 소집하지 않고 오랜 기간을 방치해 두었던 루이 왕정은 재정파산 문제를 해결하기 위해 귀족과 승려, 그리고 시민 등 다른 신분이 모이는 종래의 등족회의(等族會議)인 3부회의를 소집하였지만, 불평불만과 야심에 가득차 있던 등족회 대표들의 반란으로 이것이 헌법 제정을 위한 국민의회로 바뀌게 된다. 혁명이 시작된 것이다. 이혁명은 등족회의를 헌법 제정 의회로 발전시키게 된다. 따라서 무엇보다 봉건적 등족회의의 신분 대표성을 타파하여 모든 국민의 대표성을 수립할 것이 요구되었다. 그래서 혁명헌법은 대의원이 특정한 신분을 대표하는 것이 아니라 전 국민을 대표한다는 점을 분명히 했다. 이것은 의회의 국민 대표성의 제도적 근거가 되었다. 그리하여 프랑스혁명의 영향을 받아서 의회를 구성하는 경우에는 그 국민 대표성을 확인한 조항을 명문화하기도 했다. 현대의 독일연방공화국 기본법은 이를 다음과 같이 명시하고 있다.

독일연방공화국 기본법의 국민 대표 규정

〔제38조 1항〕독일 연방 의회의 의원은······ 모든 국민의 대표로서 위탁 지령에 구속되지 않고 그의 양심에 따른다.

대의(代議)정치란 국민의 대표인 의원이 의회를 중심으로 모여서 토론을 통한 합의에 의해 정치를 하는 것이기 때문에 이를 실현하기 위해서는 여러 가지 조건이 구비되어야 한다. 무엇보다 공개 토론 과정에서 여러 당파의 의견을 조율할 수 있는 능력과 기술이 갖추어져 있어야 한다. 이는 대표를 뽑는 선거민인 국민의 정치 수준 문제로 돌아오게 된다.

프랑스혁명 당시에는 능동적 시민인 유산 시민을 중심으로 정치가 이루어졌으며 19세기까지 대개의 나라는 의회의 구성에서 여성과 하층 시민을 제외시켰다. 이후 영국의 차티스트 운동 등 무산자 대중의 보통선거 관철을 위한 운동이 각 나라에서 맹렬한 기세로 전개되었다. 일본의 보통선거 운동의 열기와 압력이 1925년 선거법 개정을 쟁취했던 예에서 볼 수 있듯이 대중의 정치적 성숙은 산업사회에서 각 계급의 사회적 이해에 대한 각성과 함께 일어났다. 노동자계급도 공장 현장의 집단 훈련과 규율 및 노동조합의 조직적 운동을 통해서 성숙한 정치적 주체로 변신해 갔다.

의회주의는 국민 대표의 이론과 함께 민주주의의 일부로서 공인되어 있다. 원래 영국에서 의회제도의 발달은 국민 대표성이나 민주주의적 성격보다는 제 계급의 사회적 이익이 의회라는 공론의 장에서 수렴되고, 그것이 각 계급 대표의 타협을 통해 국정에 반영되어 법의 지배라고 하는 큰 틀 속에서 통치의 안전 고리가 되는 데 그 의미가 있었다. 대영제국의 절정을 향해 가던 19세기 중반 영국의 의회에는 민주주의보다 자유주의적 성향이 반영되어 있었다. 선거법 개혁을 통한 도시 소시민의 참가를 수용한 것은 바로 그 이후의 일이다. 양대 정당의 당수인 디즈레일리와 글래드스톤이 보수당과 자유당을 대표하여 의

19세기 영국의 하원

회(하원) 안에서 웅변과 리더십에 의한 대결과 타협을 연출하는 장면은 영국식 의회의 성숙이 예술적 수준에까지 달했다고 할 정도로 완숙한 모습이었다. 그러한 영국 의회제도의 영향은 미국과 대륙에서 대의제 민주주의로 점차 자리를 잡아가게 된다.

한국 헌법이 국회를 국민대표기관으로 정한 것은 이 의회제 · 대의제 민주주의를 제도로 채택하고 있다는 의미이다. 그것은 국민주권의 제도화의 한 표현이기도 하다.

로크와 몽테스키외의 권력분립론

로크가 이권분립론(二權分立論)을 그의 『시민정부론』에서 제기한 것은 이미 앞에서 살펴보았다. 권력분립의 동기와 목적 및 기능이 권력의 집중으로 인한 남용을 억제하고자 하는 데 있다는 것은 몽테스키외*에게 있어서도 동일하다. 다만 몽테스키외는 로크와 달리 그의 생애 역작인 『법의 정신』에서 삼권분립

몽테스키외

론을 주창했다. 로크의 시각은 17세기의 영국 사정을 반영해서, 상원은 귀족을 대표하고 하원은 서민 일부의 대표도 인정하며 이 상하 양원으로 구성된 의회가 왕으로부터 분리되어 집행권자인 국왕의 권력을 견제한다는 것이었다. 그리고 그 후의 영국 정치기구는 입법권과 집행권이 엄격히 분립되는 대신에 의회의 하원 다수당이 행정의 책임을 담당함으로서 내각제로 발전했다.

몽테스키외의 삼권분립론은 18세기 영국의 헌정을 잘못 인식한 데서 연유한 것이었다. 그의 구상에는 법복 귀족(지방 고등법원장)으로서의 정치적 입장도 반영되어 있었다. 그는 결코 민주주의를 믿는 사람이 아니었다. 다만 군주와 귀족 및 상층 시민 3개 세력의 공존을 위한 타협적 정치기구의 창출에 뜻이 있었다. 그의 구상에 따르면 군주는 집행권의 주체로서 국가 원수의 지위를 가지며, 귀족은 상원에서 자신들의 이해를 대변하고 그들에 대한 재판은 귀족원의 법제위원회가 설치한 특별재판소가 담당토록 한다. 그리고 상층 시민은 하원을 통해 이해를 대변하고 시민의 재판은 민선된 재판관으로 구성된 독립된 사법부가 담당한다는 것이다. 당시 군주전제 하의 3대 세력을 권력기구에 각기 참여시켜 서로 견제를 통한 균형을 이룩함으로써 시민적 자유를 이룩하자는 취지이다. 이는 철저하지는 못하지만 자유주의 이론임에는 틀림이 없다. 군주제적 귀족제를 가미한 정치기구이고, 입헌군주제 하에서 시민의 자유를 모색한 법치주의 이론이기도 하다. 결국 이 권력분립론에 따르면 각 정치세력 간에 견제와 균형이 이룩되는 조건 하에서 시민적 자유가 실현될 수 있다는 것이다.

몽테스키외는 권력분립제도의 조건으로 두 가지를 전제했는데, 하나는 시민의 민주정치적 자질이고, 그 다음은 사회계층이나 당파 등의 정치세력, 즉 군주와 귀족 및 유산 시민 삼자 사이의 역학관계의 균형이었다.

그는 정체(政體)를 전제정, 군주정, 공화정으로 구별했다. 각각의 정체에는 원리와 본성이 있는데, 원리란 각 정체의 활동과 안정을 보장하는 인간의 정념(情念)을 의미하고, 본성은 주권의 소재와 그 행사 형식을 지시하는 개념이다. 전제정치의 본성은 한 사람의 자의적 지배이기 때문에 그 원리는 공포이다. 다시 말해 시민을 겁먹게 해서 지배를 유지하는 정체이다. 다음에 군주정체는 몽테스키외가 가장 이상적으로 생각한 것으로 한 사람의 군주가 법에 따라 통치하는 것이 그 본성이고, 그 원리는 지위에 따른 명예이다. 군주정체에서는 귀족이 서민과 군주 사이에서 중간 권력으로 주요한 기능을 발휘한다. 그 다음으로 구 공화정은 귀족정과 민주정으로 나눌 수 있는데, 귀족정의 본성은 주권이 귀족이란 소수 지배층에 있는 것이므로 그 원리는 덕에 입각한 절제에 있다고 한다. 끝으로 민주정은 그 본성이 시민이 주권자인 것으로서 주권 행사를 원활하게 하는 원리는 시민의 덕, 다시 말해서 시민의 법과 조국에 대한 사랑, 애착, 평등에의 집념, 공공 정신의 투철성에 있다고 했다. 결국 시민의 정치적 자질이 중요시되는데 몽테스키외는 시민이 그러한 수준에 미치지 못한다고 보아 군주정을 선호한 것이다. 여기서 그 당시나 지금이나 민주주의가 구성원 스스로의 자율적 정치임을, 따라서 중우(衆愚: 어리석은 대중 또는 우민) 정치·선동

미국 연방헌법 초인 채댁
(1787)

정치에 말려들거나 사이비 민주주의로 전락하지 말아야 한다는 것을 알 수 있다. 이 점은 우리가 민주주의를 해 나가는 데 있어서 심각하게 생각하고 반성할 점이다.

몽테스키외의 권력분립론은 1787년 미국 연방헌법에 제도화됨으로써 세계적으로 유명해진다. 프랑스 인권선언 제16조도 이 권력분립론을 입헌주의 헌법의 필수적 구성 요소로 정했다. 미국의 연방헌법이 권력분립주의를 채택한 근대 시민헌법으로 200여 년을 지속해온 결과 오늘날 권력분립제도는 신앙에 가까울 정도의 신뢰를 얻게 되었다. 그러나 현대 국가에서 삼권분립론은 자동적으로 가동하는 만능의 조직 원리는 아니다. 이제 우리 헌정의 문제를 살펴보자.

한국 헌법의 권력분립주의

헌법은 정치기구가 가지는 조직 원리의 하나로서 권력분립주의를 채택하고 있다. 우리 헌법은 입법권은 국회에 속하고(제40조), 행정권은 대통령을 수반으로 하는 정부에 속하며(제66조 4항), 사법권은 법관으로 구성된 법원에 속한다(제101조 1항)고 정하고 있다. 이것은 200여 년 전에 제정된 미국 연방헌법을 따른 것이다. 그러나 헌법 정치가 갖추어야 할 조건까지 미국 연방을 따라 조성되어 있는 것은 아니다.

특히 한국정치에서 몽테스키외가 지적한 대로 정당이나 정치 세력 사이에 균형의 조건이 이루어져 있느냐 하는 문제는 상당히 심각하고 신중하게 생각해 볼 문제이다. 군사독재 시절 박정희 집권기의 여당인 민주공화당은 정보부가 만든 어용 정당이었고 야당은 탄압의 대상이었다. 박정희 사망 후에 신군부 독재 하에서는 군 정보기관인 보안사에서 민주정의당(민정당)을 만들었고 야당은 탄압 하에서 명맥을 이었다.

한편 박정희 집권 이래 사회 지배세력은 재벌 등 독점 대기업의 소유자나 그 경영자, 고위 군부인사와 고급관료 및 그들과 한 패가 된 정치인 일부 등 기득권층이었고 중소기업자와 지식인 및 청년학생층이 그에 대립한 이해관계를 가지는 유력한 반대세력으로 기능했다. 해방 이래 반세기 이상을 친일파 구 기득권 부류가 지배 실세로 군림해온 것이다.

그래서 1998년 김대중 정권이 출범한 일대 변화가 온 이후에도 구 지배세력은 사회적 실세로서 정계·재계·관계 등에 그대로 남아 있고 사회적 명망가층으로 행세하면서 개혁을 견제하고 있다.

우리 사회에서 사회정치세력 간의 균형이 권력분립을 위한 사회정치적 조건을 조성할 수준에 이르기까지는 좀더 진통과 시련을 요하고 있다. 그것은 국회나 지방선거에서 아직도 박정희나 신군부의 잔재 세력이 위세를 떨치고 있으며, 개혁의 과정에서 헌법과 법률의 정상적인 기본틀을 잡아가자는 최소한의 정비조차도 난관에 부딪치고 있는 것을 보아도 실감할 수 있다.

시민적 자유와 그를 바탕으로 한 가장 온건한 민주제도인 권력분립 장치의 정상적 가동을 이루어내는 일도 상당한 노력과 투쟁을 요한다. 그동안 '자유민주주의'의 정신과 체제를 내세우며 지배해온 군정 세력이나 구 기득권 부류는 가장 자유민주주의의 정신과 체제에 어긋나는 매카시즘과 계엄과 정보공작 정치로 탄압을 일삼아왔기 때문이다. 그들의 그러한 타성과 악습이 하루아침에 청산되기는 어렵다. 특히 반대파나 소수자의 이견을 존중하고 사상 양심의 자유를 진심으로 존중해 본 적이 없는 그들의 구태의연한 수준의 사고나 행동양식으로는 상당한 사회갈등을 스스로 자초할 것이기 때문이다.

특히 자기 입맛에 맞지 않으면 용공 좌경으로 몰아치는 상투적 수법이 몸에 배어 반대 의견이나 이단적 견해는 처음부터 불온한 위험사상으로 단정해온 기득권 부류나 그 대변자 격인 정치인에게 토론과 논쟁 과정에서 관용과 상호 이해와 양보가 요구되는 공존의 정치는 쉽지 않을 것이다. 흔히 '상생'(相生)의 정치를 말하는데 문제는 그들이야말로 반대파(라이벌) 세력과 상생을 해본적이 거의 없다는 것이다. 그리고 상생을 하려면 과거의 잘못을 시인하고 잘못된 것을 고쳐나가는 데 협조하는 일부터 해야 하지 않을까?

행정권의 우월화 경향

현대 국가를 '행정국가'라고 부르기도 한다. 그만큼 20세기의 복지정책을 담당하는 현대 국가의 권한은 계속해서 확장되고 있다. 입법부는 입법 자체의 기능을 행정 관료에게 이관했다고 할 정도로 행정 우위의 경향에 눌리고 있다. 거기다가 정당국가의 집권 정당 총재가 행정 수반으로 국정을 주도하게 됨으로써 권력의 중심축이 행정으로 기울어진 지 오래이다. 사법부나 헌법재판소가 행정 권력을 견제한다고는 하지만, 한국의 실정에서는 기대할 바가 못 된다. 특히 한국은 오랜 군사정권의 개발독재와 '관헌국가'의 잔재로 말미암아 행정 권력의 위력과 그로 인한 역기능이 아직도 압도적이다. 이것이 권력분립이라고 하는 원리 뒤에 도사리고 있는 한국 헌정의 실태이다.

현재로서는 입법부의 권한과 기능을 정상화시키고 사법부와 헌법재판소가 그 구실을 올바로 하며, 국민이 국정 공개와 참여를 통해 통제를 강화해 나가는 정도의 방안을 생각해 볼 수밖에 없다. 아직 정당의 구실이 만족스러운 수준에 이르지 못한 우리로서는 시민의 참여와 운동이 이를 보완하는 역할을 할 것으로 기대된다.

정당국가주의와 사회적 법치국가의 지향

명망가 정당에서 대중 정당으로

미국의 초대 대통령 워싱턴이 대통령 임기 만료 후 했던 유명한 고별 연설을 보면 그는 오늘날과 같은 미국의 민주당과 공화당의 정당정치를 상상도 못했음을 엿볼 수 있다. 그는 건국의 지도자들이 파당으로 분열되는 것을 걱정하여 이를 경고하고 있다. 물론 그의 경고에도 불구하고 건국 지도자들은 파당이 갈려서 정당정치가 시작되게 된다. 입헌주의의 모국 영국에서 의회정치가 정당정치로 발전하고 그것이 근대 입헌정치의 모델이 된 것이 보다 현실적인 참고 사례가 될 것이다.

19세기 중반을 지나기까지 정당은 정치 지도자나 그를 지지 또는 추종하는 사회 유지들의 정치 클럽 성격을 띠고 있었다. 정당이 대중적 기반을 가지고 전국 단위의 조직을 갖추게 되는 것은 19세기 중반 이후 보통선거가 실시, 보급되고 사회주의 정당이 노동조합을 기반으로 전국 조직이 되어 기존의 유산 보수정당에 대항하게 되면서부터이다. 19세기 후반 독일에서 사회민주당이 대중 조직을 건설하고 영국에서는 도시민이 유권자로 등장하면서 노동자의 선거권 부여에 의한 투표 행태의 변화가 주요한 변수로 작용하였다. 미국은 대통령의 간접선거제도가 직접선거로 내용이 변질되면서 대중 동원이 전국적으로 본격화되었다. 매스컴과 대중 소비의 위력은 대중을 정치 동원하는 시대를 열었다. 곧 '대중 민주주의'가 '시민적 민주주의'의 동의어로까지 등장하게 된다.

그런데 이 대중 민주주의에는 야누스의 신과 같은 다른 얼굴이 있다. 제대로 된 대중 민주주의라면 대중 모두가 선거권의 주체가 되는 민주주의 시대를 가져올 것이다. 반면 대중이 표면상 투표권자이고 소비의 주역인 양 등장했지만 실제로는 선동·선전 기술과 여론 조작의 객체로 전락하여 오히려 민주주의를 무기력화하고 왜곡, 타락시키는 경우도 있는 것이다. 히틀러와 무솔리니가 이 끌었던 20세기 '대중국가'의 등장은 대중 정당이 오히려 부정적으로 작용한 대표적인 예이다.

정당국가제도의 헌법적 수용

한국 헌법은 제3차 개헌에서 정당국가적 규정을 두었다. 이 정당 규정은 본래 이승만 정권 하에서 야당 탄압에 대한 반발로 설치하게 된 것이었다. 그런데 당시의 일부 헌법학자는 독일연방공화국의 정당 조항을 그대로 수용했다. 물론 정당의 보장적 지위를 명확히 한다는 의미와 20세기 정당국가의 추세를 그대로 수용한다는 의미는 있었지만 당초부터 정당의 정치적 기반은 취약했다. 게다가 1962년 쿠데타로 세운 군사정권 하의 헌법에서 정당법은 정당 설립 요건을 까다롭게 하고 정당명부식 비례대표제로 선출되는 의원제도를 두어서, 군사정권 협력자에게 선거운동을 생략한 채 의원 당선의 길을 열어 주는 이상하고 악질적인 제도로 변질되어 버렸다. 이러한 군사정권에 의한 정당제도의 왜곡이 시정되기 위해서는 상당한 노력과 시일이 필요했다. 1961년 쿠데타 정권 하에서 탄생한 민주공화당은 중앙정보부의 자금과 관리로 만들어진 어용 관제 정당이고 1980년 군사정권 하에서 만들어진 민주정의당 역시 당시 보안사령부의 정치 공작에 의해 생겨난 정당이다. 야당의 이합집산을 말하기 전에 더욱 문제가 되는 것은 이 같은 여당의 어용·관제성이었다.

그렇지만 정당국가의 지향은 현실적 요구이며 이를 위해서는 우리의 정당 체질을 실제적인 자주적 결사에 걸맞게 탈바꿈해 가는 것이 과제일 것이다. 현재 우리의 정당은 여·야당 모두 근대적 의미의 정당으로서 인정할 수 없는 한계를 지니고 있다.

사회적 법치국가

독일연방공화국은 기본법에서 '사회적 법치국가'임을 명시하고 있다. 여기서 법치국가 이외에 사회적 국가성을 띤다는 말의 의미는 무엇인지 명확히 해볼 필요가 있다. 그것은 자본주의의 수정을 통한 복지 지향의 방침을 표시한 것이다. 사회적 시장경제를 바탕으로 하여 사회정책적 기본권을 보장하겠다는 의지의 표시이기도 하다.

반면 한국은 헌정사를 돌아볼 때 인치와 관치를 통해 법치를 이루려고 했음을 알 수 있다. 악법과 폭정을 법률의 이름으로 정당화하거나 실정법상의 불법을 단순한 형식논리로 인정하는 것은 법치가 아닌 무법이 지배하는 사회에서나 가능한 일이기 때문이다. 아울러 법치는 그 기반 위에서 복지사회를 이룩하기 위한 목표와 방침이 있어야 한다. 한국처럼 개발독재 하의 정경유착이 뿌리 깊은 상황에서 복지정책을 실현하는 것은 군정 하에서는 대단히 어려운 과제였다.

변형된 대통령제의 정부구조

한국 정부 형태의 변화 요인

1948년 헌법 제정 당시부터 정부 형태의 제도는 누가 집권을 하는가의 문제와 맞물려 정치세력 간의 갈등 요인이 되어 왔다. 제헌 당시의 헌법 초안자인 유진오는 당시 보수 친 이승만 정당인 한국민주당이 의원내각제 구조에서 실

제헌헌법을 공포하는 국회
의장 이승만

권을 장악하고 이승만은 명목상의 원수(元首)로 앉히면 된다고 예상하여 내각
제 정부 형태의 헌법을 기초하였다. 여기서 유진오는 두 가지 점에서 실수랄까
판단 착오를 했다.

첫째, 이승만의 정치적 야심과 권모술수를 우습게 본 것이다. 그가 아무리
한민당의 지원 아래 정계를 주도해 가고는 있었지만 상징적 지위에 만족할 만
한 인물은 아니었다. 그리고 그를 둘러싼 배경으로 볼 때 이승만을 뒷전 사랑
방에 앉혀 놓고 한민당이 독자적으로 집권할 수 있는 상황도 아니었다. 이미
미국 국무성은 1948년 5·10총선 전부터 이승만을 대통령으로 만들기에 착수
하고 있었다.[20] 오모리가 미 국무성 동북아 국장을 역임한 존 어리슨*과 직접 면
담한 바에 의하면 그는 1948년 1월 한국에 이미 공작 차 파견되었고, 그 공작
은 성공리에 완수되었다. 이러한 국제적 역학 관계를 무시한 구상은 망상이 아
니면, 순진하고 어리석은 실수였다.

---

20. 오모리 미노루(大森實), 『前後秘史』 9, 講談社, 1975

둘째, 유진오의 실수는 한국민의 해방 이후 미 군정 3년간의 짧은 정치 경험을 간과한 채 대통령제나 내각제 중 하나를 법제로 마련하기만 하면 아무 무리 없이 실현될 수 있을 것이라는 막연한 짐작에 기댄 데 있다. 당시 제반 사정상 내각제는 어려운 상황이었고, 초대 국회의원 선거의 경험으로 미루어 보아 대통령제를 한다 해도 그 실현에는 어려움이 많을 것임을 예측할 수 있어야 했다. 그러나 여기에 대한 아무런 대비책이나 대안도 없이 초안 마련에만 몰두했던 것이다.

어쨌든 이승만은 처음부터 대통령제에서 실권을 장악한 대통령이 되려고 준비해왔다. 그래서 유진오의 내각제 초안은 국무총리 임명의 국회 인준 등 일부 내각제의 요소를 가미한 대통령제가 되었다. 즉 미국 대통령제와 달리 단원제이고 국무회의(내각)가 헌법기관이며 법률안 제출권과 국회출석권 등이 행정부에 있었다. 그리고 대통령 선거는 국회에서 하도록 했다. 이러한 제헌 당시의 대통령제는 제1차 개헌(1952)에서 양원제와 대통령 직선제로 바뀌었다. 이승만의 재집권 때문이었다. 제2차 개헌(1954)에서는 이승만의 종신 집권을 가능케 하기 위해 중임 제한에 대한 예외 규정을 두었다.

제2공화국이 1961년 쿠데타로 몰락함으로써 내각제의 시행은 잠깐에 그치고 만다. 1961년 군정은 제5차 개헌(1962) 이후 줄곧 변형된 권위주의 대통령제로 일관해오면서 장기 집권을 위해 연임 제한을 완화시키거나 무시하고 선거 방법을 간접선거로 고치는 등 무법적 조치를 취했다. 결국 한국에서 권력구조가 변화해온 주된 요인은 권력을 잡고 다시 장기 집권하기 위한 권력자의 욕망에서 비롯되었다고 요약할 수 있다.

1987년 6·10시민항쟁의 성과로 얻어낸 현행 헌법도 변형된 권위주의 대통령제임에는 변함이 없다. 권위주의적 대통령제라 하는 까닭은 먼저 부통령제가 없이 오로지 1인의 최고 권력자인 대통령만이 있고 대통령의 권한이 막강하여 그것을 통제하는 사전·사후의 장치가 취약하기 때문이다.

현행 대통령제의 문제와 전망

이제까지 헌법은 9차에 걸쳐 개정되었지만 그 개정의 동기와 목적이 결코 떳떳하다고는 볼 수 없다. 오히려 개정에 이르기까지의 명분과 절차가 부정과 기만 및 날치기로 얼룩진 경우가 태반이었다.

현행 헌법의 정부 형태의 구조가 그대로 완벽에 가까운 제도는 아니다. 또 제도가 훌륭하다고 해서 그것으로 문제가 해결되는 것도 아니다. 여기서는 흠이 있는 제도의 문제를 들춰보고 그것을 개헌하지 않고도 해소하는 데 참고가 될 만한 점을 살펴본다.

첫째, 현행 헌법은 대통령제이면서 부통령이 없다. 이 결점을 메우기 위해서는 국무총리를 '간판' 총리로 두지 말고 국민의 선거를 통해 검증을 거친 의원직에 있는 '정치인' 총리로 두도록 해야 한다. 이렇게 함으로써 대통령 비서 정도의 역할만 하던 국무총리에게 권한이 생기고 정권이 균형을 이루어 그동안 흔히 출현했던 '소통령'의 탄생을 막을 수 있다.

둘째, 지금의 선거제도 하에서 대통령 후보는 유효 투표의 30퍼센트를 얻으면 충분히 당선될 수 있다. 최저 득표수를 엄격하게 정하고 그에 못 미치면 국회나 다른 선거인단에서 결선 투표를 통해 선출토록 하는 것이 이상적인데 그렇지 못하고 있다. 이 점은 참으로 어려운 과제이지만 정치적인 분위기의 쇄신이 필요하다.

셋째, 대통령의 권한 행사에서 기존 관계 국무위원의 부서제도나 국회의 임명동의, 사전·사후 승인제도를 활용하여 1인 독주의 불도저식 권력에 제동을 가하도록 해야 한다. 이 점은 단임제 하에서 누가 대통령이 되어도 5년 안에 심판 대상이 된다는 점에서 야당만이 아니라 집권 여당에서도 관심을 써야 할 문제이다.

넷째, 대통령의 리더십이 내각(국무회의) 운영체제에서 확립되도록 제도와 법률을 정비해야 한다. 청와대 비서실과 내각이 별개로 존재하는 구조는 우리의 전례로 봤을 때 결국 비서실 중심의 정치, 다시 말해 측근이 주도하는 전근대적 궁정정치로 전락할 위험도 있다.

끝으로 정치의 잘못을 헌법 탓으로 돌려 개헌을 일삼으려는 정치 조작에 대해 국민이나 정치인 모두 냉정하게 감시하고 비판해서 다시는 과거의 실수를 되풀이하지 말아야 할 것이다. 일부에서 내각제 개헌을 제기해오고 있지만, 의원의 자질과 능력이나 의회 운영의 수준으로 봐서 의회 중심의 정치구조가 되기에는 아직 무리가 있다. 그렇다고 현행 헌법의 대통령제의 보완이 필요하다고 하여 개헌을 하는 것도 신중한 자세는 아니다. 먼저 헌법 정치의 관습과 관행을 통해서 보완을 거치는 과정이 필요하다. 그리고 법률로 보완할 사항은 우선 해당 법을 손질할 수 있다. 예를 들면 대통령의 사면권 남용의 억제라든가 하는 것은 사면법을 고치면 된다. 무엇보다 난점은 대통령 5년 단임제의 문제이다. 그간의 경험으로 보았을 때 4년제로 1차 중임이 타당한 것이 아닌가 본다. 이 점은 우선 대통령의 리더십과 정당정치의 개선을 통해서 보완할 수 있을 것이다.

2장 | 국회는 어떻게 구성되며 무슨 일을 하나?

단원제 국회와 소선거구 비례대표제

1948년 최초의 선거 이후 반세기

1948년, 비록 남한(38도선 이남의 한반도)에 한정된 것이었지만 총선거를 시행했다. '5·10총선거'가 그것이다. 이 선거에서 뽑힌 대의원이 헌법을 제정하고 그에 따라 정부가 구성되었다.

이 선거는 한민족이 반만년 만에 치른 최초의 선거였고 1919년 대한민국 임시정부의 헌법에 제정된 이래 최초의 것이었다. 여기서 나는 이 최초의 선거의 감격스러움을 말하려는 것은 아니다. 우리가 나라 운영의 주인 구실을 하게 된 이후로 민주정치를 배워갔던 길을 더듬어 보자는 것이다.

해방 후 의무교육이 자리 잡기 전에 문맹퇴치의 일환으로 초등교육의 문호

1954년의 민의원 선거에 나붙은 홍보물들. '기호 5번'을 뜻하는
작대기와 손바닥 표시가 보인다.

가 개방되었지만 민주주의와 선거라는 말은 생소한 것이었다. 해방 후 정치 참여가 자유로워지고 정당·사회단체가 우후죽순으로 생겨나 목청을 높이기도 했지만, 선거에 참여해 투표를 하기는 처음이었던 것이다. 당시의 투표 방식은 지금과 마찬가지로 유권자가 후보의 기호를 선택하여 둥그런 표시의 도장을 찍는 기호투표

제였다. 지금처럼 1, 2, 3 등의 아라비아 숫자 대신에 작대기를 내려 그어 하나, 둘, 셋으로 표시했다. 1, 2, 3의 아라비아 숫자도 모르는 문맹자가 있었기 때문이다. 그 당시 후보자나 후보자의 운동원은 유권자에게 호소하기를, '작대기 하나인 아무개 후보올시다. 작대기 하나에 찍어 주십쇼' 하였다. 지금 생각해도 실소를 금할 수 없다.

오늘날에도 후보자의 이름을 써 넣는 '기재 투표' 를 하지 않기는 마찬가지다. 작대기에서 아라비아 숫자로 발전하긴 했지만, 붓뚜껑으로 찍는 '기호 투표' 를 하고 있으니 기가 막힐 노릇이다. 붓뚜껑을 찍어 투표하는 방식은 일명 '피아노 표' 라는 무효 투표지를 낳았다. 반대 후보자 표의 여당 후보란에 다시 붓뚜껑을 찍는 방식의 부정 수법으로 말썽을 일으킨 것이다. 그뿐인가? 숫자의 미신이 있는 사람에게 기호 1인 다수당은 언제나 일등이 된다는 인상을, 소수당은 2 이하이기 때문에 결국 일등이 되기 어렵다는 인상을 주는 것도 다수당에게 유리하게 작용하는 면이다. 우리와 가까운 일본 역시 기재 투표를 하고 있다. 외국의 경우를 들지 않더라도 이러한 기호 투표가 선거 조작과 대중조작

에 도움이 되는 방식으로 이용될 수 있다는 것을 상상하기란 그리 어렵지 않은 일이다. 기호표가 상징적으로 말해주듯이 우리의 정치 문화 수준은 아직도 그다지 향상되지 못하고 있다.

더구나 국회의원은 특정 지역이나 신분을 대표하는 것이 아니라 전 국민을 대표해야 한다고 떠들어대면서도, 실제로는 지역구에서 초상집에 문상을 빠지지 않고 다니거나 결혼식 주례를 서주고 취직자리를 봐주는 등 '악수를 많이 한' 사람이 당선된다는 그

19세기 영국의 선거 부패 근절을 촉구하는 내용의 문서(1821)

릇된 풍토가 여전히 심하다. 최초의 선거를 치른 지 반세기가 다 되는 동안 우리의 선거 풍토는 무엇이, 얼마나 달라졌는지 생각해볼 일이다. 지연·혈연·학연이 작용하는 선거 풍토로부터 금권·타락 선거운동의 개선에 이르기까지 시정해야 할 과제가 많다.

영국도 19세기 중엽까지 선거철만 되면 술 취한 사람이 거리를 누비고 다닐 정도였다고 한다. 그러나 먹고 마시고도 바르게 찍게 되자 금권 매수는 자연히 사라지게 되었다. 우리의 경우 이왕이면 얻어먹은 사람을 찍어준다는 봉건적 의리가 남아 있어서 금권 선거의 뿌리를 뽑지 못하고 있는 현실이 안타깝다.

국민대표기관으로서의 국회

프랑스혁명 당시 등족회의인 3부회의 대표들은 특정 신분을 대표하는 대의원으로서 특정 안건을 명령적으로 위임받은 관계를 타파하고 전 국민을 대표하는 대의원으로서 국민의회를 구성했다. 국민대표기관으로서의 국민의회는

장 자크 루소(왼쪽)와
『사회계약론』 초판본(오른쪽)

헌법 제정 작업에 착수하며 혁명을 추진해 나갔다. 이러한 국민 대표성의 제도
화는 주권재민의 제도화로 이어진다.

　18세기 프랑스 계몽시대에 국민주권의 이론을 완성한 사람은 장 자크 루소*
이다. 그는 『사회계약론』에서 대표 민주제가 아닌 직접 민주제로서 인민 총회
를 구상했다. 그는 영국의 대의제 민주제를 조소하며 말하길, '영국의 유권자
들은 투표가 끝나자마자 다시 노예가 된다'고 하였다. 그가 이처럼 영국의 선
거와 국회를 믿지 않았던 이유는, 소수의 시골 지주가 의원을 선출하고 그 의
원이 의회에서 국민이 아닌 지주와 귀족의 입장을 대변하여 당시 영국의 선거
구는 부패 선거구라 불렸기 때문이다. 그래서 루소는 제네바 같은 작은 소도시
국가 단위에서 전국의 인민이 참여하는 인민 총회에 의해 인민 총의를 반영하
는 것을 이상으로 했다. 그의 주권 이론에 의하면, 인민 총회에서 수렴된 총의
가 법률로서 완성되면 그것은 국민의 의사를 반영한 것으로서, 그에 따르는 것
은 국민 스스로의 의사에 따르는 것이므로 곧 어느 누구의 지배도 받지 않는
것이다. 그것이 곧 자치이고, 자율의 원리를 실현하는 것이 된다.

　물론 루소가 인민 총회에 의한 총의 구성만을 고집한 것은 아니다. 광대한
영역을 포용하고 있는 국가에서는 기술적으로 인민 총회의 방식으로 총의를

수렴하는 것이 불가능하다. 그는 대의원을 통한 총의 형성을 『폴란드 통치론』에서 제안하고 있다.

프랑스혁명은 국민의회를 국민대표기관으로 삼으면서 직접 민주제의 급진성을 완화시킨 간접 민주제를 통해 국회를 구성하게 했다. 그리고 참여 대상은 능동적 시민 위주로 한정함으로써 수구적인 제동을 가했다. 어쨌든 혁명헌법에서 명시한 대의원의 국민 대표성은 국민 대표의 이론으로 수용되어왔다. 현대에 들어서는 대표성에 대한 불만족으로 이를 실질화시키려는 의도에서 의원의 소환 등 시민 참여의 강화가 모색되고 있다.

입법과 국정감시기관으로서의 국회

헌법의 삼권분립주의 체제 하에서 국회는 입법기관의 지위에 있다(제40조). 여기서 입법이란 국민의 권리와 의무에 관한 사항을 법규로 제정하는 실질적 의미의 입법을 내용으로 하지만, 현대의 학설은 국회가 '법률'이란 형식을 갖춘 국법을 제정하는 행위를 지칭하기도 한다.

국민을 대표하는 최고기관으로서 국회가 법률을 제정하는 권한을 독점적으로 장악하는 것이 중요하다는 것은 그 유래나 국민주권의 원칙상 인정되지만, 국회의 입법에 포함되지 않는 예외적인 법 제정행위가 있다. 성문법 이외에 불문법은 국회 입법의 제1차적 예외이다. 긴급명령과 국제 법규, 조약은 헌법상 국내법 형식으로 국회의 법률과 동위(同位)의 효력을 가진

국회 개원식에서 의원선서를 하고 있는 국회의원들

다. 그리고 법률의 하위 국법으로 행정 명령과 국회의사규칙 및 법원규칙 등이 있고 그 하위에 규칙과 자치법규가 있다.

이 밖에 국회의 입법 기능이 행정부로 일부 옮겨지는 데 따른 입법 주도권의 상실이 문제가 된다. 이에 대해 이미 입법부는 행정부가 제안한 법률안을 통과시키는 기능을 할 뿐인 '통법부' (通法府)로 전락했다는 지적을 받을 정도이다. 그러나 입법부가 입법 기능을 실질적으로 회복하고 강화하는 것은 민주주의를 위해서 바람직한 일임을 명심해야 한다. 그렇지 않아도 한국은 개발독재를 거치는 동안 입법부인 국회가 무기력화하여 1970년대에는 '의원은 집에서 애나 보라'는 야유조의 말이 유행할 정도였다. 이러한 국회에 대한 비하와 경멸을 담은 정치 불신이 결국은 국민의 정치적 무관심을 부추기고 독재자의 독주와 강권을 정당화하는데 간접적으로 도움을 주었다는 사실을 잊어서는 안 된다.

다음으로 국회는 입법 이외에 국정을 감시하고 비판할 권한이 있다.

여기서 국정이라 함은 행정과 사법을 포함한 개념이다. 특히 한국 헌법은 내각제의 요소를 가미했기 때문에 미국식 대통령제로서는 상당히 유연하게 국정 전반에 대한 감시·비판의 기능을 할 수 있는 제도 장치가 되어 있다. 미국과 달리 정부의 구성원을 수시로 국회에 참석시켜서 질문할 수 있는 권한이 있고 국무총리와 국무위원에 대한 해임 건의를 할 수 있다. 그리고 국정조사권은 국회의 보조 권능으로 간접적으로 행정이나 사법 등 국정 전반의 상황을 파악함으로써 감시 감독의 효과를 얻게 된다. 물론 삼권분립의 원칙이 전제되기 때문에 국회의 감시·감독 권한이 행정부의 고유 권한을 침해하거나 사법부 이외각 자치단체의 고유 업무에 개입, 간섭할 수는 없다.

단원제 의회 구성

1948년 헌법은 상원(上院)을 따로 두지 않고 단원제 의회 제도를 채택했다.

그 후 1952년 제1차 개헌에서 민의원(民議院)*과 참의원(參議院)으로 구성하는 양원제로 개정했으나, 자유당 정권이 몰락하고 4·19혁명 후에 1960년 제3차 개헌으로 의원내각제가 시행될 때까지 참의원이 구성된 적은 없다.

1960년 의원내각제 개헌 후 총선거에 의해 민의원과 참의원 양원이 다시 정식으로 구성되었다. 그러나 그 양원제 국회는 1961년 5·16쿠데타가 발발함으로써 유실되고 말았다. 그 후 군사정권 하의 개헌에서 현행 헌법에 이르기까지 단원제 국회로 일관해 오고 있다. 이후 우리 정치 풍토에서는 양원제의 필요성을 실감하지 못하고 있다. 1960년대에 상원인 참의원 선거를 통해서 당선된 의원의 성분을 보면, 도시의 대선거구이기 때문에 무엇보다도 알려진 인물이 유리했고 당시 주요 언론 매체는 신문이나 잡지였으므로 오늘날의 텔레비전시대와는 달리 지식인, 교수, 직업 정치인 등이 유리했음을 엿볼 수 있다. 그래서 자유당 독재정권이 몰락한 후에도 과거 골수 자유당 의원으로서 악역의 주역 노릇을 하던 사람까지 당선되어 후에 자격 심사에서 제명하는 해프닝이 일어나기도 했다.

양원제를 실시하는 가장 오랜 역사적인 동기는 귀족계급의 이해를 대변할 기관의 필요성이다. 영국을 비롯한 군주국가의 상원이 바로 그것으로 세습이나 임명에 의한 칙임(勅任) 의원으로 구성되었다. 영국에서는 귀족원의 의원인 법복귀족(法服貴族)*이 영국 최고법원의 구성원이 되어 권능을 행사한다. 그러나 노동자계급이 의회에 진출하고 노동당 집권이 개시된 이후의 시대에는 노동당 내각이 추천한 사람도 상원의 귀족 의원이 되기 때문에 과거 귀족계급의 기준으로 귀족원 의원을 볼 수는 없게 되었다. 만일 상원에서 노동당이 제기한 법안이 의원수에 밀려 계속 저지되면 노동당 내각은 법안의 통과에 필요한 만큼의 귀족원 의원을 작위를 주어서 만들어내면 된다. 이에 대해 국왕(여왕)은 내각의 제안을 승인할 뿐, 거부할 권한이 없다. 왕은 군림할 뿐 통치하지 않기 때문이다. 이와 같은 영국의 귀족원은 사실상 귀족계급의 이해를 대변하는 보수적 기관만으로 볼 수는 없다. 오히려 하원 다수당의 독주에 대해 주의를 환기시키는 온건한 조언자로서의 역할이 부여되어 있다고 할 것이다.

상원이 필수적으로 요구되는 나라는 연방 국가이다. 각 주를 대표하는 의원이 있어야 하기 때문이다. 독일, 캐나다 및 미국의 예를 손쉽게 연상할 수 있다.

미국의 하원은 50개 주에서 각각 동수 2인으로 선출되는 100인의 의원으로 구성되고 부통령이 의장이 되며 임기는 6년으로 3년마다 일부 의원이 교체된다. 그리고 상원 의원의 피선거권 연령을 하원보다 높임으로써 원숙한 정치 경험과 관록 있는 인재를 영입할 수 있도록 유도하고 있다. 연방 국가가 아니면서 상원을 두고 있는 나라의 가까운 예는 일본 상원인 참의원이다. 피선거권의 연령을 민의원보다 올리고 대선거구에서 선출하게 하여 중의원인 하원과 다른 특성을 지니도록 했다. 그런데 대중 정치 시대의 모순과 일본 정계 특유의 폐습으로 말미암아, 일본의 상원에서 보수당의 후보로 당선되는 의원은 인기 작가, 탤런트, 씨름꾼, 전직 관료 등이 단골손님이 되었고 혁신당 쪽에서는 노동조합의 지도자가 전국 조직을 배경으로 해서 등장했다. 현재는 일부에서 참의원 폐지론까지 나오는 판국이다. 우리의 경우 아직은 참의원 설치 요구는 없다. 현재의 단원제에 대해서도 그동안 되풀이되어온 정치권의 타락으로 국회의원에 대한 국민의 혐오감이 커져 있는 상태이고 의원의 숫자도 많다고 보는 의견이 있으므로 당분간 양원제가 거론될 전망은 없다고 본다.

보통 · 평등선거의 원칙

〔제41조 1항〕 국회는 국민의 보통·평등·직접·비밀선거에 의하여 선출된 국회의원으로 구성한다.

우리는 일제 식민 지배에서 해방된 후 구왕조의 반상(양반과 상민)제도와 국왕 전제의 구체제가 이미 사라진 터전에 민주제도를 한꺼번에 수용하였다. 이 과정에서 구체제에 대한 철저한 청산 작업과 그 폐단에 대한 투쟁과 검증을 스스로 거치지 않은 채 편안한 제도의 교체가 기정사실로 주어졌다. 그런데 이러한 외견적·형식적·타율적 변혁은 구체제의 모순에 대항한 민주의식을 미온적으로 수용하는 한편 구체제의 정신적 잔재와 유습을 그대로 지속시키는 결과를 가져왔다. 영국의 소시민과 노동자 대중이 보통선거를 쟁취하기 위하여 얼마나 피나는 투쟁을 했는지, 그 과정에서 보통 사람이 겪은 비애와 고난은 어떤 것이었는지 경험해 보지 않고 얻은 제도만의 민주주의였으므로 애착은 덜할 수밖에 없었다. 그래서 고귀한 자신의 권리를 값싸게 팔아먹으면서도 자신이 얼마나 어리석은 짓을 하고 있는지 몰랐다.

보통선거가 재산, 사회적 신분, 종교 및 성별에 차등 없이 누구나 선거에 참여할 권리라고 하면, 평등선거는 투표 가치를 1인 1표로 대등하게 보장하는 것이다. 우리가 선거구 인구 배정에서 차등을 따지는 것은 바로 이 1인 1표주의가 의미하는 투표 가치의 평등을 살리려는 취지이다. 선거구 배정의 불평등을 문제시한 판결은 보수성으로 유명한 일본의 최고재판소에서도 나왔다. 그 판례에서는 최소구와 최대구의 인구 배정 차이가 1 대 4.99에 이르는 것은 위헌이라 했다. 다만 선거 자체를 무효화시키지 않고 이에 대한 시정·사후 조치를 입법부에게 미룬 '사성판결'을 했다(일본 최고재판소 1976년 4월 14일자 위헌 판결). 한국의 헌법재판소도 선거구 인구수에서 최소구와 최대구 사이에 편차가 3.88대 1에 달하는 선거구역표와 그 근거규정인 선거법 25조에 대해 선거권의 평등 원칙을 침해하는 것으로 헌법불합치 결정을 했다(헌재 2001년 10월 25일).

다음으로 직접투표와 비밀투표를 보장함은 간접투표를 인정하지 않는 것이다. 이는 약자의 투표권을 강자의 강압이나 간섭으로부터 보호하자는 취지이다. 민주주의의 정신은 힘의 논리가 아니라 개개 인격의 자주성과 주체성을 보

1963년 대통령 선거에서 유세하는 박정희

장하는 데 있기 때문이다.

우리는 선거권자의 자격이나 투표행위에 대한 자유와 평등은 보장하고 있지만, 실제로 그 선거권자의 의사 형성에 이르는 과정인 선거운동에서는 일본 메이지 헌법 하 관권 선거의 억압체제와 탄압체제의 잔재가 상당 부분 이어져 오고 있다. 선거운동의 탄압과 부패구조의 역사는 주로 관권과 정권 측에 의해 만들어져 왔다. 자유당 정권 하의 선거는 이장·통장에 대한 여당 후보의 고무신 돌리기, 손수건 돌리기와 경찰 지서장의 행정 지도로 이루어졌다. 군사정권이 들어서서 달라진 것은 정보기관의 공작과 군인의 명령체제가 더욱 엄격해지고 탄압이 구체적으로 되었다는 점이다. 대통령 선거에서는 밀가루로 주민들을 매수했다. 1963년 대통령 선거에서는 장기영이 박정희의 밀령에 따라 캐나다로부터 급히 들여온 밀가루를 뿌리는 한편 중앙정보부의 주도 하에 경찰이 앞장서 선거운동을 지휘했다. 군정 하의 선거는 박정희 정권 시대가 종말을 고할 때까지 중앙정보부의 작품이었다. 그러나 박정희 정권 몰락 이후에도 크게 달라진 것은 없었다. 오히려 선거 비용이 고액화되고 향응과 금품 살포의 규모가 더 커졌다.

구시대 일본 선거제도의 영향을 받은 것이 또 있다. 1925년 일본 정부와 지배층이 보선 운동을 억압하기 위해 만든 규정을 본뜬 것으로 일체의 호별 방문이나 시민 접촉을 금지하는 것이다. 이는 선거운동원이나 시민 모두를 금품 거래의 범죄혐의자로 단정하고 만들어진 법이 아닐 수 없다. 현대 선거운동에서 호별 방문을 금지하는 나라는 일본과 우리뿐이다. 후보자와 시민이 만나서 얘기해 보지 않고 무슨 선거를 치른단 말인가? 돈을 뿌려 선거를 혼탁한 관권 선거로 몰아가는 것은 오히려 과거 독재를 하던 정부 쪽이 아닌가? 선거운동도 법률로 정한 사람만 할 수 있고, 선거운동 기간까지 법률에 의해 제한하는 것은 현실적이지 못하다. 미국의 대통령 선거는 선거일 2년 전부터 후보들이 전국을 누비며 선거 활동을 하고 선거운동원도 자원봉사로 누구나 할 수 있다. 만약 우리 선거법을 적용하면 전부 불법으로 처벌을 받아야 할 것이다. 헌법재판소는 시민운동에서 부패 무능의 지탄을 받는 부류에 대한 낙천·낙선운동을 금지하고 선거 전 일정 기간 선거운동을 제한한 선거법의 규제조항에 대해 합헌 결정을 하였다(헌재 2001년 8월 30일 결정). 이러한 일련의 결정을 통해 엿볼 수 있는 것은 밑으로부터의 자율적·자발적 민의의 자연스러운 표출 또는 분출을 위험시해서 단속하려는 반민주적인 민중관과 시민관이다.

지금 선거의 타락과 혼탁을 막기 위해 온갖 아이디어와 기묘한 방책이 나오고 있다. 하지만 정작 중요한 것은 관권과 금권이 설치지 못하는 대신 열린 장에서 마음껏 겨루도록 유권자부터 먹자판 선거의 덫에서 벗어나는 것이다.

우리는 대통령 선거, 국회의원 선거, 지방자치단체장 선거, 지방의원 선거 등 모든 선거를 '토막 치기' 식으로 각기 따로 치르도록 되어 있다. 대통령 임기 5년 동안 일 년 건너 한 번 꼴로 선거를 치르게 되는 것이다. 결국 선거비용 과잉 지출로 여·야가 파산에 이르고 선거판에서 돈을 챙기거나 거저먹는 풍조가 사회에 만연하게 되어 사회 기풍이 흔들리게 되었다. 1987년 당시 군정시내의 집권세력은 사기에 불리하고 자신도 없었기 때문에 잘못된 선거운영 방식을 고치려 하지 않았다. 그러나 외국의 사례를 봐도 대선·총선·지방선거를 동시에 한 개의 투표용지로 치르고 있다. 지금처럼 시간과 비용을 낭비하는 제도를 더 이상 존속시켜 나가긴 어렵다.

소선거구 비례대표제의 작용

현행 선거제도는 소선거구제와 정당명부식 비례대표제를 병용하고 있다.

박정희의 묘를 참배하는 공화당과 유신정우회 의원들(1979)

1972년 유신헌법에서는 대통령이 의원 정수 3분의 1을 추천하는 한국식 칙임의원제도인 '유신정우회'가 있었으나 그것은 변칙이며 사리에 맞지 않는 대통령 독재의 노골적인 표현이었다. 유신정권의 종말로 유정회 의원이라는 대통령 친위대 의원제는 사라졌다. 그러나 1980년의 개정 헌법은 유신헌법의 변조판으로서 대통령 선거를 간선으로 한 이외에 국회의원 선거구를 1구에서 2인을 뽑는 중선거구로 하여 두 의석 중 하나를 두고 야당끼리 싸우게 하였다. 또 비례대표제는 제1당에게 유리하게 작용하여 대통령의 친위대 의원을 양산하게 된다. 결국 관제 야당과 어용 의원이 정권의 들러리가 되는 결과를 조작해낸 것이다. 현행 헌법은 1인 1구의 소선거구이고, 비례대표제에서도 제1당 우위의 배정을 어느 정도 시정했으나 아직도 남은 문제는 많다.

〔제41조 2항〕 국회의원의 수는 법률로 정하되, 200인 이상으로 한다.
〔제41조 3항〕 국회의원의 선거구와 비례대표제 기타 선거에 관한 사항은 법률로 정한다.

2004년 공직선거법을 개정하여, 17대 총선부터 의원의 정수를 273명에서 299명으로 증원하였다. 그 중 한 지역에서 1인씩 선거되는 의원의 정수는 243명이며 정당추천을 받아서 비례대표제 의원으로 선거되는 의원이 56명이다.
유권자는 의원 선거에서 지역의원과 정당추천 비례대표의원을 각각 투표한다. 독일식 비례대표제를 소선거구에 가미한 제도이다.

의원의 지위와 특권

누가 의원이 되나?

　정치인이 되기 위한 자질이 중요한 까닭은 의원이 국민의 대표로서 국정의 핵심 중추를 이끌어가는 사람이기 때문이다. 이는 곧 정치인론으로 연결된다. 여기서는 먼저 정치인의 충원 구조를 살펴보자.

　해방 후에는 독립운동의 전력이 곧 정치 입문의 입장권과 같은 구실을 했으나, 실세로는 관계·재계 경력 및 교육 수준에서 유리한 친일 관료가 득세했다. 자유당 치하에서는 친일 관료 출신과 더불어 친 이승만계의 추종자들이 실세가 되었다. 그런데 한국 정계에 일대 전환기적 돌풍을 몰고 온 것은 1961년 쿠데타 이후 군인들의 대거 진출이다. 쿠데타의 주역이었던 군인들은 정계 장악을 위한 예비 공작으로 기성 정치인들의 정치 활동을 금지시켰고 「정치 활동 정화법」이라는 이상한 법을 만들어 정치 활동 부적격자를 가려내었다. 이 수법은 1980년 쿠데타 후에도 이용되었다. 군사정권이 기존 정치인의 이미지 실추를 위해 벌인 사전 공작을 통해 '때 묻은 정치인'과 '세대교체'의 기만적 구호는 여론 조작을 하는데 일단 성공하게 된다. 기존의 정치에 대한 국민의 실망과 군인 집권에 대한 우매하고 막연한 기대 심리를 이용한 것이다.

　이러한 정치 조작의 구체적 조치가 헌법에까지 나타난 것이 1962년 제5차 개정 헌법, '의원의 지위 남용 금지' 조항이다. 당시 헌법 제40조는 "국회의원은 그 지위를 남용하여 국가·공공단체 또는 법률이 정하는 기업체와의 계약 또는 그 처분에 의하여 재산상의 권리나 이익 또는 직위를 취득하거나 타인을 위하여 그 취득을 알선할 수 없다"고 하였다. 구태여 이러한 규정을 두었던 것은 국회의원이 나쁜 짓만 해 왔다는 인상을 심어주기 위해서이다. 그렇게 함으로써 기성 정치인을 깎아내리고 군인 출신 정치인을 새사람으로 그럴 듯하게 포장하려는 것이었다. 또 다른 목적은 정치 불신, 정치 무관심을 조장하여 그에 따른 반사 작용으로 대통령의 권력 집중을 정당화하고 나아가서 대통령의 최고 권위에 의해 파쟁을 수습한다는 인상을 심어주려는 데 있었다.

1980년 제8차 개헌에서는 한 술 더 떠 윤리 강령에 해당하는 청렴의무를 추가했다. 현행 헌법도 그러한 청렴의무 조항을 그대로 두고 있는데, 이 조항도 정치 불신과 국회의 지위 저하에 관계된 조항으로 볼 수 있다. 제46조의 청렴 조항을 보면 1항에서 청렴의무를, 2항에서 국익 우선의 양심적 직무 수행을 정하고, 3항에서는 지위 남용 금지를 3공 헌법의 제40조와 같은 취지로 규정했다.

정치에서 의원의 부패는 권력의 부패에서 비롯된다. 권력 부패의 근본 원인은 '한보사건'에서 보듯이 정경유착 구조에 있다. 그러한 정경유착 구조가 권력 독주를 통한 이권 독식 구조에서 연유한다는 것을 다들 알고 있을 것이다. 우리나라는 군정시대에는 주로 군사 쿠데타 세력의 집단 속에서 정치인이 충원되었고, 군대 출신 이외에는 관료 출신, 1970년대 이후에는 언론인과 학자 및 졸부 출신의 들러리 정치인이 '간판 정치'나 '얼굴마담 정치'의 심부름꾼으로 고용되어온 것이 현실이다. 한마디로 말해서 정치의 비정상화가 정치를 3류 이하로 전락시키고 세계에서 유례없이 정치를 하면 부자가 되는 나라로 만들었다. 토마스 만이 나치 지배에 대해 말하기를, '정치를 경멸하는 국민은 경멸당할 만한 정치를 가질 수밖에 없다'고 했다. 주권자가 제 구실을 못하면 집을 지키라고 심부름시킨 파수꾼이 안방을 차지하며 집안 살림을 통째로 빼앗기게 되는 것이다. 의원의 자질이나 충원 문제는 국민의 정치인식과 자질의 문제로 직결된다. 특히 군인이나 관료, 언론인이나 학자가 자기 할 일을 젖혀두고 권력 지향적이 되어 광분하는 것은 정치의 정상화를 위해 그대로 방치되어서는 안 될 일이다.

정치는 정책의 수립과 집행을 감독하는 일이고 그것은 경륜과 양식, 사명과 목숨을 건 책임 윤리가 따르는 문제이다. 아무에게나 나라와 겨레의 운명을 함부로 맡길 수는 없는 일이다. 고대 로마제국의 말기에는 10명 내외의 황제 중 70퍼센트 이상이 암살당했다. 로마제국 자체가 쿠데타와 암살의 연속이었기 때문이다. 그런데도 황제 자리를 탐내어 쿠데타가 그치지 않았다. 게다가 나중에 황제가 된 사람은 근위대 군인의 봉급을 그 이전보다 올려주어야 했고 그것으로도 부족해서 근위대 장병 중에서 가장 으뜸가는 대식가를 황제로 추대하기도 했다. 물론 그러한 로마는 결국 망하게 되었지만 이 예를 통해 정치에 대한 시민의 각오와 발분이 없으면 정치의 타락은 끝이 없게 됨을 알 수 있다.

의원의 임기와 신분

[제42조] 국회의원의 임기는 4년으로 한다.

국회의원의 신분과 관련하여 현행 헌법 중에서도 국민 대표성을 특히 강조하는 예가 있다. 독일연방공화국 기본법 제38조는 의원은 "국민의 대표자로서 위탁 또는 지령에 의해서 구속당하지 않고 양심에만 따른다"고 했다. 한국 헌법상 의원의 지위도 국민대표로서 어느 특정 신분이나 지역 주민, 당파로부터 위임이나 지령을 받아 그에 구속되지 않는다. 오로지 자신의 정치 소신과 양심에 따라 최선이라고 생각되는 결정을 하여야 한다.

그러나 현대의 정당정치에서는 의원이 정당 구성원으로 활동하며 정당의 지시에 구속당하는 일이 많게 된다. 더욱이 1962년 제5차 개정 헌법에서는 국회의원이 당적을 이탈하면 의석을 상실토록 했다. 이것은 원칙론으로는 무리가 없다. 국민이 선출할 때의 당적을 변경하면 그에 대해 유권자인 국민에게 가부의 신임을 물어야 하기 때문이다. 그러나 군사정권이 이 규정을 둔 데는 그러한 원칙론보다는 자기 당파 의원을 단속하기 위한 동기와 목적이 더 컸다. 그런데 현행 제도에서 그러한 장치가 폐지되고 나니 여당이 야당 의원을 끌어오는 정치 공작으로 의석수를 늘려 야당 자체를 와해시킬 수 있게 되고, 한편으로는 정당 비례대표제로 당선된 의원이 당적을 이탈, 이전하는 추태가 벌어지게 되었다.

한편 국회의원은 국민대표기관을 구성하는 공선된 직책 신분이기 때문에 원칙상 공사(公私)의 다른 직을 겸할 수 없다(제43조). 그러나 일체의 겸직이 금지되는 것은 아니다. 지방의원이나 국영기업체의 임직원을 겸할 수는 없지만, 국무총리와 국무위원, 그리고 일부 사적 직업도 겸임이 인정된다. 영국처럼 의회가 가장 오래된 나라의 사례를 보면 19세기까지 의원에게는 정해진 세비나 수당, 기타 실비 보수가 없었다. 그래서 노동자 출신 등 부자가 아닌 사람의 의원 진출에 장애가 되었다. 지금까지도 영국 하원이 저녁에 개원해서 새벽 2시나 그 후까지 의사를 진행하는 것은 의원이 자기 생계를 위한 사회 활동을 할 수 있게 배려했던 관행에 따른 것이다.

발언·표결의 면책 특권

국회는 언론에 의해 국정을 처리하는 공론의 장이다. 따라서 언론의 자유가 가장 철저하게 보장되어야 하는 공개된 무대이다. 이 무대가 비공개의 밀실이 되어서도 안 되거니와 무대의 주역이 벙어리가 되거나 겁에 질려 할 말을 제대로 못해서도 안 된다. 그래서 17세기 청교도혁명의 산물이자 근대 최초의 헌법인 「통치장전」(統治章典)*에서는 의원의 언론 자유를 정했다. 그런데 불행하게도 혁명 지도자로 후에 독재자가 된 크롬웰은 의회를 협박하고 자기를 반대하는 의원을 제명하였다. 결국 그의 사망으로 공화정은 종식되고 다시 왕정으로 복고하게 된다.

1787년 미국 연방헌법은 근대 헌법으로, 의원의 발언 특권에 대해 다음과 같이 정하고 있다. 미국 연방헌법 제1조 6절 1항 "의원은 의회에서 한 발언 또는 토론에 관하여 의회 밖에서 심문을 당하지 않는다"이다. 이에 관한 규정을 보다 자세하고 명확하게 정한 독일연방공화국 기본법의 규정을 인용해 본다.

독일연방공화국 기본법—의원의 발언·표결의 면책 특권
[제46조 1항] 연방 의회 의원은 연방 의회 또는 그 어떠한 위원회에서 행한 표결 또는 발언에 관하여 어떠한 시기에 있어서나 재판상 또는 직무상 소추당하거나, 그 밖에 연방 의회 밖에서 책임을 추궁당하지 아니한다. 다만 이는 비방적인 모욕에는 적용되지 아니한다.

한국의 국회에서도 마찬가지로 의원의 발언 특권이 보장된다.

[제45조] 국회의원은 국회에서 직무상 행한 발언과 표결에 관하여 국회 외에서 책임을 지지 아니한다.

이 특권은 의원의 직무상 특권이다. 따라서 개인적인 모욕이나 명예훼손, 기타 불법 행위에 대해서는 책임을 지게 된다. 직무상의 발언·표결이라고 함은 본회의나 위원회, 기타 국회 활동에서 한 발언·표결을 말한다. 국회 밖에서 책임을 지지 아니한다는 것은 국회 밖에서 법률적인 민사·형사상의 책임을 지지 않는다는 뜻이다. 국회 안에서 징계 사유가 되어 책임을 지거나 국회 밖에서 정치적 책임을 지고 소속 정당의 징계처분이나 여론에 의한 비판을 받는 것은 별도의 문제이다. 그런데 우리의 경우 국회에서 권력자에 대한 비판 발언으로 인해 제명당한 사례가 있었다. 1970년대 군사독재 하에서 김옥선 의원이 박정희 독재에 대하여 날카로운 정면 비판을 제기하고 제명당한 일이 그것이다. 이것은 국회 안의 의원의 징계권을 남용하여 발언의 자유를 탄압한 사례라

1986년 유성환 의원 체포동의안 상정을 저지하기 위해 국회의장의 입장을 막고 있는 야당 의원들(왼쪽)과
정권 비판 발언 파동으로 의사당을 떠나는 김옥선 의원(오른쪽)

할 수 있다. 박정희 정권 몰락 직전에는 야당 총재가 외신 기자 회견의 내용을 이유로 제명 처분을 당한 적도 있다. 야당 총재의 발언이 국회에서 직무상 발언에 속하는 것은 아니었지만 이 역시 징계권의 남용이며 악용이라고 할 수밖에 없을 것이다.

그 밖에도 5공화국에서 발생한 유성환 의원의 국시 논쟁 사건을 들 수 있다. 1986년 10월 14일 제131회 정기국회 본회의에서 유성환 의원은 '우리나라의 국시(國是)를 반공으로 해두고 올림픽 때 동구 공산권이 참가하겠나. …… 이 나라의 국시는 반공(反共)보다는 통일(統一)이어야 한다' 라고 말했다. 이 발언으로 인하여 유성환 의원은 국회의원의 면책특권에도 불구하고 정책질의 원고 초고를 사전에 보도진에게 배포했다는 이유로 구속되었다. 당시 여당인 민정당은 국가보안법 제7조 제1항 '반국가단체 찬양고무' 를 적용, 민정당 국회의원 146명과 무소속 이용택 의원을 포함하여 147명이 참석한 가운데 만장일치로 구속하였다.

의원의 불체포 특권

　발언·표결의 면책 특권과 함께 중요한 특권은 불체포 특권이다. 청교도혁명 당시 크롬웰 장군은 반대파의 의원을 체포, 추방한 예가 있었다. 그렇지만 현대까지도 군주나 권력자들이 반대파 의원을 체포, 구금하여 회의 참석을 방해하거나 압력을 가하는 사례는 나라에 따라 심각한 정치 분쟁이 되고 있다. 1952년 부산 임시 수도에서 이승만 정권은 개헌 강행에 반대하는 야당 의원을 체포와 구금으로 위협했으며, 결국 계엄 선포 하에서 개헌을 강행했다.

　또 쿠데타가 있을 적마다 매번 국회를 해산하고 의원을 감금, 협박, 고문하고 군사법원의 재판에 회부해 박해하는 일이 거듭됐다. 1961년 쿠데타 직후에도 헌법기관인 국회를 해산하고 국회의원을 마구잡이로 체포, 구금했으며 1972년 유신 쿠데타, 1980년 5·17쿠데타 당시에도 동일한 범죄 행위를 자행했다. 이러한 쿠데타 시기의 체포 소동 이외에 평시에도 체포와 구금 등의 강권 조치를 통해 야당 의원을 탄압하고 위협했다.

　　〔제44조 1항〕 국회의원은 현행 범인인 경우를 제외하고는 회기중 국회의 동의 없이 체포 또는 구금되지 아니한다.

　따라서 현행범인 경우에는 국회 동의 없이 체포 또는 구금될 수 있고 회기가 아닌 때에는 현행범이 아니라 해도 체포 또는 구금될 수 있다. 다만 이러한 권한이 정치적 목적에 이용되어서는 안 된다.

　　〔제44조 2항〕 국회의원이 회기 전에 체포 또는 구금된 때에는 현행 범인이 아닌 한 국회의 요구가 있으면 회기 중에 석방된다.

1948년 헌법에서 회기 중에 국회의 요구가 있으면 의원을 석방할 수 있도록
한 것을 1962년 제5차 개헌에서는 그 석방에서 '현행범인'은 제외하도록 했
다. 현행범이라도 모두 의원 직무에서 배제할 것은 아니다. 그런데 구태여 이
를 명문화한 것은 국회에 대해 압력을 가할 수 있는 여지를 남겨 놓는 한편 현
행범인 국회의원에 대한 부정적 편견을 심어줄 여지 또한 남긴 것이다. 우리
헌정사를 돌아보면 자유당 당시 김창룡 특무대장의 피살과 관련해서 도진희
의원이 체포되었고 박정희 정권 하에서 재일교포 간첩사건으로 김모 의원이
국회의 동의로 체포, 구금된 일이 있었다.

의원의 특권이 물론 의원 개인의 특권은 아니다. 의원의 신분에서 정치적 압
력을 받지 않고 직무를 자유롭게 수행할 수 있도록 보장하자는 것이다. 의원의
자유로운 활동에 제약이 되는 정치적 압력을 배제하기 위해서 의원의 특권제
도는 적절히 활용되도록 존중되어야 하겠다.

의원의 특권 남용

제16대 국회까지는 여소야대로서 야당(한나라당)이 다수당으로서 국회를 운
영해왔다. 대통령제이면서 국회의원과 대통령을 동시에 선거하는 미국에서도

그러한 현상은 있다. 그런데 우리의 경우는 국회의원과 대통령을 각기 다른 시기에 선거하게 되어 있고, 의원의 임기는 4년이고 대통령의 임기는 5년으로서 재임기간도 각기 다르다. 그래서 대통령의 소속정당이 소수당이 되는 경우가 발생하기 쉽다. 그러나 국회와 행정부가 각기 공존하면서 견제를 적당하게 해나가면서 국정을 운영하면 무난하게 제도를 꾸려갈 수 있다.

그러나 2004년 3월의 대통령 탄핵발의와 의결은 국회 다수당의 횡포에 가까운 탄핵제도의 남용이었다. 그 외에도 범죄 피의자에 대한 소추 방해로부터 대통령에 대한 모략중상이나 비방에 이르기까지 특권을 악용한 것은 좋은 선례가 못 되었다. 그래서 이 점을 시정 예방하기 위한 국회법의 개정이 요망되기에 이르렀다.

국회의 각종 권한

입법에 관한 권한

국회는 헌법 개정의 발의권과 의결권을 비롯해 법률 제정 및 국회의사규칙의 제정권이 있다. 그 외에 성문의 법률을 제정하지 않아도 국회에서 생겨난 관례와 관습, 선례는 일정 기간 운영 면에서 정착하면 불문법이 된다. 이처럼 국회의 입법권은 '법률'이란 국법 형식의 법 제정 이외에 다른 것도 있다. 그렇지만 제40조에서 말하는 입법권은 법률의 제정권을 지칭한다. 법률은 헌법 다음의 지위를 갖는 최고의 국법 형식이다. 국회는 법률이라는 형식의 법을 제정하는 최고의 국민대표기관이다.

그런데 이 법률이란 국법은 무엇보다 헌법을 위반해서는 안 된다. 법률의 위헌성 여부는 헌법재판소가 심사한다. 여기서 입법권의 범위와 한계를 생각해 볼 수 있다.

헌법에서 인권의 제한은 어디까지나 예외적인 것이고 그 원칙은 보장에 있다. 그리고 헌법이 그것을 준수하도록 제1차적으로 명령하는 대상은 권력을 행사하는 국가기관과 공무원이다. 법률의 범위와 한계는 여기서 유래한다. 즉 법률로써 정할 수 있는 국민의 권리와 의무에 관한 사항이 무제한인 것은 아니다. 국가권력도 침해할 수 없는 영역이 있고, 규제 또는 간섭이 이루어지더라도 질서유지를 위해서나 타인의 권리를 침해할 때로 한정된다. 이 경우에도 법의 일반성 원칙을 준수해야 하며, 탈권법, 소급입법, 인도성에 반하는 법 등은 금지된다. 이러한 요건에 어긋나는 법률은 악법이고 위헌 입법이며 민주 질서에 반하는 것으로서 입법의 한계를 넘는 것이라 하겠다.

재정에 관한 권한

재정에 관한 국회의 권한은 시민혁명이 일어나고 입헌주의가 발달한 가장 중요한 동기이며 목적이었다. 국민에게 재정적인 부담을 안겨주는 과세는 반드시 법률에 의해서만 할 수 있고 그 법률을 제정하는 주체는 국민대표기관인 국회가 되어야 한다는 규정은 시민혁명이 이룩한 귀중한 성과 중의 하나이다. 우리 역사에서도 근세시대 민중의 각성은 지배계급에 의한 가렴주구와 부정한 재정 부담의 전가에 대한 분노와 대중적 반발로부터 비롯된 것이다.

　　〔제59조〕 조세의 종목과 세율은 법률로 정한다.

　이는 재정 입헌주의로서 재정 민주주의의 전제 조건이기도 하다. 국가 재정의 세목별 집행 계획서인 예산은 조세법률주의에 입각해서 징수될 세금을 기반으로 한 것이기 때문이다. 조세법률주의란 형사법의 원리인 죄형법정주의나 행정법의 원칙인 법률에 의한 행정과 동일한 것으로 그 내용을 요약해 보면 다음과 같다.

　첫째, 조세는 국민에게 금전상의 부담을 일방적으로 부담시키는 조치이다. 따라서 조세법의 규정에서는 불확정 개념, 개괄 조항의 설정, 자유재량행위의 권한을 부여하는 규정의 설치는 금지된다. 세금을 징수하는 관리가 자의적으로 남용할 위험성이 있는 법규를 정해서는 안 된다. 둘째, 조세 행정에 있어 법 해석이나 집행에서 행정기관의 상급 관청이 하급 관청에 지시하는 통달(通達)*은 법으로서의 구속력은 없다. 만일 통달의 법적 구속력이 인정된다면 관리의 자의적 횡포를 법률로 방지한다는 조세법률주의의 기능이 실종되고 말기 때문이다. 셋째, 행정명령(행정입법)은 법률의 위임 범위를 초과할 수 없다. 모법에 위반된 자법(하위법)은 무효이다. 넷째, 조세 법규는 유추해석이나 확장 해석을 하여 조세부담자에게 불리하게 할 수 없다. 다섯째, 선례나 관습은 조세법이 될 수 없다. 형벌 법규에서 관습 형법을 금지하고 있는 이유와 같다. 여섯째, 조세 부과의 법규는 소급입법이 금지된다. 조세는 원칙적으로 의회만이 부과할 권한이 있다.

　조세법률주의에 따르자면, 미국이나 독일처럼 봉급생활자·근로소득자도 필요 경비의 개념을 적용하여 조세를 부과해야 한다. 봉급생활자 원천징수제도도 일본과 일본의 제도를 전적으로 모방한 우리에게만 있는 제도이다.

국회 예산결산특별위원회—국무총리의 추경안 연설

국회는 이미 든 조세법률주의에 의한 조세법의 제정권 외에 예산심의의결권(제54조), 기채동의권(제58조), 국고부담계약권(제58조), 예비비의 설치 의결 및 지출 승인권(제55조), 결산심사권(제99조) 및 국고부담조약체결 동의권(제60조) 등을 가지고 있다.

위에 든 권한을 보면 재정 민주주의에 투철한 것처럼 보이지만 이미 납세의 의무에 대한 장에서 지적한 것처럼 문제가 있다. 문제되는 점을 다시 정리해 보면 첫째, 예산법안제도가 아닌 예산안제도이며, 둘째, 예산안의 발의권이 행정부에 있고 국회는 심의·의결·확정의 권한이 있을 뿐이다. 그러나 예산 발의는 국민대표기관의 고유 권한이기 때문에 예산법안의 제도로 되어 있는 것이다. 셋째, 예산안의 증액도 행정부의 동의를 받도록 되어 있는 것은(제57조) 외견적 입헌주의 국가에서나 있을 수 있는 행정부 우위의 제도이다. 넷째, 준예산제도(제54조 3항)는 일본 메이지 헌법의 예산제도를 답습한 외견적 입헌주의의 잔재로 재정 민주주의 원칙에 반하는 제도이다. 다섯째, 공공요금을 행정부의 공공요금심사위원회에서 처리토록 한 것도, 조세와 마찬가지로 국민에게 일방적으로 금전상 부담을 가하는 것을 행정부 자의의 결정에 맡긴 것으로 재정 민주주의 원칙에 정면으로 반한다. 이것은 1961년 5·16쿠데타 이전의 예산회계법상의 제도로 환원해야 한다.

한편 국회는 예산과 결산 심사를 충실히 하고 정부 예산에 대한 국회의 연중 통제를 가능하게 하기 위하여 예산결산특별위원회를 상설화하고, 예산결산특별위원회 위원의 임기는 1년으로 하며 위원 수는 50인으로 구성하도록 하였다(국회법 제45조).

일반 국정에 관한 권한(1)―인사권

일반 국정에 관한 국회의 권한으로는 최고의 대표기관으로서 대통령 선거와 관련한 권한 이외에 총리 임명 동의권도 있다. 여기서 지적해둘 것은 대법원장과 대법관, 헌법재판소 소장의 임명에 대해서도 동의권을 가진다는 점이다.

국회는 대통령 선거에서 최고 득표자가 2인 이상인 때에는 국회의 재적 의원 과반수가 출석한 공개회의에서 다수표를 얻은 자를 당선자로 한다(제67조 2항).

다음으로 국무총리 임명에 대한 동의권을 행사한다(제86조 1항). 대통령제이면서 내각제 요소를 가미한 제도이다. 그 밖에 대법원장과 대법관의 임명, 헌법재판소 소장의 임명시에도 인사청문회를 거친다(제104조 및 111조 4항). 국회는 헌법에 의하여 그 임명에 국회의 동의를 요하는 대법원장·헌법재판소장·국무총리·감사원장 및 대법관과 국회에서 선출하는 헌법재판소 재판관 및 중앙선거관리위원회 위원에 대한 임명동의안, 또는 의장이 각 교섭단체대표의원(원내총무)과 협의하여 제출한 선출안 등을 심사하기 위하여 인사청문특별위원회를 설치하도록 하고 있다(국회법 제46조의3).

국회는 2000년 7월 6, 7일 양일간 헌정사상 처음으로 대법관 후보 6명(이규홍·이강국·손지열·박재윤·김신욱·배기원)에 대한 인사청문회를 실시하였다.

인사청문회 제도란 고위 공직자의 능력과 자질을 검증하는 절차이다. 특히 대법관 후보에 대한 인사청문회는 다른 인사청문회와는 달리 보다 더 차분하고 진지하게 이루어져야 하다. 왜냐하면 대법원은 법을 통

국무총리 인사청문회(2002)

한 사회정의 실현의 보루이기 때문이다. 따라서 대법관 후보들의 역사관·소신과 법에 대한 철학·인권의식·도덕성 등이 한 치의 틈도 없이 검증되어야 한다. 그러나 처음 실시된 인사청문회는 대법관 후보들의 능력과 자질을 검증하는 데는 아쉬움이 남는 청문회였다. 특히 국민의 무관심과 체념에 가까운 방관자세도 청문 절차가 헛바퀴를 돌리게 되는 요인이었다.

일반 국정에 관한 권한(2)─감시 비판권

한국 헌법은 국회에 국정 감시·비판을 통한 행정권력 통제 권한을 부여하고 있다. 이는 대통령제에 의회 중심의 운영을 일부 도입한 것으로, 운영 여하에 따라서는 대단히 효과적으로 활용될 수 있다. 그러나 헌법 정치의 현실은 대통령의 권력 독주를 방치하고 있고 야당의 견제 또한 여당의 의석수에 밀리는 실정이다. 여기서 헌법 규정상의 행정 권력 통제 장치를 간단히 정리해 보자.

무엇보다 내각제적 요소가 가미된 제도로서 총리와 국무위원 등에 대한 해임 건의안이 있다. 국회는 국무총리 또는 관계 국무위원의 해임을 대통령에게 건의할 수 있다. 이 해임 건의는 내각의 안정을 꾀하기 위하여 국회 재적 의원 3분의 1 이상에 의하여 발의되고 재적 의원 과반수의 찬성이 있어야 한다(제63조). 국회의원 재적 과반수의 찬성을 요하는 어려운 요건이 부과되어 있으나, 16대 국회에서 야당인 한나라당은 김두관 행정자치부 장관에 대한 해임 건의를 의결하여 그 직을 물러나게 한 사례가 있다. 해임 건의가 있으면 대통령은 그에 따라야 한다. '건의'라는 말을 대통령제의 특성상 사용하고 있지만, 실제로는 대통령을 구속하는 것이다. 이 해임 건의제와 함께 국회는 총리나 행정부 구성원의 국회출석 요구권을 가지고 있다. 즉 국회나 그 위원회의 요구가 있을 때에는 국무총리·국무위원 또는 정부위원으로 하여금 출석·답변하게 할 수 있다(제62조 2항).

국회는 대외관계에서 대통령의 외교에 대한 권한을 통제한다. 조약의 체결에 대한 동의권을 비롯해서 국군의 해외 파견 및 선전포고 또는 한국 영토 내 외국 군대의 주둔에 대한 동의권을 갖는다(제60조). 외교에 관해서는 대통령이 국가의 원수와 행정 수반으로서 외교 사절의 신임·접수와 조약의 체결 및 선전·강화 등 제반행위를 하고, 국회는 국민을 대표하는 기관으로서 그에 대한 동의권 행사를 통해 통제·감독 기능을 행사하는 것이다.

대통령은 국가원수로서 일반사면을 하는 경우에도 국회의 동의를 얻어야 한다(제79조 2항). 물론 특별사면은 국회의 동의 없이 한다. 이 사면권 행사에 대해서는 쿠데타의 주역이었던 전·노 두 사람에 대한 특별사면 처리가 초점으로 거론되고 있다. 특별사면은 국회 동의 없이 행할 수 있기 때문에 전직 대통령이 정치적 흥정이나 야합 또는 불순한 동기로 사면권을 남용하는 것이 문제가 될 수 있다. 이에 대해 라틴 아메리카의 일부 국가는 전직자나 기타 공직자에 대한 현직 대통령의 사면권 행사를 금지시키고 있다(멕시코 헌법 등). 이러한 규정이 없는 미국에서 닉슨 후임으로 대통령이 된 포드 대통령이 취임 후 첫 번째 한 일이 닉슨의 사면으로, 그에 대한 비난 여론이 드셌던 일을 기억하는 이도 있을 것이다. 우리도 마찬가지로 그런 일은 헌법 규정 여하를 따질 것 없이 안 되는 일이다.

국회가 그 권한을 행사하는 데 관계되는 사항을 조사할 수 있는 권한으로 국정감사권과 조사권이 있다. 이 권한은 그 자체가 독립된 권한이 아니라 국회 권한의 행사에 필요한 조사를 위한 보조적 권능이다. 국회는 국정을 감사하거나 특

국정감사

정한 국정 사안을 조사할 수 있으며, 이에 필요한 서류의 제출 또는 증인의 출석과 증언이나 의견의 진술을 요구할 수 있다(제61조 1항). 국정감사는 매년 정기국회의 예산 심의에 앞서서 국정 전반에 대한 조사, 평가를 하는 것이다. 그리고 특정 사항에 대한 국정조사권은 국회가 필요에 따라 발의해 조사하는 권한이다. 그러나 조사권의 발동이 본회의 의결 없이는 이루어질 수 없기 때문에 필요한 활동을 제대로 못하고 있다.

그 밖에도 국회는 대통령을 비롯한 고위직 공직자에 대해 위헌·위법을 이유로 한 탄핵의 소추를 의결할 수 있다(제65조). 탄핵 심판은 헌법재판소에서 한다(제111조 1항). 2004년 3월에는 한나라당이 다수당인 국회에서 노무현 대통령에 대한 탄핵을 의결한 바 있다(그에 대한 합당성 여부는 대통령제도와 관련하여 뒤에서 기술했다).

일반 국정에 관한 권한(3)—대통령의 긴급권 행사에 대한 통제

한국 헌법이 정한 대통령의 긴급권은 그에 대한 사전 및 사후의 통제 장치가 외국의 제도에 비해서 약하다. 그렇지만 대통령의 막강한 권한을 통제할 수 있는 국가기관은 국회밖에 없다. 국회는 대통령의 계엄 선포에 대해 통고받고 계엄의 해제를 요구할 수 있다(제77조 4항 및 5항). 긴급명령에 대해서도 마찬가지로 보고를 받아서 승인 여부를 결정한다(제76조 3항).

여기서 대통령의 긴급권인 계엄선포권이나 긴급명령권(유신헌법상의 용어로는 긴급조치권)이 지난날 정치적 목적으로 남용되어 왔고 그에 대한 국회의 통제가 거의 무기력하였다는 점을 돌아보고 그렇게 되지 않도록 대처해야 한다. 군사정권의 등장 자체가 계엄권의 남용을 불러왔고 특히 비상계엄이 남발되어 '통치행위'라는 미명 하에 법의 통제를 벗어난 무법지대를 만들었다.

유신헌법의 독재 하에서는 긴급조치로 헌법 개정 청원이나 시민운동까지 극형으로 처벌하는 등 세계에서 유례가 없는 일까지 벌어졌다. 이에 대해서는 사법심사 기능의 회복을 통한 법적 대응이 따라야겠고 정치적으로는 그러한 쿠데타를 사전에 막아야겠다. 이런 경우에는 국민의 저항권이나 시민불복종권이 거론될 수 있다는 점을 유의해야 할 것이다.

국회의 운영과 자율권

본회의와 상임위원회

국회는 국회를 대표하고 그 운영에 책임을 지는 의장단과 사무기구인 사무처가 있다. 의장단은 의장 1인과 부의장 2인을 선출한다(제48조). 그리고 각 상임위원회가 있으며 필요에 따라 특별위원회를 설치, 운영한다. 또한 의사의 일정, 진행 등을 조정하기 위한 교섭단체인 여·야당의 총무단이 있다.

국회 운영의 유형에는 영국의 본회의 중심체제와 미국의 상임위원회 중심체제가 있다. 한국의 국회 운영 방식은 미국의 상임위원회 중심체제이다. 본회의 중심체제는 내각제의 국회 운영 방식으로, 공개된 회의에서 토의의 기술이 어느 정도 수준에 달하지 못하면 대단히 비능률적이고 비효율적이다. 일본의 국회법도 국회의 토론이나 연설에서는 미리 써 온 초고를 기계적으로 낭독하는 것을 금지하고 있다. 일본의 의원 규칙을 보면 "회의에서는 문서를 낭독할 수 없다. 다만 인증 또는 보고를 위하여 하는 간단한 문서는 그러하지 않다"고 정하고 있다(일본 참의원규칙 제103조 및 중의원규칙 제133조). 아마 우리 국회에서 그러한 발언 규칙을 준수하라고 하면 '벙어리 의원'이 생기고 규칙 위반 운동이 일어나서 회의가 마비될지도 모른다. 미국 유학 출신의 국회 초대 사무총장이었던 전규홍의 말을 빌리면 우리가 의원의 자질과 경험이 부족한 실태를 반영하여 미국식의 상임위 중심체제로 시작한 것이라고 한다. 그것이 50여 년전의 일인데 아직도 그 한계를 크게 벗어나지 못하고 있다.

근대적인 국민대표기관이라고 하면 공개와 심의 및 다수결의 원칙에 의해 운영되는 토론의 장이어야 한다. 국회는 말과 표로써 대결하는 장이기 때문이다. 민주주의의 이상이 의회를 통해서 실현된다는 것은 공적인 일을 대화로 처리한다는 의미이다. 영국 의회도 초기 단계에서는 말로 다투지 않고 칼을 휘두르기도 했다. 그러다가 점차 발언에 대한 상호 존경을 표시하는 예절과 함께 각자의 교양과 자제력을 발휘하여 말로써 일을 타협, 조정하는 기술이 발달하게 된 것이다.

16대 국회는 대정부질문제도 운영의 효율성을 높이기 위하여 대정부질문을 사상 처음으로 일문일답식(一問一答式)으로 진행하도록 하였다(국회법 제60조 제2항). 그동안의 대정부질문은 일괄답변방식(一括答辯方式)이어서 정부의 설명이나 답변을 제대로 듣지 못하였을 뿐만 아니라 관계 국무위원이 허위 답변을 해도 그냥 넘어갈 수밖에 없었다. 더욱이 관계 국무위원이 부처의 현안문제에 대하여 핵심을 파악하지도 못한 채 주무부처의 사무관이 작성해준 답변서를 앵무새처럼 읽어 내려가는 웃지 못할 장면들이 부지기수였고, 국회의원들도 보좌관들이 넘겨 준 원고만 그대로 읽고 내려오는 장면들이 비일비재하였다. 일문일답식 제도를 통하여 관계 국무위원(장관)과 국회의원이 특정 현안에 대해 업무를 파악하거나 대책을 숙지하고 있는지 여부가 가감 없이 드러날 수밖에 없기 때문에 우리의 정치문화를 한 차원 더 높이 성숙시킬 수 있다고 본다.

회의와 정족수

국회의 회의에는 정기회와 임시회가 있다. 정기회는 법률이 정하는 바에 의하여 매년 1회 집회되고, 임시회는 대통령 또는 국회 재적 의원 4분의 1 이상의 요구에 의하여 집회된다. 그런데 정기회의의 회기는 100일을, 임시회의의 회기는 30일을 초과할 수 없다(제47조 1항 및 2항). 회기 일자를 제한하는 규정을 둔 것은 군사정권 하의 1962년 제5차 개헌 때부터이다. 국회에 의한 견제를 극도로 싫어하고 국회에서의 논란을 낭비라며 부정적으로 생각한 군정세력은 국회를 될 수 있으면 열지 않으려고 했다.

정기(국)회의 집회일은 매년 9월 10일에서 9월 1일로 변경하였다(국회법 제4조). 회기(會期)는 주 단위로 운영하며, 월요일부터 수요일까지는 위원회 활동을, 목요일은 본회의 활동을 하도록 하였다(국회법 제5조의2 제2항 3호). 또 국회기능을 연중 상시 활성화하기 위하여 의장은 각 교섭단체대표의원(원내총무)과의 협의를 거쳐 매년 12월 31일까지 다음 연도의 국회 운영 기본일정을 정하여, 원칙적으로 매 짝수월(8·10·12월 제외)의 1일에 임시회를 집회하도록 하였다(국회법 제5조의2 제1항 및 제2항 참조).

국회는 공개를 원칙으로 한다(제50조 1항). 다만 국가 안보를 이유로 공개하지 않을 수도 있는데, 비밀회의의 회의록 공개는 국회법에 따라 정한다. 국회의 회기는 한정되어 있기 때문에 회기 안에 통과되지 않은 의안도 의원의 임기가 만료되지 않는 한 폐기되지 아니한다(제51조). 그리고 회의 진행을 합리적으로 하기 위해 한번 제안되었다가 부결된 안건은 같은 회기 안에 다시 제안하지 못하게 하고 있다(국회법 제92조, 일사부재의의 원칙).

국회의 회의가 유효하게 성립되기 위하여 최소한 출석해야 할 의원의 인원수를 의사정족수(議事定足數)*라고 한다. 의사정족수는 재적 의원 5분의 1 이상이다(국회법 제73조 1항). 그리고 의사가 성립한 경우에 의결에 필요한 정족수를 의결정족수라고 한다. 의결정족수에는 보통 의안의 의결에 필요한 찬성인의 최저수인 일반의결정족수와 특별한 다수를 요하는 특별의결정족수가 있다. 일반의결정족수는 재적 의원 과반수의 출석과 출석 의원 과반수의 찬성으로 한다. 가부동수인 때에는 부결된 것으로 본다(제49조).

특별의결정족수는 일반의결정족수보다 엄격해 좀더 많은 수의 찬성을 요한다. 이 정족수는 사안에 따라 차이가 있다. 특별의결정족수에 해당하는 사안을 들면 법률안의 재의결(제53조 4항, 재적 의원 과반수의 출석과 출석 의원 3분의 2 이상의 찬성), 국무위원 해임 건의(제63조, 국회 재적 의원 3분의 1 이상의 발의와 재적 의원 과반수의 찬성), 의원의 제명 처분(제64조 3항, 재적 의원 3분의 2 이상의 찬성), 탄핵소추(제65조, 재적 의원 3분의 1 이상의 발의와 재적 의원 과반수의 찬성. 다만 대통령에 대해서는 재적 의원 과반수의 발의와 재적 의원 3분의 2 이상의 찬성), 계엄 해제(제77조 5항, 재적 의원 과반수의 찬성), 개헌 의결(제130조, 개헌 발의는 재적 의원 과반수, 개헌 의결은 재적 의원 3분의 2 이상의 찬성) 등이 있다.

국회의 자율권

국회는 법률에 저촉되지 않는 범위에서 의사와 규칙을 제정할 수 있고 자체적으로 의원의 자격을 심사, 징계할 수 있다(제64조 1항 및 2항). 그런데 국회의 의사 진행 과정에서 '날치기 통과'의 문제가 생겼을 때, 이를 국회 내부 사항으로 자율권을 인정해 헌법재판소가 이에 대한 판단을 할 수 없는가가 문제될 수 있다. 실제로 1996년 12월 26일 새벽, 당시의 다수당인 군사정권의 여당은 단독으로 은밀하게 전격 집회하여 국회의 적법한 소집 절차나 소회의 시각을 명백히 위반한 채 노동관계법 개정안과 안기부법 개정안을 변칙 통과시켰다. 일본 최고재판소의 판결에 따르면 법원은 먼저 국회의 자주성·자율성을 존중해 적법한 절차를 통해 공포된 법률은 일단 수용하여 그 위헌 여부를 심사하는 것은 자제해야 한다고 했다(일본 최고재판소 1962년 3월 7일 판결). 그러나 한국 국회에서 새벽에 은밀하게 일부 의원만이 모여 전격 통과시킨 노동관계법과 안기부법 개정안은 그 불법성이 너무나 명백하므로 그러한 절차 자체의 본질적 불법·위법까지도 국회의 자율에 맡겨야 할는지는 의문이다.

국회와 행정부 및 사법부의 관계

국회와 행정부의 견제와 균형

삼권분립에서 견제와 균형의 가장 중요한 문제는 입법부와 행정부의 관계에서 발생한다. 대통령은 국가원수이고 행정 수반일 뿐만 아니라 여당 총재로서, 즉 정치권의 직접 지휘자로서 정치에 임한다. 따라서 국회의 운영도 실제로는 대통령의 구상과 조정에 영향을 받게 된다. 대통령의 긴급권에 대한 통제도 군정 하에서는 생각도 할 수 없었다. 현행 헌법은 계엄 해제 요구에 재적 의원 과반수의 찬성을 요구하고 있다.

대통령 권한을 강화하고 있는 것은 법률안 거부권이다. 행정부에 법률안 제출권이 있고 법안 심의에 정부 위원이 참석하며 대통령이 이끄는 여당이 국회 다수당이 되어 있는 지금의 상황에 거부권까지 부여하고 있는 것은 지나친 일이다. 미국처럼 행정부에 법률안 제출권과 심의 참여권이 없고, 하원을 2년마다 새로 뽑고 연방 대표의 상원이 있어 변수가 작용하기 쉬운 나라인 경우 대통령의 법률안 거부권이 그런 대로 의미가 있겠으나, 우리의 경우는 대통령의 권한만 과도하게 비대화시킬 수 있다. 다만 여소야대의 국회 세력 분포 하에서는 이 권한이 심각하게 문제되는 일이 없었다.

국회와 사법부

사법부가 지닌 사법권의 성격 자체는 이익 다툼의 재결이라는 수동적인 국가 작용에 속한다. 다만 사법부는 구체적인 쟁송 사건의 재판 과정에서 위헌 입법에 대한 심사제청권을 행사하여 간접적으로 입법부를 견제할 수 있다. 입법부로서 국회는 법률 제정을 통해서 사법부를 규제하는 이외에 대법원의 법관 임명동의권과 예산, 국정감사와 조사를 통해 사법부를 견제한다. 물론 재판에 간섭하는 일은 용납되지 않는다. 국정감사나 조사 과정에서 재판에 압력을 가하거나 청탁 등 부당한 영향을 주어서도 안 된다.

그러나 사법부도 재판에 대한 간섭 이외의 사항에 대해서는 조사를 받게 된다. 국회는 입법과 예산에 관계되는 권한을 수행하기 위하여 필요한 사항은 당연히 조사하고 사법부는 그에 협조해야 한다. 사법부에 대한 사항도 공개의 대상이 되며 국민이나 국민 대표는 그것을 알아야 할 권리가 있다.

3장 │ 대통령의 위치와 행정기구의 역할

대통령의 선출

한국 헌정과 대통령제

한국의 헌법 정치에서 가장 초미의 관심은 누가 대통령이 되는가, 그리고 그 대통령을 어떻게 뽑는가 하는 데 있었다. 1960년 4·19혁명 당시까지는 이승만 독재의 원인이 대통령제의 권력 집중에 있다고 해서 헌법학자나 정치학자들을 비롯해 정론을 펴는 식자는 다투어서 의원내각제를 제창했다.[21]

그러나 대통령제는 1961년 5·16쿠데타 이후, 그리고 박정희 사망 후까지

---

21. 4·19혁명 이전에 나온, 그러한 시류를 반영한 헌법학자의 대표적인 계몽서는 한태연의 『의원내각제』(위성문고, 법문사)라는 책이다. 이 책이 얼마나 읽혔는지는 몰라도 당시에 독재를 방지하는 대안으로 의원내각제가 유력시되었음을 알 수 있다.

30여 년간 지속되었다. 노태우 정권 하에서 여소야대 국면으로 집권당의 위기가 닥치고 차기 선거에서 내세울 군인 출신 후보의 자원이 고갈되자 3당 합당을 통한 내각제가 모색되기도 했지만, 총선에서 개헌선 확보에 실패하자 그대로 대통령 선거가 치러져 김영삼 정권이 탄생했다. 김영삼 정권의 5년 단임제 임기가 중반기를 지나면서 대통령의 중임제(4년 임기에 1차 중임)가 여당 일각에서 조심스럽게 모색되는 기미가 보였지만, 명분도 안 서고 임기 중 개헌한 대통령에 대한 무효 조항(제128조 2항)에 걸려 그 기세가 누그러들었다. 그러는 한편 일부에서는 또 내각제가 거론되기도 했다. 자민련은 야당 대선 단일화의 조건까지 내세우며 내각제를 강력히 주장하였다.

그렇지만 내각제보다는 대통령제가 대선 당선을 전제로 한 각 후보에게 선호되고 있고 현실성이 있는 제도인 것만은 틀림없다. 그리고 내각제가 현행제도에 대한 최선의 대안이라고 보는 시각도 충분한 설득력을 지니고 있지는 않다. 한국 헌정사의 문제점인 독재와 부패, 비민주성의 원인을 대통령제에 돌리는 것은 너무나 단순한 논법이며 내각제의 실현 조건 역시 우리의 실정을 감안하여 생각해 보아야 할 것이다.

어쨌든 현재로는 대통령제가 집권구조의 기본이 되고 있다. 문제는 이 제도 하에서 우리 대중 정서에 도사린 권위주의 의식, 나라님의 망령을 뿌리 뽑는 것이다. 마음속에 도사리고 있는 노예의 사슬을 끊어버리지 않고서는 어떤 제도도 제도 자체만으로는 해결책이 될 수 없는 것이다.

대통령의 조건

한국 사람이면 누구나 대통령이 될 수 있다. 따라서 누구나 대통령이 되는 꿈을 꿀 수 있다. 1980년 5·17쿠데타를 자행한 군부 측이 김대중의 죄목으로 지적한 것이 대통령이 되려고 했다는 것인데 이것이야말로 말도 안 되는 소리다. 대통령을 하려는 것이 정치인에게 죄가 된다면 이 나라는 민주국가가 아닌 것이다. 그러면서 자신들은 무고한 사람을 죽음으로 몰아넣는 피바다를 이루면서까지 대통령을 하고자 했으니 기막힌 일이다. 문제는 대통령이 될 만한 자질이 있느냐, 그리고 결국 국민이 그를 뽑아 주는가 하는 것이다.

헌법은 "대통령으로 선거될 수 있는 자는 국회의원의 피선거권이 있고 선거일 현재 40세에 달하여야 한다"(제67조 4항)고 정했다. 나이를 40세로 정한 것은 국회의원 후보의 나이를 25세 이상으로 한 것과 같은 취지이나, 다만 굳이 40세로 한 것은 인생과 정계 경험, 관록이 40세 정도는 되어야 할 것이라는 점을 감안하여 대개 외국의 예를 참조한 것이라고 본다. 그렇지만 나 개인의 의견으로는 나이 제한이 반드시 필요한 것은 아니라고 본다. 40세 미만자라도 국민의 요청에 부응하는 사람이면 대통령이 못 될 이유가 없다. 쿠바의 카스트로는 30대에 혁명을 완수해서 일국의 지도자가 되었다. 이때 만약 수상이 되는 나이를 40세 이상으로 정했다면 그는 결코 지도자의 지위에 이르지 못했을 것이다. 장유유서(長幼有序, 어른과 아이 사이에 서열을 따르라)의 유교적 미덕이 현대 기술 문명에서 반드시 적절한 사회 윤리는 아니다.

군사정권이 들어선 이후 대통령 후보 자격에 40세 규정 이외에 5년 이상 국내 거주라는 규정을 첨가했다. 정치적 망명자나 해외 활동자를 배제하려는 것인지 잘 모르지만 어느 것이나 잘못된 불필요한 제한이다. 이런 기준으로 김구, 이승만 등 해외 귀국자를 모두 제외시켰다면 어떻게 됐을 지를 상상해 보라.

문제는 어떤 사람이 대통령이 될 요건을 갖추고 있느냐 하는 것이다. 이것은 법률적 문제는 아니지만 정치론으로서 한번쯤 살펴볼 필요가 있다.

정치가론으로는 고대 그리스 플라톤의 철인(哲人)정치론*이 있다. 시대에 뒤떨어지신 면노 있지만 아직도 엘리트 지배를 신봉하는 사람이 많다. 그렇지만 어느 누구도 지도자가 되거나 지도자를 선택할 권리를 미리 제한당할 수 없다는 의미에서 민주주의 원칙에는 적합하지 않다. 마키아벨리의 『군주론』에서 말하는 권모술수와 운을 타고 난 지도자론 역시 문제점이 있다. 가장 표준적인 정치가론은 막스 베버가 『직업으로서의 정치』에서 말한 정치가론이다. 그것은 1920년대 정치적 후진국이었던 독일을 배경으로 제기한 것으로서, 후진국 민주주의를 위한 지도자론이란 점에서도 참고할 만하다.

막스 베버가 살던 시대의 독일제국과 1차대전 후 그 폐허 위에 태어난 신생 바이마르 공화국은 국민의 정치 인식이나 정치가 충원에 여러 가지 문제를 안고 있었다. 관료나 군인이 정치가로 변신하는 것은 독일제국 이래 관례가 되었고 정치에 대한 국민의 방관과 경멸도 만성화되어 정치적 무책임으로 나타났다. 그 와중에 정치의 극좌와 극우가 대립하는 위협은 이미 현실로 나타나고 있었다. 결국 정치에 좌절한 국민들의 마음속에 카리스마적 지도자에 대한 기대가 싹트면서 히틀러의 집권이라는 비극이 벌어진다.

베버는 1920년 학생모임에서 정치인론을 강연하면서, 정치인은 영국처럼 정당정치와 의회를 무대로 육성되는 것이 정상이며 그러한 정치가는 사명감(정열), 책임 윤리 및 통찰력(견식과 경륜)이 있어야 한다고 했다. 정치는 악마와 손을 잡는 것이기도 하지만 한편으로는 이 정치를 바탕으로 시민 생활이 영위되어야 한다는 현실 감각을 일깨워주려고 한 것이다. 결국 정치란 권력의 문제이고 그것을 통해 사회 갈등을 조정하는 결단이며 무수한 현실적 이해와의 타협과 조정의 과정이기 때문이다.

우리에게 있어서도 늙은 야심가나 친일파 정치군인, 그의 추종자가 대통령이 되게끔 조성된 한국 정치 풍토의 한계가 문제가 되었다. 대통령론과 함께 한국 정치 풍토의 객관적 여건과 국민의 정치적 자질도 냉정히 돌아보아야 할 것이다.

대통령 선거

　대통령의 선거방식은 집권이나 정권 연장과 직접 관련된 민감한 사안으로 헌정사에서 항시 문제가 되어 왔다. 1948년 헌법은 국회에서 대통령을 선거하는 간접선거방식을 따랐다. 이승만은 이 제도가 자신의 계속 집권에 불리하다는 이유로 제1차 개헌(1952)을 하게 된다. 그 후 4·19혁명으로 내각제가 잠시 시행되다가 1962년 군정 하에서 직선제 선거로 개헌이 되었다. 이러한 직선제 선출 방식에 따른 장기 집권이 3선 개헌으로까지 이어지다가 1972년 유신 쿠데타로 인해 간접선거로 바뀌게 된다.

　1972년 통일주체국민회의라고 하는 정보기관이 조정하는 어용기관에서는 유신헌법에 따라 단일 후보에 대한 만장일치에 가까운 찬성투표로 박정희의 종신 집권을 보장했다. 그 후 1979년 10월 26일 박정희의 피살로 유신(독재) 통치가 끝나고 다시 12·12 및 5·17쿠데타로 신군부가 집권한 뒤 이루어진 1980년 제8차 개헌에서는 대통령 선거인단에 의해 대통령을 선출하는 간선제로 이어졌다. 이 간선제는 통일주체국민회의에 의한 선출과 그 내용이 동일한 것이다. 결국 현재의 직선제는 1987년 제9차 개헌으로 이룩된다.

　1987년 직선제 개헌을 쟁취한 6·10시민항쟁은 직선제 실현이 곧 민주화로 이어질 것이라는 환상에 가까운 기대감을 불어넣었으나 집권세력이 정권을 쉽사리 포기하지는 않는다는 교훈 또한 보여주었다. 문민정부의 출범도 결국 군정의 연장선상에서 대통령 한 사람만이 자연인인 야당 출신 여당 후보라는 편법수단을 거쳐 이룩된 것이다. 따라서 이 '문민 대통령'의 개혁은 처음

1980년 통일주체국민회의 앞에 나붙은 대통령 당선 공고

부터 유실될 필연적 한계를 안고 있었다.

현행 선거제도는 직선제 선출구조로서 그 나름의 문제를 안고 있다. 대통령은 국민의 보통·평등·직접·비밀선거에 의하여 선출한다(제67조 1항). 최고 득표자가 2인 이상인 때에는 국회의 재적의원 과반수가 출석한 공개회의에서 다수표를 얻은 자를 당선자로 한다(제67조 2항). 또 1인만의 단독 후보인 경우에는 그 득표수가 선거권자 총수의 3분의 1 이상이 아니면 대통령으로 당선될 수 없다(제67조 3항).

대통령의 지위와 권한

대통령의 임기와 궐위시 대행

〔제70조〕 대통령의 임기는 5년으로 하며, 중임할 수 없다.

우리 헌법은 대통령의 장기 집권 또는 영구 집권이 항상 말썽이 되어왔기 때문에 5년 단임으로 하고 중임을 일체 금지했다. 개헌에 의해서도 할 수 없도록 했다(제128조 2항). 그런데 중임 제한의 단임제는 임기 5년 중 2년여를 남겨두고 레임덕 현상(Lame Duck)*을 초래한다. 그에 대해 1차 중임을 하자는 의견도 있으나 다시 개헌을 한다는 것 자체가 큰 문제이다. 정권 교체가 거의 없는 현 상황에서 제도 고치기만으로는 대통령 선거 문제의 해결책이 될 수 없다.

임기 중 대통령이 궐위된 때에는 60일 안에 후임자를 뽑게 되지만(제68조 2항), 후임 대통령 선출시까지는 국무총리 및 법률이 정한 국무위원의 순서로 대통령의 권한을 대행한다(제71조). 그런데 이 권한 대행의 조항에 큰 함정이 있다. 총리나 국무위원이 국회의원이 아닌 때에, 국민의 선거를 거치지 않은 공무원이 대통령의 권한을 대행한다는 것은 비록 그 기간이 60일이라는 제한은 있으나 부당한 것이다. 박정희 피살 후 외무직 직업 관료 출신의 총리 최규하가 우연히 집권 대행을 함으

1979년 대통령 사임에 대한 특별 담화를 하고 있는 최규하

로써 초래한 한국 헌정의 비극과 일탈이 얼마나 엄청난 것이었는지는 다시 말할 것도 없다. 최규하는 후에 잠시 대통령으로까지 선임된 자이지만, 사실 정치가로서 총리 적격자이기보다는 박정희와 일제시대 만주(중국동북지구) 괴뢰국 관리로서 인연과 충직한 행정 관료로서 박정희의 신임을 받았던 연고로 총리가 되었기 때문에 중대한 격변기에 전두환 등 신군부 세력의 독주와 쿠데타를 방지하지 못한 채 정국을 파탄시키는 결과를 낳게 되었다.

□ 대통령제와 대통령 탄핵제도

현행 헌법처럼 부통령제도가 없이 하나의 대통령만을 두고 있는 대통령제도 하에서 대통령에 대한 탄핵은 국정의 막대한 위험과 손실을 초래하기 때문에 아주 신중을 기해야 한다. 2004년 3월 야당인 한나라당 주도의 탄핵 발의와 의결에 대해 대다수 국민대중이 반대하고 대통령을 지지한 의견을 표명한 이유는 그것이 너무나 당파적인 처사였기 때문이다. 특히 헌법재판소가 탄핵 심판에서 야당 측이 아니라 대통령 측에 손을 들어 준 것은 결과적으로는 타당한 결정이다. 다만 헌법재판소가 대통령의 헌법 위반 사유로서 든 사실에는 무리가 있다.

먼저 국회의 탄핵 발의와 의결의 절차나 그 내용의 타당성·적법성은 하나도 검토되지 않은 채 대통령에 대해서만 헌법 순수 의무를 강조하는 훈계성 설시와 판단을 했다. 헌법재판소의 훈세 기준을 따르는 나쁜 역대 대통령 누구도 그 지위를 유지해선 안 된다는 결론이 나온다. 미국의 대통령이라고 해도 우리 헌법재판소의 헌법 준수 기준에는 합격할 수 없을 것이다. 대통령의 정치적 판단과 기본적 헌법 준수의 틀을 좀더 헌법 취지에 적합하게 제시하는 좋은 기회를 헌법재판소는 활용하지 못한 것이다.

지금의 제도도 맹점은 그대로 있다. 우선 부통령제가 없는 대통령제라는 점이고, 그 권한을 행정 관료가 잠시나마 대행한다는 것이 민주주의의 원칙에 어긋날 뿐만 아니라 중대한 허점이 도사리고 있다는 점이다. 2004년 노무현 대통령 탄핵시기에 고건이란 행정 관료가 권한대행을 하게 되었으나, 선거되지 아니한 행정 관료 출신이 정치적 결단을 하게 하는 제도는 여전히 위험성을 안고 있다.

물론 지금 제도의 허점과 맹점을 시정하는 방법은 최종적으로는 개헌밖에 길이 없다. 총리는 대통령의 보좌기관이라고 하지만, 정치적인 대표성을 감안해 의원으로 선출된 정치인을 총리로 하는 것이 현행 제도의 한계를 메워나가는 방도가 될 것이다.

나라의 원수이고 행정 수반인 대통령

대통령제의 국가에서 대통령은 1787년 미국 연방헌법을 만들 당시에 헌법 기초자들이 구상했던 것처럼 군주에 해당한다. 여기서 군주란 물론 전제군주가 아니라 입헌군주를 말한다. 미국의 대통령은 군주가 통치해온 이래 역사상 처음으로 공화국을 만든 나라의 지도자이다. 따라서 자연히 군주제도가 모델이 되었고, 입헌민주주의를 지향하는 정치체제의 지도자이기 때문에 전제자나 독재자가 아닌 입헌군주에 해당하는 지도자상을 구상했다. 그러나 입헌군주제의 '군림하지만 통치하지 않는다' 는 의미의 군주는 아니고, 법에 따라 통치하는 지도자를 의도하고 있었다. 군주는 종신직이지만 공화제의 군주격인 대통령은 임기가 있고 임기 중에도 탄핵에 의해 물러날 수 있는 지위에 있다. 그러한 공화제의 군주가 전제자나 폭군이 되지 않고 임기 중에 법에 따라 통치하는 지도자가 되도록 길들이는 데 성공한 나라가 미국이다. 미국 이외에 라틴 아메리카나 2차대전 후 아시아나 아프리카 대륙의 대통령, 곧 공화제의 군주는 대개 종신토록 지위를 차지하려고 했으며 법을 무시하고 권력을 남용하였으므로, 입헌군주국의 길은 멀고도 험난하기만 했다. 따라서 미국은 대통령제가 성공한 유일한 예가 되었다.

그렇다면 왜 라틴 아메리카 나라나 신생국가에서 대통령제가 선호되고 있을까? 당장의 이유는 내각제라는 정치제도를 꾸려갈 수 없기 때문이다. 물론 집권세력이 집권하기 편하다는 점도 있지만, 실제로 정치적 후진국에서 내각제를 운영한다는 것은 쉬운 일이 아니다. 서구 혁명의 모국이라고 할 프랑스도 제4공화국 시절에는 내각제의 틀 속에서 정치적 파산의 위기에까지 몰렸었다. 결국 제5공화국 헌법을 이원집정부제(二元執政府制)*로 해서 강력한 군주 격인 대통령이 주도하는 정치기구를 마련할 수밖에 없었다.

한국도 주로 권위주의 대통령제로 일관해 온 것은 내각제를 할 수 있는 여건과 풍토가 못 되기 때문이었다. 한국의 정당이 제대로 된 정당도 아닐 뿐더러, 의회에서 올바르게 연설을 하거나 토의할 정도의 수준급 정치인은 또 몇이나 될 것인가? 여당 1당의 지배가 반세기에 걸쳐오면서 재벌이 육성되고 그 그늘 아래 정경유착이 제도화되다시피 했는데 내각제를 하면 재벌이 내각 창출의 산파가 될지도 모른다. 이미 재벌이 정치인을 머슴처럼 부려먹기 시작한 상황이 아닌가? 한편으로는 언제 불신으로 몰락할지 모르는 약한 수상을 하기보다 변칙적 불법을 해서라도 자기 집권 기반을 강화시키려고 하지 않을까? 아직도 카리스마적 권위가 없는 지도자는 우습게 보고 그 반대로 힘이 강한 지도자에 대해서는 복종하는 노예근성이 남아 있는 풍토에서 상식과 자제가 통할까? 결국은 이런저런 이유로 대통령제 하에서 반세기를 지나 오늘에 이르고 있는 것이다. 군사정권 시절 한국 헌법의 대통령은 강력한 권한을 가진 전제군주에 가까운 지도자였다. 그래서 아직도 일부에서는 대통령을 '최고 통치권자'라는 시대착오적 말로 부르기도 한다.

〔제66조 1항〕대통령은 국가의 원수이며 외국에 대하여 국가를 대표한다.

국가의 원수라고 함은 나라를 대표하는 지도자로서 최고의 지위에 있다는 의미이다. 전제군주처럼 만능적·자의적 권력을 행사할 수 있다는 의미가 아니라 상징적인 뜻이다. 국가원수로서 대통령은 외국에 대해 국가를 대표해서 외교상의 행위를 하고 국내 정치에서는 각종 표창과 훈장을 그의 이름으로 수여하고 사면권을 행사한다. 또 국가 주관의 식전을 주재하고 회의를 소집한다.

그러나 가장 중요한 것은 대통령이 행정 수반의 실권자라는 것이다. 이는 내각제에서는 수상·총리의 지위에서 행사하는 권한이다.

〔제66조 4항〕행정권은 대통령을 수반으로 하는 정부에 속한다.

행정 수반으로 국무위원과 각부 장관을 거느리고 행정권의 행사를 총괄 지휘한다. 내각제의 수상과 달리 탄핵으로 물러나지 않는 한 임기 중 지위가 보장된다. 안정된 지위를 고수하면서 정책을 집행할 수 있는 것이다.

대통령의 형사상 특권

〔제84조〕대통령은 내란 또는 외환의 죄를 범한 경우를 제외하고는 재직 중 형사상 소추를 받지 아니한다.

대통령이라는 원수의 신분상 품위를 지키며 국정에 몰두할 수 있도록 인정한 특권이다. 이는 군주와 같은 권위와 특권으로서 민주공화제에서는 생소한 제도이다. 미국 대통령에게는 이러한 특권이 없다.

재직 중에는 소추가 되지 아니하나 퇴직 후에는 소추할 수 있다. 따라서 재직 중에는 공소시효가 진행되지 않는다(헌법재판소 1995.1.20. 94헌바246 전원 재판부). 전두환과 노태우 두 사람의 헌법 질서 파괴 범죄에 대해서도 이 원칙이 적용되었다.

이어서 대통령의 권한과 그 행사에 대한 통제에 대해 살펴보자.

국정 주도의 권한

대통령은 국가원수이고 행정 수반이며 여당 총재로서 국정 전반을 주도한다. 여당과의 관계에서 야당의 지도자와 협의하고 국회의 제1당 지도자로서 국회의 활동을 지휘한다. 이 점은 대통령으로서 최소한의 책무이고 권한이며 정치적 이니셔티브(initiative)이다. 특히 상황에 따라서 국민 여론과 국내외 정세를 판단해서 개헌을 발의하기도 하고(128조 1항), 중요 국정 사안을 국민투표에 회부하여 여론을 수렴한다(제72조).

정치기관 구성의 권한

대통령은 국가원수이고 행정 수반으로서 주요 헌법기관의 장과 구성원의 인사를 집행한다. 헌법재판소 소장의 임명(제111조), 대법원장 및 대법관의 임명(제104조), 국무총리와 국무위원의 임명(제86조 및 제87조), 감사원장 및 감사위원의 임명(제98조), 중앙선거관리위원회 위원장의 임명(제114조) 등이 그것이다.

행정에 관한 권한과 긴급권

행정권의 수반으로서 내각을 지휘하는 대통령은 행정의 최고 지도권자이다

(제66조 4항 및 정부조직법 제10조 1항). 국무회의를 주재하여 정책을 결정하고 국무총리와 국무위원에게 명령을 하며 총리를 통해 각부 장관을 지시·감독한다. 각급 공무원을 임명하며(제78조), 재정에 관련된 제반 사항을 지시 감독한다(제54조~제58조). 대통령은 국군의 통수권자로서 군을 지휘한다(제74조). 위헌 정당의 소추도 대통령의 권한이다(제8조). 그리고 외교관계를 총체적으로 지휘·감독하며 외교 사절을 신임 접수하고, 대사를 파견하여 조약을 체결하며 외국의 군대 파견을 결정·집행한다. 또한 선전·강화도 대통령의 주도 하에 처리한다(제60조, 제66조, 제73조).

그리고 대통령은 국가 안보를 책임지는 지위에서 국가긴급권을 발동한다. 헌법이 정한 긴급권은 긴급처분·명령 발표권(제76조)과 계엄 선포권(제77조) 등이다. 그런데 이미 거듭해서 지적하였듯이 쿠데타와 군정 하에서 긴급권은 정치적으로 남용되고 악용되어 왔다. 그리고 그에 대한 국회의 통제도 별반 효과를 발휘하지 못했다. 현행 헌법 하에서 긴급권의 정치적 남용을 억제하고 대통령 스스로 자제할 수 있도록 하는 것은 헌정의 사활이 걸린 과제이다.

국회와 입법에 관한 권한

한국의 대통령제가 미국의 대통령제와 다른 것은 국회와 입법에 대한 대통령의 권한이다. 대통령이 필요하다고 판단할 경우에 임시국회의 소집을 요구할 수 있다(제47조). 대통령이 국회에 출석해서 발언하거나 서한으로 의견을 표시할 수 있는 것은 미국과 같다(제81조). 그런데 법률안 제출권(제52조)이나 법률안 거부권(제53조 2항)은 미국에는 없는 권한이다. 물론 법률안의 공포권은 원수로서의 형식적 권한이다(제53조). 법률은 특별한 규정이 없는 한 공포한 날로부터 20일이 경과함으로써 효력이 발생한다. 여기서 20일이란 기간은 주지 기간, 다시 말해 미리 알려주는 기간이다.

그 밖에 대통령은 대통령령을 발할 수 있다(제75조).

법원과 사법에 관한 권한

대통령은 대법원장과 대법관을 임명한다(제104조). 제헌헌법은 모든 법관에 대한 임명권을 대통령에게 부여했다. 그런데 대통령에 의한 임명이 사법부 인사의 독립성을 해한다고 해서 1960년 4·19혁명 후 제3차 개헌에서 대법원장과 대법관은 법관 자격자로 구성된 선거인단에서 선출하고 일반 법관은 대법관 회의의 의결에 따라 대법원장이 임명토록 했다. 그러나 이러한 아주 진보적인 인사제도는 시행되지도 못한 채 1961년 쿠데타가 발발했다.

1962년 군사정부 하의 헌법은 관변기구인 법관추천회의에서 대법원장과 대법원 판사를 추천해 대통령이 임명토록 하고 일반 법관은 대법원 판사회의 의결에 따라 대법원장이 임명토록 했다. 그러다가 유신헌법에서는 대통령이 국회의 동의를 받아 대법원장을 임명하고 일반 법관은 대법원장의 제청에 의하여 대통령이 임명토록 했다. 또 1980년의 제8차 개헌에서는 대법원 판사(대법관)는 대법원장의 제청으로 대통령이 임명하고 일반 법관은 대법원장이 임명토록 했다. 그리고 1987년 제9차 개헌의 현행 헌법에서는 대법원장은 종래대로 국회의 동의를 받아 임명하고 대법관은 대법원장의 제청으로 국회의 동의를 받아 임명한다(제104조 1항 및 2항). 이 최고법원의 법관 임명동의를 위한 인사청문회가 대통령의 사법 인사의 졸속 편파를 방지할 수 있을 것이다.

대통령이 사법에 대해 직접적으로 영향을 미치는 권한은 사면권의 행사이다(제79조). 그 밖에 대통령은 정부의 예산 편성을 통해 사법부 예산에 대해 관여하게 된다(제54조). 물론 재정적 면에서 사법권의 독립을 존중하는 선에서 영향을 미쳐야 할 것이다.

권한 행사의 방법과 통제

대통령은 위에서 든 것처럼 어떠한 국가기관보다 막강한 권한을 집중적으로 장악하고 이를 행사한다. 따라서 그 권한 행사가 적법하고 타당하도록 여러 견제 장치가 제도적으로 마련되어 있다. 우선 안보 사항은 안전보장회의의 자문을 거치듯이, 자문을 정하고 있는 사안은 반드시 자문을 거쳐야 한다. 그리고 대개 국정의 주요 사항의 처리는 반드시 국무회의의 심의를 거치도록 되어 있다(제89조). 그리고 국무회의의 심의를 거쳐서 하는 대통령의 국무처리는 반드시 문서로 하며, 총리와 관계 국무위원이 부서(部署)*하도록 했다(제82조). 따라서 문서에 의하지 아니한 국무처리와 부서가 없는 국무처리는 유효하지 않다. 위에 든 통제 이외에도 대통령의 권한 행사를 견제하는 국회의 동의나 승인제도, 대통령의 명령·규칙 처분에 대한 법원의 심사, 국민의 투표나 선거 및 정치적 비판과 여론 등이 있다. 평상시에 대통령의 권한 행사에 대한 감시·비판, 특히 정보 공개 요구를 통하여 국정에 대한 통제가 필요한 것이다.

국무회의와 국무총리 및 국무위원

헌법기관으로서의 국무회의와 총리 등

미국 연방헌법에는 내각에 관한 규정이 없다. 대통령이 각부 장관을 개별적으로 만나거나, 그때그때 몇 사람의 주요·관계 부서 장관을 소집해서 국무를 처리해도 상관이 없다. 따라서 내각의 의결권이 당초부터 없다. 이러한 미국의 제도와 달리 한국 헌법의 국무회의는 헌법기관으로서 제89조에 정한 대통령의 권한에 속하는 국정 사안은 반드시 심의·의결을 거쳐 처리하여야 한다.

국무총리는 대통령을 보좌하는 제1의 행정기관으로서 국회의 동의를 얻어 대통령이 임명한다. 이렇게 임명된 총리는 대통령을 보좌하며, 대통령의 명을 받아 행정 각부를 통할한다(제86조). 국무위원은 국무총리의 제청으로 임명한다. 국무위원은 국정에 관하여 대통령을 보좌하며, 국무회의의 구성원으로서 국정을 심의한다. 아울러 국무총리는 국무위원의 해임을 건의할 수 있다(제87조).

문제는 총리와 국무위원에 관한 제도가 헌법대로 운영되고 있는가 하는 것이다. 간판 총리·명망가 총리의 문제는 차치하고라도 총리의 국무위원에 대한 제청권과 해임 건의권이 실제로 시행되고 있는가 하는 문제만을 따져 보아도 미루어 짐작할 수 있다. 국무위원과 장관의 후보 명단을 들고 대통령에게 제청권을 행사해 본 국무총리가 몇이나 있었는지 알고 싶다.

정부의 중앙 행정을 담당하는 부서로서 행정 각부가 있다. 이 행정 각부의 장은 국무위원 중에서 총리의 제청으로 대통령이 임명한다(제94조). 총리와 각부 장관은 총리령 및 부령을 발할 권한을 가지며 각 부서의 장으로서 해당 부서의 행정조직을 통할하고 행정 집행을 지시·감독한다(제95조). 자세한 사항은 정부조직법이 정하고 있다(제96조).

감사원

감사원은 국가기관의 회계 검사와 공직자의 직무 비리에 대한 감찰을 하기 위한 기관으로, 대통령 소속 하의 독립 행정기관이다(제97조). 건국 초에는 심

계원(審計院)과 감찰위원회(監察委員會)를 설치했다가 이를 1962년 제5차 개헌에서 감사원으로 통합 개편했다.

감사원은 원장을 포함한 5인 이상 11인 이하의 감사위원으로 구성한다. 원장과 위원은 임기 4년으로 1차에 한해 중임할 수 있다(제98조). 감사원은 평소의 활동 이외에 세입 세출의 결산을 매년 검사하여 대통령과 차년도 국회에 그 결과를 보고하여야 한다(제99조).

한국 법제에서 사정·감찰의 역할을 하는 기관은 감사원 이외에 검찰, 경찰 및 안기부와 군 정보기관, 헌병 등이 있다. 이 중에서 감사원은 독립행정위원회의 관청이고, 헌법기관이며 위원의 신분이 보장된 특수 감찰기관이라는 점에 특징이 있다. 여기서는 다른 국가기관이 못하는 검사와 감찰을 함으로써 공직 기강을 바로세우고 부정을 척결하는 임무를 띠고 있다. 그런데 이 감사원도 군정 하에서는 이문옥 감사관의 직무상 비밀 누설로 인한 징계 파면 사건에서 볼 수 있듯이 재벌 관련 비리나 권력형 부정에 정면으로 도전하는 데 한계를 보여 왔다. 더욱이 '문민정부' 하에서는 감사원장이 정부 방침과 갈등을 빚어서 직을 물러나기도 했다.

4장 | 법원의 조직·권한과 헌법재판소의 역할

사법권의 귀속과 그 한계

국민의 사법부

'재판소와 감옥은 안 가는 게 상팔자'라는 말이 있다. 일제 식민지시대 이래 나라를 되찾았다는 지금까지도 서민들에게 법이란 무서운 것이고, 그 법을 집행하는 관청의 상징인 법원과 교도소는 아직도 식민지시대의 이름 그대로인 재판소와 감옥(속칭 가막소)으로 통한다. 일제의 재판소는 그들의 왕인 천황의 이름으로 재판을 했으니만큼 관료적이고 위압적이며 서민의 친근한 접근과는 거리가 먼 기관일 수밖에 없었다. 그런데 민주주의 시대라고 하는 지금도 마찬가지로 법원은 서민에게 다가서기 힘든 기관이다. 이런 국민의 의식은 일제시대의 잘못된 사법 전통에 군사정권 하의 독재가 보태진 결과라고 할 수 있다.

'사법 개혁'은 1993년 김영삼 정부 출범 후 가장 마지막으로 시도된 개혁이었다. 결국 당시의 대법원장까지 퇴진했지만 개혁은 일부 제도의 손질에 그치고 말아 다시 해결하지 못한 숙제로 남게 되었다. 당초부터 한국의 사법부는 식민지 사법 전통의 법령과 제도를 고스란히 이어받고 있었다. 영미처럼 시민이 참가하는 배심제도에 대해서 입도 뻥긋할 수 없었고, 일본의 검찰심사위원회 제도나 최고재판관의 국민심사제도는 소개조차 되지 않고 있었다. 그리고 법원 인사의 재야와의 교류도 차단하는 등 관료적 행정 실태는 답답하기만 했다. 이러한 납득하기 힘든 관행도 사법부 고유의 특성인 양 인식되어왔고 군정하에 깊숙하게 오염된 그 폐부는 더 이상 감출 수 없을 정도가 되었다. 당시 대법원장은 토지 투기가 말썽이 되어 퇴진하였으며, 군정 당시 대법원장 유태홍은 탄핵 발의까지 거론되었다. 군정 비판의 시대가 와도 군정 하에서 출세한 법관과 군정 하에서 정치재판을 한 판사들은 스스로 반성하여 퇴진하지 않고 시간 끌기와 침묵, 무관심으로 일관했다.

사법 개혁으로 문제가 된 현안들은 군정의 산물인 '정치 판사'의 문제와 출세 지향적 보직 우월주의, 문호폐쇄와 파벌주의, 인사와 관행의 관료주의, 전관예우 관행의 묵인과 판사가 변호사직으로 간판을 바꿔다는 폐습 등이다.[22] 이런 문제들을 해결하지 않고서는 국민의 사법부로 다시 태어날 수 없으며, 국민의 사법부로 신뢰받지 못하면 사법부의 권위는 세워질 수 없는 것이다. 권위가 서지 못하는 취약하고 떳떳치 못한 사법부는 제 구실을 할 수 없는 것 아닌가! 국민의 사법부가 되는 길은 먼 곳에 있지 않다. 사법부가 관료의 껍데기를 벗고 국민에게 봉사하며 자체 조직을 민주화하고 개방하여 시대의 요청에 부응하는 독립적 사법부가 되면 되는 것이다. 가장 우수한 인재를 모아 놓았다고

---

22. 법관으로서 체험한 사례를 통해 사법개혁의 문제를 제기한 전 법관 방희선의 회고록 『가지 않으면 길이 없다』(지성사, 1997)를 보면 관료주의, 권위주의, 연고 파벌주의, 실리주의적 타협 등이 문제가 되고 있음을 엿볼 수 있다.

하는 사법부가 권력의 시녀인 속물 관료 집단으로 전락해서야 되겠는가?

사법개혁은 김영삼과 김대중 시대 이래 계속 제기되어 지금에 이르러서는 사법개혁위원회에서 논의되고 있다. 최근에는 누가 어떠한 경로로 재판관이 되느냐 하는 문제, 즉 법관 양성과 인사제도로부터 재판에 대한 국민 참여인 배심제도와 사법 서비스의 향상에 이르기까지 중대한 현안들이 사법개혁의 문제로 새롭게 다루어지고 있다. 문제는 국민대중이 주체적으로 문제를 제기하고 논구하며 결정하지 않는 한 헛바퀴를 돌리게 된다는 것이다. 개혁의 대상이 개혁의 주체가 될 수는 없기 때문이다. 국민의 사법으로 해야만 법을 우리의 것으로 바로 세울 수 있다는 것은 근대 시민혁명의 가장 기본적인 교훈이 아닌가?

사법권의 귀속

〔제101조 1항〕 사법권은 법관으로 구성된 법원에 속한다.

여기서 **사법권**(司法權)*은 실질적으로 재판권을 의미하는 것으로 권리와 의무에 관한 다툼을 재결하는 법원 본래의 직무를 말한다. 그런데 사법부에는 이 재판권을 행사하기 위한 각종 권한이 부여되어 있어서 이를 포함하여 사법부에 속하는 권한은 모두 사법권으로 보는 것이다(형식설). 이러한 의미까지 포함해서 재판권을 중심축으로 사법권을 이해하면 된다.

그러면 구체적으로 사법권의 범위는 어떻게 정할 수 있을까?

우선 협의의 사법권으로서 민사재판, 형사재판, 행정재판, 선거 소송의 재판과 위헌 법률의 제청을 들 수 있다. 그리고 광의로는 비송사건을 비롯해서 법원의 규칙제정권과 사법행정권이 있다. 이 사법행정권은 실제로 법원을 운영하는 행정권이므로 각급 법원과 그 장 및 법원행정처를 단위로 한다.

사법권의 한계

사법권은 본래의 성질상 소극적이고 수동적인 면이 있다. 본래 재판이 제소가 있은 후에 법률을 적용하는 작용이기 때문이다. 여기서 사법권의 한계로 주로 문제 삼는 것은 재판권의 한계를 말한다. 재판권의 성질상 구체적인 다툼이 있어야 하고 그 구체적인 다툼이란 소의 이익이 있는 권리·의무에 관한 사항이어야 한다. 그리고 사법권은 법률관계에 의한 구체적 이익의 다툼으로서 법률 적용을 통해서 해결할 수 있는 사항을 다루는 것이다. 따라서 학문상 학설의 타당성 여부 같은 다툼은 재판의 대상이 될 수 없다. 마찬가지로 종교 교리에 대한 해석상의 다툼도 종교 고유의 독자적인 판단 영역에 맡겨야 할 사항이지 법원이 판단할 대상은 아니다.

또 재판은 정책적 한계를 가지고 있다. 행정부의 법률 집행 과정에서 행정부의 내부 지침에 속하는 훈시 규정이나 방침 등에 대해서는 그로써 권리·이익에 직접 영향을 미치지 않는 한은 따지지 않는다. 자유재량행위에 대해서도 행정기관의 판단의 여지를 법률이 인정하고 있기 때문에 재량권의 남용이나 일탈이 분명하고 지나칠 때에만 문제가 된다. 그렇지만 과거 독일제국 시대나 일제시대의 유산인 관료주의적 특별권력관계론에 따라 행정기관과 그 구성원 사이에 빚어진 법률문제를 재판에서 제외해서는 안 된다. 특히 '통치행위론' 또는 '정치문제'를 사법적 판단에서 제외시키는 문제가 있다. 예를 들어 한국의 계엄 선포행위에 대한 판례에서 통치행위론을 들어 사법적 판단을 기피한 판결은 앞에서 지적했듯이 문제가 있다. 한국 대법원이 통치행위를 인정한 최초의 판결인 계엄 선포의 위헌 여부나 그 효력 여부 문제의 판결 법리는 일본 최고재판소가 스나가와(砂川) 사건*의 판결에서 제시했던, 고도의 정치성을 띤 사안에 대해서는 '일견 극히 명백히 위헌 무효가 아닌 한' 사법 심사의 범위 밖에 있다고 하는 법리를 그대로 따르고 있다(일본 최고재판소 1959년 12월 16일파기환송 판결).

외교상의 문제나 정치적 문제로 국회나 다른 정치기구에서 판단하는 것이 적절하다고 인정되는 사항에 대해서는 사법부의 자제가 필요할 수 있다. 그렇지만 국민의 자유와 권리가 직접적으로 침해를 당하여 제소된 경우에 통치행위라고 해서 재판을 거부하는 것은 문제가 있다. 한국의 헌법재판소는 고도의 정치성을 띤 정치행위라 해도 인권침해와 직접적으로 관련되는 경우에는 당연히 심판 대상이 된다고 했다(헌법재판소 1996. 2. 93헌마186 전원재판부).

영미법에서 '정치문제'를 재판의 대상에서 제외하는 경우는 사법 판단이 적합하지 않은 것으로서 헌법 자체가 법원 이외의 정부기관의 결정에 명시적 또는 묵시적으로 위임하고 있거나, 법적 기준이 존재하지 않거나, 또는 문제가 고도로 정치적인 것일 때에 한한다. 미국 헌법 판례에서 구체적으로 '정치문제'라고 하여 사법 심사에서 제외되고 있는 사안을 보면 국내문제로는 국민발안과 국민투표의 공화정체와의 모순 여부 문제, 대외문제로는 전쟁의 개시와 종료, 영토의 관할, 조약의 해석 등의 문제가 있다. 결국 이 문제는 국민의 입장에서 기본적 인권이 직접 침해되었을 때는 재판을 통해 권리 구제가 보장되어야 한다는 관점에서 다루어져야 할 것이다.

끝으로 치외법권의 특권을 누리는 외교 사절이나 군대에 대해서는 사법권이 국제법상의 한계를 가진다. 외국 군대에 대해서는 조약과 그에 따른 행정 협정에서 이를 조정, 규정한다. 이때 조약에 대한 사법 심사나 헌법 재판이 문제되는데, 조약에 대해서는 국제법상의 효력을 심사할 수 없다. 다만 조약에 의거해서 국민의 권리와 의무의 문제가 발생하거나 인권이 문제되었을 때의 국내법적 효력에 대한 사법 판단은 할 수 있다고 본다.

법원의 조직과 권한

최고법원과 각급 법원

법원은 최고법원인 대법원과 각급 법원으로 조직한다(제101조). 대법원과 각급 법원의 조직은 법률로 정한다(제102조 3항). 이에 근거해서 제정된 법률이 법원조직법이다. 대법원에 부를 설치할 수 있고 대법관이 아닌 법관을 둘 수 있다(제102조 1항 및 2항). 민사재판과 형사재판 등은 3급 3심제의 재판제도이다. 행정소송재판은 고등법원을 1심 재판으로 하는 2심제였으나, 1998년 3월 1일 이후에 시행된 개정 행정소송법은 행정소송의 1심 관할법원을 지방법원급의 행정법원으로 변경하여 행정소송 3심제를 채택하였다. 선거 소송은 대법원이 관할한다. 그 밖에 특별법원으로 군사법원을 둔다(제110조).

법원의 권한

법원의 권한으로 가장 주요한 것이 재판권이다. 재판권 이외에는 법원규칙 제정권, 위헌제청권, 사법행정권 및 법정질서유지권 등이 있다. 헌법이 인정하는 유일한 특별법원인 군사법원의 재판에는 비상계엄 하의 단심재판(제110조 4항)이 인정되고 있고 군사법원의 상고심은 물론 대법원의 관할에 속한다.

사법권의 독립과 법관의 신분보장

독재와 군정 하에서 사법부의 공중분해

우리는 영국의 법의 지배를 말하면서 에드워드 코크의 '국왕은 최고이지만 신과 법 아래 있다'라는 말을 인용한다. 그러나 그가 국왕을 거역하였기 때문에 당한 박해와 고난에 찬 생애에 대해서는 별 관심이 없다. 어느 시대에나 법관이 자신의 소신대로 판결을 한다는 이면에는 그들의 용기와 희생이라는 대가가 반드시 치러져왔다는 것을 잊어서는 안 된다. 권력자는 항상 재판을 자신의 정치적 도구로 이용하려 했고, 법관은 늘 권력자나 기득권 세력과 대결하는 긴장 관계 속에서 살아간다. 재판의 세계는 정치의 세계와 달리 소극적이고 조용한 분위기인 것 같지만 그 내면을 보면 법관의 내면적 갈등과 외부에 대한 대결이라는 아주 첨예한 문제가 있다.

이승만 시대에 사법권의 독립에 관계된 사건으로 유명한 것은 이승만의 정치적 적수인 서민호에게 유리한 재판을 했던 안윤출 판사가 법관 재임명에서 탈락한 일이다. 이보다 더 노골적으로 문제가 표출된 사건은 1950년대 말 진보당 사건에서 조봉암에게 경한 벌을 선고한 유병진 판사에게 일어났다. 애국반공청년단이란 정체불명의 무리가 법원으로 쳐들어와 ''용공 판사' 유병진은 물러가라'라고 소란을 피워 유 판사가 피신을 하는 일이 벌어진 것이다. 당시 이승만은 인사권을 이용해 판사를 자기 뜻대로 조정하려고 한 것 같다. 다만 대법원장 김병로가 강직한 법관으로 자기 위치를 지켰기 때문에 함부로 하지 못한 것이다. 군정으로 세상이 변하면서 정보기관이나 군부의 압력이 판사에게 직접 미치는 일이 벌어지고, 군부에 복종하지 않는 판사의 치부를 정보 공작으로 폭로하는 일이 터지면서 1970년대에는 **사법 파동***까지 일어났다. 사법부에 가장 치명타를 가한 것은 1972년 유신헌법 제정 후 법관 임명 과정에서 진행되었던 일대 숙청 작업이다. 당시 정부에 영합하지 않는 판사는 대개 물러났다. 그 후 김재규 사건의 재판에 이르러 사법부는 제 기능을 완전히 잃었고 1980년대 법정에서는 '판사는 각성하라!' 라는 성토가 나올 정도로 시국 사건에서 판사와 재판에 대한 불신이 극에 달했다.

사법부에 가장 압력을 많이 가하는 것은 정치권력이고, 행정부나 국회의 다수당, 기득권 세력 모두 그 비호를 받는 세력이다. 군정 하에서는 정보기관의 압력과 공작이 가장 위협적인 것이었다. 그래서 제도적으로 법원의 독립이 보장되어 있다 해도 그것을 지키기 위해서는 법관 자신의 용기와 결단이 필요한 것이다. 제도는 제도를 지키는 사람의 노력과 투쟁이 없이는 가동하지 않기 때문이다. 지금 사법부의 법관은 그 사명감보다는 전문직 고소득 생활인이라는 면에서 더 선호되고 있다. 높은 봉급과 좋은 자리로의 승진, 편한 보직과 퇴임 후의 보장 등이 주된 관심사가 되고 있는 것이다. 그것은 군정 하의 의기소침과 법원의 위상 하락에도 원인이 있을 것이다. 그러나 정의를 수호하는 법의 파수꾼 역할은 그러한 안이한 분위기에서 이루어질 수 없다. 특히 인권을 보장하기 위해서는, 평범한 봉급생활자의 자세로는 긴장과 위험이 수반되는 권력과의 대결을 감당할 수 없다는 데 문제가 있다.

법관의 임명과 신분보장

〔제104조 1항〕 대법원장은 국회의 동의를 얻어 대통령이 임명한다.

〔제104조 2항〕 대법관은 대법원장의 제청으로 국회의 동의를 얻어 대통령이 임명한다.

〔제104조 3항〕 대법원장과 대법관이 아닌 법관은 대법관 회의의 동의를 얻어 대법원장이 임명한다.

〔제105조 1항〕 대법원장의 임기는 6년이며, 거듭해서 임명되지 못한다.

〔제105조 2항〕 대법관의 임기는 6년이며, 법률이 정하는 바에 따라 거듭해서 임명될 수 있다.

〔제105조 3항〕 대법원장과 대법관이 아닌 법관의 임기는 10년이며, 법률이 정하는 바에 따라 거듭해서 임명될 수 있다.

〔제105조 4항〕 법관이 그 직을 그만두는 나이는 법률로써 정한다.

여기서 법관의 임기에 대해 살펴보자.

미국의 연방 법관은 종신직이다. 우리는 대륙계 유형의 임기제로 신분보장의 문제가 발생할 수 있는데, 법관 퇴임 후 변호사로 개업하면서 '전관예우'라는 폐단이 생겼다. 더구나 변호사 개업에 유리하도록 법관 경력을 이용하는 일도 있다. 법관 경력자는 종신직이 아니라 해도 퇴직 후 연금으로 생활이 보장되므로 법정을 드나드는 직책이 아닌 다른 법률 전문직을 살려서 사회에 봉사하고 기여할 수 있도록 하는 것이 바람직하다. 변호사로서 법정에 드나들고 선·후배 관계나 전관의 예우 등이 사건의 수임에 영향을 끼치는 것은 우리 사회처럼 인맥이 중요시되고 연고가 작용하는 사회에서는 바람직하지 못하다.

법관의 신분은 정치적 외풍이나 사회적 압력으로부터 보장되어야 한다. 직무와 봉급의 물석 보장과 함께 징세 등에 의해 파면되지 않도록 하는 인적 보장이 그것이다. 이에 대한 헌법 규정은 다음과 같다.

〔제106조 1항〕 법관은 탄핵 또는 금고 이상의 형의 선고에 의하지 아니하고는 파면되지 아니하며, 징계처분에 의하지 아니하고는 정직·감봉 기타 불리한 처분을 받지 아니한다.

그리고 법관의 신분보장은 외부의 압력이나 간섭으로부터 지켜져야 하지만, 법원 내부의 감독권 행사나 인사 보직·승진에서도 공평성이 지켜져야 한다.

법관 독립의 핵심은 재판의 독립성에 있다.

〔제103조〕 법관은 헌법과 법률에 의하여 그 양심에 따라 독립하여 심판한다.

여기서 양심에 따른다는 것은 자신의 개인적 신조를 따른다는 것이 아니라 어떠한 외부적 압력에도 구애를 받지 않고 법을 준수한다는 직무상 윤리를 말한다.

법원도 국회로부터 국정감사와 조사를 받는다. 물론 이 경우에도 재판에 간섭하는 조사 활동을 해서는 안 된다. 그러나 양형이 현저하게 부당·불법하다든지 배후의 정실 개입, 법관 자신의 편향 재판이 문제가 되는 경우 최소한의 조사에 응할 수도 있다. 국정 조사에서 이미 선고된 판결의 양형에 대해 조사를 해서 문제가 된 외국의 사례도 있다.

재판 비판

재판은 원칙적으로 공개토록 했다(제109조). 재판을 공개하여 국민의 감시와 비판 하에 둠으로써 암흑재판, 비밀재판을 없애고 공정한 재판을 담보하자는 것이다. 재판의 비판이라고 함은 법리상의 판례평석 같은 전문적인 것 이외에도 비전문가나 사회 각계의 비평도 포함한다. 그러나 진행되려고 하거나 진행 중의 재판에 대한 '신문재판'이나 '여론몰이식 마녀재판' 또는 '텔레비전재판' 등은 재판에 대한 선입견을 줌으로써 공정성을 해치고, 재판 받는 피고인이나 재판 받을 피의자의 인권을 침해할 수 있다. 아울러 재판 비판은 예단이나 악의적 비방이 아닌 한에서 인정되어야 한다.

프랑스의 드레퓌스 사건*에서 에밀 졸라*의 공개 탄핵이나 미국의 **스코츠보로 흑인소년 사건***에서 인권단체의 규탄, 일본의 마츠가와(松川) 사건*에서 법에 문외한인 평론가의 비평이 얼마나 진실 규명에 이바지했는가는 말할 것도 없을 것이

경찰에 연행되는 스코츠보로 흑인 소년들(오른쪽)과 이들의 사형 선고에 항의하는 집회를 알리는 포스터(왼쪽)

다. 이들 재판 비판이 없었으면 사형으로 몰린 피고인의 운명은 어떻게 되었을지 예측할 수 없다. 드레퓌스 사건에서 유태인 출신 대위는 군사 간첩죄에 걸려 사형이나 무기형이 거의 확실했다. 스코츠보로 흑인 소년들은 강간죄로 사형이 선고되었다. 마츠가와 사건의 피고인은 열차 전복 살인죄로 이미 사형이 확정되어 가망이 없어 보였다. 그러나 그들은 무고한 사람들로서 재판이라는 성역에 대한 비판을 통해 풀려날 수 있었다.

사법부와 헌법재판제도

헌법의 보장

헌법은 권력을 법으로 억제함으로써 효력이 보장되는 법이기 때문에 헌법의 규제를 어기려는 권력자나 정치세력의 끊임없는 도전이 있게 마련이다. 이에 대해 국민의 헌법 의식과 수호 의지로 헌법을 지켜야 하지만, 실제로 헌법을 위반하는 사태가 발생할 경우에 법률 제도의 테두리 안에서 그것을 막고 바로 잡는 일이 중요하다. 여기서 헌법 수호의 제도 장치를 어떻게 마련하는가가 문제가 된다.

제헌 당시 1948년 헌법은 헌법위원회 제도를 두었다. 그러나 이 제도는 이 승만 정권 말기 『경향신문』 무기정간 취소 행정소송 사건에서 보인 무기력성 때문에 파산된다. 또 1960년 제3차 개헌에서 채택한 헌법재판소 제도는 구성도 해보지 못한 채 유실되어 버렸다. 그리고 1962년 제5차 개정헌법은 미국식 사법심사제도를 채택했다. 이 제도도 군정 하에서 사법부의 몰이해와 방관으로 거의 기능 마비 상태에 있다가 퇴장하고 유신헌법 하에서 헌법위원회가 재등장한다. 1980년의 제8차 개헌에서도 헌법위원회 제도를 두었으나 별로 성과를 거두지 못한 채, 1987년 제9차 개헌의 현행 헌법에서 독일식 헌법재판소 제도를 다시 도입했다.

법원의 위헌법률심사제청권

우리가 독일식 헌법재판소 제도를 채택하고 있다고는 하지만 사법부도 법의 적용인 재판 과정을 통해서 헌법을 보장하는 기능을 담당하고 있다. 명령·규칙 또는 처분이 헌법이나 법률에 위반되는지 여부가 재판의 전제가 된 경우에 대법원은 이를 최종적으로 심사할 권한을 가진다(제107조 2항). 즉 법원이 법률의 위헌 여부를 재판의 전제로 할 때에는 심사할 수 없지만 법률의 하위에 있는 규범에 대해서는 구체적인 규범 통제를 할 권한이 있다.

법률이 헌법에 위반되는지 여부가 재판의 전제가 된 경우에는 법원은 헌법 재판소에 제청하여 그 심판에 의하여 재판한다(제107조 1항). 이것이 법률의 위헌심사제청권이다. 헌법재판소와 함께 헌법 보장의 일역을 담당하는 것이다.

헌법재판소의 구성과 권한

헌법재판관은 법관의 자격이 있는 자 중에서 3인은 대통령이, 3인은 국회에서 선출한 자를 그리고 나머지 3인은 대법원장이 지명한 자를 대통령이 국회의 동의를 얻어 임명한다. 헌법재판소장도 국회의 동의로 대통령이 임명한다(제111조 2항 및 3항). 재판관은 정치활동이 금지되며 신분이 보장되고 임기는 6년이며 연임할 수 있다(제112조).

헌법재판소의 권한은 1) 법원의 제청에 의한 법률의 위헌 여부 심판, 2) 탄핵의 심판, 3) 정당의 해산 심판, 4) 국가기관 상호 간, 국가기관과 지방자치단체 간 및 지방자치단체 상호 간의 권한 쟁의에 관한 심판, 5) 법률이 정하는 헌법소원에 관한 심판 등이다.

헌법재판소의 재판부는 재판관 7인 이상의 출석으로 사건을 심리하고, 종국 심리에 관여한 재판관 과반수의 찬성으로 사건에 관한 결정을 한다. 다만 다음 각 호의 1에 해당하는 경우에는 재판관 6인 이상의 찬성이 있어야 한다.

> 1. 법률의 위헌 결정, 탄핵의 결정, 정당 해산의 결정 또는 헌법소원에 관한 인용 결정을 하는 경우
> 2. 종전에 헌법재판소가 판시한 헌법 또는 법률의 해석 적용에 관한 의견을 변경하는 경우
> (헌법 제113조 및 헌법재판소법 제23조)

헌법재판소에 대한 헌법소원은 국민으로서 권리를 구제받을 수 있는 중요한 제도이다. 공권력의 행사 또는 불행사로 인하여 헌법상 보장된 기본권을 침해받은 자는 법원의 재판을 통해 충분한 구제를 받지 못한 경우 헌법소원 심판 청구를 할 수 있다. 다만 다른 법률에 구제 절차가 있는 경우에는 그 절차를 모

두 거친 후가 아니면 청구할 수 없다(헌법재판소법 제68조).

헌법재판소의 전망

헌법재판소가 1987년 헌법에 성문화된 지 거의 20년에 이른다. 그동안 헌법재판소의 결정도 상당히 축적되었다. 처리한 건수가 수적으로 적지 않았기 때문이다. 일단 이 제도의 궤도 진입은 성공했다고 볼 수 있는데, 나는 개인적으로 국가보안법 제7조의 '한정합헌' 결정을 하던 때의 비관적인 생각을 떨쳐버릴 수 없다. 재판관의 자격과 인선요건, 절차 등 제반 여건을 볼 때 처음부터 엉성하고 위태롭게 꿰어맞춘 제도이기 때문이다.

헌법재판소는 정치적으로 민감하고 부담이 크다고 보는 사건은 즉시 처리하지 않고 미루어 시간을 끌고 있다. 개중에는 시간이 해결해 주는 것도 있고, 소원 당시의 열기가 식길 기다리기도 한다. 그리고 정치적 부담이 되는, 특히 기득권과 충돌하는 곤란한 사건을 어쩔 수 없이 결정해야 할 때에는 앞에서 말한 한정합헌 판결에서 보듯이 법기술과 법논리를 최대한 조작하여 무난한 결정으로 작품을 만든다. 헌법불합치니 하는 법리를 비롯해 동원 가능한 법리와 외국 사례를 있는 대로 갖다 붙인다. 그러한 외국 사례 수집은 전문 인력이 얼마든지 있고 자료도 대개 구비되어 있기 때문에 쉬운 일이다.

특히 2004년 3월 국회에 의한 대통령 탄핵 의결 이후 헌법재판의 진행과정을 통해서 제기된 몇 가지 문제점은 다음과 같다. 첫째, 헌법재판의 결정의 내용인 각 재판관의 의견이 공개되지 않은 것은 헌재의 무책임이고 재판관의 책임회피이다. 둘째, 대통령에 대한 탄핵 발의의 절차와 내용·요건에서, 국회의 변칙 처리 과정이 공지의 사실인데도 이에 대해 일체 언급하지 않았다. 셋째, 대통령의 위헌적 사실의 판단이 현실정치를 거의 초월한 환상에 가까운 이상론에 치우치고 있다. 넷째, 대통령의 정치적 이해와 판단까지도 위헌 위법으로 단정하는 해석론이 눈에 띈다. 이에 대해서는 앞으로 좀더 심층적 분석과 검토가 필요하다고 본다.

또 2004년 10월 21일 행정수도 법률에 대한 위헌 결정은 그 얼마 전 국가보안법을 옹호한 결정(2004.8.26. 및 2004.9.2.)과 맥을 같이 하는, 수구 기득권 이해를 반영한 것이다. 임명된 사법관료 몇 사람이 국민이 선거한 대의기관인 국회와 국가원수이고 행정 수반인 대통령이 결정·인정한 법안을 헌법 명문 근거도 없는 이른바 '관습헌법'이란 엉뚱한 근거로 뒤집어엎은 것은 그야말로 법치주의의 기본인 예측가능성을 유린하고 국민대표기관의 입법권을 침탈하는 폭거로서, 그 이론적 문제점을 자세하게 들 것도 없이 아주 잘못된 것이다.

헌법재판소 결정의 문제점은 헌법재판관이 헌법 자체에 소양이 없는데다가 주로 사법관료 출신으로 헌법 결정의 법리 구성을 헌법연구관에게 의존하는 데서부터 비롯된다. 특히 내가 가장 걱정스러워하는 것은 헌법재판관 중에 한 사람도 헌법 전문가가 없다는 것이다. 그야말로 헌법과는 인연이 없던 민·형사의 실무가로 구성되어 있다. 그리고 결정문은 재판관을 지원하는 연구관에게 맡겨서 외국 이론의 선례로 수식하여 작품을 만들어낸다. 결국 헌법재판소의 결정문 등 실적은 재판관이 아닌 연구관들의 실적물이고 창작품일 수 있다. 자기 스스로 결정문을 쓴 재판관은 거의 없다고 해도 과언이 아닐 것이다. 그들의 법적 사고방식이나 판단력으로 미루어볼 때 헌법적 문제에 대한 대응 논리를 기대한다는 것은 처음부터 무리인지 모른다.

이러한 사건의 지연과 정면 처리 회피, 법리의 유화적 조작 등이 축적되어서 방대한 체계를 이루어 갈수록, 그것이 헌법재판소의 창설 취지인 헌법 수호와 인권 보장 기능을 다하는 제도로 가동될 수 있을까 하는 불안한 의문이 가시지 않는다.[23] 헌법재판소가 헌법 수호의 기관으로 내실을 갖추는가의 여부는 이

---

23. 헌법재판소 재판관이었던 변정수의 회고록 『법조여정』(1997)을 보면 헌법재판소의 문제점을 자세히 엿볼 수 있다.

제까지도 관심거리였고 앞으로도 마찬가지이다. 대법원이나 고위층의 압력뿐만 아니라 헌법재판소 구성 자체부터 한계를 지니고 있지 않는가 하는 의문이 끊이지 않는다.

한국 법률문화의 일제 식민주의 오염은 이미 지적한 바 있다. 특히 사법개혁이 거의 외면된 채 반세기 이상을 지나온 사법부의 문제는 매우 심각하다. 특히 박정희, 전두환 신군부의 법문화에 오염되어온 주역이 자리 잡고 있는 고위직일수록 심하다. 결정의 주역이 누구고 재판관이란 사람의 헌법 인식 수준이 어느 정도인가 하는 점은 각인의 행적과 실적을 통한 검증을 통해서 알 만한 사람은 다 알고 있다. 이제는 이 제도 자체의 보완이나 개혁 자체가 진지하게 모색될 시기에 이르렀다.

5장 │ 민주정치의 초등학교, 지방자치

군사정권과 지방자치

1948년 제헌 당시부터 지방자치에 관한 장은 비록 조문은 2개조에 그쳤으나 별도로 설정되어 있었다. 헌법의 해설자들은 지방자치는 '민주주의의 초등학교'라고 누누이 강조, 역설하였다. 실제로 1950년대 이승만 정권 하에서도 지방선거를 했었다. 흰 두루마기에 중절모를 쓴 시골 유지가 후보 또는 운동원으로 마을을 누비고 다니던 것이나 선거 때면 예외 없이 벌어지게 마련인 막걸리 술잔치에 기웃거리던 것도 하나의 추억처럼 되고 있다.

그런데 어떻게 된 일인지 군사정권의 지배세력은 지방의원 선거나 단체장 선거를 싫어했다. 그래서 그들은 「지방자치에 관한 임시조치법」이라는 악법을 만들어 박정희가 피살된 후까지도 지방선거를 치르지 않았다. 1960년 4·19혁명 이후의 제3차 개헌에서는 시·읍·면장의 직선제를 명문화시키고 있지만,

그러한 단체장의 직선은 1961년 쿠데타로 끝을 맺게 된다. 1962년 헌법은 단체장 등 선임 모두를 법률에 위임한다고 정했다. 1972년 유신헌법에서는 부칙 제10조에서 "이 헌법에 의한 지방의회는 조국통일이 이루어질 때까지 구성하지 아니한다"라고 했다. 결국 금지한다는 것이다. 1980년 제8차 개헌의 부칙 제10조에서도 지방의회는 지방 재정 자립도에 따라 순차적으로 구성하되 그 시기는 법률로 정한다고 했다. 1987년 제9차 헌법에서도 법률에 위임하는 것은 마찬가지였으나 결국 지방자치의 대세를 막을 수는 없었다.

왜 군사정권의 지배자들은 지방자치를 꺼려했을까? 그들은 그 이유를 지방 재정의 자립 미숙으로 들고 있다. 그러나 지방 재정이 중앙정부의 보조 없이 이루어지는 나라는 아무 데도 없다. 꼭 재정 자립을 따지려면 세법을 고치면 된다. 그런 대안 없이 트집잡기식의 고집만 부리는 것은 결국 내 고장의 일부터 스스로 처리하기 시작하는 유권자가 두렵다는 것이다. 지방자치가 이루어지면 대통령 선거에서 군중 조작이나 전국적 관료 조직과 정보기관을 결합한 선거관리가 중앙집권체제보다 어렵게 된다. 그래서 군사정권 30여 년 동안 지방자치의 공백 상태가 이어진 것이다.

지방자치의 문제와 과제

〔제117조 1항〕 지방자치단체는 주민의 복리에 관한 사무를 처리하고 재산을 관리하며, 법령의 범위 안에서 자치에 관한 규정을 제정할 수 있다.

지방자치의 유형에 대한 설명으로 대륙계의 단체자치와 영미계의 주민자치를 든다. 헌법은 단체자치의 유형을 따르며 자치단체의 법령 범위 안에서 자치 입법권을 정하고 있다. 지방자치법에 따른 자치단체는 1) 특별시와 광역시 및 도, 2) 시와 군 및 구의 2종으로 되어 있다.

지방자치단체에는 의회를 둔다. 그 조직 등에 관한 사항은 지방자치법에 정해져 있다.

현행 지방자치법은 군사정권 하에서 자치 요구의 추세를 누를 수 없는 형세에 몰려 만들어졌다. 그래서 당초부터 지방의회 선거나 단체장의 선거가 자치 단체별로 구분되고 국회의원 선거와도 동떨어져 매년 또는 일 년 건너 한 번씩 선거를 치르게 되어 있다. 그러면서도 민주적인 주민투표의 제도는 빼버렸다. 일본은 1946년 헌법 자체의 지방자치의 장에서 이를 정했다. 즉 "하나의 지방 공공단체에만 적용되는 특별법은 법률이 정하는 바에 따라 그 지방 공공단체의 주민 투표에서 그 과반수의 동의를 얻지 못하면 국회는 이를 제정할 수 없다"(제96조)라고 한 것이다.

현재 지방의회와 자치단체의 장은 이미 선거에 의해서 뽑고 있다. 법률로는 그야말로 군정시대의 장애를 벗어나서 자치의 시대로 들어섰다. 교육 자치도 아울러 시행되고 있다. 그런데 30여 년의 자치 동면시대를 지내는 동안 지방의 정치기류는 개발독재의 사회 풍토에 물들어 버렸다. 지방의 유력자와 기득권 세력이 군정시대의 수혜자인 부동산 투기꾼이나 건설업자, 토호 그리고 박정권 이래의 새마을 지도자 등의 유신 잔재 세력으로 채워져 있는 실정이다. 군정 하의 중앙집권체제는 식민지 행정의 연장이 되었고 특정 지역을 차별하여 내국 식민지화하는 엄청난 결과를 자초했다. 또한 정경유착과 정치 풍토의 타락상이 시민에도 그대로 반영되어서 지방 정치의 민주주의 실현이라는 과제에 크나큰 걸림돌이 되고 있다.

19세기 말 미국의 뉴욕 시정은 지방의 보스와 깡패 조직이 장악하고 있었다. 공사 하나를 해도 부실과 부정이 성행했고 청소부 한 사람을 고용해도 뇌물을 받는 부패 고리가 30년 가깝게 지속되다가 결국 보다 못한 주민의 발분으로 선거에 의해 개혁이 되었다. 30년이 걸린 고난의 역정이었다. 1990년대 초 서울 주변의 지방 도시인 부천에서는 수십억 원의 세금 도둑이 폭로되어 일대 문제가 되었다. 지방 정치의 난맥과 지방 행정의 부패상의 일면이 빙산의 일각으로 조금 드러났을 뿐이다.

그동안 쌓인 부정과 부조리를 척결하는 것은 지방화 시대에 당면한 기본 과제가 되고 있다. 무엇보다 지방의 주민 스스로가 주인이 되어야 한다. 지방 사업으로부터 복지문제 등 전반이 지방의 정상배들에게는 이권의 먹이가 되고 있어 줄줄이 얽히는 부패 사슬을 폭로하고 단죄해야 하는 어려운 일에 부딪히게 된다. 먼저 주민이 조직화되고 지방 행정에 대한 알 권리를 행사하여 정보 공개로 행정의 투명성을 확보하여야 한다. 그리고 소비자의 권익, 노인의 복지, 청소년 사업, 교육의 자치와 사회교육의 육성, 공공시설의 설치와 관리의 효율화 등 할 일이 태산같이 많다. 이를 위해서는 세대별, 직업별, 이익집단별로 각계의 횡적 조직을 만들고 시민운동 조직과도 연대하여 주민의 복지와 권익을 위해 지방 정치의 틀을 잡아나가야 한다.

21세기의 헌법 정치를 말한다

인권 · 민주 · 평화의 헌법을 위해

정치적 시민과 우민정치 문화의 청산

토마스 만*은 나치 압제 하에 있는 독일인이 해방된 시민이 되기 위해서는 자유라는 말만 들어도 감격하는 열의와 의욕을 가져야 한다고 했다. 권위주의와 관료주의 정치의 대명사이던 독일이 패전의 폐허에서 당당한 시민이 되고 자주적 통일을 이룩해낸 것을 보면 참으로 감동적이 아닐 수 없다. 그들이 헌법을 만들며 '헌법에의 의지'를 강조한 것은 그럴 만한 이유가 있었다고 생각된다. 한편 같은 패전국이고 연합국의 후견으로 민주화 개혁을 시도했던 일본은 전쟁과 침략을 반성하지 않고 자기 국내의 정치에서도 다시 대동아공영권을 들먹이면서 반동으로 회귀하는 것을 보며 어쩌면 그렇게 대조적인가 하는 생각을 하게 된다. 그런데 우리를 더 가슴 아프게 하는 일은 우리가 일제 식민 통치의 산재를 친일세력과 함께 21세기까지 끌고 왔다는 것이다. 식민지적 노예 근성의 굴레가 그대로 남아 있고 우민정치의 바보놀이가 판을 치는 상태로는 더 이상의 발전은 기대할 수 없다.

구시대의 반민주적 노예근성을 타파하려는 정신운동, 사상운동이 1920년대

전후 중국에서 한창일 때 루쉰*은 「아큐정전」과 「광인일기」를 집필했다. 일제 하의 우리 문학에서 그에 비견할 만한 것으로 나는 최서해*의 「탈출기」와 심훈의 「상록수」를 꼽아본다. 이에 반해 이광수*의 「흙」의 감상성과 반민중성, 기만성은 역겹고, 그의 「민족개조론」의 반민족성에는 분노하게 된다. 우리는 그동안 너무나 감상주의에 빠져 있었고, 바르게 눈뜨지 못하고 있었다. 이것이 우민 조작의 좋은 환경을 마련해온 것은 아닐까?

20세기 후반에는 새로운 각성과 의식의 깨우침이 일기 시작하였다. 그러나 이런 의식들이 언론기업과 광고 조작에 의해 극단적으로 편향되고 상업화하면서 문제의식을 흐리게 하고, 아편과 같은 대중매체는 다시 기득권 세력을 위한 우민정치의 도구가 되고 있다. 이에 맞서 우리는 인간의 자존심을 회복해야만 한다. 이대로 우리의 권리와 자유를 도난당한 채 21세기를 살아갈 수는 없다.

우리는 자유와 복지를 실현하는 최저 조건으로 헌법이란 정치제도를 가지고 있다. 불완전하고 흠이 있는 헌법이지만 이것을 통해 자유와 복지의 조건을 조성해 주는 것부터 영악하게 이루어내야 하지 않겠는가?

21세기 헌법 정치에서는 권위주의, 관료주의, 군국주의, 정적 제거용 사이비 반공주의, 지역패권주의와 각종 파벌주의, 법률만능주의 등 법치를 무시하는 관치와 인치의 악습들을 과감히 청산해야 한다.

지구화된 정보사회와 환경문제의 시대를 사는 기본권

정보와 지식을 통제·조작당해온 우민시대를 끝내기 위해서는 정보 접근의 권리와 진실된 알 권리를 확보하고 코앞의 자기 이윤과 이익 때문에 환경을 파괴하는 기업과 개인의 범죄로부터 생존과 건강의 권리를 지켜내야 한다. 이 지구는 어느 부자의 것도 아니고 어느 세도가의 사유물도 될 수 없다. 또 21세기의 세상은 사람이 사람대접을 받고 사는 세상이 되어야 한다. 대중매체를 상업적 이윤 추구와 우민 조작에 내맡기는 무책임 또한 하루 빨리 종식되어야 한다.

형평성과 공정성이 관철되는 시장경제를 위해

소련과 동구체제의 붕괴와 해체가 자본주의 경제의 비윤리성과 부도덕성에 대한 면죄부인 양 오해하고 독점기업의 독식과 경제적 약자에 대한 방치가 사회 법칙인 양 착각하는 이들도 있다. 그러나 우리에게 시급한 것은 경제·사회적 정의의 회복이고 제3세계 국가의 입장에서 약자의 생존권 회복이 진지하게 모색되고 구상되며 실천되는 것이다. 노사관계의 개선은 가장 중대한 과제이고 노동기본권은 생존권의 기본임을 다시 확인해야 한다.

한국 헌정에서는 군사정권 반세기에 걸쳐 심어진 잘못된 부패구조를 바로잡는 일에서부터 시작되어야 한다.

평화와 민족의 자주적이고 평화적인 생존권

평화는 구호가 아니라 생존의 조건이다. 적절한 대책 없이 군비를 계속해서 부담하는 것이 어떠한 결과를 초래할지를 깨닫고 그러한 자기 소모전에서 인류가 벗어날 수 있도록 우리 모두 노력해야 하다. 남북문제도 어떤 획기적인 묘책보다 교류와 협력을 통한 이해를 거쳐 민족의 동질성을 자연스럽게 회복하고 확인할 수 있는 데까지 가야 한다. 우리는 평화적인 민족 자주권의 고수가 21세기의 근본과제임을 다시 확인하여야 한다. 아직까지도 국제정치에서는 강대국의 패권주의와 각국의 이기주의가 관철되고 있는 것이 현실이다. 나라 사이의 이해관계의 대립과 갈등에선 영원한 적도 벗도 없다. 필요에 따라 자기 이득과 생존을 모색할 뿐이다. 이 점을 망각한 맹목에 가까운 감상적 우방 의존론이나 특정국가에 대한 사대주의적 추종 내지 맹종은 시대착오적이다. 현재 우리는 국제관계에서 겨레의 평화적 생존권을 지켜야 할 절박한 시기를 다른 어느 시기보다 심각하게 겪고 있다. 우리 스스로 자주적으로 해내지 않으면 냉혹한 국제 정치 세력에 휩쓸려 또다시 피해자가 된다는 것을 알아야 한다.

민주와 통일을 위한 길로

우리 민족이 당면한 21세기의 최대 숙원 과제는 민주화와 민족통일의 과업이다. 우선 남과 북이 민주화되어야 통일의 여건이 마련된다. 또한 통일을 위한 남북교류가 이루어져야 경직된 대결, 긴장의 소모전이 줄어들고 민주화의 여건이 개선된다. 민주화와 통일은 서로 뗄 수 없는 둘이면서 하나이기도 한 우리 과제다.

무엇보다 비인간화되고 반민족적이며 반민주적인 구시대의 잔재를 청산해야 한다. 군사독재의 산물인 정보기관의 감시와 밀고가 일상화된 변태적 상처와 잔재, 기득권을 기정사실화하며 끈질지게 존속해온 수구 질서와 인권탄압의 과거 유물, 그리고 그러한 독재체제에 기생하며 살쪄서 명망가로 행세하는 무리들의 헛소리와 민주에 대한 노골적인 적대 반발―이 모두가 극복되어야 한다.

조지 오웰이 미래에 대해 경고한 『1984년』의 상황으로 몰고 가서는 안 될 일이다. 라스웰(Harold Dwight Lasswell)*이 경고했듯이 나라마다 '감옥화·병영화' 되는 위기를 냉정하게 돌아보아야 한다. 우리는 이미 군사독재의 계엄통치를 통해 병영화된 통제 사회를 체험하지 않았던가!

21세기의 헌법 정치를 바르게 세우는 일에는 우선 헌법과 정치, 역사를 바르게 아는 일이 선행되어야 한다. 그러한 의미에서 나는 부족하지만 독자에게 무엇인가 주려고 열과 성을 다해 대화를 나눈 것이다.

390

부록

大韓民國憲法

1987年 10月 29日
全文 改正 公布

時政府의 法統과 不義에 抗拒한 4·19民主理念을 계승하고, 祖國의 民主改革과 平和的 統一의 使命에 입각하여 正義·人道와 同胞愛로써 民族의 團結을 공고히 하고, 모든 社會的 弊習과 不義를 타파하며, 自律과 調和를 바탕으로 自由民主的 基本秩序를 더욱 확고히 하여 政治·經濟·社會·文化의 모든 領域에 있어서 各人의 機會를 균등히 하고, 能力을 最高度로 발휘하게 하며, 自由와 權利에 따르는 責任과 義務를 완수하게 하여, 안으로는 國民生活의 균등한 향상을 기하고 밖으로는 항구적인 世界平和와 人類共榮에 이바지함으로써 우리들과 우리들의 子孫의 安全과 自由와 幸福을 영원히 확보할 것을 다짐하면서 1948年 7月 12日에 制定되고 8次에 걸쳐 改正된 憲法을 이제 國會의 議決을 거쳐 國民投票에 改正한다.

1987年 10月 29日

前文

悠久한 歷史와 傳統에 빛나는 우리 大韓國民은 3·1運動으로 建立된 大韓民國臨

第1章 總綱

第1條 〔國號·政體·主權〕① 大韓民國은 民主共和國이다.

② 大韓民國의 主權은 國民에게 있고, 모든 權力은 國民으로부터 나온다.

第2條 〔國民의 要件·在外國民의 保護 義務〕 ① 大韓民國의 國民이 되는 요건은 法律로 정한다.

② 國家는 法律이 정하는 바에 의하여 在外國民을 보호할 義務를 지닌다.

第3條 〔領土〕 大韓民國의 領土는 韓半島와 그 附屬島嶼로 한다.

第4條 〔統一政策〕 大韓民國은 統一을 指向하며, 自由民主的 基本秩序에 입각한 平和的 統一政策을 수립하고 이를 추진한다.

第5條 〔侵略的 戰爭의 否認·國軍의 使命, 政治的 中立性〕 ① 大韓民國은 國際平和 유지에 노력하고 侵略的 戰爭을 否認한다.

② 國軍은 國家의 安全保障과 國土防衛의 神聖한 義務를 수행함을 使命으로 하며, 그 政治的 中立性은 준수된다.

第6條 〔條約·國際法規의 效力·外國人의 法的 地位〕 ① 憲法에 의하여 체결·公布된 條約과 一般的으로 승인된 國際法規는 國內法과 같은 效力을 가진다.

② 外國人은 國際法과 條約이 정하는 바에 의하여 그 地位가 보장된다.

第7條 〔公務員의 地位·責任·身分, 政治的 中立性〕 ① 公務員은 國民 全體에 대한 奉仕者이며, 國民에 대하여 責任을 진다.

② 公務員의 身分과 政治的 中立性은 法律이 정하는 바에 의하여 보장된다.

第8條 〔政黨〕 ① 政黨의 設立은 自由이며, 複數政黨制는 보장된다.

② 政黨은 그 目的·組織과 活動이 民主的이어야 하며, 國民의 政治的 意思 形成에 참여하는 데 필요한 組織을 가져야 한다.

③ 政黨은 法律이 정하는 바에 의하여 國家의 보호를 받으며, 國家는 法律이 정하는 바에 의하여 政黨運營에 필요한 資金을 補助할 수 있다.

④ 政黨의 目的이나 活動이 民主的 基本秩序에 違背될 때에는 政府는 憲法裁判所에 그 解散을 提訴할 수 있고, 政黨은 憲法裁判所의 審判에 의하여 解散된다.

第9條 〔傳統文化와 民族文化〕 國家는 傳統文化의 계승·발전과 民族文化의 暢達에 노력하여야 한다.

第2章 國民의 權利와 義務

第10條 〔人間의 尊嚴性과 基本人權保障〕 모든 國民은 人間으로서의 尊嚴과 價値를 가지며, 幸福을 追求할 權利를 가진다. 國家는 개인이 가지는 不可侵의 基本的 人權을 확인하고 이를 보장할 義務를 지닌다.

第11條 〔國民의 平等, 特殊階級制度의 否認, 榮典의 效力〕 ① 모든 國民은 法 앞에 平等하다. 누구든지 性別·宗敎 또는 社會的 身分에 의하여 政治的·經濟的·社會的·文化的 生活의 모든 領域에 있어서 차별을 받지 아니한다.

② 社會的 特殊階級의 制度는 인정되지 아니하며, 어떠한 形態로도 이를 創設할

수 없다.

③ 勳章 등의 榮典은 이를 받은 者에게만 效力이 있고, 어떤 特權도 이에 따르지 아니한다.

第12條 〔身體의 自由, 自由의 證據能力〕
① 모든 國民은 身體의 自由를 가진다. 누구든지 法律에 의하지 아니하고는 逮捕·拘束·押收·搜索 또는 審問을 받지 아니하며, 法律과 適法한 節次에 의하지 아니하고는 處罰·保安處分 또는 强制勞役을 받지 아니한다.

② 모든 國民은 拷問을 받지 아니하며, 刑事上 자기에게 不利한 陳述을 强要당하지 아니한다.

③ 逮捕·拘束·押收 또는 搜索을 할 때에는 適法한 節次에 따라 檢事의 申請에 의하여 法官이 발부한 令狀을 제시하여야 한다. 다만, 現行犯人인 경우와 長期 3年 이상의 刑에 해당하는 罪를 범하고 逃避 또는 證據湮滅의 염려가 있을 때에는 事後에 令狀을 請求할 수 있다.

④ 누구든지 逮捕 또는 拘束을 당한 때에는 즉시 辯護人의 助力을 받을 權利를 가진다. 다만, 刑事被告人이 스스로 辯護人을 구할 수 없을 때에는 法律이 정하는 바에 의하여 國家가 辯護人을 붙인다.

⑤ 누구든지 逮捕 또는 拘束의 이유와 辯護人의 助力을 받을 權利가 있음을 告知받지 아니하고는 逮捕 또는 拘束을 당하지 아니한다. 逮捕 또는 拘束을 당한 者의 家族 등 法律이 정하는 者에게는 그

이유와 日時·場所가 지체 없이 통지되어야 한다.

⑥ 누구든지 逮捕 또는 拘束을 당한 때에는 適否의 審査를 法院에 請求할 權利를 가진다.

⑦ 被告人의 自白이 拷問·暴行·脅迫·拘束의 부당한 長期化 또는 欺罔 기타의 방법에 의하여 自意로 陳述된 것이 아니라고 인정될 때 또는 正式裁判에 있어서 被告人의 自白이 그에게 不利한 유일한 증거일 때에는 이를 有罪의 증거로 삼거나 이를 이유로 處罰할 수 없다.

第13條 〔刑罰不遡及, 一事不再理, 遡及立法의 制限, 連坐制 禁止〕 ① 모든 國民은 行爲時의 法律에 의하여 犯罪를 구성하지 아니하는 행위로 訴追되지 아니하며, 동일한 犯罪에 대하여 거듭 處罰받지 아니한다.

② 모든 國民은 遡及立法에 의하여 參政權의 제한을 받거나 財産權을 剝奪당하지 아니한다.

③ 모든 國民은 자기의 행위가 아닌 親族의 행위로 인하여 불이익한 處遇를 받지 아니한다.

第14條 〔居住·移轉의 自由〕 모든 國民은 居住·移轉의 自由를 가진다.

第15條 〔職業選擇〕 모든 國民은 職業選擇의 自由를 가진다.

第16條 〔住居의 保障〕 모든 國民은 住居의 自由를 침해받지 아니한다. 住居에 대한 押收나 搜索을 할 때에는 檢事의 申請에 의하여 法官이 발부한 令狀을 제시하여야

한다.

第17條 〔私生活의 秘密과 自由〕 모든 國民은 私生活의 秘密과 自由를 침해받지 아니한다.

第18條 〔通信의 秘密〕 모든 國民은 通信의 秘密을 침해받지 아니한다.

第19條 〔良心의 自由〕 모든 國民은 良心의 自由를 가진다.

第20條 〔宗敎의 自由〕 ① 모든 國民은 宗敎의 自由를 가진다.

② 國敎는 인정되지 아니하며, 宗敎와 政治는 分離된다.

第21條 〔言論·出版·集會·結社의 自由 등, 言論·出版에 의한 被害賠償〕 ① 모든 國民은 言論·出版의 自由와 集會·結社의 自由를 가진다.

② 言論·出版에 대한 許可나 檢閱과 集會·結社에 대한 許可는 인정되지 아니한다.

③ 通信·放送의 施設基準과 新聞의 機能을 보장하기 위하여 필요한 사항은 法律로 정한다.

④ 言論·出版은 他人의 名譽나 權利 또는 公衆道德이나 社會倫理를 침해하여서는 아니된다. 言論·出版이 他人의 名譽나 權利를 침해한 때에는 被害者는 이에 대한 被害의 賠償을 請求할 수 있다.

第22條 〔學問·藝術의 自由와 著作權 등의 保護〕 ① 모든 國民은 學問과 藝術의 自由를 가진다.

② 著作者·發明家·科學技術者와 藝術家의 權利는 法律로써 보호한다.

第23條 〔財産權의 保障과 制限〕 ① 모든 國民의 財産權은 보장된다. 그 내용과 限界는 法律로 정한다.

② 財産權의 행사는 公共福利에 적합하도록 하여야 한다.

③ 公共必要에 의한 財産權의 收用·사용 또는 제한 및 그에 대한 補償은 法律로써 하되, 정당한 補償을 支給하여야 한다.

第24條 〔選擧權〕 모든 國民은 法律이 정하는 바에 의하여 選擧權을 가진다.

第25條 〔公務擔任權〕 모든 國民은 法律이 정하는 바에 의하여 公務擔任權을 가진다.

第26條 〔請願權〕 ① 모든 國民은 法律이 정하는 바에 의하여 國家機關에 文書로 請願할 權利를 가지다.

② 國家는 請願에 대하여 審査할 義務를 진다.

第27條 〔裁判을 받을 權利, 刑事被告人의 無罪推定 등〕 ① 모든 國民은 憲法과 法律이 정한 法官에 의하여 法律에 의한 裁判을 받을 權利를 가진다.

② 軍人 또는 軍務員이 아닌 國民은 大韓民國의 領域 안에서는 중대한 軍事上 機密·哨兵·哨所·有毒飮食物供給·捕虜·軍用物에 관한 罪中 法律이 정한 경우와 非常戒嚴이 宣布된 경우를 제외하고는 軍事法院의 裁判을 받지 아니한다.

③ 모든 國民은 신속한 裁判을 받을 權利를 가진다. 刑事被告人은 상당한 이유가 없는 한 지체 없이 公開裁判을 받을 權利를 가진다.

④ 刑事被告人은 有罪의 判決이 확정될 때까지는 無罪로 推定된다.

⑤ 刑事被害者는 法律이 정하는 바에 의하여 당해 事件의 裁判節次에서 陳述할 수 있다.

第28條 〔刑事補償〕 刑事被疑者 또는 刑事被告人으로서 拘禁되었던 者가 法律이 정하는 不起訴處分을 받거나 無罪判決을 받은 때에는 法律이 정하는 바에 의하여 國家에 정당한 補償을 請求할 수 있다.

第29條 〔公務員의 不法行爲와 賠償責任〕

① 公務員의 職務上 不法行爲로 損害를 받은 國民은 法律이 정하는 바에 의하여 國家 또는 公共團體에 정당한 賠償을 請求할 수 있다. 이 경우 公務員 자신의 責任은 免除되지 아니한다.

② 軍人·軍務員·警察公務員 기타 法律이 정하는 者가 戰鬪·訓練 등 職務執行과 관련하여 받은 損害에 대하여는 法律이 정하는 報償 외에 國家 또는 公共團體에 公務員의 職務上 不法行爲로 인한 賠償은 請求할 수 없다.

第30條 〔犯罪行爲로 인한 被害救助〕 他人의 犯罪行爲로 인하여 生命·身體에 대한 被害를 받은 國民은 法律이 정하는 바에 의하여 國家로부터 救助를 받을 수 있다.

第31條 〔敎育을 받을 權利·義務 등〕 ① 모든 國民은 能力에 따라 균등하게 敎育을 받을 權利를 가진다.

② 모든 國民은 그 보호하는 子女에게 적어도 初等敎育과 法律이 정하는 敎育을 받게 할 義務를 진다.

③ 義務敎育은 無償으로 한다.

④ 敎育의 自主性·專門性·政治的 中立性 및 大學의 自律性은 法律이 정하는 바에 의하여 보장된다.

⑤ 國家는 平生敎育을 振興하여야 한다.

⑥ 學校敎育 및 平生敎育을 포함한 敎育制度와 그 운영, 敎育財政 및 敎員의 地位에 관한 基本的인 사항은 法律로 정한다.

第32條 〔勤勞의 權利·義務등, 國家有功者의 機會優先〕 ① 모든 國民은 勤勞의 權利를 가진다. 國家는 社會的·經濟的 방법으로 勤勞者의 雇傭의 增進과 適正賃金의 보장에 노력하여야 하며, 法律이 정하는 바에 의하여 最低賃金制를 施行하여야 한다.

② 모든 國民은 勤勞의 義務를 진다. 國家는 勤勞의 義務의 내용과 조건을 民主主義原則에 따라 法律로 정한다.

③ 勤勞條件의 基準은 人間의 尊嚴性을 보장하도록 法律로 정한다.

④ 女子의 勤勞는 특별한 보호를 받으며, 雇傭·賃金 및 勤勞條件에 있어서 부당한 차별을 받지 아니한다.

⑤ 年少者의 勤勞는 특별한 보호를 받는다.

⑥ 國家有功者·傷痍軍警 및 戰歿軍警의 遺家族은 法律이 정하는 바에 의하여 優先的으로 勤勞의 機會를 부여받는다.

第33條 〔勤勞者의 團結權 등〕 ① 勤勞者는 勤勞條件의 향상을 위하여 自主的인 團結權·團體交涉權 및 團體行動權을 가진다.

② 公務員인 勤勞者는 法律이 정하는 者

에 한하여 團結權·團體交涉權 및 團體行動權을 가진다.

③ 法律이 정하는 主要防衛産業體에 종사하는 勤勞者의 團體行動權은 法律이 정하는 바에 의하여 이를 제한하거나 인정하지 아니할 수 있다.

第34條 〔社會保障 등〕① 모든 國民은 人間다운 生活을 할 權利를 가진다.

② 國家는 社會保障·社會福祉의 增進에 노력할 義務를 진다.

③ 國家는 女子의 福祉와 權益의 향상을 위하여 노력하여야 한다.

④ 國家는 老人과 靑少年의 福祉向上을 위한 政策을 실시할 義務를 진다.

⑤ 身體障?者 및 疾病·老齡 기타의 사유로 生活能力이 없는 國民은 法律이 정하는 바에 의하여 國家의 보호를 받는다.

⑥ 國家는 災害를 豫防하고 그 위험으로부터 國民을 보호하기 위하여 노력하여야 한다.

第35條 〔環境權 등〕① 모든 國民은 건강하고 快適한 環境에서 生活할 권리를 가지며, 國家와 國民은 環境保全을 위하여 노력하여야 한다.

② 環境權의 내용과 행사에 관하여는 法律로 정한다.

③ 國家는 住宅開發政策 등을 통하여 모든 國民이 快適한 住居生活을 할 수 있도록 노력하여야 한다.

第36條 〔婚姻과 家族生活, 母性保護, 國民保健〕① 婚姻과 家族生活은 개인의 尊嚴과 兩性의 平等을 기초로 成立되고 유지되어야 하며, 國家는 이를 보장한다.

② 國家는 母性의 보호를 위하여 노력하여야 한다.

③ 모든 國民은 保健에 관하여 國家의 보호를 받는다.

第37條 〔國民의 自由와 權利의 尊重·制限〕
① 國民의 自由와 權利는 憲法에 열거되지 아니한 이유로 輕視되지 아니한다.

② 國民의 모든 自由와 權利는 國家安全保障·秩序維持 또는 公共福利를 위하여 필요한 경우에 한하여 法律로써 제한할 수 있으며, 제한하는 경우에도 自由와 權利의 本質的인 내용을 침해할 수 없다.

第38條 〔納稅의 義務〕 모든 國民은 法律이 정하는 바에 의하여 納稅의 義務를 진다.

第39條 〔國防의 義務〕① 모든 國民은 法律이 정하는 바에 의하여 國防의 義務를 진다.

② 누구든지 兵役義務의 이행으로 인하여 불이익한 處遇를 받지 아니한다.

第3章 國會

第40條 〔立法權〕立法權은 國會에 속한다.
第41條 〔構成〕① 國會는 國民의 普通 平等·直接·秘密選擧에 의하여 選出된 國會議員으로 구성한다.

② 國會議員의 數는 法律로 정하되, 200人 이상으로 한다.

③ 國會議員의 選擧區와 比例代表制 기

타 選擧에 관한 사항은 法律로 정한다.

第42條 〔議員의 任期〕國會議員의 任期는 4年으로 한다.

第43條 〔議員의 兼職制限〕國會議員은 法律이 정하는 職을 겸할 수 없다.

第44條 〔議員의 不逮捕特權〕① 國會議員은 現行犯人인 경우를 제외하고는 會期中 國會의 同意없이 逮捕 또는 拘禁되지 아니한다.

② 國會議員이 會期전에 逮捕 또는 拘禁된 때에는 現行犯人이 아닌 한 國會의 요구가 있으면 會期중 釋放된다.

第45條 〔發言·表決의 院外免責〕國會議員은 國會에서 職務上 행한 發言과 表決에 관하여 國會 외에서 責任을 지지 아니한다.

第46條 〔議員의 義務〕① 國會議員은 淸廉의 義務가 있다.

② 國會議員은 國家利益을 우선하여 良心에 따라 職務를 행한다.

③ 國會議員은 그 地位를 濫用하여 國家·公共團體 또는 企業體와의 契約이나 그 處分에 의하여 財産上의 權利·利益 또는 職位를 취득하거나 他人을 위하여 그 취득을 알선할 수 없다.

第47條 〔定期會·臨時會〕① 國會의 定期會는 法律이 정하는 바에 의하여 매년 1回 集會되며, 國會의 臨時會는 大統領 또는 國會在籍議員 4分의 1이상의 요구에 의하여 集會된다.

② 定期會의 會期는 100日을, 臨時會의 會期는 30日을 초과할 수 없다.

③ 大統領이 臨時會의 集會를 요구할 때에는 期間과 集會要求의 이유를 명시하여야 한다.

第48條 〔議長·副議長〕國會는 議長 1人과 副議長 2人을 選出한다.

第49條 〔議決定足數와 議決方法〕國會는 憲法 또는 法律에 특별한 規定이 없는 한 在籍議員 過半數의 출석과 出席議員 過半數의 贊成으로 議決한다. 可否同數인 때에는 否決된 것으로 본다.

第50條 〔議事公開의 原則〕① 國會의 會議는 公開한다. 다만, 出席議員 過半數의 贊成이 있거나 議長이 國家의 安全保障을 위하여 필요하다고 인정할 때에는 公開하지 아니할 수 있다.

② 公開하지 아니한 會議 內容의 公表에 관하여는 法律이 정하는 바에 의한다.

第51條 〔議案의 次期繼續〕國會에 제출된 法律案 기타의 議案은 會期중에 議決되지 못한 이유로 폐기되지 아니한다. 다만, 國會議員의 任期가 만료된 때에는 그러하지 아니하다.

第52條 〔法律案提出權〕國會議員과 政府는 法律案을 제출할 수 있다.

第53條 〔法律의 公布, 大統領의 再議要求, 法律案의 確定·發效〕① 國會에서 議決된 法律案은 政府에 移送되어 15日 이내에 大統領이 公布한다.

② 法律案에 異議가 있을 때에는 大統領은 第1項의 期間 내에 異議書를 붙여 國

會로 還付하고, 그 再議를 요구할 수 있다. 國會의 閉會 중에도 또한 같다.

③ 大統領은 法律案의 일부에 대하여 또는 法律案을 修正하여 再議를 요구할 수 없다.

④ 再議의 요구가 있을 때에는 國會는 再議에 붙이고, 在籍議員 過半數의 출석과 出席議員 3分의 2이상의 贊成으로 前과 같은 議決을 하면 그 法律案은 法律로서 확정된다.

⑤ 大統領이 第1項의 期間 내에 公布나 再議의 요구를 하지 아니한 때에도 그 法律案은 法律로서 확정된다.

⑥ 大統領은 第4項과 第5項의 規定에 의하여 확정된 法律을 지체 없이 公布하여야 한다. 第5項에 의하여 法律이 확정된 후 또는 第4項에 의한 確定法律이 政府에 移送된 후 5日 이내에 大統領이 公布하지 아니할 때에는 國會議長이 이를 公布한다.

⑦ 法律은 특별한 規定이 없는 한 公布한 날로부터 20日을 경과함으로써 效力을 발생한다.

第54條 〔豫算案의 審議·確定, 議決期間 超過時의 措置〕① 國會는 國家의 豫算案을 審議·確定한다.

② 政府는 會計年度마다 豫算案을 編成하여 會計年度 開始 90日 전까지 國會에 제출하고, 國會는 會計年度 開始 30日 전까지 이를 議決하여야 한다.

③ 새로운 會計年度가 開始될 때까지 豫算案이 議決되지 못한 때에는 政府는 國會에서 豫算案이 議決될 때까지 다음의 目的을 위한 經費는 前年度 豫算에 準하여 執行할 수 있다.

1. 憲法이나 法律에 의하여 設置된 機關 또는 施設의 유지·운영

2. 法律上 支出義務의 이행

3. 이미 豫算으로 승인된 事業의 계속

第55條 〔繼續費·豫備費〕① 한 會計年度를 넘어 계속하여 支出할 필요가 있을 때에는 政府는 年限을 정하여 繼續費로서 國會의 議決을 얻어야 한다.

② 豫備費는 總額으로 國會의 議決을 얻어야 한다. 豫備費의 支出은 次期國會의 승인을 얻어야 한다.

第56條 〔追加更正豫算〕政府는 豫算에 變更을 加할 필요가 있을 때에는 追加更正豫算을 編成하여 國會에 제출할 수 있다.

第57條 〔支出豫算各項의 增額과 새 費目의 設置禁止〕國會는 政府의 同意없이 政府가 제출한 支出豫算各項의 金額을 增加하거나 새 費目을 設置할 수 없다.

第58條 〔國債募集 등에 대한 議決權〕國債를 募集하거나 豫算 외에 國家의 부담이 될 契約을 체결하려 할 때에는 政府는 미리 國會의 議決을 얻어야 한다.

第59條 〔租稅의 種目과 稅率〕租稅의 種目과 稅率은 法律로 정한다.

第60條 〔條約·宣戰布告 등에 관한 同意〕

① 國會는 相互援助 또는 安全保障에 관한 條約, 중요한 國際組織에 관한 條約,

友好通商航海條約, 主權의 制約에 관한 條約, 講和條約, 國家나 國民에게 중대한 財政的 부담을 지우는 條約 또는 立法事項에 관한 條約의 체결·批准에 대한 同意權을 가진다.

② 國會는 宣戰布告, 國軍의 外國에의 派遣 또는 外國軍隊의 大韓民國 領域 안에서의 駐留에 대한 同意權을 가진다.

第61條 〔國政에 관한 監査·調査權〕 ① 國會는 國政을 監査하거나 특정한 國定 事案에 대하여 調査할 수 있으며, 이에 필요한 書類의 提出 또는 證人의 출석과 證言이나 의견의 陳述을 요구할 수 있다.

② 國政監査 및 調査에 관한 節次 기타 필요한 사항은 法律로 정한다.

第62條 〔國務總理 등의 國會出席〕 ① 國務總理·國務委員 또는 政府委員은 國會나 그 委員會에 출석하여 國政處理狀況을 보고하거나 의견을 陳述하고 質問에 응답할 수 있다.

② 國會나 그 委員會의 요구가 있을 때에는 國務總理·國務委員 또는 政府委員은 출석·답변하여야 하며, 國務總理 또는 國務委員이 出席要求를 받은 때에는 國務委員 또는 政府委員으로 하여금 출석·답변하게 할 수 있다.

第63條 〔國務總理·國務委員解任建議權〕 ① 國會는 國務總理 또는 國務委員의 解任을 大統領에게 建議할 수 있다.

② 第1項의 解任建議는 國會在籍議員 3分의 1이상의 發議에 의하여 國會在籍議員 過半數의 贊成이 있어야 한다.

第64條 〔國會의 自律權〕 ① 國會는 法律에 저촉되지 아니하는 범위 안에서 議事와 內部規律에 관한 規則을 制定할 수 있다.

② 國會는 議員의 資格을 審查하며, 議員을 懲戒할 수 있다.

③ 議員을 除名하려면 國會在籍議員 3分의 2이상의 贊成이 있어야 한다.

④ 第2項과 第3項의 處分에 대하여는 法院에 提訴할 수 없다.

第65條 〔彈劾訴追權과 그 決定의 效力〕 ① 大統領·國務總理·國務委員·行政各部의 長·憲法裁判所 裁判官·法官·中央選擧管理委員會 委員·監査院長·監査委員 기타 法律이 정한 公務員이 그 職務執行에 이어서 憲法이나 法律을 違背한 때에는 國會는 彈劾의 訴追를 議決할 수 있다.

② 第1項의 彈劾訴追는 國會在籍議員 3分의 1이상의 發議가 있어야 하며, 그 議決은 國會在籍議員 過半數의 贊成이 있어야 한다. 다만, 大統領에 대한 彈劾訴追는 國會在籍議員 過半數의 發議와 國會在籍議員 3分의 2이상의 贊成이 있어야 한다.

③ 彈劾訴追의 議決을 받은 者는 彈劾審判이 있을 때까지 그 權限行使가 정지된다.

④ 彈劾決定은 公職으로부터 罷免함에 그친다. 그러나, 이에 의하여 民事上이나 刑事上의 責任이 免除되지는 아니한다.

第4章 政府

第1節 大統領

第66條 〔大統領의 地位·責務·行政權〕 ① 大統領은 國家의 元首이며, 外國에 대하여 國家를 代表한다.

② 大統領은 國家의 獨立·領土의 保全·國家의 繼續性과 憲法을 守護할 責任을 진다.

③ 大統領은 祖國의 平和的 統一을 위한 성실한 義務를 진다.

④ 行政權은 大統領을 首班으로 하는 政府에 속한다.

第67條 〔大統領의 選擧·被選擧權〕 ① 大統領은 國民의 普通·平等·直接·秘密選擧에 의하여 選出한다.

② 第1項의 選擧에 있어서 最高得票者가 2人 이상인 때에는 國會의 在籍議員 過半數가 출석한 公開會議에서 多數票를 얻은 者를 當選者로 한다.

③ 大統領候補者가 1人일 때에는 그 得票數가 選擧權者 總數의 3分의 1이상이 아니면 大統領으로 當選될 수 없다.

④ 大統領으로 選擧될 수 있는 者는 國會議員의 被選擧權이 있고 選擧日 현재 40歲에 達하여야 한다.

⑤ 大統領의 選擧에 관한 사항은 法律로 정한다.

第68條 〔大統領選擧의 時期·補闕〕 ① 大統領의 任期가 만료되는 때에는 任期 滿了 70日 내지 40日 전에 後任者를 選擧한다.

② 大統領이 闕位된 때 또는 大統領 當選者가 死亡하거나 判決 기타의 사유로 그 資格을 喪失한 때에는 60日 이내에 後任者를 選擧한다.

第69條 〔大統領의 就任宣誓〕 大統領은 就任에 즈음하여 다음의 宣誓를 한다.

"나는 憲法을 준수하고 國家를 保衛하며 祖國의 平和的 統一과 國民의 自由와 福利의 增進 및 民族文化의 暢達에 노력하여 大統領으로서의 職責을 성실히 수행할 것을 國民 앞에 엄숙히 宣誓합니다."

第70條 〔大統領의 任期〕 大統領의 任期는 5年으로 하며, 重任할 수 없다.

第71條 〔大統領權限代行〕 大統領이 闕位되거나 事故로 인하여 職務를 수행할 수 없을 때에는 國務總理, 法律이 정한 國務委員의 順序로 그 權限을 代行한다.

第72條 〔重要政策의 國民投票〕 大統領은 필요하다고 인정할 때에는 外交·國防·統一 기타 國家安危에 관한 重要政策을 國民投票에 붙일 수 있다.

第73條 〔外交·宣戰講和權〕 大統領은 條約을 체결·批准하고, 外交使節을 信任·접수 또는 派遣하며, 宣戰布告와 講和를 한다.

第74條 〔國軍統帥權 등〕 ① 大統領은 憲法과 法律이 정하는 바에 의하여 國軍을 統帥한다.

② 國軍의 組織과 編成은 法律로 정한다.

第75條 〔大統領令〕 大統領은 法律에서 구체적으로 범위를 정하여 委任받은 사항과

法律을 執行하기 위하여 필요한 사항에 관하여 大統領令을 발할 수 있다.

第76條 〔緊急處分·命令權〕① 大統領은 內憂·外患·天災·地變 또는 중대한 財政·經濟上의 危機에 있어서 國家의 安全保障 또는 公共의 安寧秩序를 유지하기 위하여 긴급한 措置가 필요하고 國會의 集會를 기다릴 여유가 없을 때에 한하여 최소한으로 필요한 財政·經濟上의 處分을 하거나 이에 관하여 法律의 效力을 가지는 命令을 발할 수 있다.

② 大統領은 國家의 安危에 관계되는 중대한 交戰狀態에 있어서 國家를 保衛하기 위하여 긴급한 措置가 필요하고 國會의 集會가 불가능한 때에 한하여 法律의 效力을 가지는 命令을 발할 수 있다.

③ 大統領은 第1項과 第2項의 處分 또는 命令을 한 때에는 지체 없이 國會에 보고하여 그 승인을 얻어야 한다.

④ 第3項의 승인을 얻지 못한 때에는 그 處分 또는 命令은 그때부터 效力을 喪失한다. 이 경우 그 命令에 의하여 改正 또는 廢止되었던 法律은 그 命令이 승인을 얻지 못한 때부터 당연히 效力을 회복한다.

⑤ 大統領은 第3項과 第4項의 사유를 지체없이 公布하여야 한다.

第77條 〔戒嚴宣布 등〕① 大統領은 戰時·事變 또는 이에 준하는 國家 非常事態에 있어서 兵力으로써 軍事上의 필요에 응하거나 公共의 安寧秩序를 유지할 필요가 있을 때에는 法律이 정하는 바에 의하여 戒嚴을 宣布할 수 있다.

② 戒嚴은 非常戒嚴과 警備戒嚴으로 한다.

③ 非常戒嚴이 宣布된 때에는 法律이 정하는 바에 의하여 令狀制度, 言論·出版·集會·結社의 自由, 政府나 法院의 權限에 관하여 특별한 措置를 할 수 있다.

④ 戒嚴을 宣布한 때에는 大統領은 지체없이 國會에 통고하여야 한다.

⑤ 國會가 在籍議員 過半數의 贊成으로 戒嚴의 解除를 요구한 때에는 大統領은 이를 解除하여야 한다.

第78條 〔公務員任免權〕 大統領은 憲法과 法律이 정하는 바에 의하여 公務員을 任免한다.

第79條 〔赦免權〕① 大統領은 法律이 정하는 바에 의하여 赦免·減刑 또는 復權을 명할 수 있다.

② 一般赦免을 命하려면 國會의 同意를 얻어야 한다.

③ 赦免·減刑 및 復權에 관한 事項은 法律로 정한다.

第80條 〔榮典授與權〕 大統領은 法律이 정하는 바에 의하여 勳章 기타의 榮典을 수여한다.

第81條 〔國會에 대한 意思表示〕 大統領은 國會에 출석하여 發言하거나 書翰으로 의견을 표시할 수 있다.

第82條 〔國法上 行爲의 要件〕 大統領의 國法上 행위는 文書로써 하며, 이 文書에는 國務總理와 관계 國務委員이 副署한다. 軍事에 관한 것도 또한 같다.

第83條 〔兼職禁止〕 大統領은 國務總理·國務委員·行政各部의 長 기타 法律이 정하는 公私의 職을 겸할 수 없다.

第84條 〔刑事上 特權〕 大統領은 內亂 또는 外患의 罪를 범한 경우를 제외하고는 在職中 刑事上의 訴追를 받지 아니한다.

第85條 〔前職大統領의 身分과 禮遇〕 前職大統領의 身分과 禮遇에 관하여는 法律로 정한다.

第2節 行政府

第1款 國務總理와 國務委員

第86條 〔國務總理〕 ① 國務總理는 國會의 同意를 얻어 大統領이 任命한다.

② 國務總理는 大統領을 補佐하며, 行政에 관하여 大統領의 命을 받아 行政各部를 統轄한다.

③ 軍人은 現役을 免한 후가 아니면 國務總理로 任命될 수 없다.

第87條 〔國務委員〕 ① 國務委員은 國務總理의 提請으로 大統領이 任命한다.

② 國務委員은 國政에 관하여 大統領을 補佐하며, 國務會議의 構成員으로서 國政을 審議한다.

③ 國務總理는 國務委員의 解任을 大統領에게 建議할 수 있다.

④ 軍人은 現役을 免한 후가 아니면 國務委員으로 任命될 수 없다.

第2款 國務會議

第88條 〔權限, 構成〕 ① 國務會議는 政府의 權限에 속하는 중요한 政策을 審議한다.

② 國務會議는 大統領·國務總理와 15人 이상 30人 이하의 國務委員으로 구성한다.

③ 大統領은 國務會議의 議長이 되고, 國務總理는 副議長이 된다.

第89條 〔審議事項〕 다음 사항은 國務會議의 審議를 거쳐야 한다.

1. 國政의 基本計劃과 政府의 一般政策
2. 宣戰·講和 기타 중요한 對外政策
3. 憲法改正案·國民投票案·條約案·法律案 및 大統領令案
4. 豫算案·決算·國有財産處分의 基本計劃·國家의 부담이 될 條約 기타 財政에 관한 중요사항
5. 大統領의 緊急命令·緊急財政經濟處分 및 命令 또는 戒嚴과 그 解除
6. 軍事에 관한 중요사항
7. 國會의 臨時會 集會의 요구
8. 榮典授與
9. 赦免·減刑과 復權
10. 行政各部間의 權限의 劃定
11. 政府 안의 權限의 委任 또는 配定에 관한 基本計劃
12. 國政處理狀況의 評價·分析
13. 行政各部의 중요한 政策의 樹立과 調整
14. 政黨解散의 提訴
15. 政府에 제출 또는 회부된 政府의 政策

에 관계되는 請願의 審査

16. 檢察總長·合同參謀議長·各軍參謀
總長·國立大學校總長·大使 기타 法律이
정한 公務員과 國營企業體管理者의 任命

17. 기타 大統領·國務總理 또는 國務委
員이 제출한 사항

第90條 〔國家元老諮問會議〕 ① 國政의 중요
한 사항에 관한 大統領의 諮問에 응하기
위하여 國家元老로 구성되는 國家元老諮
問會議를 둘 수 있다.

② 國家元老諮問會議의 議長은 直前大統
領이 된다. 다만, 直前大統領이 없을 때에
는 大統領이 指名한다.

③ 國家元老諮問會議의 組織·職務範圍
기타 필요한 사항은 法律로 정한다.

第91條 〔國家安全保障會議〕 ① 國家安全保
障에 관련되는 對外政策·軍事政策과 國
內政策의 수립에 관하여 國務會議의 審議
에 앞서 大統領의 諮問에 응하기 위하여
國家安全保障會議를 둔다.

② 國家安全保障會議는 大統領이 主宰
한다.

③ 國家安全保障會議의 組織·職務範圍
기타 필요한 사항은 法律로 정한다.

第92條 〔民主平和統一諮問會議〕 ① 平和統
一政策의 수립에 관한 大統領의 諮問에
응하기 위하여 民主平和統一諮問會議를
둘 수 있다.

② 民主平和統一諮問會議의 組織·職務
範圍 기타 필요한 사항은 法律로 정한다.

第93條 〔國民經濟諮問會議〕 ① 國民經濟의

발전을 위한 重要政策의 수립에 관하여
大統領의 諮問에 응하기 위하여 國民經濟
諮問會議를 둘 수 있다.

② 國民經濟諮問會議의 組織·職務範圍
기타 필요한 사항은 法律로 정한다.

第3款 行政各部

第94條 〔各部의 長〕 行政各部의 長은 國務
委員 중에서 國務總理의 提請으로 大統領
이 任命한다.

第95條 〔總理令, 部令〕 國務總理 또는 行
政各部의 長은 所管事務에 관하여 法律이
나 大統領令의 委任 또는 職權으로 總理
令 또는 部令을 발할 수 있다.

第96條 〔各部의 組織·職務〕 行政各部의 設
置·組織과 職務範圍는 法律로 정한다.

第4款 監査院

第97條 〔職務와 所屬〕 國家의 歲入·歲出
의 決算, 國家 및 法律이 정한 團體의 會
計檢查와 行政機關 및 公務員의 職務에
관한 監察을 하기 위하여 大統領 所屬下
에 監査院을 둔다.

第98條 〔構成〕 ① 監査院은 院長을 포함
한 5人 이상 11人 이하의 監査委員으로
구성한다.

② 院長은 國會의 同意를 얻어 大統領이
任命하고, 그 任期는 4年으로 하며, 1次에
한하여 重任할 수 있다.

③ 監査委員은 院長의 提請으로 大統領이 任命하고, 그 任期는 4年으로 하며, 1次에 한하여 重任할 수 있다.

第99條 〔檢査와 報告〕 監査院은 歲入·歲出의 決算을 매년 檢査하여 大統領과 次年度國會에 그 결과를 보고하여야 한다.

第100條 〔組織·職務範圍 등〕 監査院의 組織·職務範圍·監査委員의 資格·監査對象公務員의 범위 기타 필요한 사항은 法律로 정한다.

第5章 法院

第101條 〔司法權·法院의 組織·法官의 資格〕
① 司法權은 法官으로 구성된 法院에 속한다.

② 法院은 最高法院인 大法院과 各級法院으로 組織된다.

③ 法官의 資格은 法律로 정한다.

第102條 〔大法院〕 ① 大法院에 部를 둘 수 있다.

② 大法院에 大法官을 둔다. 다만, 法律이 정하는 바에 의하여 大法官이 아닌 法官을 둘 수 있다.

③ 大法院과 各級法院의 組織은 法律로 정한다.

第103條 〔法官의 獨立〕 法官은 憲法과 法律에 의하여 그 良心에 따라 獨立하여 審判한다.

第104條 〔大法院長·大法官의 任命〕 ① 大法院長은 國會의 同意를 얻어 大統領이 任命한다.

② 大法官은 大法院長의 提請으로 國會의 同意를 얻어 大統領이 任命한다.

③ 大法院長과 大法官이 아닌 法官은 大法官會議의 同意를 얻어 大法院長이 任命한다.

第105條 〔法官의 任期·連任·停年〕 ①大法院長의 任期는 6年으로 하며, 重任할 수 없다.

② 大法官의 任期는 6年으로 하며, 法律이 정하는 바에 의하여 連任할 수 있다.

③ 大法院長과 大法官이 아닌 法官의 任期는 10年으로 하며, 法律이 정하는 바에 의하여 連任할 수 있다.

④ 法官의 停年은 法律로 정한다.

第106條 〔法官의 身分保障〕 ① 法官은 彈劾 또는 禁錮 이상의 刑의 宣告에 의하지 아니하고는 罷免되지 아니하며, 懲戒處分에 의하지 아니하고는 停職·減俸 기타 不利한 處分을 받지 아니한다.

② 法官이 중대한 心身上의 障害로 職務를 수행할 수 없을 때에는 法律이 정하는 바에 의하여 退職하게 할 수 있다.

第107條 〔法律등 違憲提請·審査權·行政審判〕 ① 法律이 憲法에 위반되는 여부가 裁判의 前提가 된 경우에는 法院은 憲法裁判所에 提請하여 그 審判에 의하여 裁判한다.

② 命令·規則 또는 處分이 憲法이나 法律에 위반되는 여부가 裁判의 前提가 된 경우에는 大法院은 이를 最終的으로 審査할

權限을 가진다.

③ 裁判의 前審節次로서 行政審判을 할 수 있다. 行政審判의 節次는 法律로 정하되, 司法節次가 準用되어야 한다.

第108條 〔大法院의 規則制定權〕大法院은 法律에 저촉되지 아니하는 범위 안에서 訴訟에 관한 節次, 法院의 內部規律과 事務處理에 관한 規則을 制定할 수 있다.

第109條 〔裁判公開의 原則〕裁判의 審理와 判決은 公開한다. 다만, 審理는 國家의 安全保障 또는 安寧秩序를 방해하거나 善良한 風俗을 해할 염려가 있을 때에는 法院의 決定으로 公開하지 아니할 수 있다.

第110條 〔軍事裁判〕① 軍事裁判을 관할하기 위하여 特別法院으로서 軍事法院을 둘 수 있다.

② 軍事法院의 上告審은 大法院에서 관할한다.

③ 軍事法院의 組織·權限 및 裁判官의 資格은 法律로 정한다.

④ 非常戒嚴下의 軍事裁判은 軍人·軍務員의 犯罪나 軍事에 관한 間諜罪의 경우와 哨兵·哨所·有毒飮食物供給·捕虜에 관한 죄 중 法律이 정한 경우에 한하여 單審으로 할 수 있다. 다만, 死刑을 宣告한 경우에는 그러하지 아니하다.

第6章 憲法裁判所

第111條 〔管掌과 構成 등〕① 憲法裁判所는 다음 사항을 管掌한다.

1. 法院의 提請에 의한 法律의 違憲與否 審判

2. 彈劾의 審判

3. 政黨의 解散 審判

4. 國家機關 相互間, 國家機關과 地方自治團體間 및 地方自治團體 相互間의 權限爭議에 관한 심판

5. 法律이 정하는 憲法訴願에 관한 審判

② 憲法裁判所는 法官의 資格을 가진 9人의 裁判官으로 구성되며, 裁判官은 大統領이 任命한다.

③ 第2項의 裁判官 중 3人은 國會에서 選出하는 者를, 3人은 大法院長이 指名하는 者를 任命한다.

④ 憲法裁判所의 長은 國會의 同意를 얻어 裁判官 중에서 大統領이 任命한다.

第112條 〔裁判官의 任期와 政治關與 禁止·身分保障〕① 憲法裁判所 裁判官의 任期는 6年으로 하며, 法律이 정하는 바에 의하여 連任할 수 있다.

② 憲法裁判所 裁判官은 政黨에 加入하거나 政治에 관여할 수 없다.

③ 憲法裁判所 裁判官은 彈劾 또는 禁錮 이상의 刑의 宣告에 의하지 아니하고는 罷免되지 아니한다.

第113條 〔決定定足數·組織運營〕① 憲法裁判所에서 法律의 違憲決定, 彈劾의 決定, 政黨解散의 決定 또는 憲法訴願에 관한 認容決定을 할 때에는 裁判官 6人 이상의 贊成이 있어야 한다.

② 憲法裁判所는 法律에 저촉되지 아니하

는 범위 안에서 審判에 관한 節次, 內部規律과 事務處理에 관한 規則을 制定할 수 있다.

③ 憲法裁判所의 組織과 운영 기타 필요한 사항은 法律로 정한다.

第7章 選擧管理

第114條 〔選擧管理委員會〕① 選擧와 國民投票의 공정한 管理 및 政黨에 관한 事務를 처리하기 위하여 選擧管理委員會를 둔다.

② 中央選擧管理委員會는 大統領이 任命하는 3人, 國會에서 選出하는 3人과 大法院長이 指名하는 3人의 委員으로 구성한다. 委員長은 委員 중에서 互選한다.

③ 委員의 任期는 6年으로 한다.

④ 委員은 政黨에 加入하거나 政治에 관여할 수 없다.

⑤ 委員은 彈劾 또는 禁錮 이상의 刑의 宣告에 의하지 아니하고는 罷免되지 아니한다.

⑥ 中央選擧管理委員會는 法令의 범위 안에서 選擧管理·國民投票管理 또는 政黨事務에 관한 規則을 制定할 수 있으며, 法律에 저촉되지 아니하는 범위 안에서 內部規律에 관한 規則을 制定할 수 있다.

⑦ 各級 選擧管理委員會의 組織·職務範圍 기타 필요한 사항은 法律로 정한다.

第115條 〔選擧管理委員會의 對行政機關指示權〕① 各級 選擧管理委員會는 選擧人名簿의 작성 등 選擧事務와 國民投票事務에 관하여 관계 行政機關에 필요한 指示를 할 수 있다.

② 第1項의 指示를 받은 당해 行政機關은 이에 응하여야 한다.

第116條 〔選擧運動·選擧經費〕① 選擧運動은 各級 選擧管理委員會의 管理下에 法律이 정하는 범위 안에서 하되, 균등한 機會가 보장되어야 한다.

② 選擧에 관한 經費는 法律이 정하는 경우를 제외하고는 政黨 또는 候補者에게 부담시킬 수 없다.

第8章 地方自治

第117條 〔自治權, 自治團體의 種類〕① 地方自治團體는 住民의 福利에 관한 事務를 처리하고 財産을 관리하며, 法令의 범위 안에서 自治에 관한 規定을 制定할 수 있다.

② 地方自治團體의 종류는 法律로 정한다.

第118條 〔自治團體의 組織·運營〕① 地方自治團體에 議會를 둔다.

② 地方議會의 組織·權限·議員選擧와 地方自治團體의 長의 選任方法 기타 地方自治團體의 組織과 운영에 관한 사항은 法律로 정한다.

第9章 經濟

第119條 〔經濟秩序의 基本·經濟의 規制·調整〕① 大韓民國의 經濟秩序는 개인과 企

業의 經濟上의 自由와 創意를 존중함을 基本으로 한다.

② 國家는 균형 있는 國民經濟의 成長 및 安定과 적정한 所得의 分配를 유지하고, 市場의 支配와 經濟力의 濫用을 방지하며, 經濟主體間의 調和를 통한 經濟의 民主化를 위하여 經濟에 관한 規制와 調整을 할 수 있다.

第120條 〔天然資源의 採取·開發 등의 特許·保護〕① 鑛物 기타 중요한 地下資源·水産資源·水力과 經濟上 이용할 수 있는 自然力은 法律이 정하는 바에 의하여 일정한 期間 그 採取·開發 또는 이용을 特許할 수 있다.

② 國土와 資源은 國家의 보호를 받으며, 國家는 그 균형 있는 開發과 이용을 위하여 필요한 計劃을 수립한다.

第121條 〔農地의 小作禁止·賃貸借·委託經營〕① 國家는 農地에 관하여 耕者有田의 원칙이 達成될 수 있도록 노력하여야 하며, 農地의 小作制度는 금지된다.

② 農業生産性의 提高와 農地의 合理的인 이용을 위하거나 불가피한 事情으로 발생하는 農地의 賃貸借와 委託經營은 法律이 정하는 바에 의하여 인정된다.

第122條 〔國土의 利用·開發과 保全〕國家는 國民 모두의 生産 및 生活의 基盤이 되는 國土의 효율적이고 균형 있는 이용·開發과 보전을 위하여 法律이 정하는 바에 의하여 그에 관한 필요한 제한과 義務를 課할 수 있다.

第123條 〔農·漁村綜合開發과 中小企業保護·育成〕① 國家는 農業 및 漁業을 보호·육성하기 위하여 農·漁村綜合開發과 그 지원 등 필요한 計劃을 수립·施行하여야 한다.

② 國家는 地域間의 균형 있는 발전을 위하여 地域經濟를 육성할 義務를 진다.

③ 國家는 中小企業을 보호·육성하여야 한다.

④ 國家는 農水産物의 需給均衡과 流通構造의 개선에 노력하여 價格安定을 도모함으로써 農·漁民의 이익을 보호한다.

⑤ 國家는 農·漁民과 中小企業의 自助組織을 육성하여야 하며, 그 自律的 活動과 발전을 보장한다.

第124條 〔消費者保護〕國家는 건전한 消費行爲를 啓導하고 生産品의 品質向上을 촉구하기 위한 消費者保護運動을 法律이 정하는 바에 의하여 보장한다.

第125條 〔貿易의 育成〕國家는 對外貿易을 육성하며, 이를 規制·調整할 수 있다.

第126條 〔私企業의 國·公有化 또는 統制 등 禁止〕國防上 또는 國民經濟上 緊切한 필요로 인하여 法律이 정하는 경우를 제외하고는, 私營企業을 國有 또는 公有로 移轉하거나 그 경영을 統制 또는 관리할 수 없다.

第127條 〔科學技術의 發展과 國家標準制度〕① 國家는 科學技術의 革新과 情報 및 人力의 開發을 통하여 國民經濟의 발전에 노력하여야 한다.

② 國家는 國家標準制度를 확립한다.

③ 大統領은 第1項의 目的을 達成하기 위하여 필요한 諮問機構를 둘 수 있다.

第10章 憲法改正

第128條 〔改正提案權〕① 憲法改正은 國會在籍議員 過半數 또는 大統領의 發議로 提案된다.

② 大統領의 任期延長 또는 重任變更을 위한 憲法改正은 그 憲法改正 提案 당시의 大統領에 대하여는 效力이 없다.

第129條 〔改正案公告期間〕 提案된 憲法改正案은 大統領이 20日 이상의 期間 이를 公告하여야 한다.

第130條 〔改正案의 議決과 確定·公布〕① 國會는 憲法改正案이 公告된 날로부터 60日 이내에 議決하여야 하며, 國會의 議決은 在籍議員 3分의 2이상의 贊成을 얻어야 한다.

② 憲法改正案은 國會가 議決한 후 30日 이내에 國民投票에 붙여 國會議員選擧權者 過半數의 投票와 投票者 過半數의 贊成을 얻어야 한다.

③ 憲法改正案이 第2項의 贊成을 얻은 때에는 憲法改正은 확정되며, 大統領은 즉시 이를 公布하여야 한다.

附則

第1條 〔施行日〕이 憲法은 1988年 2月 25日부터 施行한다. 다만, 이 憲法을 施行하기 위하여 필요한 法律의 制定·改正과 이 憲法에 의한 大統領 및 國會議員의 選擧 기타 이 憲法施行에 관한 準備는 이 憲法施行 전에 할 수 있다.

第2條 〔最初의 大統領選擧日·任期〕①이 憲法에 의한 최초의 大統領選擧는 이 憲法施行日 40日 전까지 실시한다.

② 이 憲法에 의한 최초의 大統領의 任期는 이 憲法施行日로부터 開始한다.

第3條 〔最初의 國會議員選擧·이 憲法 施行 당시의 國會議員任期〕① 이 憲法에 의한 최초의 國會議員選擧는 이 憲法公布日로부터 6月 이내에 실시하며, 이 憲法에 의하여 選出된 최초의 國會議員의 任期는 國會議員選擧 후 이 憲法에 의한 國會의 최초의 集會日로부터 開始한다.

② 이 憲法公布 당시의 國會議員의 任期는 第1項에 의한 國會의 최초의 集會日 前日까지로 한다.

第4條 〔이 憲法施行 당시의 公務員 등의 地位〕① 이 憲法施行 당시의 公務員과 政府가 任命한 企業體의 任員은 이 憲法에 의하여 任命된 것으로 본다. 다만, 이 憲法에 의하여 選任方法이나 任命權者가 변경된 公務員과 大法院長 및 監査院長은 이 憲法에 의하여 後任者가 選任될 때까지 그 職務를 행하며, 이 경우 前任者인 公務員의 任期는 後任者가 選任되는 前日까지로 한다.

② 이 憲法施行 당시의 大法院長과 大法

院判事가 아닌 法官은 第1項 但書의 規定에 불구하고 이 憲法에 의하여 任命된 것으로 본다.

③ 이 憲法 중 公務員의 任期 또는 重任制限에 관한 規定은 이 憲法에 의하여 그 公務員이 최초로 選出 또는 任命된 때로부터 適用한다.

第5條〔이 憲法施行 당시의 法令과 條約〕이 憲法施行 당시의 法令과 條約은 이 憲法에 違背되지 아니하는 한 그 效力을 지속한다.

第6條〔特設機關에 관한 經過措置〕이 憲法施行 당시에 이 憲法에 의하여 새로 設置될 機關의 權限에 속하는 職務를 행하고 있는 機關은 이 憲法에 의하여 새로운 機關이 設置될 때까지 存續하며 그 職務를 행한다.

大韓民國憲法沿革

공포일자	구 분	개 정 요 지
1948.7.17.	헌법제정	
1952.7.7.	제1차 개정 (제2대 국회)	△ 양원제 △ 대통령부통령의 직접선거 △ 국회의 국무원 불신임제도
1954.11.29.	제2차 개정 (제3대 국회)	△ 주권의 제약, 영토의 변경 등 중대사항에 관한 국민투표제 △ 국무총리제 폐지 △ 국무위원에 대한 개별적 불신임제 △ 군법회의에 관한 헌법적 근거 설정
1960.6.15.	제3차 개정 (제4대 국회)	△ 언론·출판·집회·결사의 자유의 절대적 기본권화 △ 정당보호규정의 설정 △ 의원내각제 △ 중앙선거위원회 설치 △ 헌법재판소의 설치
1960.11.29.	제4차 개정 (제5대 국회)	△ 4·19에 관련된 부정선거관련자 및 반민주행위자의 공민권 제한과 부정축재자의 처벌에 관한 소급입법권의 부여 △ 특별재판부 및 특별검찰부의 설치
1962.12.26.	제5차 개정 (국가재건최고회의) (全文改正)	△ 인간의 존엄과 가치의 존중조항 신설 △ 국가안전을 위해 기본권보장 다소 약화 △ 정당정치적 경향 강화, 공직선거에 소속정당의 공천을 요건으로 하고, 당적이탈·변경의 경우 의원직 상실 △ 단원제 환원 △ 대통령제 △ 헌법재판소를 폐지하고 위헌법률심사권을 법원에 부여 △ 법관임명에 법관추천회의 제청제 △ 헌법개정엔 국회의결을 거쳐 국민투표
1969.10.21.	제6차 개정 (제7대 국회)	△ 국회의원수를 150~250명으로 증원 △ 국회의원의 겸직 금지 △ 대통령에 대한 탄핵소추는 국회의원 50명 이상의 발의와 재적 3분의 2이상의 찬성을 얻도록 함 △ 대통령의 계속 재임 3기까지 가능함
1972.12.27.	제7차 개정 (유신헌법) (全文改正)	△ 통일주체국민회의 신설 △ 임기의 연장과 긴급조치권, 국회해산권 등 대통령의 지위와 권한 강화 △ 국회의 권한과 지위를 제한 내지 축소 △ 무소속 출마의 허용 △ 헌법위원회 신설 △ 대통령의 헌법개정안 제안과 국가의 중요정책결정에 국민투표제 채택
1980.10.27.	제8차 개정 (국민투표)	△ 전통문화의 계승발전·민족문화 창달 △ 사생활의 비밀과 자유 보장 △ 환경권·보건권 신설 △ 국가유공자 등의 유가족보호조항 신설 △ 국가의 사회복지조항 신설 △ 비례대표제 채택 △ 국정조사권 신설 △ 행정심판제도 신설 △ 소비자보호운동 강화 △ 대통령 선거인단 구성 △ 대통령 7년 단임제 △ 대통령 비상조치권 부여 △ 국정자문회의, 평화통일정책자문회의 신설 △ 전직대통령의 예우조항 신설 △ 의원의 청렴의무 등 강조
1987.10.29.	제9차 개정(국민투표)	전문개정

한글로 풀어쓴 헌법

1987년 10월 29일
개정 현행 헌법

◀아래의 한글로 풀어쓴 헌법은 저자가 1970년대 한글학회 이사장 허웅 님과 월간지 『뿌리깊은 나무』의 사장 한창기 님과 함께 한글로 풀어 썼던 것을 저자가 헌법 개정이 있을 때마다 손질해온 것이다. 최초의 한글로 풀어쓴 헌법이 게재된 것은 월간 잡지 『뿌리깊은 나무』 1978년 7월호에서였다. 그 후 다시 1982년 홍성사에서 『이것이 헌법이다』라는 제목으로 손질되어 출간되었고, 현행 헌법은 1988년 법지사에서 펴낸 『주석 헌법입문』에서 개정 헌법 전체를 다시 풀어썼다. 여기에 실은 것은 1997년 이 책의 초판을 펴내면서 다시 손질한 것이다.▶

헌법 전문

오랜 역사와 전통에 빛나는 우리 배달겨레는 3·1운동으로 세운 대한민국 임시정부의 법통과 불의에 항거한 4·19 민주이념을 이어받고, 조국을 민주적으로 개혁하는 일과 평화롭게 통일하는 일의 역사적 사명에 바탕을 두어 정의·인도와 겨레 사랑으로써 배달겨레의 단결을 굳게 다지고, 온갖 사회에 깃든 나쁜 버릇과 불의를 깨부수며, 자율과 조화를 바탕으로 자유 민주적 기본 질서를 더욱 튼튼하게 하여, 정치·경제·사회·문화의 모든 영역에서 저마다 기회가 고르게 되게 하고, 능력을 한껏 떨치게 하며, 자유와 권리에 따르는 책임과 의무를 다하게 하여, 안으로는 우리 삶의 고른 향상을 꾀하고 밖으로는 영구한 세계 평화와 인류가 함께 번영하는 일에 이바지함으로써 우리와 우리의 자손의 안전과 자유와 행복을 길이 확보할 것을 다짐하면서 1948년 7월 12일에 제정되고 여덟 차례 고쳐진 헌법을 이제 국회의 의결을 거쳐 국민투표로써 고친다.

1987년 10월 29일

제1장 총강

제1조 〔나라 이름과 정치형태 및 주권〕① 대한민국은 민주공화국이다(나라 이름은 대한민국이라고 하며, 이 나라는 민주공화제의 나라다).

② 이 나라의 주권(나라의 최고권력)은 국민에게 있고, 모든 권력은 국민으로부터 나온다.

제2조 〔국민 되는 자격과 나라 밖의 국민의 보호〕① 이 나라의 국민이 될 수 있는 자격은 법률로 정한다.

② 나라는 법률이 정하는 바에 따라 밖에 있는 국민을 보호할 의무를 진다.

제3조 〔영토〕 이 나라의 영토는 한반도와

그에 딸린 섬들이다.

제4조 〔통일 정책〕 나라는 통일을 지향하며, 자유 민주적 기본 질서에 바탕을 둔 평화적 통일 정책을 세우고 이를 추진한다.

제5조 〔침략 전쟁의 거부와 군대의 사명 및 군대의 정치 간섭 금지〕 ① 이 나라는 국제 평화의 유지에 힘쓰고 침략적 전쟁을 거부한다. ② 이 나라의 군대는 나라의 안전 보장과 나라 땅의 지킴이란 성스러운 의무를 다함을 자기 할 바로 삼으며, 정치에 끼어들지 않는다.※

※원래 헌법의 표현은 "정치적 중립성은 준수된다"고 했는데, 군인의 정치 간섭(쿠데타)의 금지를 취지로 하는 것이다. 따라서 표현이 분명치 못하다.

제6조 〔조약·국제 법규의 효력 및 외국인의 법적 지위〕 ① 이 헌법에 따라 맺어져 공포된 조약과 두루 승인된 국제 법규는 이 나라의 법률과 같은 효력이 있다. ② 외국인의 지위는 국제법과 조약이 정하는 바에 따라 보장된다.

제7조 〔공무원의 지위에 정치적 중립 보장〕 ① 공무원은 모든 국민에 대한 심부름꾼이며, 국민에게 책임을 진다. ② 공무원은 법률이 정하는 바에 따라 신분이 보장되고 정치적 중립성이 보장된다.

제8조 〔정당〕 ① 정당이라고 하는 정치 당파를 이루는 것은 자유이며, 나라 안에 여러 개의 정당이 있을 것이 보장된다. ② 정당은 그 목적과 조직 및 활동이 민주적이어야 하며, 국민의 정치적 의사를 이루는 데 참여함에 필요한 조직을 갖추어야 한다.

③ 정당은 법률이 정하는 바에 따라 나라의 보호를 받으며, 나라는 법률이 정하는 바에 따라 정당을 꾸려가는 데 필요한 자금을 도와줄 수 있다.

④ 정당의 목적이나 활동이 민주적 기본 질서에 어긋날 때에는 정부는 헌법재판소에 제소하여 그 정당을 해산하도록 부탁할 수 있고, 정당은 헌법재판소가 해산할 수 있다고 하면 그 심판에 따라 해산되게 된다.

제9조 〔전통문화와 민족문화〕 나라는 전통문화의 이어감과 발전 그리고 배달겨레의 문화가 거침없이 발달하도록 힘써야 한다.

제2장 국민의 권리와 의무

제10조 〔사람의 존엄성과 기본적 인권 보장〕 모든 국민은 사람으로서 지니는 가치와 존엄성이 있으며, 행복하게 살아갈 권리가 있다. 나라는 개인이 지닌 침범할 수 없는 기본적 인권을 확실히 인정하고 이를 보장하여야 할 의무를 진다.

제11조 〔평등과 특권계급제도의 부인과 영전의 효력〕 ① 모든 국민은 법 앞에 평등하다. 아무도 그가 남자이든지 여자이든지, 종교가 무엇이든지 또는 사회에서 지니는 신분이 무엇이든지 정치나 경제나 사회나 문화의 모든 생활 영역에서 차별을 받지 아니한다.

② 사회의 특수계급의 제도는 인정되지 아니하며, 어떠한 형태로도 만들 수 없다.

③ 훈장 같은 것을 받는 영예는 그것을 받

는 사람에게만 효력이 있고, 어떠한 특권도 이에 따르지 아니한다.

제12조 〔신체의 자유〕① 모든 국민은 신체의 자유를 누린다. 아무도 법률로써가 아니면 체포·구속·압수·수색 또는 심문을 받지 아니하며, 법률과 법이 정한 정당한 절차에 의하지 아니하고는 처벌·보안처분 또는 강제노동을 당하지 아니한다.

② 아무도 고문을 당하지 아니하며, 형사사건에서 자기에게 불리한 진술을 강요당하지 아니한다.

③ 체포·구속·압수 또는 수색을 할 때에는 수사관은 법이 정한 절차에 따라 검사의 신청으로 법관이 발부한 영장을 내보여야 한다. 다만, 현행범이거나 기간이 길되 3년 이상의 벌을 받을 죄를 저지르고 도피하거나 증거를 없앨지 모르겠다고 하는 격정이 있으면 수사관은 체포·구속을 하고 영장을 나중에 청구할 수 있다.

④ 누구든지 체포·구속을 당한 때에는 당장에 변호인의 도움을 받을 권리가 있다. 다만, 형사피고인이 스스로 변호인을 구할 수 없을 때에는 법률이 정하는 바에 따라 나라에서 변호인을 붙여 준다.

⑤ 누구든지 체포 또는 구속하는 이유와 변호인의 도움을 받을 권리가 있음을 통지받지 아니하고는 체포 또는 구속을 당하지 아니한다. 체포 또는 구속을 당한 사람의 가족들과 법률이 정한 사람에게는 체포 또는 구속의 이유와 체포·구속되는 날짜와 장소가 당장 통지되어야 한다.

⑥ 누구든지 체포·구속을 당한 때에는 그것이 바른가 그른가 하는 것을 가려 달라고 하는 것을 법원에 청구할 권리가 있다.

⑦ 피고인의 자백이 고문이나 폭행, 협박에 의하거나 오랫동안 가두어 둔 때문에 이루어진 것으로 자기 뜻에 따라 진술된 것이 아니라고 인정된 때에는 그것을 죄가 있다고 하는 증거로 삼을 수 없다. 또 정식으로 열린 재판에서 피고인의 자백이 그에게 이롭지 못한 오로지 하나의 증거인 때에는 그것만으로 처벌할 수 없다.

제13조 〔형벌 불소급, 일사부재리, 소급입법의 제한 및 연좌제 금지〕① 아무도 그가 행한 일이 그가 행한 때의 법률에 따라 범죄가 되지 아니하면 그 일로 나중에 뒤늦게 소추될 수 없으며, 같은 범죄로 거듭해서 처벌당하는 일이 없다.

② 아무도 과거로 거슬러 올라가서 효력이 미치는 법률(소급법·사후입법)을 만들어서 정치에 참여하는 권리를 제한받거나 재산을 빼앗기지 아니한다.

③ 누구이고 자기가 아닌 친족이 저지른 일로 말미암아 이롭지 못한 처우를 당하지 아니한다.

제14조 〔거주 이전의 자유〕누구이고 자기 뜻에 따라 살 곳을 정하고 살 곳을 옮기는 자유를 누린다.

제15조 〔직업의 자유〕누구이고 직업의 자유를 누린다.

제16조 〔주거의 보장〕누구이고 자기가 거처하는 곳을 침해당하지 아니한다. 수사관

이나 그 밖의 어떠한 공무원이고 남이 거처하는 곳을 수색하거나 그에 따른 압수를 하고자 하면 검사의 신청에 의하여 법관이 발부한 영장을 내보여야 한다.

제17조 〔사생활의 비밀과 자유〕 누구이고 사사로운 생활의 비밀과 자유를 침해받지 아니한다.

제18조 〔통신의 비밀〕 누구이고 통신의 비밀을 침해받지 아니한다.

제19조 〔사상의 자유〕 누구이고 마음대로 생각하고 판단하며 자기 세계관을 가지는 자유를 누린다.

제20조 〔종교의 자유〕 ① 누구이고 종교의 자유를 누린다.

② 나라가 공적으로 인정하는 종교는 없으며, 종교와 정치는 분리된다.

제21조 〔표현의 자유〕 ① 누구이고 언론·출판의 자유와 집회·결사의 자유를 누린다.

② 언론·출판에 대한 허가제나 검열제나 집회·결사에 대한 허가제는 인정되지 아니한다.

③ 통신·방송의 시설 기준과 신문의 기능을 보장하는 데 필요한 사항은 법률로써 정한다.

④ 언론·출판은 다른 사람의 명예나 권리 또는 공중도덕이나 사회 윤리를 해쳐서는 아니된다. 언론·출판이 다른 사람의 명예나 권리를 해친 때에는 그로 말미암은 해를 입은 사람은 그 해를 배상하라는 청구를 할 수 있다.

제22조 〔학문과 예술의 자유〕 ① 누구이고 학문과 예술의 자유를 누린다.

② 저작자·발명가·과학 기술자 및 예술가의 권리는 법률로써 보호한다.

제23조 〔재산권의 보장〕 ① 누구나의 재산권은 보장된다. 그 보장의 내용과 한계는 법률로써 정한다.

② 재산권의 행사는 공공복리에 어긋나지 않도록 해야 한다.

③ 공공의 필요성으로 말미암은 재산권에 대한 수용·사용 또는 제한이나 그에 대한 보상에 관한 사항은 법률로써 정하되, 정당한 보상을 지급하여야 한다.

제24조 〔선거권〕 모든 국민은 법률이 정하는 바에 따라 선거하는 권리가 있다.

제25조 〔공무담임권〕 모든 국민은 법률이 정하는 바에 따라 공무를 맡을 권리가 있다.

제26조 〔청원권〕 ① 누구이고 법률이 정하는 바에 따라 나라의 각 기관에 글로써 청원할 권리가 있다.

② 나라는 제1항이 정한 청원에 대하여 심사할 의무를 진다.

제27조 〔재판을 받을 권리〕 ① 누구나 이 헌법과 법률이 정한 법관이 법에 따라 하는 재판을 받을 권리가 있다.

② 누구나 군인이나 군무원이 아니면 이 나라 안에서는 중대한 군사에 관련이 있는 기밀·초병·초소·해로운 음식물 공급·포로·군용물에 관한 죄 가운데서 법률이 정한 경우와 비상계엄이 선포되었을 때를 말고는 군사법원의 재판을 받지 아니한다.

③ 누구나 신속한 재판을 받을 권리가 있다. 형사피고인은 그럴 만한 이유가 없는 한에서는 곧장 재판을 받을 권리가 있다.
④ 형사피고인은 죄가 있다고 법원에서 판결로 확정될 때까지는 죄가 없다고 추정된다.
⑤ 형사피해자(남의 범죄로 말미암아 피해를 입은 사람)는 법률이 정하는 바에 따라 그 죄를 다루는 재판 절차에서 진술할 수 있다.

제28조 〔형사보상청구권〕 형사피의자로서 구금되었다가 불기소처분을 받은 사람이나 형사피고인으로서 구금되었다가 무죄 판결을 받은 사람은 법률이 정하는 바에 따라 나라에 정당한 보상을 청구할 수 있다.

제29조 〔국가배상청구권〕 ① 공무원이 직무의 과정에서 저지른 불법행위로 말미암아 손해를 입은 국민은 법률이 정하는 바에 따라 나라 또는 공공단체에 배상을 청구할 수 있다. 그런 경우에 공무원 자신의 책임이 없어지는 것은 아니다.
② 군인이나 군무원이나 경찰 공무원이나 그 밖에 법률이 정한 사람이 자기가 참여한 전투나 훈련 같은 직무의 집행에 관련하여 그 직무에 같이 참여한 사람으로부터 손해를 입었을 때에는, 법률이 정한 보상 말고는 공무원이 직무를 하면서 저지른 불법행위로 말미암은 손해의 배상을 청구할 수 없다.

제30조 〔범죄피해구조〕 다른 사람의 범죄 행위로 말미암아 생명·신체에 해를 입은 국민은 법률이 정하는 바에 따라 나라로부터 구조를 받을 수 있다.

제31조 〔교육을 받을 권리, 의무교육의 무상 및 교육의 자주성 등 존중〕 ① 모든 국민은 능력에 따라 고르게 교육을 받을 권리가 있다.
② 모든 국민은 그들이 보살피는 아들딸로 하여금 적어도 초등교육과 그 밖에 법률이 정하는 교육을 받게 할 의무가 있다.
③ 의무교육은 나라가 대가를 받지 않고 실시한다.
④ 교육의 자주성·전문성·정치적 중립성 및 대학의 자율성은 법률이 정하는 바에 따라 보장된다.
⑤ 나라는 평생교육을 진흥하여야 한다.
⑥ 학교교육과 평생교육을 포함한 교육제도와 그 운영, 교육 재정 및 교원의 지위에 관한 기본적인 사항은 법률로 정한다.

제32조 〔노동의 권리·의무 등〕 ① 모든 국민은 노동의 권리(일할 권리)가 있다. 나라는 사회적·경제적 방법으로 노동자의 고용을 증진하고, 알맞고 바른 품삯(적정 임금)을 보장하는 데 힘써야 하며, 법률이 정하는 바에 따라 노동자의 삶에 꼭 필요한 정도의 품삯은 반드시 보장하는 제도(최저임금제)를 시행하여야 한다.
② 모든 국민은 노동의 의무(일할 의무)가 있다. 나라는 노동의 의무의 내용과 조건을 민주주의 원칙에 따라 법률로써 정한다.
③ 노동조건의 기준은 사람의 존엄성을 보장하도록 법률로써 정한다.
④ 여자의 노동은 특별한 보호를 받으며,

고용·품삯(임금) 및 노동조건에 있어서 올바르지 못한 차별을 받지 아니한다.

⑤ 아이의 노동은 특별한 보호를 받는다.

⑥ 나라에 공이 있는 사람·다쳐서 몸이 불편한 군인과 경찰 및 나라 위한 이로 죽은 군인과 경찰관의 가족은 법률이 정하는 바에 따라 남보다 앞서서 노동의 기회가 주어져야 한다.

제33조 〔노동삼권〕 ① 노동자는 노동조건을 향상시키기 위하여 자기 스스로의 단결, 단체교섭 및 단체행동의 권리가 있다.

② 공무원인 노동자는 법률에서 인정된 사람이 아니면 단결, 단체교섭 및 단체행동의 권리가 없다.

③ 법률이 정하는 중요 방위산업체에서 일하는 노동자의 단체행동 등의 권리는 법률이 정하는 바에 따라 제한하거나 인정하지 않을 수 있다.

제34조 〔사회보장 등〕 ① 누구나 사람답게 살 권리가 있다.

② 나라는 사회보장과 사회복지의 증진에 힘써야 한다.

③ 나라는 여자의 복지와 권리 이익의 향상에 힘써야 한다.

④ 나라는 노인과 청소년의 복지 향상을 위한 정책을 실시할 의무를 진다.

⑤ 신체장애자와 병이나 늙음으로, 그 밖의 다른 이유로 자기 힘으로 살아갈 수 없는 사람은 법률이 정하는 바에 따라 나라의 보살핌을 받는다.

⑥ 나라는 재난으로 말미암아 해를 입는

것을 미리 막고, 그 위험에서 국민을 보호하기 위해 힘써야 한다.

제35조 〔환경권 등〕 ① 누구나 건강하고 쾌적한 환경에서 살 권리가 있으며, 나라와 국민은 환경 보존에 힘써야 한다.

② 환경의 권리의 내용과 행사에 관해서는 법률로써 정한다.

③ 나라는 주택 개발 정책을 통해서 모든 국민이 쾌적한 집 살림을 할 수 있도록 힘써야 한다.

제36조 〔혼인과 가족 모성 등 보호〕 ① 혼인과 가족 생활은 개인의 존엄성과 남자와 여자 사이의 평등을 바탕으로 해서 이루어지고 유지되어야 하며, 나라는 이를 보장한다.

② 나라는 어머니인 여성을 보살피는 데 힘써야 한다.

③ 모든 국민은 건강 보존(보건)에 관해 나라의 보살핌을 받는다.

제37조 〔인권의 존중과 제한〕① 국민의 자유와 권리는 이 헌법에서 정하지 아니했다고 해서 함부로 다룰 수 없다.

② 국민의 모든 자유와 권리는 나라의 안전보장과 질서 유지 또는 공공복리를 위하여 필요한 때에만 법률로써 제한할 수 있으며, 그렇게 제한하는 때에도 자유와 권리의 알맹이가 되는 내용을 침해해서는 안 된다.

제38조 〔세금을 낼 의무〕 모든 국민은 법률이 정하는 바에 따라 세금을 낼 의무가 있다.

제39조 〔나라를 지킬 의무〕 ① 모든 국민은 법률이 정하는 바에 따라 나라를 지킬 의

무가 있다.

② 누구든지 나라를 지키는 의무를 다한 것으로 말미암아 이롭지 못한 처우를 받지 아니한다.

제3장 국회

제40조 〔입법권〕 입법(법률 제정)의 권한은 국회에 속한다.

제41조 〔국회의 구성〕 ① 국회는 국민의 보통·평등·직접·비밀선거로 뽑힌 국회의원으로 이루어진다.

② 국회의원의 수효는 법률로써 정하는데, 200 사람이 넘게 한다.

③ 국회의원의 선거구와 비례대표제, 그 밖의 선거에 관한 사항은 법률로써 정한다.

제42조 〔의원의 임기〕 국회의원의 임기는 4년이다.

제43조 〔의원의 겸직 금지〕 국회의원은 법률로써 정하는 직책을 아울러 가질 수 없다.

제44조 〔국회의원의 불체포특권〕 ① 국회의원은 현행범인이 아니면 국회의 회기 동안에는 국회의 동의 없이는 체포되거나 구금되지 아니한다.

② 국회의 회기에 앞서서 체포되거나 구금된 국회의원은 그가 현행범인이 아니었고 국회가 그의 석방을 요구하면 회기 동안에는 석방된다.

제45조 〔국회의원의 발언의 면책특권〕 국회의원은 국회에서 직무 때문에 한 발언과 표결의 책임을 국회 밖에서 지지 아니한다.

제46조 〔의원의 공직 윤리〕 ① 국회의원은 공직자로서 성품이 고결하고 탐욕이 없이 바르게 지닐 의무가 있다.

② 국회의원은 나라의 이익을 앞세워서 양심에 따라 직무를 다한다.

③ 국회의원은 자기 직위를 함부로 써서 나라나 공공단체 또는 기업체와의 계약이나 그 처분에 의해서 재산의 권리나 이익 또는 직위를 얻거나 다른 사람에게 그것을 얻게 알선해서는 안 된다.

제47조 〔정기회와 임시회〕 ① 국회의 정기 회의는 법률이 정하는 바에 따라 해마다 한 번 열리며, 국회의 임시 회의는 대통령이 요구하거나 적에 오른 국회의원이 그 수효가 4분의 1보다 적지 않게 요구함으로써 열린다.

② 국회의 정기 회의가 열리는 날은 100일 동안을, 그리고 임시 회의가 열리는 날은 30일 동안을 넘지 않아야 한다.

③ 대통령이 국회의 임시 회의의 모임을 요구한 때에는 그 기간과 모임을 요구하는 이유를 밝혀야 한다.

제48조 〔의장 선임〕 국회는 의장 한 명과 부의장 두 명을 뽑는다.

제49조 〔의결정족수와 의결 방법〕 국회는 이 헌법 또는 법률에 특별한 규정이 없으면 적에 오른 국회의원이 그 수효가 반이 넘게 출석하고, 출석한 국회의원이 그 수효가 반이 넘게 찬성함으로써 의결한다. 어느 의결에 찬성하는 국회의원의 수효와 반대하는 국회의원의 수효가 같으면 그 의결

은 부결된 것으로 본다.

제50조 〔회의의 공개〕① 국회의 회의는 공개한다. 다만, 출석한 국회의원이 반이 넘게 찬성하거나 의장이 나라의 안전에 필요하다고 인정하면 이를 공개하지 아니할 수 있다.

② 공개되지 아니한 국회 회의의 내용의 공표에 관해서는 법률이 정하는 바에 따른다.

제51조 〔의안의 다음 회기 계속〕국회에 제출된 법률안 및 그 밖의 의안은 회기 안에 의결되지 못했어도 폐기되지 아니한다. 다만, 국회의원의 임기가 끝났을 때에는 그러하지 아니하다.

제52조 〔법률안의 제출권〕국회의원과 정부는 법률안을 국회에 내놓을 수 있다.

제53조 〔법률안의 공포와 대통령의 거부〕① 국회에서 의결된 법률안은 정부에 보내져서 보름 안에 대통령이 법률로서 공포한다.

② 제1항의 법률안에 이의가 있으면 대통령은 제1항의 기간 안에 그 이의를 밝히는 글을 붙여 그 법률안을 다시 심의할 것을 요구할 수 있다. 대통령은 국회가 폐회되었을 때에도 이 요구를 할 수 있다.

③ 대통령은 국회에 법률안을 한 부분만 심의하거나 그 법률안을 고친 것을 다시 심의할 것을 요구할 수 없다.

④ 국회는 대통령이 법률안을 다시 심의할 것을 요구하면 그것을 다시 심의하고, 적에 오른 국회의원이 그 수효가 반이 넘게 출석하고 그 출석한 국회의원이 그 수효가 3분의 2보다 더 적지 않게 찬성하여 그 전과 같이 의결하면 그 법률안은 법률로서 확정된다.

⑤ 국회에서 의결된 법률안은 대통령이 제1항의 기간 안에 공포하지 않았거나 다시 심의할 것을 요구하지 아니하였을 때에도 법률안은 법률로서 확정된다.

⑥ 대통령은 제4항과 제5항의 규정에 따라 확정된 법률을 곧장 공포하여야 한다. 제5항의 규정에 따라 법률이 확정된 뒤 또는 제4항의 규정에 따라 확정된 법률이 정부에 보내어진 뒤 5일 안에 대통령이 이를 공포하지 아니했을 때에는 국회의장이 이를 공포한다.

⑦ 법률은 특별한 규정이 없으면 20일이 지나면 효력을 나타낸다.

제54조 〔예산안의 심의 확정 기타〕① 국회는 나라의 예산안을 심의하고 확정한다.

② 국회는 새 회계년이 시작되기 90일 전까지 정부로부터 새 회계연도의 예산안을 받고, 회계년이 시작되기 30일 전까지 이를 의결하여야 한다.

③ 제2항의 기간 안에 예산안이 의결되지 못하였으면 정부는 국회에서 예산안이 의결될 때까지 다음의 경비를 세입의 테두리 안에서 지난해의 예산을 기준으로 삼아 지출할 수 있다.

1. 이 헌법이나 법률에 따라 세워진 기관이나 시설의 유지 경비

2. 나라가 법률에 따라 지출해야 할 경비

3. 지난해의 예산에서 이미 승인되어서 새

해의 예산에 이어지는 경비

제55조 〔계속비·예비비〕① 정부는 어떤 경비를 한 회계연도를 넘어서 지출할 필요가 있으면 그 햇수를 정하여 계속비로서 국회의 의결을 얻어야 한다.

② 예비비는 총액을 정하여 국회의 의결을 얻어야 한다. 예비비의 지출은 다음 회기의 국회에서 승인을 얻어야 한다.

제56조 〔추가경정예산의 제출〕 정부는 예산이 세워진 뒤에 생긴 이유 때문에 예산을 변경하여야 할 필요가 있으면 고친 추가예산안(추가경정예산안)을 짜서 국회에 내놓을 수 있다.

제57조 〔지출예산 각 항목의 증액 제한〕 국회는 정부의 동의가 없이는 정부가 내놓은 지출 예산에 나타난 어떠한 항목의 금액을 늘리거나 거기에 새로운 비용 항목을 만들어 넣어서는 안 된다.

제58조 〔국채 모집 등에 대한 동의권〕 국채를 발행하거나 예산 밖에 나라에 부담을 지울 계약을 맺으려면 징부는 미리 국회의 의결을 얻어야 한다.

제59조 〔조세법률주의〕 국회는 세금의 종류와 그 세율을 법률로 정한다.

제60조 〔조약, 선전포고 등에 대한 동의권〕
① 국회는 다른 나라와 맺는 상호 원조나 안전에 관계되는 조약, 중요한 국세조직에 관계되는 조약, 우호조약, 통상조약, 항해조약, 주권의 제약에 관계되는 조약, 평화조약, 나라나 국민에게 중대한 재정의 부담을 주는 조약 또는 입법사항에 관계되는 조약의 체결과 비준에 동의할 권한이 있다.

② 국회는 전쟁을 선포하는 일, 국군을 외국에 파견하는 일 또는 외국 군대를 이 나라 안에 머무르게 하는 일에 동의할 권한이 있다.

제61조 〔국정 감사와 조사의 권한〕① 국회는 나라의 일에 관해 감시·감독하기 위해 조사하거나 특별히 지정한 나라 일에 관계된 안건에 대해 조사할 수 있으며, 이에 필요한 서류를 제출하게 하고 증인을 출석시켜 증언을 듣거나 의견을 말하도록 할 수 있다.

② 나라 일에 감시·감독하기 위해 조사하는 일과 특별히 지정한 나라 일에 관계된 안건을 조사하는 절차나 그 밖에 필요한 사항은 법률로 정한다.

제62조 〔국무총리 등의 국회 출석〕① 국무총리, 국무위원 또는 정부 위원은 국회나 그 위원회의 회의에 나가서 나라의 일이 처리되는 상황을 보고하거나 의견을 말하고 질문에 대답할 수 있다.

② 국회나 그 위원회의 요구가 있으면 국무총리, 국무위원 또는 정부 위원은 국회에 나가서 질문에 대답하여야 한다. 다만, 이 경우에 국무총리는 국무위원으로 하여금, 또 국무위원은 정부 위원으로 하여금 그 대신에 나가서 대답하게 할 수 있다.

제63조 〔국무총리, 국무위원 해임건의〕
① 국회는 국무총리 또는 국무위원의 해임을 대통령에게 건의할 수 있다.

② 제1항의 해임건의는 적에 오른 국회의원이 그 수효의 3분의 1보다 적지 않게 제

의하고, 그 수효가 반이 넘게 찬성하여야 한다.

제64조 〔국회의 자율권〕 ① 국회는 법률에 어긋나지 아니하는 테두리 안에서 의결 과정과 내부 규율에 관계되는 규칙을 만들 수 있다.

② 국회는 국회의원의 자격을 심사하며, 국회의원을 징계할 수 있다.

③ 국회에서 어느 국회의원을 그 자리에서 물러나게 하려면 적에 오른 국회의원이 그 수효가 3분의 2보다 적지 않게 찬성하여야 한다.

④ 아무도 제2항과 제3항의 처분에 대들어 법원에 제소할 수 없다.

제65조 〔탄핵소추권과 그 결정의 효력〕 ① 대통령, 국무총리, 국무위원, 장관, 헌법재판소 재판관, 법관, 중앙선거관리위원회 위원, 감사원장, 감사위원 그 밖에 법률이 정한 공무원이 그 직무의 집행에서 이 헌법이나 법률을 어기면 국회는 탄핵의 소추를 의결할 수 있다.

② 제1항의 탄핵소추는 적에 오른 국회의원이 그 수효가 3분의 1보다 적지 않게 제의하고, 반이 넘게 찬성하여야 한다. 다만 대통령에 대한 탄핵소추는 적에 오른 국회의원의 수가 반이 넘게 제의하고, 3분의 2보다 적지 않게 찬성하여야 의결된다.

③ 국회의 의결로 탄핵소추된 사람은 탄핵심판이 있을 때까지 그 권한의 행사가 정지된다.

④ 탄핵 결정의 효과는 공직으로부터 파면함에 그친다. 그러나 그런다고 해서 탄핵 결정을 받은 사람의 민사책임이나 형사책임이 면제되는 것은 아니다.

제4장 정부

제1절 대통령

제66조 〔대통령의 지위·책무·행정권〕

① 대통령은 나라의 원수이며, 외국에 나라를 대표한다.

② 대통령은 나라의 독립, 영토의 보존, 나라의 계속성 및 이 헌법을 지키고 보호할 책임과 의무가 있다.

③ 대통령은 조국의 평화로운 통일을 이루려고 힘쓸 의무가 있다.

④ 대통령은 행정권이 속하는 정부의 수반이다(행정권은 대통령을 수반으로 하는 정부에 속한다).

제67조 〔대통령의 선거·피선거권〕 ①대통령은 국민의 보통·평등·직접·비밀선거로써 뽑는다.

② 제1항의 선거에서 가장 많은 표를 얻은 사람(최고득표자)이 두 사람을 넘을 때에는 국회에 적이 오른 국회의원 반보다 적지 아니한 국회의원이 출석한 공개회의에서 많은 표(다수표)를 얻은 사람을 당선자로 한다.

③ 대통령 후보자가 한 사람일 때에는 그 얻은 표(득표수)가 선거권이 있는 모든 사

람의 수효의 3분의 1을 넘지 아니하면 대통령으로 당선될 수 없다.

④ 대통령으로 당선될 수 있는 사람은 국회의원에 뽑힐 수 있는 권리가 있고, 선거날에 40세가(마흔 살은) 되어야 한다.

⑤ 대통령 선거에 관한 사항은 법률로 정한다.

제68조 〔대통령 선거의 시기·보궐〕① 새 대통령은 늦어도 전임자의 임기가 끝나기 40일 전에 뽑는다.

② 대통령 자리가 비게 되었을 때나 또는 대통령 당선자가 죽거나 법원의 판결이나 그 밖의 사유로 자격을 잃었을 때에는 60일 안에 후임자를 뽑는다.

제69조 〔대통령의 취임 선서〕대통령은 취임하면서 다음과 같이 맹서한다.

"나는 헌법을 받들어 지키고, 나라를 지키며, 조국의 평화로운 통일과 국민의 자유와 복리의 증진 및 배달겨레의 문화의 거침없는 발달을 하도록 애쓰며, 대통령으로서 진 책임을 성실히 수행할 것을 국민 앞에 엄숙히 맹세합니다."

제70조 〔대통령의 임기〕대통령의 임기는 5년으로 하며, 거듭해서 뽑힐 수 없다.

제71조 〔대통령 권한대행〕대통령의 자리가 비거나 그에게 탈이 생겨 직무를 수행할 수 없을 때에는 국무총리, 법률이 정하는 국무위원의 순서로 대통령의 권한을 그에 대신해서 행사한다.

제72조 〔중요 정책의 국민투표〕대통령은 필요하다고 인정하면 외교나 나라의 방위나 통일문제나 그 밖의 나라의 운명에 관계되는 중요한 정책을 국민투표에 붙일 수 있다.

제73조 〔외교·선전 강화권〕대통령은 조약을 맺고 비준하고, 외교 사절을 신임 접수하거나 받아들이거나 내보내며, 전쟁을 선포하고 평화조약을 맺는다.

제74조 〔국군통수권 등〕① 대통령은 헌법과 법률이 정하는 바에 따라 국군을 거느린다.

② 국군의 조직과 편성은 법률로 정한다.

제75조 〔대통령의 명령제정권〕대통령은 법률이 테두리를 뚜렷이 밝혀 그에게 맡긴 사항과 법률을 집행하는 데 필요한 사항을 정하는 대통령령을 낼 수 있다.

제76조 〔긴급명령과 긴급처분의 권한〕① 대통령은 나라 안으로부터의 우환이나 나라 밖으로부터의 우환이나 천재나 지변 또는 중대한 재정 위기나 경제 위기를 당하여 나라의 안전 보장 또는 공공의 안녕 질서를 유지하기 위하여 재빠른 조치가 필요한데 국회의 집회를 기다릴 여유가 없을 때에 한해서 최소한으로 필요한 재정 경제상의 처분을 하거나 이에 관하여 법률의 효력을 가지는 명령을 낼 수 있다.

② 대통령은 나라의 운명에 관계되는 중대한 교전 상태를 당해서 나라를 지키기 위하여 재빠른 조치가 필요한데 국회의 집회가 불가능한 때에 한해서 법률의 효력을 가지는 명령을 낼 수 있다.

③ 대통령은 제1항과 제2항의 처분이나 명령을 한 때에는 곧장 국회에 보고하여

그에 대한 승인을 얻어야 한다.

④ 제3항의 승인을 얻지 못한 때에는 그 처분이나 명령은 그때부터 효력을 잃는다. 이 경우에 그 명령에 의하여 개정되거나 폐지되었던 법률은 그 명령이 승인을 얻지 못한 때부터 당연히 효력을 회복한다.

⑤ 대통령은 제3항과 제4항의 사유를 곧장 공포하여야 한다.

제77조 〔계엄 선포 등〕① 대통령은 전쟁, 사변 또는 이와 비슷한 나라의 비상사태가 생겨서 병력으로써 군사의 일에 필요에 응하거나 공공의 안녕 질서를 병력으로써 유지할 필요가 있으면 법률이 정하는 바에 따라 계엄을 선포할 수 있다.

② 계엄은 비상계엄과 경비 계엄으로 한다.

③ 비상계엄을 선포하였을 때에는 법률이 정하는 바에 따라 영장제도, 언론과 출판과 집회와 단체 조직의 자유 또는 정부나 법원의 권한에 특별한 조치를 할 수 있다.

④ 대통령은 계엄을 선포하였을 때에는 곧장 그 사실을 국회에 알려야 한다.

⑤ 대통령은 국회가 적에 오른 국회의원이 그 수효가 반이 넘게 찬성하여 계엄을 거둘 것을 요구하면 이를 거두어야 한다.

제78조 〔공무원 임면권〕 대통령은 이 헌법과 법률이 정하는 바에 따라 공무원을 임명하고 면직시킨다.

제79조 〔사면권〕① 대통령은 법률이 정하는 바에 따라 사면, 감형 및 복권을 명할 수 있다.

② 대통령은 일반사면을 명하려면 국회의 동의를 얻어야 한다.

③ 대통령이 명하는 사면, 감형 및 복권에 관계되는 사항은 법률로써 정한다.

제80조 〔영전수여권〕 대통령은 법률이 정하는 바에 따라 훈장 및 그 밖의 상을 준다.

제81조 〔국회에 대한 의사 표시〕 대통령은 국회에 나가서 발언하거나, 글을 보내서 의견을 나타낼 수 있다.

제82조 〔국법상 행위의 요건〕 대통령의 나라의 법률에 따른 행위는 문서로써 하여야 하며, 이 문서에는 국무총리 및 이에 관계되는 국무위원이 잇달아 서명한다. 군대의 일에 관계되는 행위도 같은 과정이 적용된다.

제83조 〔겸직 금지〕 대통령은 국무총리, 국무위원이나 행정 부처의 장관이나 그 밖에 법률이 정하는 다른 공직이나 사적 직책을 아울러 가질 수 없다.

제84조 〔형사상 특권〕 대통령은 내란 또는 외환의 죄를 저지른 경우를 말고는 그 자리에 있는 동안에 형사법에 따른 소추를 받지 아니한다.

제85조 〔전직 대통령의 신분과 예우〕 이전에 대통령의 자리에 있다가 물러난 사람의 신분과 예절을 갖추어서 대우하는 일에 관해선 법률로 정한다.

제2절 행정부

제1관 국무총리와 국무위원

제86조 〔국무총리〕① 국무총리는 국회의

동의를 얻어서 대통령이 임명한다.

② 국무총리는 대통령의 일을 거들며, 대통령의 명령을 받아 행정 부처를 거느린다.

③ 국무총리는 현역을 벗어나지 않은 군인 가운데서 임명되어선 안 된다.

제87조 〔국무위원〕① 국무위원은 국무총리가 추천하여 대통령이 임명한다.

② 국무위원은 나라의 일에 관하여 대통령을 보좌하며, 국무회의 조직 속의 한 사람으로서 나라의 일을 심사하고 의논한다.

③ 국무총리는 국무위원의 해임을 대통령에게 건의할 수 있다.

④ 국무위원은 현역을 벗어나지 않은 군인 가운데서는 임명되어선 아니된다.

제2관 국무회의

제88조 〔권한, 구성〕① 국무회의는 정부의 권한에 속하는 중요한 정책을 심사하고 의논한다.

② 국무회의는 대통령과 국무총리와 15명보다 적지 않고 30명보다 많지 않은 수효의 전문위원으로 이루어진다.

③ 대통령이 국무회의 의장이 되고, 국무총리가 부의장이 된다.

제89조 〔심의 사항〕 다음 사항은 국무회의의 심의를 거쳐야 한다.

1. 나라 일의 기본 계획과 정부의 일반 정책

2. 전쟁의 선포와 그 밖의 중요한 대외정책

3. 이 헌법의 개정안, 국민투표안, 조약안, 법률안 및 대통령령안

4. 예산안, 결산, 국유재산 처분의 기본 계획 및 나라에 재정 부담을 지울 계약, 그 밖에 재정에 관한 중요 사항

5. 대통령의 긴급명령, 긴급재정경제 처분 및 명령 또는 계엄과 그 해제

6. 군대의 일에 관계되는 중요 사항

7. 국회의 임시회의 집회의 요구

8. 훈장 그 밖의 상을 주는 일

9. 사면, 감형 및 복권

10. 행정 부처 사이의 권한의 한계를 정하는 일

11. 정부안의 권한의 위임이나 그 배정에 관계되는 기본 계획

12. 나라 일이 처리되는 상황을 평가하고 분석하는 일

13. 행정 부처의 중요한 정책을 세우고 조정하는 일

14. 정당의 해산을 제소하는 일

15. 정부의 정책에 관계되는 청원이 정부에 제출되거나 회부되었을 때에 이를 심사하는 일

16. 검찰총장, 합동참모의장, 각군 참모총장, 국립대학교 총장, 대사, 그 밖에 법률이 정한 공무원과 국영기업체 관리자를 임명하는 일

17. 그 밖에 대통령, 국무총리 또는 국무위원이 제출한 사항

제90조 〔국가원로자문회의〕① 나라 정치의 중요한 일들에 관해 대통령이 물어보는 의견에 대답하기 위하여 나라 일에 오래 종사한 사람들로 이루어진 국가원로자문회

의를 둘 수 있다.

② 국가원로자문회의의 의장은 바로 앞서 대통령의 자리에 있던 사람이 된다. 다만, 바로 앞서 대통령의 자리에 있던 사람이 없을 때에는 대통령이 지명한다.

③ 국가원로자문회의의 조직이나 할 일의 범위 그 밖에 필요한 사항은 법률로 정한다.

제91조 〔국가안전보장회의〕 ① 나라의 안전에 관련이 있는 대외정책, 군사정책 및 국내 정책의 수립이 국무회의에서 심의되기 앞서서 그것들에 관련하여 대통령이 물어 보는 의견에 답변하는 국가안전보장회의를 둔다.

② 국가안전보장회의는 대통령이 주재한다.

③ 국가안전보장회의의 조직, 할 일의 범위 및 그 밖에 필요한 사항은 법률로 정한다.

제92조 〔민주평화통일자문회의〕 ① 평화로운 통일을 위한 정책을 세우는 데 관한 대통령이 물어 보는 의견에 답변하는 기관으로서 민주평화통일자문회의를 둘 수 있다.

② 민주평화통일자문회의의 조직과 일할 범위, 그 밖에 필요한 사항은 법률로 정한다.

제93조 〔국민경제자문회의〕 ① 국민경제의 발전을 위한 중요한 정책을 세우는 일에 대통령이 물어 보는 의견에 답변하기 위하여 국민경제자문회의를 둘 수 있다.

② 국민경제자문회의의 조직, 일할 범위, 그 밖에 필요한 사항은 법률로 정한다.

제3관 행정 각부

제94조 〔각부의 장관 임명〕 행정 부처의 장은 국무위원 가운데서 국무총리가 추천하고 대통령이 임명한다.

제95조 〔총리령, 부령〕 국무총리나 행정 부처의 장은 저마다 관할하는 사무에 관련하여 법률이나 대통령령의 위임 또는 직권으로 총리령 또는 부령을 낼 수 있다.

제96조 〔각 부의 조직·직무〕 행정 부처의 설치와 조직 및 할 일의 범위는 법률로 정한다.

제4관 감사원

제97조 〔직무와 소속〕 나라의 세입과 세출의 결산과 나라 및 법률이 정한 단체의 회계를 검사하고 행정기관 및 공무원의 하는 일을 감찰하는 감사원을 둔다.

제98조 〔구성〕 ① 감사원은 그 수효가 감사원장을 포함하여 5명보다 적지 않고 11명보다 많지 않은 감사위원으로 이루어진다.

② 감사원장은 국회의 동의를 얻어 대통령이 임명하며, 그 임기가 4년이며, 한번만 거듭해서 직을 맡을 수 있다.

③ 감사위원은 감사원장의 추천으로 대통령이 임명하며, 그 임기가 4년이며, 한번만 거듭해서 직을 맡을 수 있다.

제99조 〔감사와 보고〕 감사원은 세입과 세출의 결산을 해마다 검사하여 대통령과 다음 해에 열리는 국회에 그 결과를 보고하

여야 한다.

제100조 〔조직, 직무 범위 등〕 감사원의 조직과 할 일의 범위, 감사위원의 자격, 감사받을 공무원의 범위 및 필요한 사항은 법률로 정한다.

제5장 법원

제101조 〔사법권·법원의 조직·법관의 자격〕 ① 재판을 하는 권한(사법권)은 법관으로 이루어진 법원에 있다.

② 법원은 가장 높은 법원인 대법원과 각기 등급에 따른 법원으로써 조직된다.

③ 법관이 되는 자격은 법률로 정한다.

제102조 〔대법원〕 ① 대법원에 부를 둘 수 있다.

② 대법원에 대법관을 둔다. 다만, 법률이 정하는 바에 따라 대법관이 아닌 법관을 둘 수 있다.

③ 대법원과 각 등급의 법원의 조직을 법률로 정한다.

제103조 〔법관의 독립〕 법관은 이 헌법과 법률에 따라 그 양심대로 심판한다.

제104조 〔대법원장·대법관의 임명〕 ① 대법원장인 법관은 국회의 동의를 얻어 대통령이 임명한다.

② 대법관은 대법원장의 추천으로 대통령이 임명한다.

③ 대법원장과 대법관이 아닌 법관은 대법관회의의 동의를 얻어 대법원장이 임명한다.

제105조 〔법관의 임기·연임·정년〕 ① 대법원장의 임기는 6년이며, 거듭해서 임명되지 못한다.

② 대법관의 임기는 6년이며, 법률이 정하는 바에 따라 거듭해서 임명될 수 있다.

③ 대법원장과 대법관이 아닌 법관의 임기는 10년이며, 법률이 정하는 바에 따라 거듭해서 임명될 수 있다.

④ 법관이 그 직을 그만두는 나이는 법률로 정한다.

제106조 〔법관의 신분보장〕 ① 법관은 탄핵되거나 금고 이상의 형벌을 선고받지 아니하고는 파면되지 아니하며, 징계처분에 의하지 아니하고는 정직, 감봉 그 밖에 이롭지 못한 처분을 당하지 아니한다.

② 법관이 마음이나 몸에 큰 탈이 생겨서 할 일을 해낼 수 없으면 법률이 정하는 바에 따라 그를 물러나게 할 수 있다.

제107조 〔법률 등 위헌제청·명령심사권·행정심판〕 ① 어느 법률이 헌법에 어긋나는지, 어긋나지 않는지가 재판의 전제가 되면 법원은 헌법재판소에 심판을 요청하여 그 심판에 따라 재판한다.

② 어느 명령, 규칙 또는 처분이 이 헌법이나 법률에 어긋나는지, 어긋나지 않는지가 재판의 전제가 되면 대법원은 이를 마지막으로 심사할 권한이 있다.

③ 재판을 하기 앞서 심사하는 절차로서 행정심판을 할 수 있다. 행정심판을 하는 절차는 법률로써 정하되 재판의 절차를 표준으로 하여 적용되어야 한다.

제108조 〔대법원의 규칙제정권〕 대법원은 법률의 테두리 안에서 소송에 관계되는 절차, 법원의 내부 규율과 사무 처리에 관계되는 규칙을 만들 수 있다.

제109조 〔재판 공개의 원칙〕 재판의 심리와 판결은 공개한다. 다만 심리는 나라의 안전 또는 안녕과 질서를 방해하거나 착한 풍속을 해칠 걱정이 있을 때에는 법원의 결정으로 공개하지 않을 수 있다.

제110조 〔군사재판〕 ① 군사재판을 관할하는 특별법원으로서 군사법원을 둘 수 있다.

② 군사법원의 상고심(재판의 결과가 법률에 어긋나는지 가리는 재판)은 대법원에서 관할한다.

③ 군사법원의 조직과 권한 및 재판관의 자격은 법률로 정한다.

④ 비상계엄이 선포되었을 때에 군사재판은 군인이나 군무원의 범죄나 군의 일에 관계되는 간첩죄의 경우와 초병, 초소, 해로운 음식물의 공급 및 포로에 관계되는 죄 가운데서 법률이 정한 죄의 경우에만 단 한 번의 심판으로 끝장을 낼 수 있다. 다만 사형을 선고하는 경우에는 그렇지 않다.

제6장 헌법재판소

제111조 〔관할 사항과 구성〕 ① 헌법재판소는 다음의 사항을 맡아서 주관한다.

1. 법원이 심판을 요청하는 법률이 헌법에 어긋나는지, 어긋나지 않는지의 심판

2. 탄핵의 심판

3. 정당의 해산 심판

4. 나라의 기관 서로 사이, 나라의 기관과 지방자치단체 사이나 지방자치단체 서로 사이의 권한에 대한 다툼에 관한 심판

5. 법률이 정하는 헌법소원에 관한 심판

② 헌법재판소는 법관의 자격이 있는 9명의 재판관으로 이루어지며, 재판관은 대통령이 임명한다.

③ 제2항의 재판관 가운데 3명은 국회에서 뽑는 사람을, 3명은 대법원장이 지명하는 사람을 뽑는다.

④ 헌법재판소 소장은 국회의 동의를 얻어서 재판관 가운데서 대통령이 임명한다.

제112조 〔재판관의 임기와 정치관여금지 및 신분보장〕 ① 헌법재판소 재판관의 임기는 6년으로 하며, 법률이 정하는 바에 따라 잇달아 임명될 수 있다.

② 헌법재판소 재판관은 정당에 들거나 정치에 관여할 수 없다.

③ 헌법재판소 재판관은 탄핵이나 금고 이상의 형벌을 선고받지 아니하고는 파면되지 아니한다.

제113조 〔결정정족수·조직 운영〕 ① 헌법재판소에서 법률의 위헌 결정, 탄핵의 결정 또는 헌법 소원에 관한 인용 결정을 할 때에는 6명보다 적지 아니한 수효의 찬성이 있어야 한다.

② 헌법재판소는 법률에 어긋나지 아니하는 테두리 안에서 심판에 관한 절차, 내부 규율과 사무 처리에 관한 규칙을 만들 수 있다.

③ 헌법재판소의 조직과 운영 그 밖에 필요한 사항은 법률로 정한다.

제7장 선거 관리

제114조 〔선거관리위원회〕① 선거와 국민투표의 공정한 관리와 정당에 관계가 되는 사무를 처리하는 것이 목적인 선거관리위원회를 둔다.

② 중앙선거관리위원회는 대통령이 임명하는 3명, 국회에서 뽑는 3명과 대법원장이 지명하는 3명의 위원으로 이루어진다. 위원장은 위원끼리 모여서 서로 뽑는다.

③ 위원의 임기는 6년으로 한다.

④ 위원은 정당에 들거나 정치에 참여하지 못한다.

⑤ 위원은 탄핵되거나 금고 이상의 형벌을 선고받지 아니하고는 파면되지 아니한다.

⑥ 중앙선거관리위원회는 법률과 명령의 테두리 안에서 선거 관리, 국민투표 관리 또는 정당 사무에 관계되는 규칙을 만들 수 있으며, 법률에 어긋나지 아니하는 테두리 안에서 내부 규율에 관한 규칙을 만들 수 있다.

⑦ 여러 등급의 선거관리위원회의 조직과 한 일의 범위 그 밖에 필요한 사항은 법률로 정한다.

제115조 〔선거관리위원회의 행정기관에 대한 지시〕① 여러 등급의 선거관리위원회는 선거인 명부를 만드는 일들, 선거 사무와 국민투표 사무에 관계되는 행정기관에 필요한 지시를 할 수 있다.

② 제1항의 지시를 받은 해당되는 행정기관은 그 지시에 응하여야 한다.

제116조 〔선거운동·선거 경비〕① 선거운동은 여러 등급의 선거관리위원회의 관리 아래 법률이 정한 테두리 안에서 하되, 거기에는 기회가 고르게 보장되어야 한다.

② 선거의 경비는 법률이 정하는 경우를 말고는 정당 또는 입후보자에게 물려서는 안 된다.

제8장 지방자치

제117조 〔자치권·자치단체의 종류〕① 지방자치단체는 주민의 복리에 관계되는 사무를 처리하고 재산을 관리하며 법률과 명령의 테두리 안에서 자치에 관계되는 규정을 만들 수 있다.

② 지방자치단체의 종류는 법률로 정한다.

제118조 〔자치단체의 조직·운영〕① 지방자치단체에는 지방의회를 둔다.

② 지방의회의 조직과 권한, 그 의원의 선거 및 지방자치단체의 장을 뽑는 방법과 그 밖에 지방자치단체의 조직과 운영에 관계되는 사항은 법률로 정한다.

제9장 경제

제119조 〔경제 질서의 기본·경제의 규제·조정〕① 이 나라의 경제 질서는 개인과 기업이 경제에서 누리는 자유와 창의의 존중이

기본이다.

② 나라는 균형 있는 국민경제의 성장과 소득의 바른 분배를 유지하고 시장의 지배와 경제력의 남용을 막으며 경제 주체 사이의 조화를 통해서 경제가 민주화되도록 경제에 대해 규제하고 조정할 수 있다.

제120조 〔천연자원의 채취·개발 등의 특허·보호〕① 광물과 그 밖에 중요한 지하자원과 수산자원과 수력과 경제에 활용할 수 있는 자연력의 채취, 개발 또는 이용은 법률이 정하는 바에 따라 특정한 기간에 걸쳐서 특허할 수 있다.

② 나라의 땅과 자원은 나라가 보호하며, 나라는 그 균형 있는 개발과 이용의 계획을 세운다.

제121조 〔농지의 소작 금지·임대차·위탁 경영〕① 나라는 농지에 관하여 "땅은 밭갈이하는 사람에게"라고 하는 원칙이 이루어지도록 힘써야 하며, 농지의 소작제도는 금지된다.

② 농업 생산성을 높이고 농지를 이치에 맞게 이용하기 위해서나 또는 피치 못할 사정으로 생기는 농지의 임대차와 위탁 경영은 법률이 정하는 바에 따라 인정한다.

제122조 〔국토의 이용·개발과 보존〕 나라는 모든 국민의 생산 활동과 생활의 바탕이 되고 있는 나라의 땅을 효율적이고 균형 있게 이용하고 개발하며 보존하기 위하여 법률이 정하는 바에 따라 그에 필요한 제한을 가하고 의무를 지울 수 있다.

제123조 〔농·어촌 종합개발과 중소기업 보호·육성〕① 나라는 농업과 어업을 보호하고 북돋기 위하여 농·어촌 종합개발과 그에 대한 지원들에 필요한 계획을 세워 시행하여야 한다.

② 나라는 지역 사이를 균형 있게 발전하게끔 지역 경제를 북돋을 의무를 진다.

③ 나라는 중소기업을 보호하고 북돋아 키워야 한다.

④ 나라는 농수산물의 수요와 공급의 균형과 유통 구조의 개선에 힘써 가격 안정을 도모함으로써 농어민의 이익을 보호한다.

⑤ 나라는 농어민과 중소기업의 스스로 돕는 조직을 북돋아 키워야 하며, 그 자율적 활동과 발전을 보장한다.

제124조 〔소비자 보호〕 나라는 건전한 소비행위를 개발하고 지도하며 생산품의 품질 향상을 재촉하기 위한 소비자보호운동을 법률이 정하는 바에 따라 보장한다.

제125조 〔무역의 육성〕 나라는 다른 나라와 하는 무역을 북돋아 키우며, 이를 규제하거나 조정할 수 있다.

제126조 〔사기업의 국·공유화와 통제 등 금지〕 나라는 국방이나 국민 경제의 긴요한 필요성 때문에 법률이 정한 경우를 말고는 사유기업을 국유기업으로 바꿀 수 없으며, 그 경영을 통제하거나 관리하여서는 안 된다.

제127조 〔과학기술의 발전과 국가표준제도〕① 나라는 과학 기술의 혁신과 정보와 인력의 개발을 통하여 국민경제의 발전에 힘써야 한다.

② 나라는 나라의 표준제도를 확실히 세

운다.

③ 대통령은 제1항의 목적을 이루기 위하여 필요한 자문기구를 둘 수 있다.

제10장 헌법개정

제128조 〔개정제안권〕 ① 이 헌법의 개정은 적에 오른 국회의원이 그 수효가 반이 넘게 제의하거나 대통령이 제의하면 제안된다.

② 대통령의 임기 연장이나, 거듭해서 뽑힐 수 있도록 바꾸기 위한 헌법 개정은 그 헌법 개정 제안 당시의 대통령에게는 효력이 없다.

제129조 〔개정안 공고 기간〕 제안된 개정안은 대통령이 20일이 넘게 공고하여야 한다.

제130조 〔개정안의 의결과 확정 및 공포〕 ① 국회는 헌법 개정안이 공고된 날로부터 60일 안에 의결하여야 한다. 국회의 의결은 적에 오른 의원의 3분의 2가 넘는 찬성을 얻어야 한다.

② 헌법 개정안은 국회가 의결한 뒤 30일 안에 국민투표에 붙여 국회의원을 뽑을 수 있는 사람의 반이 넘게 투표하고 또 투표한 사람이 반이 넘게 찬성해야 한다.

③ 헌법 개정안에 제2항의 찬성을 얻은 때에는 헌법 개정안은 확정되며, 대통령은 즉시 이를 공포하여야 한다.

부칙

제1조 〔시행일〕 이번에 개정된 헌법(1987년 9차 개정헌법)은 1988년 2월 25일부터 시행한다. 다만, 이번에 개정된 헌법을 시행하기 위하여 필요한 법률의 제정이나 개정과 이번에 개정된 헌법에 따른 대통령과 국회의원 선거, 그 밖에 이번에 개정된 헌법 시행에 관한 준비는 이번에 개정된 헌법이 시행되기 앞서서 할 수 있다.

제2조 〔최초의 대통령 선거일·임기〕 ① 이번에 개정된 헌법에 따른 처음의 대통령선거는 이번에 개정된 헌법의 시행일 40일 전까지 실시한다.

② 이번에 개정된 헌법에 따른 처음의 대통령의 임기는 이번에 개정된 헌법의 시행일로부터 시작한다.

제3조 〔최초의 국회의원 선거·이 헌법 시행 당시의 국회의원 임기〕

① 이번에 개정된 헌법에 의한 맨 처음의 국회의원 선거는 이번에 개정된 헌법의 공포한 날로부터 6월 안에 실시하며, 이번에 개정된 헌법에 의하여 뽑힌 맨 처음의 국회의원의 임기는 국회의원 선거 이후 이번에 개정된 헌법에 의한 국회의 맨 처음 집회 날로부터 시작한다.

② 이번에 개정된 헌법을 공포했을 때에 국회의원의 임기는 제1항에 의한 국회의 맨 처음의 집회 날 바로 앞날까지 한다.

제4조 〔이 헌법 시행 당시의 공무원 등의 지위〕 ① 이번에 개정된 헌법을 시행할 때에

공무원과 정부가 임명한 기업체의 임원은 이번에 개정된 헌법에 따라 임명된 것으로 본다. 다만, 이번에 개정된 헌법에 따라 그 뽑는 방법이나 임명할 권한을 가진 사람이 달라진 공무원과 대법원장 및 감사원장은 이번에 개정된 헌법에 따라 후임자가 뽑히는 바로 앞날까지로 한다.

② 이번에 개정된 헌법을 시행할 당시의 대법원장과 대법원 판사가 아닌 법관은 제1항의 단서의 규정에도 불구하고 이번에 개정된 헌법에 따라 임명된 것으로 본다.

③ 이번에 개정된 헌법 가운데 공무원의 임기가 거듭해서 임명 못 되도록 한 규정은 이번에 개정된 헌법에 따라 그 공무원이 맨 처음 뽑히거나 임명된 때로부터 적용한다.

제5조 〔이 헌법 시행 당시의 법령과 조약의 효력〕 이번에 개정된 헌법을 시행할 당시의 법률이나 명령과 조약은 이번에 개정된 헌법에 어긋나지 아니하는 한에서는 그 효력이 계속해서 있다.

제6조 〔특설기관에 관한 경과조치〕 이번에 개정된 헌법을 시행할 당시에 이번에 개정된 헌법에 따라 새로 만들어질 기관의 권한에 속하는 직책에 따른 일을 하고 있는 기관은 이번에 개정된 헌법에 따라 새로운 기관이 만들어질 때까지 계속해 있으면서 그 직책에 따르는 일을 한다.

헌법 참고서적

헌법사상과 역사 및 한국 헌정의 이해를 돕기 위해 반드시 짚고 넘어가야 할 논제와 내용을 다루어 참고가 되는 책을 소개합니다. 될 수 있는 대로 군더더기 없이 아주 조금만 들어보았습니다.

헌법제도는 시민혁명의 산물이기 때문에 그 사상과 역사를 반드시 알아야 합니다. 헌법사상과 제도를 역사적으로 접근하는 것이 좋은 방법입니다. 그리고 우리의 헌법 정치 문제가 초점이므로 우리의 역사를 통한 정치사정을 바르게 알아야 합니다.

로크, 『시민정부론』

루소, 『인간 불평등기원론』, 『사회계약론』, 『에밀』, 『고백』

몽테스키외, 『법의 정신』, 『페르시아인의 편지』

볼테르, 『영국서한』, 『캉디드』

아베 시에예스, 『제3신분이란 무엇인가』 (책세상)

토마스 페인, 『상식론』, 『인간의 권리』, 『이성의 시대』

해밀턴 · 제이 · 메디슨, 『연방주의자 논고』

존 스튜어트 밀, 『자유론』, 『대의정부론』

마르크스 · 엥겔스, 『공산당선언』, 『프랑스내전』

다이시, 『헌법입문』

레닌, 『무엇을 할 것인가』, 『국가와 혁명』, 『제국주의론』

스탈린, 『마르크스주의와 민족문제』

모택동, 『신민주주의론』

배링턴 무어, 『독재와 민주주의의 사회적 기원』(까치)

노명식, 『프랑스혁명에서 파리코뮌까지 1789~1871』(까치), 『자유주의의 원리와 역사』(민음사)

스기하라 야스오(杉原泰雄), 『인권의 역사』(한울)

브루스 커밍스, 『한국전쟁의 기원』(일월서각), 『한국현대사』(창비)

강만길, 『새로 쓴 한국근대사』(창비), 『새로 쓴 한국현대사』(창비)

하워드 진, 『오만한 제국』(당대)

한상범, 『현대법의 역사와 사상』(나남), 『한국의 법문화와 일본 제국주의의 잔재』(교육과학사), 『일재 잔재 청산의 법이론』(푸른세상)

(위 책들 중에 출판사를 표시하지 않은 것은 여러 출판사에서 나온 것입니다. 물론 외국 책으로 번역되지 않은 것도 몇 개 있습니다.)

여기서 교과서와 수험서를 소개하지 않은 것은 그 가짓수도 많으려니와 책임 있게 자기의 요구와 필요에 따라서 택해야 하기 때문입니다. 자기가 신뢰하는 선배나 수험에 합격한 경험을 통해 조언할 수 있는 분이나, 양심적이고 실력이 있다고 보는 교수나 강사 신생의 도움을 받으시오. 물론 그렇게 해도 최종적인 책임은 자기 스스로에게 있다는 점을 잊지 마시길.

용어 설명

간접적용설: 법질서는 공법과 사법으로 나누어지며, 사법에서는 자치가 보장된다. 따라서 헌법의 인권 규정을 사법에서는 직접 적용치 않고 사법 일반 조항의 '사회질서' 속에 인권 존중의 법질서가 포함된다고 보아, 인권을 침해하는 사법상 행위의 효력을 부인할 수 있다는 통설이다.

건국강령: 상해임시정부가 1941년 일본 제국주의에 대해 선전포고를 한 뒤에 아울러 해방 후 건국의 지침을 제시한 것으로 삼균주의(三均主義) 정신을 골격으로 한 자주·민족·민주 국가의 설계도. 여기서는 친일파 처벌, 재산몰수, 자유복지제도의 수립이 강구되고 있다. 1948년 대한민국 헌법은 이 정신을 계승하여 임정의 법통(法統)을 계승 확보하게 되었다.

고골리(Gogol, 1809~1852): 19세기 러시아 작가. 리얼리즘 문학의 기수로 농노제 하 전제 정치의 모순을 고발하였다. 『검찰관』(1836) 이외에 『외투』, 『광인일기』, 『죽은 혼』 등 명작이 있다.

공개재판주의(公開裁判主義): 재판에서 심리와 판결은 반드시 공개한다는 원칙이다. 다만 안녕질서나 미풍양속을 이유로 비공개로 할 경우에도 판결은 반드시 공개한다. 비밀재판 또는 암흑재판을 막음으로써 국민이 재판 과정을 감시, 비판할 수 있게 하여 공정을 꾀하고자 하는 것이다.

공소시효: 어떤 범죄에 대하여 일정 기간이 경과한 때에는 공소의 제기를 허용하지 않는 제도를 말한다.

관세자주권(關稅自主權): 국가가 자기 나라의 관세제도와 세율을 정할 권한. 서방 제국주의 국가들은 후진국과 불평등조약을 맺으면서 일방적으로 낮은 관세를 부과했다.

구속영장: 수사기관에 구속을 허락하는 법관의 허가장. 구속은 범죄행위자에 대한 강제처분이므로 이를 행할 경우에는 영장이 필요한 것이 원칙이다.

구술변론주의(口述辯論主義): 재판에서는 원고와 피고 당사자 쌍방이 재판관 앞에서 구술로 주장하고 부인하며 입증하고 반증하는 절차를 통해서 진행한다는 원칙. 문서로써 진실을 밝히고자 하는 것과 다르다.

국가법인설(國家法人說): 나라의 본질을 법률상 하나의 인격으로서 가정하여 설명하는 학설.

국가보위입법회의: 1980년 신군부의 5·17쿠데타로 국회를 불법으로 해산하고 그에 대신해서 임의로 설치한 기구. 여기서 법령의 개정 등 국회 대행 기능을 했다.

국선변호인제도(國選辯護人制度): 변호인은 사선(私選)되는 것이 원칙이나 피고인이 빈곤 및 기타의 사유에 의하여 변호인을 사선할 수 없을 때에는 피고인의 청구에 의하여 법원이 변호인을 선정하여야 하며, 피고인이 미성년자이거나 70세 이상의 노인이거나 농아자, 심신장애의 의심이 있는 자인 때에는 법원이 직권으로 이를 선정할 수 있는 제도를 말한다.

국제사면위원회: 영국에 본부를 둔 국제 인권운동단체. 양심수 석방, 고문과 사형제도 폐지운동을 전개하고 있다.

권력분립의 원칙: 권력을 한 개인, 한 기관에 집중하지 않고 각기 다른 기관에 속하게 해서 서로 견제시킴으로써 국민의 자유를 보장하려는 근대 헌법의 정치조직의 원리.

권리장전(權利章典): 영국의 명예혁명이나 미국의 독립혁명 등에서 국민의 자유와 권리를 성문 법전의 형식으로 규정한 것을 말한다.

권인숙 사건: 서울대 재학 중 현장에서 노동운동을 하던 그녀를 부천경찰서 문모 경찰관이 성고문하였다. 이것이 문제가 되어 전두환 정권의 반인권적·반인륜적 추악상이 폭로되고 민권운동과 노동운동이 크게 고양되었다.

근대입헌주의(近代立憲主義): 정치권력을 헌법의 규제 하에 둠으로써 인민의 자유와 권리를 보장하고자 하는 근세의 정치사상과 제도 및 운동을 총칭한다. 특히 시민적 정치 질서의 법치화를 도모하려 한 근대적 정치제도를 말한다.

『기독교의 기원』: 칼 카우츠키의 저작으로서 예수를 이스라엘의 가난한 피억압 대중의 선각자이며 혁명가로 해석한 이색적 기독교 분석서이다.

노동가치설: 상품의 가치 척도는 투하노동량에 의한다는 리카도의 학설. 마르크스는 여기서 한 걸음 나아가서 잉여가치설을 주장하였다.

능동적 시민: 일정액 이상의 납세를 하는 성년 남성으로서 정치 참여(투표권 행사)가 인정된 시민. 수동적 시민이란 여성과 미성년자 및 자산이 없어서 일정액 이상 납세하지 못하는 하층 시민을 말한다. 이들은 투표권이 없다.

다키가와 유키도키(瀧川幸辰, 1891~1962): 일본 교토 대학 교수로 형법학자. 자유주의적 학설로 1933년 대학에서 쫓겨난다. 문제가 된 책은『형법독본』이었다.

당사자주의(當事者主義): 소송절차 특히 형사소송절차에서 원고인 검찰과 대립하는 피고인도 적법한 주체인 당사자로서 변호인의 대리를 통해서 권리를 주장하고 증거를 제출하며 다툴 수 있다는 소송상의 원칙을 말한다.

대통령 간선제: 국민의 직접선출이 아닌 선거인단에 의한 대통령의 간접선거제. 제5공화국 헌법의 선거인단 간선제가 민주적이지 못하다고 하여 1987년 6·10시민항쟁 후 현행 헌법대로 직선제가 되었다.

「대한국제」(大韓國制, 1897): 약식 몇 개 조항으로 이루어진 전제군주제 헌법으로 왕을 황제로 칭함. 일제에 의해 국권이 침탈되어 가던 말기에 형식적 체면과 명분을 과시해 보려고 체제정비를 해서 국호를 대한제국이라 하였다.

동직자 조합(길드, Guild): 근대 이전에 특정 직업에 대해 독점적 관리권을 행사하던 단체. 근대 사회에서는 그러한 특권은 폐지되었다.

드골(De Gaulle, Charles Joseph Marie, 1896~1970): 프랑스의 군인·정치가, 2차대전시 나치에 항전한 망명지도자. 제5공화국 초대 대통령으로 집권, 권위주의적 지배로 군림하다가 1969년 총선 패배로 은퇴하였다.

드레퓌스 사건(The Drefus Affair, 1894): 프랑스 제3공화정 당시 유태인 대위 드레퓌스를 군부 우익세력이 간첩으로 몰아 공세를 취하려 한 재판조작극이다. 이 사건은 자유주의 양심 세력과 우익 반동세력 간의 대결로 번졌다. 결국 무고함이 입증되나 드레퓌스가 몇 년 만에 석방된 것은 무죄로서가 아니라, 사면에 의해서였다.

라스웰(Lasswell, Harold Dwight, 1902~1978): 미국의 정치학자, 시카고 학파의 대표자. 정치학에 심리분석을 도입했다. 저서로는 『정신분석학과 정치학』(1930)이 유명하며, 세계대전 후의 국가의 병영화와 감옥화를 경고한 책으로 『권력과 인격』이 있다.

라스키(Laski, Harold Joseph 1893~1950): 영국의 민주사회주의자이며 정치학자. 런던대학 교수·노동당 부위원장. 한국에 소개된 그의 저서로는 『정치학 강요』, 『근대국가의 자유』, 『국가론』 등이 유명하다.

러셀(Russell, Bertrant Auther, 1872~1970): 영국의 철학자, 수학자 및 사회사상가. 그의 『서양철학사』가 우리에게 널리 알려져 있다.

레닌(Lenin, 1870~1924): 러시아의 혁명가. 1917년 10월 혁명을 지도해 혁명정부의 수반이 되었다. 그의 사회주의 저술은 여러 부분에 걸쳐 있다. 혁명에 대한 저술로는 『무엇을 할 것인가』, 『인민의 벗이란 누구인가』, 『국가와 혁명』 등이 있다. 특이 그는 직업혁명가로 구성된 소수정예가 노동자와 빈농을 조직하여 혁명을 이룩해야 한다고 역설하였다.

레이첼 카슨(Carson, Rachel L., 1907~1964): 미국 생물학자. 그의 역작 『침묵의 봄』 (1962)에서 농약 과용으로 인한 자연파괴를 폭로하였다. 이 책은 1960년대 미국에서

베스트셀러가 되었다.

레임덕 현상(Lame Duck): 미국에서 임기말 재임 안 될 것이 확실한 사람을 뜻하는 말. 예컨대 단임제 대통령의 임기 만료 직전 같은 경우인데 이러한 직위에 있는 사람들에게 관리나 당원이 복종하지 않고 다른 실력자를 따라서 이합집산함으로써 권력체제에 구멍이 뚫리는 현상을 말한다.

로베스피에르(Robespierre, Maximilian Marie Isidor, 1758~1794): 프랑스의 혁명가. 루이 16세를 처형하였으나 그의 공포정치에 반발한 보수파의 쿠데타로 인해 몰락, 형장의 이슬로 사라졌다. 루소의 이상에 충실했던 혁명가이다.

루쉰(魯迅): 중국 현대작가. 1936년 상해에서 폐결핵으로 사망할 때까지 장개석의 폭정에 항거하며 민중의 각성을 위해 분투하였다. 『광인일기』, 『아큐정전』 등은 우리에게도 낯익은 작품이다.

리카도(Ricardo, David, 1772~1823): 아담 스미스와 함께 영국 고전학파의 원조. 노동가치설로 마르크스에게 영향을 미쳤다. 저서로『경제학 및 과세의 원리』(1817) 등이 있다.

마그나카르타(대헌장, 大憲章): 13세기 초 영국의 귀족이 국왕의 전제에 반발해 국왕이 준수해야 할 피치자와의 약속을 정한 봉건적 계약 문서(1215). 그것을 근거로 국왕의 권력을 법적으로 규제하게 되어 근대 입헌주의 발전에 크게 이바지하였다.

마르코스(Marcos, Ferdinand, 1917~1989): 필리핀의 독재자. 아키노의 민권승리(1987)에 의해 몰락해 하와이로 망명하여 현지에서 사망했다.

마블리(Mably, Gabriel Bonnet De, 1709~1785): 프랑스의 철학자, 역사학자로서 토지공산주의자. 로베스피에르와 바뵈프에게 영향을 미쳤다.

마츠가와(松川) **사건**: 1950년 일본에서 열차전복치사 사건이 발생하자 이 사건의 범인으로 일부 철도노조원들을 소추해 사형판결을 내렸다. 그러나 사건의 증거 부실 등이 밝혀지며 몇 년간의 긴 법정투쟁과 재야세력의 지원으로 오판(誤判)이 구명되어 후에 최고재판소에서 전원 무죄가 확정된 사건이다.

마키아벨리(Machiavelli, 1469~1527): 이탈리아 피렌체의 정치가로서 이탈리아의 통일을 위한 정치가의 출현을 기대하여 『군주론』을 집필, 정치적 기반을 공고히 하기 위한 권력자의 권모술수를 강조하였다. 그래서 그는 과학적 성치학을 수립한 공로와 애국심에도 불구하고 음모·모략에만 치중한 술책가처럼 알려지게 되었다.

막스 베버(Weber, Max 1864~1920): 독일 법사회학자. 자본주의 발전에 개신교 윤리가 기여한 바를 규명한『프로테스탄티즘의 윤리와 자본주의의 정신』(1904~1905)이 유명하다. 그 밖에 근대법의 성격을 논구한 『경제와 사회』(1922) 등이 있다.

메이지유신(明治維新): 봉건 막부가 지배하던 일본이 왕 중심의 중앙집권체제로 복귀하여 근대적 국가체제를 수립하기 위한 개혁운동이다. 주로 하급 무사들이 중심이 되어 1868년 막부를 타도하는 데 성공했으며, 이 개혁에 성공함으로써 일본은 서양의 식민지화를 면하고 제국주의 국가로 발전하게 된다.

명예혁명(名譽革命): 1688년 영국의회가 군주의 전제와 독선에 반기를 들어 군주를 추방하고 그의 딸과 사위 오렌지공에게 왕좌를 내주어 권리장전을 준수토록 한 혁명. 군주의 추방에 그친 무혈혁명이므로 명예혁명이라고 한다.

『명이대방록』(明夷待訪錄): 루소의 국민주권론에 비교되는 중국 황종희(黃宗羲)의 저작. 군주는 원래 인민의 심부름을 하는 직책인데 천하의 이익을 독점하려는 것을 통렬히 비판하며 인민의 이익을 관철하는 여론의 존중을 역설한다. 이 책은 청나라 말기 개혁운동에서 많이 인용되었다.

몽테스키외(Montsquieu, 1689~1755): 프랑스의 법조인이며 계몽사상가. 『법의 정신』(1748)에서 권력분립론을 주창했다. 입헌군주론자로서 왕과 귀족이 시민과 공존하는 법치를 구상했다.

무죄추정권: 피의자는 유죄가 확정되기까지 무죄로 추정받아 권리를 행사한다는 근대 형사법의 원칙. 따라서 피의자 스스로 무죄임을 입증할 의무가 없는 대신 소추하는 검찰이 유죄를 입증할 의무가 있으며, 피의자의 권리를 존중해야 한다.

묵비권: 형사상 자기에게 불리한 진술을 거부할 수 있는 헌법에 보장된 권리를 말한다.

미나마타병: 수은 등 유독물질·화학물질 중독으로 인한 공해병으로 불치병이다. 일본에서 1960년대에 발생해 사회문제가 되었다.

민의원: 양원제 국회에서 하원에 해당하며, 참의원과 함께 국회를 구성하는 일원을 말한다.

민족주의비교연구회: 1960년대 서울 문리대 황성모 교수가 지도교수로 있는 동아리 이름으로 황 교수의 『공산당선언』(1848)을 인용한 논문이 반공법 위반으로 제소되었다.

바뵈프(Babeuf, Francois Emile, 1760~1797): 프랑스의 공산주의자. 프랑스혁명 당시 공산주의 실현을 위한 쿠데타 음모를 하다가 발각되어 처형당했다.

바이마르 헌법(1919): 독일제국이 1차대전에 패배한 뒤 독일혁명으로 수립된 공화국의 헌법을 말한다. 이 헌법은 사회민주주의를 표방했던 정당의 영향으로 개량주의 또는 수정자본주의적인 복지국가 정책을 성문화했다.

바쿠닌(Bakunin, Mikail Aleksandrovich, 1814~1876): 러시아의 무정부주의자. 마르크스와 함께 '제1인터내셔널'을 조직하지만 서로 대립한다. 신과 국가를 모두 원칙적으로 부정한 혁명가로서 생애 상당 기간을 옥중에서 보냈다.

박종철 사건: 1987년 서울대 재학생이었던 그의 고문치사가 폭로되면서 전두환 정권에 대한 반대투쟁이 고양되어 민주화운동의 기폭제로 작용하였다.

법복귀족(法服貴族): 프랑스혁명 이전에 법조직을 매입하여 법관이 되는 경우를 법복귀족이라고 부른다. 영국의 경우는 법률가로서 귀족 작위를 받아 상원의원이 된 자를 말하며, 이들 법률가는 영국 최고법원의 권한을 행사한다. 영국 상원이 영국의 최고법원이란 말은 바로 그 점을 지적한 것이다.

법적 권리설: 인권규정은 모두가 원칙적으로 재판규범으로서, 입법의 불비로 직접적인 효력이 당장 생기지는 않아도 권리로서 인정하는 학설

법정증거주의(法定證據主義): 재판에서 채택하는 증거의 요건을 법률이 미리 정하는 원칙이다. 과거의 재판 원칙이었다.

법조 사회주의(法曹社會主義): 법률가의 사회주의로서 입법의 수단을 합법적으로 구사함으로써 계몽을 통해 사회주의를 실현할 수 있다는 사상이다.

보통법(Common Law, Judge-Made-Law): 불문법(不文法)으로서 법원의 판결에서 명시된 법리가 축적되어 법으로서 기능하는 법을 말한다. 다시 말해 법관이 만든 법을 의미한다.

볼셰비키: 러시아 말로 다수파란 뜻이다. 멘셰비키는 소수파. 레닌파가 다수파란 것은 1903년 당 대회의 조직론을 둘러싼 논쟁에서 근소한 차로 다수가 되었기 때문이다. 그 후 다수파로서의 정통성을 주장, 공산당의 이름처럼 되었다.

부서(部署): 대통령이 문서에 서명하면 총리와 관계 국무위원이 서명해서 대통령의 권한행사에 대해 견제하고 아울러 책임 소재를 분명하게 하는 제도를 말한다.

불고지죄(不告知罪): 국가보안법에서 동법에 해당하는 죄를 범한 자를 알고도 신고하지 않으면 처벌받는 죄. 밀고를 강요하거나 특히 근친에 대한 밀고를 의무화한다고 해서 인륜에 반하는 처벌이라는 논란이 되고 있다.

브랜다이스(Brandeis, Louis Dembitz, 1856~1941): 연방최고재판소 판사로서 자유신장 판결을 해 유명해졌다.

브루노 바우어(Bauer, Bruno, 1809~1882): 독일 신학자로 헤겔 좌파, 마르크스의 선배 겸 친구이다. 성서비판 등 급진적인 현실비판으로 대학에서 추방당했다. 마르크스는 후에 브루노와 결별, 그에 대한 비판서인 『신성가족』을 썼다.

사법 파동: 1970년대 군사정권의 방침을 거슬러서 재판한 법관의 스캔들을 들추는 등 압력을 가하는 데 대해 법관들이 집단적으로 반빌한 사건.

사법권(司法權): 좁은 의미로는 재판권, 넓게는 사법부에 속하는 재판권 이외에 사법행정권과 입법에 관한 권한까지 말하기도 한다.

사법심사제도(司法審査制度): 법원이 구체적 소송사건에서 법률을 적용함에 있어서 그 법률의 적법성(합헌성) 여부를 심사하는 미국식 법률심사제도를 말한다.

사상의 자유시장론: 사상의 진리 여부는 공개된 시장에서 논쟁을 통해 심판된다고 하는 자유

주의 이론. 진리생존설(眞理生存說)이라고도 한다.

사회권: 복지국가 정책에 따라 경제적 약자의 생존을 정부 차원에서 배려하기 위해 20세기에 추가된 기본권으로 노동권을 비롯해 사회보장을 받을 권리 등을 말한다. 생존권 또는 생활권이라고도 한다.

삼민주의(三民主義): 중국 국민혁명의 지도자 쑨원이 주창한 혁명 건국의 원리로서 민족주의(民族主義: 청족＝만주족으로부터 한족[漢族]의 해방), 민권주의(民權主義: 민주주의), 민생주의(民生主義: 토지균분, 민생안정)를 의미한다. 국민정부의 건국이념이 되었다.

3분류설: 바이마르 헌법을 해설한 안슈츠의 주석서에서 종교의 자유를 ① 협의의 신앙의 자유, ② 행위(행사)의 자유, ③ 결사의 자유의 세 가지로 분류해서 설명한 것이다.

상당보상설(相當補償說): 정당보상설에 대립해서 완전한 시가(市價) 보상이 아니라, 공익증진을 우선해서 개인의 재산상 제한을 감수하는 불완전한 보상을 뜻한다.

샤프리에 법: 프랑스혁명(1789) 후 혁명정부가 노동자의 집단 행동 등 시위규제를 위해 만든 결사금지법을 의미한다.

서승·서준식 형제: 유신독재 하에서 재일교포간첩사건으로 몰려 구금·고문당했으며 만기복역 후에도 전향을 거부하다가 1980년대 석방되었다. 서승은 현재 일본의 대학에서 활동하며 인권운동을 하고 있으며 서준식은 '인권운동사랑방'의 대표로 있다. 서승의 옥중기(獄中記)인 『옥중 19년』(岩波新書, 한국어판은 창비)이 유명하다.

서유견문(西遊見聞): 조선시대 말 유길준(兪吉濬)이 구미 여러 나라를 시찰하여 선진국의 정치·법제·산업 등 문물제도를 견학해서 소개한 여행기.

성실청(星室廳): 영국의 언론 등을 단속 재판한 특별 법원. 천장에 별무늬가 있는 건물에서 재판한 데서 유래한 이름이다.

세포이 반란(1857~1859): 인도를 지배하던 영국은 인도 토착인 이슬람교도와 힌두교도들을 용병으로 고용하였는데, 이들 용병을 세포이(Sepoy)라 한다. 이들은 소총 탄환의 탄피 탄약통에 돼지와 소기름을 사용한다는 소문에 분개(이슬람교도는 돼지를 기피하고, 힌두교도는 소를 숭배한다), 마침내 그것이 발단이 되어 인도 독립전쟁의 성격을 띤 반란을 자행했으나 결국은 자체 분열로 진압되었다.

수하르토(Suharto, 1921~): 전 인도네시아 대통령. 1960년대에 수카르노에 반기를 든 공산당 숙청 쿠데타로 집권해 30여 년간 장기집권하다가 1997년 IMF 외환 위기 이후 학생과 재야세력의 항기에 굴복해 하야했다.

쉬켕크 사건(Schenck v. US, 1919): 미국 연방최고재판소에 상고된 방첩법 위반사건으로 전시 병역 반대 선동이 유죄로 판결되었다. 이 사건에서 올리버 웬델 홈즈 판사가 '명백하고 현존하는 위험의 원칙'을 표현의 자유 제한 법리로 제창하였다.

스나가와(砂川) 사건: 패전 후 일본 헌법이 사법(司法)심사제를 채택한 후 최초로 법원이 통치행위(統治行爲)를 이유로 국제조약에 대한 심사를 거부한 1950년대의 미·일 안보조약의 위헌 여부 사건을 말한다.

스코츠보로 흑인소년 사건: 1931년 알라바마 스코츠보로에서 9인의 흑인소년이 2인의 백인소녀를 강간했다는 사건. 실제로는 무임승차한 백인소녀가 꾸며낸 이야기이다. 그러나 백인 시민을 격분시켜 인종재판이 되어, 8인이 유죄로 인정되었다. 그에 대한 부당성이 규탄되어 1936년 4인의 흑인은 석방되나, 나머지 흑인은 1950년까지 감옥에 있었다. 인종편견이 초래한 오판의 대표적 사례이다.

스피노자(Spinoza, Baruch, 1632~1677): 폴란드의 유태인 철학자로서 시민적 철학 연구인 『윤리학』(1677) 이외에 『신학정치론』(1670)이란 자유주의적 시민정치의 저작이 있다.

10월 혁명: 1917년 러시아에서 레닌이 지도하는 볼셰비키당(공산당)이 지도한 10월의 혁명을 말한다. 부르주아 혁명인 1917년의 2월 혁명과 구별하기 위해서 10월 혁명이라고 한다.

신해혁명(1911): 청나라의 군주제를 전복하고 공화제로 전환한 근대 중국 국민혁명의 시발. 이 혁명으로 청조가 망하고 중화민국이 건국되었다.

12월당(데카브리스트): 1825년 12월 나폴레옹 전쟁에서 돌아온 개혁파 장교가 쿠데타를 일으켰다가 처형당했는데 이들 일당을 말한다. 제정 러시아 최초의 근대적 자유주의 개혁의 선각자들이다.

아담 스미스(Smith, Adam, 1723~1790): 영국 고전파 경제학자의 원조로 자유방임주의를 제창했다. 주저로 『국부론』(1776)이 있다.

아람회 사건: 전두환 정권 당시 용공 조작 사건의 하나이다(1981).

아우렐리오 펫제이: 이탈리아의 사업가로 2차대전 당시에는 나치에 대항하여 레지스탕스 운동을 하였다. 저서로 로마 클럽을 통해 펴낸 최초의 보고서인 『성장의 한계』가 있다.

아편전쟁(1840~1842): 1840년 영국이 청나라의 쇄국정책, 특히 아편의 판매를 금지하고 무역을 제한하는 것에 대해 서방 상인의 사소유권 침해와 영제국에 대한 도전이라고 트집을 잡아 전쟁을 도발, 청조를 굴복시키고 불평등조약(남경조약)을 맺게 한 전쟁을 말한다. 청나라는 이 전쟁에서 패함으로써 서구 제국주의 열강의 반식민지가 되었다.

안톤 멩거(Menger, Anton, 1841~1906): 오스트리아의 법조 사회주의자이며 법학교수. 마르크스의 계급투쟁과 혁명론에 반대하고 입법에 의한 사회개량으로 사회주의 사회 건설을 역설했다. 저서로는 『민법과 무산계급』(1903)이 유명하며, 그 밖에 『신국가론』(新國家論), 『노동전수익권사론』(勞動全收益權史論) 등이 있다.

애틀리(Attlee, Clement Richard, 1883~1967): 영국 노동당 지도자로 1945년 수상으로 선출, 2차대전 후 사회복지정책 실현에 노력하였다.

야마가타 아리토모(山縣有朋, 1838~1922): 메이지 이후 소화왕 시대까지 산 일본의 군인이
며 정치가로서 한국 침략 경영을 비롯해서 제국주의 진출을 도모하는데 선두에 섰다. 이
토 히로부미는 정치, 야마가타는 군사를 담당해서 근대 제국을 건설해가는 데 힘썼다. 이
토 히로부미가 죽은 뒤에는 최고 원로가 되었다.

업튼 싱클레어(Sinclair, Upton Beal, 1878~1968): 미국의 작가. 『석탄왕』, 『보스톤』 등 많
은 사회고발적 문제작을 남겼다.

에드워드 코크(Coke, Edward, 1552~1634): 영국의 법조인이며 법학자. 국왕의 자의적 법
적용에 항변하여 거부한 것으로 역사에 이름을 남겼다.

에밀 졸라(Zola, Emile, 1838~1922): 프랑스의 문호. 사회소설 작가로 유명하며 『나나』,
『선술집』, 『3도시』등의 역작이 있다. 특히 드레퓌스 사건에서는 일신의 위험을 무릅쓰고
드레퓌스의 변호에 나서서 군부 반동세력과 대결했다.

영사재판권(領事裁判權): 서방 제국주의가 후진국을 식민지화할 때에 그 나라에 있는 자국민
에 대한 재판은 (그 나라가 문명국으로서 법률제도를 갖추고 있지 못하기 때문에) 그 나
라의 재판권을 배제하고 자기 나라 영사의 재판을 받는다는 주권 침해의 제도이다. 한국
도 일본 등 제국주의 열강과 조약을 맺을 때에 그러한 굴욕적인 주권 침해를 당했다.

예링(Jhering, Rudolf Von, 1818~1892): 빈 대학의 법학교수였다. 『로마법의 정신』이란 역
작을 남겼는데, 특히 『권리를 위한 투쟁』이란 강연집은 근대법의 정신을 고취한 것으로
우리에게도 소개되어 알려지고 있다.

예카테리나 2세(Ekaterina II, 1729~1796): 러시아의 여제로서 미술품을 수집하고 계몽사상
가를 지원하는 등의 활약을 했다. 그러나 전제군주로서 농노에 대해 유형권을 인정하였
다.

오웬(Owen, Robert, 1771~1858): 영국의 공상적 사회주의자. 기업가로서 노동자의 노동
조건을 개선하고 이상사회를 구상하여 공산촌 건설을 시도하나 실패한다.

외견적 입헌주의(外見的立憲主義): 시민헌법의 규정을 명목상으로 형식만 갖추었을 뿐 실질
적으로 군주와 귀족 등 구세력이 지배하는 사이비 헌법 제도를 말한다. 구체적인 예로서
시민혁명이 좌절된 정치적 후진국이었던 19세기 독일 등의 헌법을 들 수 있다. 1850년
프로이센 헌법 체제, 1870년 독일제국의 헌법 체제가 그 전형적 사례이다.

워렌(Warren, Sammuel D., 1891~1974): 개인의 프라이버시가 상업적 목적으로 함부로
침해되는 것에 대한 법적 구제 및 시정책 강구의 필요성을 주장한 변호사로서 후에 브랜
다이스의 조력을 받아 공저로 「프라이버시의 권리」라는 논문을 하버드 대학 법학보에 게
재하게 된다.

워터게이트 사건: 닉슨 미국 대통령이 대선 당시 민주당 당사가 있는 건물에 침입 절도를 교
사해서 서류 등을 절취 시도한 사건(1973)으로, 이 사건이 문제되어 닉슨은 대통령직을

사임하게 되었다.

유물사관(唯物史觀): 마르크스의 역사발전의 법칙. 인간은 생산을 통해 사회관계를 이룩하며 이 사회는 지배계급과 피지배계급으로 대립하여 투쟁하는데, 이 과정에서 생산력과 생산관계의 모순이 폭발하여 사회 혁명으로 발전한다고 보는 역사관을 의미한다.

유신헌법(維新憲法): 박정희가 1972년 내외정세 위기와 통일을 위한다는 구실로 친위 쿠데타로 국회 등을 해산하고 만든 대통령 종신집권체제의 독재헌법이다. 박정희가 1979년 피살됨으로써 이 독재헌법체제도 종말을 고했다. 당시의 학자, 언론, 기타 지식인 등은 이 독재체제를 찬양·동조하여 민주주의를 압살하는 추악한 작태를 보였다.

의사정족수(議事定足數): 합의체가 활동하기 위하여 회의에 출석해야 할 정족수를 정하는데 의사(議事)의 정족수와 의결(議決)의 정족수가 있다. 의사정족수는 합의체 기관의 의사를 진행하는데 필요한 구성원의 출석수를 말한다.

이광수(李光洙): 최남선과 함께 한국 신문학의 개척자로『흙』,『사랑』,『무정』등 많은 작품을 남겼다. 그러나 일제 당국에 회유당해『민족개조론』을 써서 한민족의 자주독립 연기론을 선전했다. 일제가 패망을 앞둔 말기에는 일제에 투항해 일본식으로 성명을 바꾸고 학병·징병 지원을 고취하는 등 민족반역의 길을 걸었다.

이권분립론(二權分立論): 존 로크는 시민의 자유를 위한 권력기구를 입법권(의회의 권력)과 집행권(왕의 권력)의 이권(二權) 분립제도로써 수립하고자 했다.

이로카와 고타로(色川幸太郎): 변호사 출신으로 1968년 일본 최고재판소의 법관으로 임명되었다. 도쿄대 재학 중 신인회(新人會)란 진보단체에서 활동했으며, 변호사 시절 노사문제에 기여했고 재임 중에는 관공노동자의 권익을 옹호하는 판결을 내렸다. 언론 등 표현의 자유, 예술의 자유, 정신적인 자유도 중요하지만, 평범한 사람에게는 오락의 자유도 중요하므로 음란 문서 단속에 있어서 이 점을 감안해 지나친 규제를 삼가야 한다는 의견을 제시했다.

이원집정부제(二元執政府制): 내각제와 대통령제 양쪽을 절충한 정부형태. 대통령은 안보·군사·외교의 권한을 가지고 수상(총리)은 행정권을 관장하는 것. 핀란드 정부나 프랑스 제5공화정 정부의 예를 들 수 있다.

이익균점권: 1948년 한국 헌법에서 노동자가 기업 이윤을 일부 기업자와 균점할 수 있다는 조항을 두었다. 그러나 강령적 장식 규정으로 그치고 만다.

이익형량(利益衡量) **원칙**: 언론에 대한 규제 법리로서, 충돌하는 이익 간의 비교 교량을 통해 최선의 공익을 취해야 할 경우에 제한을 하자는 원칙이다. '명백하고 현존하는 원칙'에 대신해 등장한 이론이다.

이적 표현죄(利敵表現罪): 국가보안법에서 적을 이롭게 하는 표현의 죄. 예를 들면 공산체제를 찬양하거나 적을 이롭게 하는 선동을 하는 등의 표현행위가 처벌된다. 언론 탄압의 구실이 된다고 해서 논란이 되고 있다.

인신보호영장: 인신구속의 적부를 심사하기 위하여 구금자가 피구금자를 대동하고 출석하게 하는 법관의 명령서를 말한다.

인클로저 운동(Enclosure Movement): 영국에서 양모 산업이 발전됨에 따라 지주들이 양을 치기 위한 목초지를 조성하려고 울타리를 친 사건이다. 이때 농토에서 추방된 농민들이 도시 빈민과 노동자로 전락하여 초기 산업자본주의 발전의 토대가 되었다.

잉여가치설(剩餘價値說): 마르크스의 자본주의 경제법칙으로서 자본가가 노동자의 초과노동을 통해 잉여가치를 착취한다는 이론.『자본론』의 생산과정 분석의 주된 논점이다.

자연권: 실정법 이전의 권리란 개념으로 정의(正義)의 법이란 생각에 바탕을 둔, 자연법에서 유래한 인권의 관념이다. 특히 근대 시민사상에서는 생명, 자유 및 재산의 권리를 내용으로 한다.

자유심증주의(自由心證主義): 적법하게 제출된 증거를 인정하는가 여부는 재판관의 자유로운 판단에 의한다는 원칙을 의미한다. 현행법이 채택하고 있는 증거재판의 원칙이다.

장 자크 루소(Rousseau, Jean Jacques, 1715~1778): 계몽사상가로서 다방면에 영향을 미쳤다. 주권론으로『사회계약론』(1762), 교육론으로『에밀』(1762), 그리고 현상논문에 낙선했지만 영향력 있는『인간불평등기원론』등을 들 수 있다.

적법절차(Due Process of Law): 영미법에서 '법이 정한 상당한 절차'란 법리로서 실체법과 절차법의 정당성을 요구하는 제도. 미국 연방헌법 수정 7조와 14조가 유명하다.

정보접근권: 개인이 공공기관이 관리하는 정보에 자유롭게 접근할 권리. 정보자유법 또는 정보공개법 등에 의해 각국이 보장하고 있다. 최근 한국도 정보공개제도가 법제로 보장되었다.

제2인터내셔널: 제1인터내셔널은 1864년 마르크스 등이 창립했다. 제2인터내셔널은 19세기 후반에 각국 사회주의 정당의 국제협의체로 유력하게 떠올랐으나 1차대전 발발을 계기로 반전과 참전으로 분열되어 붕괴되었다.

조소앙(1887~미상): 독립운동가. 상해임시정부에 참여, 삼균주의를 제창하고 건국강령을 집필하였다. 1950년 6·25전쟁 중에 북한 측에 의해 납치되었다. 조소앙의 삼균주의란 정치, 경제 및 교육에서의 균등을 내용으로 한다. 이 이념은 임정에서 채택되어 건국강령에도 반영되었다.

존 로크(Locke, John, 1632~1704): 영국의 경험론 철학자이며 반왕당파에 속한 의회당파의 사상가로서 시민적 민주사상을 고취함. 그의『시민정부론』(원제: 시민 정부에 관한 두 편의 논문, 1690)은 영국 명예혁명을 이론적으로 옹호한 것이며, 동시에 미국 독립혁명에 사상적으로 영향을 미쳤다.

존 스튜어트 밀(Mill, John Stuart, 1806~1873): 영국의 자유주의 철학자이며 당시에 가장 박식한 학자였다. 그의 『자유론』(1859)은 고전이며 여성해방론으로부터 의회정치론, 논리학, 경제학 등 다방면의 저술을 남겼다.

존 어리슨: 전 미 국무성 일본·한국 과장 및 동북아 국장. 후에 일본 주재 대사를 역임했다.

죄형법정주의(罪刑法定主義): 사람을 제재하는 죄와 벌을 미리 의회 법률에 정해서 그 정한 대로만 벌할 수 있다고 하는 근대 형법의 기본원칙을 말한다. 한국 형법 제1조도 이를 명시하고 있다.

준예산제도: 당해년에 정기국회에서 예산안이 부결되면 지난해 시행한 필요경비의 예산은 그대로 시행하여 차질을 막는다는 일본 메이지 헌법의 외견적 입헌주의 예산제도. 우리 헌법도 이를 답습하고 있다.

중성국가(또는 중립국가): 시민국가는 특정의 가치를 들어서 다른 가치를 배제하지 않고 중립적 입장에서 질서유지자로 기능한다는 이론. 시민국가가 국민에게 특정한 신조·사상을 강요하지 않고 사상·양심의 자유를 보장하는 것이 그 구체적인 예이다.

중임제한규정: 대통령제에서 4년 임기를 한번 거듭해서 집권하고 다시 세 번째로 하지 못하게 하는 제도. 이승만과 박정희는 장기집권을 위해서 이 규정의 헌법을 고쳤다.

증거재판주의(證據裁判主義): 재판에서 유죄 여부나 원고 주장의 인정 여부는 증거에 따라서 한다는 원칙이다.

직업공무원제도: 엽관제(獵官制)처럼 집권정당의 당원이 공직을 전리품으로 차지하지 않고 자격자를 시험과 근무성적에 따라 채용, 승진시키며 신분을 보장하는 공무원제도. 한국은 일반직 공무원이 이 제도의 적용을 받고 있다.

진보당(進步黨) **사건**: 1950년대 조봉암이 당수로 있던 혁신정당인 진보당이 이승만 정권에 도전하자, 이에 대해 동 당의 평화통일론이 국시위반이라고 하여 해산한 사건. 나중에는 당수인 조봉암이 간첩 혐의로 사형되었다. 정당 및 반대파에 대한 탄압과 말살의 한 사례이다.

차티스트 운동: 1840년대 영국 노동자들이 선거권 등의 요구를 헌장에 규정하고 이를 의회에 제출하여 관철하려고 한 사회운동이다. 선거권 획득 운동은 당시에는 좌절되었으나 그후 도시 소시민에게 점차 인정되었다.

천자천명설: 전제정치의 최고 권력자인 군주가 정권을 장악하는 것이 하늘의 뜻에 따르는 것이라는 동양식의 왕권신수설을 말한다.

철인(哲人)**정치론**: 고대 그리스의 철학자인 플라톤이 나라를 다스리는 치자(治者)로서 철인의 슬기를 갖춘 엘리트를 충용할 것을 구상한 정치론. 그의 『국가론』이 그 청사진이다. 동양의 유교도 결국 슬기로운 군주와 그를 보좌하는 수양이 갖추어진 충실한 신하가 나라를 다스리는 것을 이상으로 하였다. 그러나 현실은 그러한 정치 이상이 쉽게 실현되기 곤란함을 반증해왔다.

청교도혁명(淸敎徒革命, 1640~1646): 1640년 왕의 전제(專制)에 반기를 든 청교도가 주역이 된 의회당파의 군대는 왕당파를 굴복시키고 왕을 인민에 대한 반역죄로 결국 처형했다. 영국 최초의 시민혁명이며 공화제 정부 출범의 계기가 되었다.

청불전쟁(1884~85): 19세기 중엽 베트남의 종주권을 둘러싸고 구래의 종주국인 청나라와 새로 베트남을 식민지화하려는 프랑스 사이에 일어난 전쟁을 말한다. 이 전쟁에서 청국이 패해 마침내 프랑스는 베트남을 식민지화하게 된다.

최서해(본명 최학송, 1901~1933): 사회소설『탈출기』로 유명하다. 자신의 체험을 소재로 한 문제작으로 주목을 끌었다.

치안유지법(治安維持法): 일본 제국주의 정부가 천황제 부인과 자본주의 체제 전복을 기도하는 사회운동을 탄압하기 위해 1925년 제정한 법률로서 한국의 독립운동을 탄압하는 데 이용되었다. 그 처벌의 요건이 광범위하고 애매한데다 가혹성 및 사상 전향의 강요로 유례가 없는 탄압 악법이다.

칙임의원제도: 군주국에서 왕이 임명하여 의원이 된 자를 칙임의원이라 한다.

카스트로(Castro, Fidel, 1926~): 쿠바의 혁명가이며 정치가. 독재에 반기를 든 혁명이 성공하여 1950년 이래 쿠바 수상, 쿠바 공산당 제1서기이다.

칸트(Kant, Immanuel, 1724~1804): 독일 철학자. 시민의 이상을 관념적 이론체계로 집대성했다.『순수이성비판론』(1781),『실천이성비판론』(1788) 등이 유명하다.

칼 슈미트(Carl Schmitt, 1888~1985): 현대 독일 헌법학자로서 결단주의 이론가로 알려져 있다. 주저인『헌법이론』(1926)에서 시민국가의 중성국가성을 주장하였다. 나치에 협력하여 투옥되기도 함. 그의 헌법이론은 켈젠의 이론과 쌍벽을 이루며 한국에도 상당한 영향을 미쳤다.

칼 카우츠키(Kautski, Karl Johann, 1854~1938): 독일 사회민주당의 이론적 지도자이고 마르크스의 제자. 사회주의 이론에서 가장 많은 저술을 남겼다.『농업문제』(1899),『에르흐르트 강령해설』(1892),『윤리와 유물사관』(1906) 등이 있다.

칼스바드 협약(1814): 나폴레옹의 패전 이후 구미의 반나폴레옹 보수국가의 거두인 메테르니히 등이 칼스바드에 모여서 반동적인 탄압체제의 강화를 위한 각종 조치를 취했다. 이 결의는 자유주의 운동에 대한 탄압이 주된 내용을 이루고 있다.

콩도르세(Condorcet, Marie Jean Antoine, 1743~1794): 프랑스혁명 당시의 수학자 · 국민회의 의원. 의원교육개혁가로서「혁명의회에 있어서 교육계획」을 썼다. 주저로『인간정신 진보의 역사』(1795)가 있다.

크롬웰(Cromwell, Oliver, 1599~1658): 1649년 청교도혁명시 찰스 1세를 인민에 대한 반역자로 처형한 혁명군 지도자, 정치가.

크리미아전쟁(1853~1856): 19세기 러시아제국과 터키제국 간의 전쟁. 이 전쟁에서 러시아제국이 패한다. 이를 계기로 러시아의 낙후상이 폭로되고 근대화의 문제가 본격적으로 제기되었다. 1860년의 농노해방의 시도도 그 개혁의 일환이었다.

『**탕론**』(湯論): 실학파의 사상가 정다산의 논문. 나라를 세운 이유, 동기 및 과정이 인민을 위한 이익에 있으므로 군주는 인민의 의사와 이익을 대변하는 공복(公僕)에 지나지 않는다는 인민주권사상을 역설했다. 한국판 국민주권사상이라고 할 수 있다.

토마스 만(Man, Thomas, 1875~1956): 독일 작가. 나치를 반대하여 망명했다. 노벨상 수상 작가였으나 나치에 의해 국적을 박탈당했다. 시민정신과 자유를 위한 노력을 사회참여를 통해 실천에 옮겼다.

토마스 모어(More, Sir Thomas, 1478~1535): 영국의 대신이며 문명비평가. 영국왕의 결혼에 반대해 반역죄로 처형당했다. 이상향을 그린 유명한 저술로『유토피아』(1516)가 있다.

토마스 아퀴나스(Thomas Aquinas, 1225~1274): 중세 스콜라 신학자. 카톨릭 신학의 완성자.

토마스 홉스(Thomas Hobbes, 1588~1679): 영국 경험론 철학자로 군주전제를 주창한 정치철학자.『리바이어던』(1651)에서 인간은 이기적이고 탐욕하여 자연 상태에서는 '만인에 대한 만인의 투쟁상태'가 되므로 강력한 전제군주에 의한 질서유지가 필요하다고 주장했다. 그러나 그의 군주전제는 무조건의 복종이 아니라 군주가 안정과 질서를 유지해주는 한에서의 조건부였기 때문에 군주당파로부터 공격을 받았다. 그리고 그의 유물론적 세계 인식으로 무신론이란 비방을 받았다.

통달(通達): 상급기관이 산하기관·직원에게 발하는 지시의 통지·통첩.

통일주체국민회의: 유신헌법의 대통령 선출기구. 통일정책 의결권이나 국회의원 정수 3분의 1의 대통령 추천 동의권이 있다고 하였지만, 실제로는 대통령 독재를 위한 거수 기구였다.

『**통치장전**』(統治章典): 청교도혁명 당시의 정부구조를 정한 헌법. 최초의 성문헌법이다.

트루히요(Trujillo Molina, 1891~1961): 도미니카 공화국의 독재자. 1961년 30여 년 집권 끝에 정보부장에게 피살되었다.

특별권력관계론(特別權力關係論): 국가와 국민 사이의 관계는 일반권력관계라 해서 법치주의가 적용되지만, 국가와 그 기관의 구성원인 관리와의 관계는 특별한 내부질서의 관계로서 법치주의의 적용이 제외된다고 하는, 군주권력을 강화하기 위한 관료주의적 법이론이다. 이 이론은 바이마르 헌법 시대까지 유지되어 행정권과 군주권력에 대해 의회가 법률로 통제하지 못하게 함으로써 민주주의에 반하는 구세력을 유지시켰다.

파리코뮌(1871): 1870년 프랑스가 프러시아와의 전쟁에서 항복하자, 파리 시민은 이를 거부하고 당시의 보수적 부르주아 정부와 대립해 노동자 지배 중심의 파리 지방정권을 수립해 대항하다 1871년 마침내 패배·함락되었다. 역사상 최초의 노동자 정부라고 해서 마르크스가 높이 평가하였다. 레닌도 『국가와 혁명』에서 파리코뮌 정권의 노동자 지배의 사례를 연구하여 후세에 유명해졌다.

포이에르바흐(Feuerbach, Ludwig Andreas, 1804~1872): 독일의 유물론 철학자. 『기독교의 본질』에서 신이란 인간의 이상적·초월적 자기 투영임을 분석, 마르크스에게 결정적 영향을 미쳤다.

프랑코(Franco Francisco, 1892~1975): 스페인의 독재자. 1934년 쿠데타로 공화정부에 반란을 일으켜 독일 등 파시스트의 원조로 승리했다. 30여 년 장기집권 중 사망.

프로이센 헌법(1850): 1848년 혁명이 탄압된 이후 구세력이 제정한 독일 프로이센 주의 헌법으로서 외견적 입헌주의 헌법의 전형적 사례이다.

피코 델라 미란돌라(Pico della Mirandolla, Giovanni, 1463~1494): 르네상스 시대의 사상가.

하이네(Heine, Henrich, 1797~1856): 독일의 자유주의 시인으로 프랑스혁명의 정신과 제도를 동경하여 파리에서 생애를 마쳤다. 그는 서정시 이외에 사회시·풍자시를 써서 당시의 권세가를 비판했다. 시집 이외에 『독일의 종교와 철학의 역사』로 그의 다른 면모를 엿볼 수 있다.

한스 켈젠(Kelsen, Hans, 1881~1973): 오스트리아 공법학자로서 순수법학의 제창자. 주저로서 『일반국법론』이 있다. 전체주의에 대결하여 자유주의 법질서를 옹호한 현대법학의 거두이다.

한정합헌(限定合憲): 헌법재판에서 위헌인 법규정으로 인정되지만 일정한 조건을 따라 적용하면 합헌으로 인정된다고 하는 법리. 국가보안법 제7조의 이적 표현의 죄를 합헌으로 하는 이유로서 안보가 위협을 받을 특수한 경우에 적용하면 위헌이 아니라고 한다. 그러나 이러한 조건부적 적용이 준수되지 않고 있어서 실제로는 유명무실한 법리이다.

헤겔(Hegel, Georg Wilhilm Friedrich, 1770~1831): 독일 관념론 철학자로서 그의 『정신현상학』, 『역사철학』, 『법철학』은 당시 철학계를 압도하였다. 그의 학파 중 좌파에서 마르크스와 엥겔스 등의 공산주의자가 나왔다.

「헤겔 법철학 비판서설」: 마르크스가 1844년 『독불연지』(獨佛年誌)에 쓴 논문으로 최초로 공산주의의 구상을 밝힌 글이다.

형사보상청구권: 무고한 이가 범죄의 수사나 그릇된 형사재판으로 기본권을 침해당했거나 재산상의 손해를 입었을 때 이를 국가에 청구하는 권리를 말한다.

「형사소멸시효기간계산법」(刑事消滅時效期間計算法): 독일 연방의회가 나치의 범죄에 대한 공소시효의 특례를 정하여, 시효를 연장하거나 시효 해당에서 제외하며 무한 추급해 처벌할 수 있게 한 특별법.

인물별 찾아보기

사건별 찾아보기